구매공급 관리

디지털 전환, 탄력성, 지속가능성

김대수, 나진성, 송응석, 편제범, 윤지호

초아출판사

서문

지난 10여년간 적어도 세 가지 글로벌 환경의 변화가 우리 삶과 기업에 미친 영향은 실로 지대하다. 그 첫째가 기술의 급속한 발전으로 인한 4차 산업혁명의 도래이고, 둘째가 포퓰리즘과 자국우선주의로 인한 지정학적 갈등의 고조이고, 셋째가 무분별한 온실가스 배출로 인한 지구 온난화의 가속화이다. 이로 인해 오늘날 수많은 기업은 기술 디바이드, 지정학적 분쟁, 기후 위기, 사회 분절화 및 고물가, 고금리, 저성장의 복합적 위기가 상시 도사리고 있는 뉴애브노멀이 뉴노멀이 된 글로벌 환경 속에서 심각한 생존의 위협에 노출되어 있다.

이처럼 글로벌 경기가 침체 내지 둔화되고 산업 환경의 불확실성과 변동성이 높아질수록 기업에서 가장 많은 압력을 받는 분야가 구매, 공급, 공급망 관리 부서이다. 4차 산업혁명과 코로나19 팬데믹은 구매공급 업무와 프로세스의 혁신, 효율성 증진 및 비용 절감을 위한 디지털 전환과 지능화를 요구하고 있다. 또한 미·중 기술 패권 다툼과 무역 전쟁, 러·우 전쟁, 하마스·이스라엘 전쟁, 대만을 둘러싼 양안 갈등은 글로벌 자유무역주의의 퇴조로 신냉전의 보호무역주의와 자국우선주의를 확산시키며 탈글로벌화와 지역 블록화 양상을 띄는 공급망 재편을 요구하고 있다. 나아가 가속화하고 있는 지구 온난화는 심각한 기후 변화, 환경 생태계의 파괴, 자원 고갈을 초래하며 강화되고 있는 국내외 법규제와 함께 책임 있는 지속 가능한 구매공급관리를 요구하고 있다. 이처럼 상시 복합 위기가 증가하고 있는 상황에서 구매공급관리는 그 어느 때

보다 더 기업의 중대한 핵심 사안으로 떠오르고 있다.

이에 글로벌 공급망 연구회의 멤버들로 구성된 집필진은 그 동안의 연구와 프로젝트 수행 및 실무 경험을 바탕으로 현업의 목소리를 반영한 구매공급관리의 필독서를 출간하고자 뜻을 모았다. 집필하면서 늘 염두에 둔 것은 이 분야의 업무를 수행하거나 공부하려는 독자에게 어떻게 하면 중요한 이슈에 관한 실무적인 이론과 지식을 쉽고 생동감 있게 전달하여 실질적인 도움이 되는 가였다. 이를 위해 집필진은 여러 번의 회의를 통해 구매공급관리의 핵심 이슈를 선정하고, 이를 주제별로 묶어낸 후, 주제별 내용을 수정에 수정을 거쳐 이 책을 내게 되었다. 본 서는 세 파트와 12장으로 구성되어 있다.

Part 1 '구매 일반'은 구매공급관리의 혁신을 위한 초석이 되는 패러다임의 변화, 세부 영역인 조달 구매와 전략 구매 및 개발 구매의 목표와 역할, 정책, 조직 디자인과 운영 이슈를 다루고 있다. 나아가 오늘날 글로벌 환경의 변화로 인해 특히 더 주목을 받고 있는 위계성과 정합성을 고려한 구매공급 전략의 수립, 카테고리별 레버리징 전략, 혁신에 필수적인 개발 구매의 업무와 프로세스 및 협업에 대해서 구체적으로 고찰하고 있다.

Part 2 '공급 전략'은 구매공급관리 전략의 수립과 실행에 필수적인 핵심 이슈를 다루고 있다. 먼저 스펜드 관리와 카테고리 전략에 기반한 가격과 비용 모델 분석 및 전략적 비용관리에 대해서 다루고 있고, 공급 전략의 핵심인 글로벌 소싱을 위해 알아야 하는 상식과 아웃소싱의 활용에 대해서 고찰하고 있다. 또한 구매의 꽃으로 알려진 협상의 심리 게임과 이를 위한 사전 준비와 원칙 및 특수한 상황의 협상에 대해서 심도 있게 다루고 있고, 계약 관리의 핵심에 대해서 고찰하고 있다. 나아가 불확실성과 변동성이 높은 글로벌 환경에서 공급업체의 정예화를 통한 공급업체 협업 체계의 확립과 차별화 전략, 공급망 리스크 관리 프로세스와 기법 및 가시성과 안정성 제고를 위한 다층 공급망의 맵핑과 관리 기법을 제시하고 있다.

Part 3 '구매공급 혁신'은 앞에서 살펴본 구매 일반과 공급 전략을 바탕으로 오늘날 상시 복합 위기 상황에서 구매공급관리가 나가야 할 방향에 대해서 다루고 있다. 먼저 혁신의 시작인 글로벌 환경 센싱의 원칙과 도구에 대해서 고찰한 후 공급망 관리의 트렌드를 제시하고 있다. 나아가 오늘날 구매공급관리의 세 가지 키워드인 디지털 전환과 지능화 방향, 경제적 가치 및 사회적 가치를 증진하는 지속가능 공급망 관리와 관련 법과 규제 및 협의체, 뉴애브노멀 상황의 탄력적 공급망 관리 및 공급망 비용과 자산 관리에 대해서 심도 있게 다루고 있다. 끝으로 상시 복합 위기 상황의 구매공급관리 핵심 원칙을 제시하고 있다.

이 책을 읽는 독자들에게 많은 실무적인 도움이 되기를 바라며 나름 많은 노력과 인고로 집필했지만 책의 분량을 감안하여 다 넣지 못한 중요한 이슈들과 실제 사례에 대한 아쉬움이 남는다. 끝으로 책의 출간을 위해 전적인 지원을 아끼지 않으신 초아출판사 이민영 대표와 관계자 여러분께 진심으로 감사를 드린다. 모쪼록 이 책이 독자들에게 흥미롭게 다가가고 많은 도움이 되기를 바란다.

2025년 2월

김대수, 나진성, 송응석, 편재범, 윤지호

목차

Part 1. 구매 일반

Part 2.
공급 전략

Part 3. 구매공급 혁신

PART 1

구매 일반

1장

경쟁력의 초석, 구매공급관리

구매공급관리는 단순한 물품의 조달 기능에서 시대의 흐름에 따라 전략적이고 지속가능한 공급망 관리를 위한 핵심 기능으로 발전해 왔다. 팬데믹pandemic 이후 글로벌 공급망의 교란, 지역 블록화와 각종 규제로 인한 글로벌 공급망의 재편, ESG 경영, 공급망 실사지침 등 글로벌 공급망 내 변동성과 불확실성이 증대하는 가운데, 기업 공급망 관리의 전략적 방향과 관행practice을 정하는 구매공급관리 정책의 수립, 구매공급관리 조직의 디자인, 조직의 운영 방식 등은 효율적·효과적인 공급망 관리를 위해 매우 중요해졌다. 또한 이러한 정책과 조직을 바탕으로 글로벌 다계층 공급망의 다양한 이슈들에 대응하기 위한 민첩성agility, 유연성flexibility, 탄력성resilience을 확보하기 위한 전략의 수립과 지속적인 혁신이 필요하다.

구매공급관리 정책은 기업의 구매와 공급망 관리에 대한 방향성과 지침으로서 효과적인 자원 관리, 비용 절감, 품질 개선, 리스크 최소화, 공급업체 관리, 지속가능 공급망 구축 등을 목표로 다양한 세부 사항들을 정의한다. 구매공급관리 조직의 형태는 기업의 전략적 목표와 경영 환경에 따라 디자인해야 한다. 구매공급관리 조직의 형태에 따라 의사결정 체계, 리스크 관리, 비용 관리 방식 등의 차이가 있으며, 기업들은 그들의 전략적 목표와 높은 정합성alignment을 가질 수 있는 구매공급관리 조직의 형태를 갖추기 위해 노력한다. 구매공급관리 조직을 운영하기 위해서는 최고구매책임자Chief Procurement Officer(CPO)를 중심으로 운영적, 전략적 업무를 수립하여 부서 간의 협력을 하기 위한 체계를 구축해야 한다. 급변하는 환경에 적합한 구매공급관리 전략을 통해 단순한 구매조달 프로세스를 넘어 기업의 가치 창출에 기여하고 경쟁력을 확보하고 지속적인 혁신을 추진해야 한다.

이러한 관점에서 본 장에서는 다음과 같은 구매공급관리 기능의 패러다임의 변화와 정책 및 조직적 특성에 대해서 살펴본다. 구매공급관리 업무 영역은 무엇이며, 구매공급관리 기능의 패러다임은 어떻게 진화하였는지, 그리고 구매공급관리 정책은 무엇이며 구매공급관리 조직은 어떻게 디자인하는지 살펴본다. 또한 구매공급관리 조직은 어떻게 운영하며 구매공급관리 혁신을 위한 전략은 무엇인지 본 장에서 제시하고자 한다.

1. 구매공급관리 영역

구매공급관리란?

구매공급관리란 조직의 운영과 목표 달성을 위해 필요한 자재, 부품, 서비스 등을 외부로부터 효과적이고 효율적으로 확보하고, 이를 관리하는 일련의 활동과 프로세스를 의미한다. 이는 기업이 요구하는 품질, 비용, 납기 조건을 충족시키면서도, 지속 가능한 방식으로 공급망을 운영하는 데 초점을 맞추고 있다. 구매공급관리는 단순히 물품을 구매하는 활동에 국한되지 않는다. 이는 시장의 변화에 대응하고, 기업의 장기적 목표를 지원하며, 공급망 전체를 최적화하는 전략적 활동으로 발전해왔다. 현대의 구매공급관리에는 원자재 조달, 공급업체 관계 관리, 위험 관리, 비용 절감 전략, 지속 가능성 실현 등이 포함된다.

구매공급관리는 기업 운영의 필수적인 부분으로, 비용 관리, 품질 보증,

리스크 완화, 지속 가능성 등 다양한 측면에서 기업의 성과에 직접적인 영향을 미친다. 특히, 공급망이 복잡해지고 글로벌화되면서, 구매공급관리의 중요성은 점점 더 커지고 있다. 이를 통해 기업은 안정적인 운영을 보장하고, 시장에서의 경쟁 우위를 확보할 수 있다. 기업의 구매공급관리를 효과적으로 수행하기 위해서는 전략적 사고, 데이터 활용 능력, 협력적 의사소통, 그리고 변화하는 시장 환경에 대한 민첩한 대응이 요구된다.

구매공급관리 영역

전략구매

전략구매란 기업의 장기적 목표와 비전을 달성하기 위해 핵심 품목 및 서비스를 조달하는 구매 방식이다. 이는 단순한 구매 활동을 넘어, 기업 전체의 경쟁력을 강화하고, 공급망 안정성을 보장하기 위한 전략적 의사결정의 일부로 간주된다. 이를 통해 기업의 운영과 경쟁력에 필수적인 핵심 자재, 부품, 서비스를 안정적으로 조달한다. 이는 기업이 생산 차질을 피하고 시장 수요를 충족시킬 수 있도록 한다. 전략구매는 대량 구매를 통해 규모의 경제를 실현, 공급업체와의 협력을 통해 지속적으로 비용을 절감, 핵심 자재나 부품의 공급 부족 또는 공급망 단절에 대비하여 장기 계약을 체결하거나 대체 공급원을 발굴, 신뢰를 바탕으로 공급업체와 협력하여 기술 개발, 품질 향상, 비용 절감 유도 등을 포함한다. 전략구매를 위해서 기업은 목표와 요구를 분석하여 구매 전략의 기본 틀을 수립하고 잠재적 공급업체의 능력, 시장 점유율, 재무 안정성 등을 평가하여야 한다. 또한 공급업체와의 가격, 조건, 서비스 수준 협상을 통해 계약을 체결하고 계약 이행 중 품질, 납기, 비용을 지속적으로 점검하고 필요한 경우 조정을 진행할 수 있어야 한다.

개발구매

개발구매란 기업이 신제품 개발, 신기술 도입, 또는 혁신 프로젝트 수행을 위해 필요한 자재, 부품, 서비스 등을 조달하는 구매 방식을 의미한다. 이는 기업의 연구개발R&D 과정과 밀접하게 연계되어 있으며, 제품 개발 초기 단계부터 시작되어 제품의 경쟁력 강화와 기술적 우위를 확보하는 데 중점을 둔다. 개발구매는 기존의 정형화된 구매와 달리, 많은 불확실성과 리스크를 동반한다. 따라서 구매기업은 기술적 요구사항과 더불어 시간, 비용, 품질, 공급 가능성을 종합적으로 고려해야 한다. 개발구매의 특징으로 공급업체와 협력하여 초기 단계부터 요구 사항을 정의하고, 샘플 제작 및 테스트 과정을 진행할 필요가 있다. 개발단계에서 구매된 자재와 부품은 최종 제품의 품질과 성능에 직접적으로 영향을 미친다. 따라서 기술적 사양과 품질 관리가 중요하다. 성공적인 개발구매는 신제품의 품질과 성능을 보장할 뿐만 아니라, 시장 출시 시간을 단축하고 경쟁력을 확보하는 데 기여한다. 이를 위해 구매 담당자는 공급업체와의 긴밀한 협력, 철저한 품질 관리, 그리고 리스크 관리 역량을 갖춰야 한다. 기업에 따라 개발구매가 전략구매에 포함되기도 하며, 그 반대인 경우도 있다.

조달구매

조달구매란 기업이 일상적인 운영, 생산 활동, 그리고 업무 지속성을 보장하기 위해 필요한 물품과 서비스를 구매하는 활동을 말한다. 조달구매는 생산 공정에서 사용되는 원자재와 부품뿐만 아니라, 유지보수, 소모품, 일반적 운영 지원 물품까지 포함된다. 이는 기업 운영의 기반을 형성하는 핵심적인 구매 활동으로, 생산과 업무의 연속성을 유지하는 데 필수적이다. 조달구매는 대량 구매 또는 반복적인 구매로 이루어지는 경우가 많아 효율성과 비용 절감이 중요한 고려 사항이다. 조달구매의 주요 목적은 생산에 필요한 원자재와 부품을 제때 확보하여 생산 공정이 중단되지 않도록 보장, 일상 운영을 지원하기 위해 소모품, IT 장비, 시설 관리 서비스 등을 적시에 제공, 반복적인 구매 활동을 체계적으로 관리하여 규모의 경제를 실현하고 불필요한 비용을 절감하는 것이다. 조달구매가 원활히 이루어지지 않으면 생산 중단, 비용 증가, 서비스 차질과 같은 문제가 발생할 수 있다. 따라서 효율적인 조달구매는 기업의 경쟁력을 유지하고, 운영 효율성을 극대화하는 데 핵심적인 요소이다.

2. 구매공급관리 발전과 패러다임 변화

현재와 미래의 발전과 도약을 위해 과거 역사를 고찰하고 통찰을 얻는 것은 기업 경영이나 우리 삶에서 매우 중요한 일이다. 오늘날 공급망 관리의 속성을 찾고 혁신을 위한 인사이트를 도출하기 위해 구매공급관리가 어떻게 발전하고 변화해 왔는지를 살펴보자.

구매공급관리는 인류의 제조 및 생산운영관리 역사와 함께 시작되었다. 구매공급관리에 대한 인류의 아주 오래된 기록으로 피라미드pyramid 건축 당시의 자재관리 기록이 존재한다. 이집트의 피라미드와 같은 대규모 구조물을 건축하기 위해서는 다양한 품목과 방대한 양의 자재들이 필요하다. 기원전 3000년 이집트인들은 피라미드를 건축하면서 어떻게 수많은 종류의 자재들을 필요한 시점에 그리고 필요한 분량만큼 조달할 수 있었을까? 피라미드의 바닥 면적은 5헥타르(50,000m^2)이고 돌로 만들어진 2.5톤 규모의 석재들이 230만개 이상 사용되었다. 당시 이집트인들이 피라미드 건축 과정에서 필요한 자재들을 구매 및 조달하는 방식들과 주문의 처리 과정들은 오늘날 파피루스papyrus에 기록으로 남아있다. 또한 기원전 334년에 고대 페르시아 제국을 침공하여 약 10년에 걸쳐 그리스에서 인도 북서쪽에 이르는 고대 마케도니아 제국을 건설한 알렉산더 대왕의 전쟁에서도 구매공급관리 기능이 활용되었음을 알 수 있다. 기존 전쟁에서는 보급부대가 따라가거나 병사들이 직접 보급품을 운반하여 행군 속도가 늦고 중간에 유실되는 경우도 많았는데, 알렉산더는 인류역사상 최초로 해상보급 전용함선을 도입하여 보급을 원활하게 하고 항만과 강의 근거리에 숙영하여 해상 보급품을 용이하게 확보하는 효율적인 조달 물류 전략을 자주 활용하였다. 또한 13세기 몽골을 통일하고 유라시아까지 제국을 확장한 징기스칸의 정복에도 뛰어난 기마술과 전쟁 기술 외에 빠르고 유연한 전쟁물자의 조달이 있었다. 몽골군은 스피드를 극대화하기 위하여 기마병 한 명당 다섯 마리의 말을 데리고 참전하여 하루에 150㎞까지 이동할 수 있었고 장거리 원정길에 말린 육포 형태의 고기와 분말 형태의 마유를 준비하여 효율적으로 식량을 조달하고 이동하면서 식사를 할 수 있었다.[1] 공급의 스피드와 유연성 및 지속성에 기반한 고대와 중세의 공급(조달) 혁신의 좋은 실례라 할 수 있다.

18세기 중반에서 19세기 초반에 걸쳐 영국에서 시작되어 유럽과 미국으로 확산된 근대 산업화industrialization의 물결은 수력과 증기력 기반의 기계제조 설비의 발명(18세기 후반)으로 인해 1차 산업혁명을 일으켰다. 이로 인해 농업 경제에서 산업 경제로의 시프트와 도시화가 촉진되었다. 나아가 19세기 중·후반에 전력 기반의 대량생산라인의 등장과 내연기관의 발명, 운하와 철도 건설로 인해 2차 산업혁명이 일어났고, 이는 20세기 초반에 산업 공학에 기반한 조립라인 공장의 탄생과 함께 현대의 구매, 제조와 물류를 포함하는 비용 효율적인 가치사슬과 공급사슬 관리의 기초를 형성하였다. 또한 경영 과학과 행동 경영 학파의 태동은 가치사슬 활동의 과학적 문제 인식과 해결 및 인적 자원 관리에 커다란 영향을 주었다. 한편 본격적인 산업 경제의 시동은 환경과 사회에 탄소 배출과 천연자원 개발 및 노동 착취와 같은 심각한 부정적 영향도 초래하였다.[2]

이처럼 오랜 역사를 지닌 구매공급관리의 패러다임은 기업의 내·외부경영환경 변화에 따라 지속적으로 진화하고 있다 (그림 1-1). 오늘날 구매공급관리 기능은 공급망 관리와 통합되어 기업의 경쟁력 강화에 핵심적인 역할을 하고 있다.

글로벌 시대에 기업들의 사업 규모가 빠른 속도로 성장하면서 구매조달 업무의 규모와 필요 인력이 증가하고, 사업 품목이 폭발적으로 증가하고 다양해지는 만큼 구매조달 품목도 다양해지고 많아졌다. 오늘날 대부분의 기업 산출물 중 절반 이상이 글로벌 공급망 내 공급업체가 제공한 투입물에 의해 만들어졌다고 해도 과언이 아니다. 공급망 내 협력업체들의 기술경쟁력, 원가경쟁력, 품질경쟁력, 납기 경쟁력이 곧 기업의 경쟁력과 직결되고, 공급업체 부품의 기술개발에 대한 여러 협력을 통해 공급망 전반의 성과를 향상시킬 수 있다. 따라서 오늘날 기업에서 구매공급관리 기능은 '비용 최적화' 목표를 넘어서서 '전략적' 부문으로 인식되고 있다.

구매공급관리는 초기에는 단순히 조달과 구매 업무에 초점을 맞췄다. 조달 단순구매를 중심으로 시작되었고, 국내 소싱과 자재 소요 계획MRP의 도입을 통해 기본적인 생산 자재 관리와 재고 최적화를 시도했다. 이후 전자 데이터 교환EDI와 Just In Time(JIT) 방식이 적용되면서 공급망 효율성을 높이는 노력이 이어졌다.

점차 제조 자원 계획MRP II과 ERP 시스템이 확산되며, 공급망 관리의 체계화가 이루어졌고, SCM 솔루션이 도입되면서 글로벌 소싱과 아웃소싱이 확대되었다. 이와 함께 공급망 계획 및 실행, 그리고 관계관리 시스템을 구축하여 통합적이고 다층적인 공급망 관리가 가능해졌다. 공급사슬 또는 공급망 관리Supply Chain Management(SCM)는 기업이 지속가능한 가치를 창출하기 위해 자사의 공급네트워크 내 정의하고 있는 가장 저층lower-tier공급업체로부터 최종 고객에 이르는 자재와 제품, 정보 및 재화의 흐름을 효과적이고 효율적으로 관리하는 것을 말한다.[3] 관리의 영역은 개발, 구매 조달, 생산(운영), 물류와 유통 및 서비스로, 그 초점은 프로세스와 네트워크 및 리스크 관점에서 관련된 조직과 자원, 프로세스와 활동 및 파트너 네트워크와의 조정coordination과 협력에 있다. 이러한 공급사슬은 고객 중심의 프로세스를 강조하기 위해 수요사슬demand chain로 불리기도하고, 대체로 구매조달(입고)사슬in-bound procurement chain(협의의 공급사슬)과 유통(출하)·판매사슬out-bound distribution and selling chain로 세분화되어 관리된다. 공급사슬 프로세스도 일반적으로 제품 실현product realization, 주문(수요) 획득order capture 및 주문(수요) 충족order fulfillment 프로세스로 분류되어 관리된다. 또한 공급망 관리는 1차 협력업체를 넘어 N차 저층 공급업체로 확대되고 있다.

기업이 공급망을 관리함에 있어 먼저 살펴봐야 할 중요한 개념이 있다. 바로 환경과 상호작용을 통해 투입 요소를 프로세스를 거쳐 산출물로 변환하고 컨트롤하는 오픈 시스템 관점의 효과성과 효율성이다. 효과성effectiveness은 원하는 목표산출물desired planned output 대비 실제 산출물actual output로, 이는 '올바른 일을 하는 것doing the right thing'이고 문제의 구조화problem structuring와 연결된다. 반면 효율성efficiency(또는 생산성)은 투입 요소input대비 산출물output로, '일을 올바르게 하는 것doing the thing right'이고 문제의 해결problem solving과 연결된다. 따라서 기업은 어떤 일의 효율성을 추구하기 전에 먼저 그 일의 효과성을 고려해야 한다. 즉, 어떤 일을 왜 해야 하는지를 결정한 후, 어떻게 할 지를 결정해야 한다. 또한 어떤 문제에 마주쳤을 때, 먼저 그 문제를 올바르게 파악, 정의, 구조화하여 인식한 후에 해결해야 한다. 효과성을 고려하지 않고 효율성만을 추구할 때 기업은 잘못된 방향으로 질주할 수 있다. 이 원칙은 기업의 공급망 관리와 경영 전반은 물론이고 우리 삶에도 적용되는 근본적인 원칙이라 할 수 있다.

최근에는 IoT와 빅데이터를 활용한 실시간 모니터링 기술이 공급망에 적용되고 있으며, 지속 가능한 자원 조달과 리스크 관리를 위한 클라우드 기반 협업 플랫폼이 활용되고 있다. 또한, 공급망 재편의 흐름 속에서 리쇼어링, 니어쇼어링, 프렌드쇼어링, 온쇼어링 등의 전략이 주목받고 있다. 블록체인과 AI 기술은 실시간 추적과 공급망의 자동화·자율화를 가능하게 했으며, ESG, 탄소 중립, 순환경제와 같은 지속 가능성을 목표로 하는 규제와 전략에 대응하고 있다.

결과적으로, 대응적이고 조달 중심이었던 과거의 구매공급관리는 점차 선제적이고 미래지향적인 형태로 진화했다. 공급망의 유연성과 탄력성을 강화하며, 지속 가능성과 혁신을 중점적으로 관리하는 것이 현대 구매공급관리의 핵심으로 자리 잡고 있다.

기능적 역할에서 전략적 역할로의 변화

초기의 구매공급관리는 단순히 원자재나 부품을 구매하고, 재고를 관리하는 데 집중하는 기능적 역할에 머물렀다. 그러나 오늘날 구매공급관리는 비용 절감 이상의 전략적 기능으로 진화했다. 단순히 자재를 조달하는 것을 넘어 기업의 장기적인 목표를 지원하며, 경쟁력 강화와 지속 가능성, 리스크 관리 등 기업 경영의 핵심 요소로 자리잡게 되었다. 이제 구매공급관리는 기업의 가치 창출을 위한 중요한 전략적 역할을 수행하고 있다.

비용 절감에서 가치 창출로의 변화

과거 구매공급관리의 주요 목적은 비용 절감에 있었다. 이는 대량 구매를 통해 단가를 낮추거나 협상을 통해 저렴한 가격으로 자재를 조달하는 방식이었다. 그러나 현재의 구매공급관리는 비용 절감 이상의 목표를 지향하고 있

그림 1-1 구매공급관리 패러다임의 변화

	~1970년대	1980년대	1990년대	2000년대	2010년대	2020년대
배경	• 제조업 중심 • 대량 생산 체제	• 글로벌화(자유무역) 초기 단계로 기업 간 경쟁 심화	• 공급망의 글로벌화 확대로 공급망 복잡성 증가 • 아웃소싱 전략 등장 • 인터넷 상업화	• 인터넷과 디지털 기술의 급격한 발전 • 전자상거래와 다중 채널 유통의 부상 • Global Value Chain(GVC) 무역 증가 • 아웃소싱과 오프쇼어링 증가	• 빅데이터와 분석 기술을 통한 공급망 예측 정확도 향상 • 사회적, 환경적 책임 부각 • 지속 가능한 공급망 구축 관심 증대 • 2018년 미중 무역갈등 발생	• 보호무역주의, 자국 우선주의, 탈글로벌화 • 코로나19 팬데믹으로 인한 글로벌 공급망 교란 • 디지털 전환 가속화 • ESG 경영과 지속 가능성에 대한 요구 증대
주요 목표	• 비용절감 • 효율성	• 비용절감 • 효율성 • 품질	• 프로세스 통합 • 글로벌 공급망 관리 • 공급업체 관리	• 공급망 가시성 강화 • 공급망 비용 절감 • 고객 요구에 대한 빠른 대응 • 공급망 리스크 요인 분석 및 관리	• 공급망 가시성 및 민첩성 향상 • 데이터 기반 의사결정 • 리스크 관리 강화	• 거시환경 리스크 대응을 위한 공급망 유연성과 회복력 강화 • 지속 가능성 확보 • 디지털 전환과 자동화, AI활용
주요 내용	• 조달 단순구매 • Domestic 소싱 • 자재 소요 계획[MRP] 도입 • 생산 자재 관리 자동화 시도 • 재고 관리 최적화 방법론 도입	• EDI 도입 • Just In Time(JIT) • 제조 자원 계획 Manufacturing Resource Planning (MRP II) 도입	• ERP 시스템 확산 • SCM 솔루션 도입 • 글로벌 소싱 및 아웃소싱 확대	• 공급망 계획과 실행 및 관계관리 시스템 구축 • 통합 공급망 관리 강화 • 다층 공급망 관리 강화 • 공급망 리스크 평가 및 예측	• IoT와 빅데이터 활용한 실시간 공급망 모니터링 • 지속 가능한 자원 조달과 리스크 관리 • 클라우드 기반 협업 플랫폼 사용	• 공급망 재편: 리쇼어링, 니어쇼어링, 프렌드쇼어링, 온쇼어링 • 블록체인과 AI 통한 실시간 공급망 추적 및 자동/자율화 • ESG 및 탄소 중립, 순환경제 • 공급망의 유연성과 탄력성 강화 • 지속가능 공급망 규제 대응

다. 공급망을 통해 기업의 가치를 창출하고자 하며, 이를 위해 혁신적인 공급업체와 협업하여 신제품 개발을 가속화하거나, 품질 향상을 통해 브랜드 가치를 강화하는 방향으로 변화했다. 이에 따라 구매공급관리는 비용 중심의 접근에서 벗어나, 기업의 가치 창출을 위한 전략적 도구로 진화하였다.

단기적 관계에서 장기적 파트너십으로의 변화

초기의 구매공급관리에서는 공급업체와 단기적인 계약을 통해 필요할 때마다 자재를 조달하는 방식이 일반적이었다. 그러나 오늘날의 구매공급관리는 장기적인 파트너십 구축을 중시한다. 공급업체와의 신뢰를 기반으로 한 협력 관계를 형성하여, 안정적인 공급망을 확보하고 품질과 서비스 수준을 지속적으로 유지하고자 한다. 장기적 파트너십은 수요 변동이나 외부 환경의 변화에 대해 유연하게 대응할 수 있는 기반을 제공하며, 이러한 관계는 공급망의 리스크 관리와 기업의 장기적 경쟁력 확보에 중요한 요소로 작용한다.

비용효율적 재고관리 전략에서 리스크를 고려한 탄력적 재고관리 전략으로

탄력적 재고관리 전략은 전통적인 비용 효율성 중심의 재고 관리에서 벗어나, 공급망의 복잡성과 불확실성을 효과적으로 관리하기 위한 접근법이다. 이 전략은 재고를 단순히 최소화하거나 최대화하는 기존의 방식에서 벗어나, 공급망 리스크와 수요 변동성에 유연하게 대응할 수 있도록 설계된다.

기존의 Just-In-Time(JIT) 및 Lean 방식은 재고를 최소화하고 운영 효율성을 극대화하는 데 중점을 두었다. 이를 통해 비용 절감과 생산성 향상이 가능했지만, 예상치 못한 공급망 중단이나 수요 급증 상황에서의 대응력은 제한적이었다. 이에 따라 탄력적 재고관리 전략은 이러한 한계를 극복하기 위해 도입되었다.

탄력적 재고관리는 리스크를 사전에 예측하고 대비책을 마련하는 것을 핵심으로 한다. 이를 위해 기업은 데이터 분석과 디지털 기술을 활용하여 공급망의 실시간 정보를 모니터링하고, 잠재적인 리스크를 평가하여 적절한 수준의 재고를 유지한다. 또한, 공급망의 민첩성을 강화하기 위해 복수의 공급원을 확보하거나, 지역적으로 분산된 창고 네트워크를 구축하여 재고 운영의 유연성을 확보한다. 이 전략은 재고 수준을 단순히 줄이는 데 초점을 맞추기보다, 상황에 따라 빠르게 조정할 수 있는 재고 운영 방식을 추구한다. 예를 들어, 핵심 자재에 대해서는 일정 수준의 완충 재고를 유지하거나, 수요 변화가 큰 제품군에 대해 빠르게 공급망을 조정할 수 있는 역량을 갖추는 것이다. 이를 통해 기업은 공급망 중단, 예기치 않은 수요 변화, 또는 국제적 위기 상황에서도 안정적인 운영을 유지하며, 고객 서비스 수준을 확보할 수 있다.

로컬 소싱에서 글로벌 소싱으로의 변화

초기의 구매공급관리는 주로 기업이 위치한 지역 내에서 자재를 조달하는 로컬 소싱local sourcing을 중심으로 운영되었다. 이는 물류 비용을 줄이고 관리가 용이하다는 장점이 있었다. 그러나 글로벌화의 진전으로 인해 다양한 국가에서 자재를 조달하는 글로벌 소싱globall sourcing 방식으로 전환되었다. 글로벌 소싱을 통해 가격 경쟁력을 높일 수 있었으며, 세계 각지에서 최적의 자재와 서비스를 확보할 수 있었다. 그러나 이와 동시에 지정학적 갈등, 자연 재해, 팬데믹 등의 외부 리스크가 증가함에 따라 글로벌 소싱에 대한 리스크 관리가 중요해졌다.

지속 가능성과 ESG의 중요성 부각

과거에는 비용 절감과 운영 효율성이 공급망 관리의 주요 목표였다면, 오늘날에는 환경적, 사회적 책임을 강조하는 ESG경영이 중요한 과제로 떠오르고 있다. 기업은 공급망 전반에 걸쳐 친환경 자재를 사용하고, 공급업체의 윤리적 노동 조건을 확인하는 등 지속 가능성에 부합하는 조달을 추구하고 있다. 이는 소비자의 신뢰를 확보하고 투자자의 요구를 충족시키기 위한 필수 요소로, 구매공급관리는 이제 지속 가능한 공급망 구축을 위한 핵심 역할을 담당하고 있다.

디지털 전환과 데이터에 기반한 지능화된 의사결정으로의 변화

최근에는 경영 내외부환경이 급격하게 변화하면서 이러한 변화들을 공급망 관리 관점에서 리스크 요인들로 파악하고 전략적으로 대응하기 위해 노력하고 있다. 과거에는 데이터 수집과 분석의 한계로 인해 경험과 직관에 기반한 의사결정이 주를 이루었다. 그러나 오늘날에는 빅데이터big data, 인공지능AI, 사물인터넷IoT 등의 첨단 기술이 발달하면서 데이터 기반 의사결정이 가능해졌다. 실시간으로 데이터를 수집하고 분석하여 수요 변동을 예측할 수 있으며, 이를 통해 공급망의 효율성을 극대화하고 신속한 대응이 가능해졌다. 공급망의 투명성의 확보와 의사결정 속도 경쟁 우위 요소가 되고 있다. 이러한 디지털전환은 공급망의 복잡성을 관리하는 데 중요한 역할을 하고 있으며, 구매공급관리의 고도화에 기여하고 있다.

탄력성 강화

초기에는 공급망 구조가 단순했기 때문에 한두 곳의 공급업체에 의존해도 큰 문제가 발생하지 않았다. 그러나 최근 글로벌화가 심화되고 공급망이 복잡해지면서, 공급망의 탄력성이 중요한 과제로 부상했다. 코로나19 팬데믹과 같은 예기치 않은 사건을 통해 공급망의 취약성이 드러나면서, 기업들은 대체 공급망을 구축하고 비상 계획을 마련하는 등 리스크 관리를 강화하고 있다. 탄력성 강화를 통해 공급망의 안정성을 확보하고, 외부 충격에 유연하게 대응할 수 있는 기반을 마련하게 되었다.

3. 구매공급관리 정책

구매공급관리와 관련한 다양한 이슈들에 대해서 조직적으로 대응하고 전략적 방향을 설정하기 위해 기업들은 구매공급관리 운영 지침, 관련 문화를 포함하는 구매공급관리 정책을 수립하여야 한다. 기업에서 생산과 판매를 위해 구매하는 품목들은 종류와 성격이 다양하기 때문에 개별 품목별로 구매공급관리자는 다양한 의사결정 상황에 직면할 수 밖에 없다. 따라서 구입할 품목, 사양/수량/가격의 결정방법, 계약 방법, 구매 방식, 구매 조건, 구매처의 선택 기준 등에 대해서 명문화하여 운영할 필요가 있다.

구매공급관리 정책 의미

구매공급관리 정책은 조직 문화의 일부로서 조직의 구매공급 활동의 목적, 원칙, 규칙과 규정의 집합체이다. 구매공급관리 정책의 수립을 통해서 일관성 있는 의사결정과 문제 해결 및 행동의 프레임워크를 제공할 수 있다. 조달활동의 기본이 되는 것으로서, 구입할 품목, 사양, 수량, 가격의 결정방법, 계약방법, 구매 방식, 구매 조건, 구매처의 선택 기준 등이 포함된다.

구매업무 추진 방법이 업무 처리 기준과 메뉴얼 형태로 작성되어 있는 경우가 많다. 효과적인 구매공급관리 정책은 현장에서 바로 적용 가능하도록 행동 지향적이며, 관련성이 깊고, 간결하고 명료하여 구성원들이 쉽게 이해할 수 있으며, 최신 동향을 반영하고 시기 적절해야 한다. 구매공급관리의 정책은 구매계획에서부터 실행과 협력업체의 관리에 이르기까지 관리의 일관성과 방향성을 제시하여 기업의 경영정책을 실현하는데 도움을 주지만, 지나치게 엄격한 공식적 정책은 직원의 혁신과 유연성을 제한하여 변화하는 경영환경에 대한 대응을 어렵게 한다.

구매공급관리 정책 범주

구매공급의 역할, 권한과 책임

구매공급관리 정책은 구매 부문의 책임과 권한 및 업무범위에 대해서 정의를 내려야 한다. 구매 업무의 책임과 권한은 일반적으로 구매 필요성 파악 및 구매계획 수립, 구매품에 대한 납기관리, 구매품에 대한 시장조사, 적정재고 유지 및 확보 등을 포함한다. 또한 기업 내에서의 구매공급관리 부서의 역할과 관련 용어에 대한 정의도 명확히 제시한다 (예: 구매란 구입요구서 접수 후 물품을 사외로부터 조달하는 일체의 행위를 말한다. 제조활동에 필요한 원·부자재, 소모품, 기계장치 및 검사설비 등의 구매업무에 대하여 이 정책을 적용한다).

구매공급전문가의 행동규범

구매공급관리 정책은 구매공급관리자의 행동규범conduct에 대해서도 명확하게 정의하여야 한다. 구매공급전문가의 행동규범은 구매 활동과 공급망 관리를 투명하고 윤리적으로 수행하기 위한 일련의 원칙과 기준을 정의한다. 이는 공급업체와의 관계에서 신뢰를 구축하고, 비윤리적 행위를 방지하며, 기업의 장기적 성공을 도모하는 데 중요한 역할을 한다. 최근에는 ESG 구매와 공정하고 투명한 거래를 위한 다양한 지침들을 제시하고 있다. 예를 들어 호혜주의 reciprocity와 비정상적 거래(뇌물, 킥백, 부적절 관계 등) 회피 등에 내용을 포함한다. 또한 사회적 약자, 소수집단 비즈니스목표(다문화, 소수집단 거래 지원)에 대한 행동규범도 명시할 수 있다. 그림 1-2와 같이 POSCO에서는 '공정', '윤리', '동반성장' 등의 구매공급관리 행동규범을 제시하고 있다.

그림 1-2 POSCO 구매전략 일부[4]

구매기업 선정 기준 및 계약 시 고려사항

구매공급관리 정책에서는 표 1-1과 같이 공급업체 선정과 관계에 대한 지침을 명시한다. 기업들은 자체적으로 공급업체 관리규정에 따라 공급업체로 등록된 업체 중 유리한 업체를 공급업체로 선정한다. 또한 신규업체이거나 신규품목으로 공급업체가 등록되지 않는 경우는 공급업체 관리규정에 따라 적합한 업체를 평가, 선정한다. 공급업체와 거래계약을 체결할 시에 단수/복수 계약, 단기/장기 계약, 특허 사용과 공유, 기밀조항, 공급업체 조기 디자인 참여 등 다양한 사항들을 검토하도록 구매공급관리 정책에서 지침을 제시하고 있다. 최근에는 구매공급선정 기준에서 환경, 사회, 지배구조 목표와의 부합성이 필수 요소로 자리 잡고 있다. 많은 기업이 탄소 배출 감소와 공급망 전반의 지속 가능성 향상을 목표로 삼고 있으며, 이러한 정책을 통해 순환 경제와 탄소 중립net-zero을 달성하고자 하는 가운데 Scope 3 탄소 배출 관리 및 지속 가능한 자재 조달이 강조되고 있다. 공급업체들이 준수해야 할 행동 규범을 설정하고, 이 규범이 준수되고 있는지 주기적으로 평가할 수 있다. 예를 들어, 공급업체가 노동법을 준수하고, 환경 보호 규정을 지키는지 등을 모니터링하고 평가한다.

표 1-1 공급업체 선정 기준

선정기준	설명
품질quality	제품의 품질기준을 충족하며, 품질관리시스템이 체계적으로 구축되어 있는지 평가.
가격price	경쟁력있는 가격을 제시 할 수 있는지, 그리고 지속가능한 가격조건을 유지할 수 있는지 평가.
납기delivery	적시에 안정적으로 납품할 수 있는 역량, 생산 및 공급능력, 그리고 물류시스템의 효율성평가.
기술력technology	최신기술을 적용하고, 혁신적인 솔루션을 제공할 수 있는 기술적역량과 연구개발 능력평가.
재무안정성financial stability	협력업체의 재무상태와 지속가능성, 장기적인 거래관계를 유지할 수 있는 능력평가.
ESGEnvironmental,Social,Governance	재생에너지 사용 비율, 노동력의 다양성, 지역주민 권리 보호, 온실가스 감축 구체적 목표 등
법적 및 윤리적 기준legal & ethical standards	부패방지, 윤리적경영 실천여부 및 법적기준을 준수 여부 평가.
혁신 및 지속가능성innovation & sustainability	기술적 혁신과 지속가능한 경영을 통해 장기적인 협력관계를 유지할 수 있는지 평가.
위기관리 능력risk management	공급망 위기상황에 대한 대비책과 이를 해결할 수 있는 대응 능력평가

📌 공급업체 계약 시 고려사항 (예시)

1. 계약 형태

- 일반 계약서: 대부분의 협력업체와의 거래는 표준 거래 계약서에 의해 관리되며, 계약의 범위, 가격, 납품 기한, 품질 기준, 법적 책임 사항 명시
- 프레임워크 계약: 장기적인 협력 관계를 맺는 경우, 포괄적인 계약을 체결하여 전체 거래의 기본 조건을 설정하며, 구체적인 발주는 별도의 주문서로 관리
- 연간 계약: 주로 반복적인 거래가 이루어지는 협력업체와는 연간 계약을 체결하여 정기적으로 계약 갱신 및 조건 조정을 실시

2. 계약의 주요 내용

- 거래 조건: 가격, 납기, 품질 기준 등 구체적인 거래 조건을 명확하게 규정
- 지불 조건: 제품 또는 서비스 제공 후의 대금 지급 조건 및 지급 기한을 명시
- 품질 관리: 제품의 품질 기준과 검사 절차를 계약서에 포함하며, 불량품 발생 시 처리 절차를 규정
- 납품 조건: 납품 시기와 장소, 납품 방법, 그리고 납품 지연 시 발생할 수 있는 페널티 조건을 포함
- 보증 및 책임: 협력업체가 제품 또는 서비스의 품질에 대해 일정 기간 보증을 제공하며, 불량 또는 결함이 발생할 경우 책임 범위를 명시
- 계약 종료 조건: 계약 기간 및 계약 해지 조건을 명시하며, 양측이 계약을 종료할 수 있는 상황에 대해 규정

3. 윤리 및 법적 준수:

- 법률 준수: 계약 내용은 해당 국가의 법률 및 규제를 준수해야 하며, 국제적으로 통용되는 기준도 반영
- 공정 거래: 협력업체와의 계약은 공정하고 투명한 절차를 통해 이루어져야 하며, 부당한 조건이나 압박을 가하는 것을 금지
- 윤리적 행동: 협력업체는 윤리적 기준을 준수해야 하며, 계약과 관련된 모든 활동에서 부패, 뇌물 수수 등을 금지

4. 위험 관리 및 분쟁 해결:

- 위험 관리: 공급망 상에서 발생할 수 있는 위험(예: 공급 중단, 품질 문제 등)에 대한 대비책을 계약서에 포함
- 분쟁 해결: 계약 관련 분쟁이 발생할 경우, 협상, 중재, 또는 법적 절차를 통해 해결하는 방안을 명시

기타 운영적 이슈

구매공급관리 정책은 다양한 운영적 이슈에 대해서 명확한 지침을 제시한다. 구매 시에 유해 물질 취급, 불량품에 관한 공급업체 책임, 법규 준수, 독단적maverick 구매 제한, 자산 폐기, 계약 파기, 공급업체가 제시한 계약 변경, 프리미엄

수송비용에 관한 공급업체의 책임 여부, 공급업체의 상표/로고 사용 등에 대해서 고려하도록 하고 있다.

구매관리규정(예시)

제 1조 목적

본 규정은 구매업무의 기본을 분명히 하고 구매활동의 합리적 운영을 도모할 것을 목적으로 한다.

제 2조 정의

구매란 구입요구서 접수후 물품을 사외로부터 조달하는 일체의 행위를 말한다.

제 3조 적용범위

구매는 원칙적으로 다음에 기재하는 것을 제외하고 이 규정을 적용한다.

1) 전력, 도시가스, 수도
2) 건축 및 부대공사
3) 통신 서비스 및 운송 서비스
4) 기타 이 규정을 적용하는 것이 부적당한 것

제 4조 구매구분

구매는 다음 구분에 따라 행한다.

1) 본사구매: 중앙집중적으로 구매하는 것이 유리한 품목의 구매는 본사 구매팀(이하 구매팀이라 칭함)이 행한다.
2) 분산구매: 1)항에서 정한 물품 이외의 구매는 각 지역(지사 , 사업부, 중앙얀구소)의 구매부가 행한다.

제 5조 구매자료의 정리

구매담당과는 관계과(부)와의 연락을 밀접하게 하고 항상 사내외의 동향을 정확히 파악하여 그 자료를 정리해 두도록 한다.

제 6조 유리한 구매의 실행

구매담당부서는 구매요구서를 접수했을 때 그 내용을 상세히 검토하고 최선의 구매방법을 강구해야 한다.

제 7조 견적자의 선택

구매담당 과장은 항상 견적자 선정에 유의해야 한다.

제 8조 견적 및 거래처 선정

1) 시장성이 높은 물품에 대해서는 원칙적으로 3자 이상의 경쟁견적을 행하여 한 업체를 선정함. 단 분할하는 것이 유리한 경우는 두 사람 이상을 선정할 수 있다. 최저 견적가격이 적정치 못한 경우는 가격인하 교섭을 행한다.
2) 시장성이 낮은 물품 또는 시장성은 높지만 경쟁견적을 행하는 것이 부적당한 물품에 대해서는 단독견적을 행하여 다시 견적내용을 상세히 검토한다. 이 경우 구매담당 과장은 반복 구매하는 물품에 대한 위험분산에 유의해야 한다.

4. 구매공급관리 조직 디자인

구매공급관리 기능의 중요성이 증대하면서 사업 및 산업의 특성에 따라 기업별로 경쟁력 확보를 위해 구매공급관리 조직의 디자인을 달리하고 있다. 또한 같은 기업 내에서도 품목의 특성과 수량에 따라서 상이한 구매관리조직 하에서 구매가 이루어지기도 한다. 구매공급관리 조직을 잘 설계하면 중복되는 작업을 줄이고 프로세스를 표준화하여 효율성을 높일 수 있다. 또한, 규모의 경제를 달성할 수 있게 하고, 구매 절차를 표준화하여 전체적인 비용 절감과 일관된 관리 체계를 확립할 수 있다. 이는 구매 활동의 투명성을 높이고 비효율적인 프로세스를 제거함으로써 운영 비용을 줄이는 데 기여한다. 구매공급관리 조직 디자인을 통해 리스크를 효과적으로 관리하고 공급망의 민첩성을 향상시킬 수 있다. 잘 설계된 구매 조직은 잠재적 리스크를 사전에 파악하고, 필요한 경우 신속하게 대체 공급망을 구축할 수 있도록 한다.

구매공급관리 조직 디자인에 영향을 미치는 요인은 다음과 같다.

1) 조직의 비즈니스 전략: 효율성 대 대응성
2) 총구매지출: 요구되는 비용 절감, 지역적 분산
3) 전사적 경영 철학

분권화 조직

분권화decentralized 조직은 구매 업무를 사업부(장) 단위로 구매업무 관련 권한을 위임하여 구매업무를 수행하도록 하는 형태이다(그림 1-3). 분권화 구매 조직 운영의 장점은 다음과 같다. 첫째, 사업부 특성에 따라서 구매공급관리 전략을 유연하게 운영할 수 있다 (스피드, 대응성). 분권화 조직에서는 구매부서가 사업부 내의 타부서들과 유기적으로 신속하게 업무 연계를 할 수 있기 때문에 사업별 특성과 현황에 따라 구매전략을 최적화할 수 있다. 둘째, 사업부의 전문성과 권한을 강화할 수 있다. 구매자가 곧 사용자이기 때문에 필요 품목들을 구매함에 있어서 불필요한 낭비적 요소들을 제거할 수 있다. 또한 사업부는 속해있는 지역의 특성을 잘 이해하고 있어서 지역 공급업체들을 전략적으로 활용할 수 있다 (고유의 운영 요건 이해, 제품개발 지원).

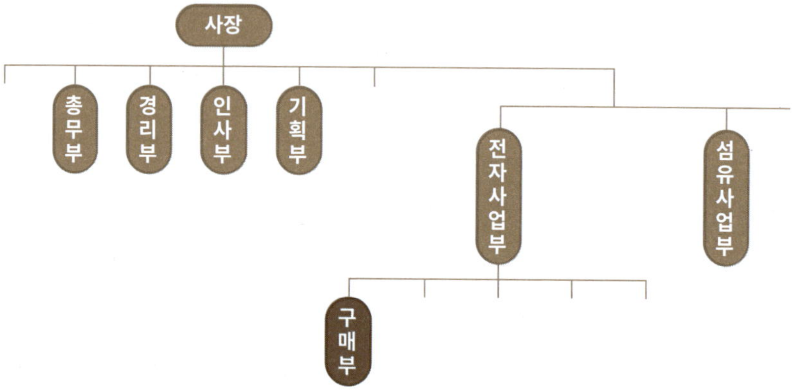

그림 1-3 분권화 조직

통합형 조직

통합형centralized 조직은 구매에 관한 업무들을 한 조직에서 통합하여 실행하는 형태이다(그림 1-4). 대부분의 구매 업무를 본사구매 부서에서 실행하게 된다. 통합형 조직의 장점은 다음과 같다. 첫째, 집중화된 구매 방식을 통해서 효율성을 증대시키고 운영비용을 절감할 수 있다. 소수 공급업체로부터 많은 구매 물량에 구매 조건의 우위를 점할 수 있다. 재료비와 서비스 비용의 통합 컨트롤, 공급사슬 총비용의 상충관계에 대한 분석, 운영적 효율성 개선, 중복구매 방지, 수송비 절감, 규모의 경제에 따른 구매비용 절감 등이 이에 해당한다. 둘째, 공급사슬관리 측면에서 구매공급관리에 대한 전사적 차원의 지원과 대응이 가능하다. 기업은 구매 인력 및 기능의 집중화를 통해서 구매 업무의 전문성을 증대시킬 수 있다. 공급사슬의 단절 및 교란 등과 같은 위험 상황에서 대체 수급처를 탐색하거나 새로운 공급업체의 발굴, 새로운 계약체결 등 공급사슬 전반의 전략적 관리에 있어서 분권화 조직보다 유리하다.

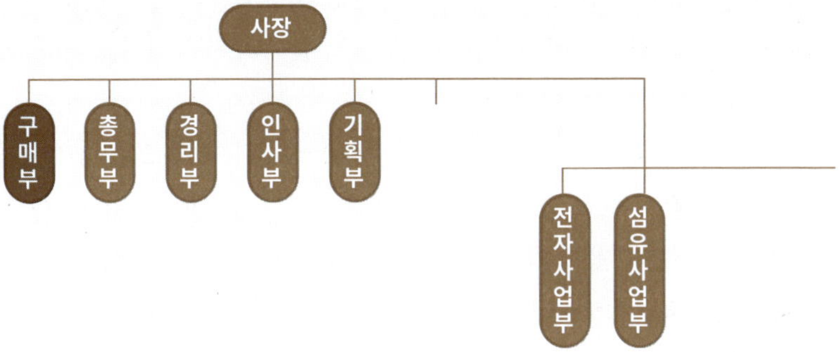

■■ 그림 1-4 통합형 조직

하이브리드 조직

하이브리드hybrid 조직은 분권화 조직과 통합형 조직을 혼합한 형태이다(그림 1-5). 구매 품목의 특성과 중요도에 따라서 일부 품목은 본사 중앙구매부서(통합형)에서 구매하고 나머지 품목들은 사업부의 구매조직(분권형)에서 구매를 실행한다. 일반적으로 사업부 간 구매 품목의 특성의 차이가 크고 기술과 품

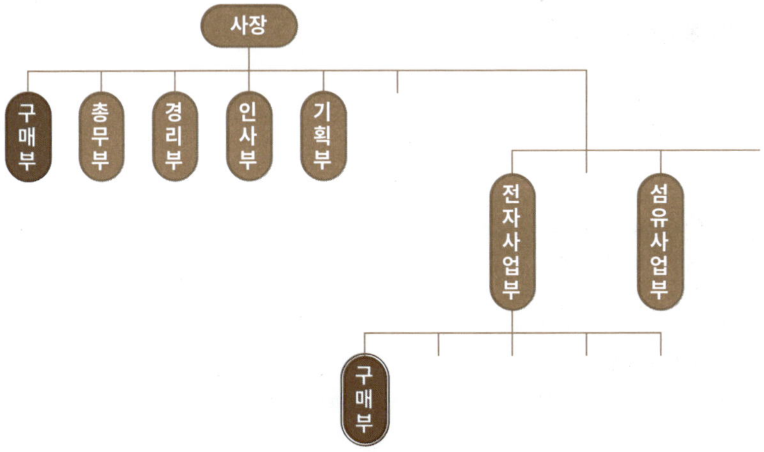

■■ 그림 1-5 하이브리드 조직

질에 대한 전문적인 판단이 필요할수록 사업부 별로 구매를 진행하는 것이 유리하며, 사업부 간의 지리적 거리가 가깝고, 품목의 유사성이 클수록 중앙구매를 진행하는 것이 유리하다.

하이브리드 조직에서는 공동구매와 풀링pooling을 통해 규모의 경제를 실현하고, 비용을 절감할 수 있다. 동시에 분권화된 부서들은 신속한 의사결정과 시장변화에 대한 빠른 대응이 가능하다. 동일한 제품이나 부품을 여러 사업부서에서 사용할 경우, 각 부서가 개별적으로 구매하는 대신에 공동구매 통해 구매량 늘리고, 규모의 경제 실현할 수 있다. 이를 통해 협상력이 강화되고, 가격을 낮추거나 더 나은 조건으로 계약할 수 있다. 풀링은 공용 재고를 중앙에서 관리하는 구조로, 여러 부서가 필요한 자원을 필요할 때 가져가는 방식이다. 이는 중복 재고를 줄이고 재고 관리를 효율화할 수 있다. 풀링 구조는 고비용이거나 중요성이 낮은 제품에 적용된다. 예를 들어, 각 사업부서에서 동일한 IT 장비나 소모품을 사용한다면, 이를 중앙에서 관리하여 최적의 재고 수준 유지할 수 있다. 이 방식에서는 특정 사업부가 공용부품의 관리 책임을 맡아 전체 조직에 필요한 공용부품을 공급하고 유지할 수 있다. 이는 전문화된 부서가 해당 제품군에 대해 더 나은 관리 능력을 발휘할 수 있기 때문에 전문성과 효율성 측면에서 유리하다.

📌 하이브리드 조직 사례[5]

유니레버: 유니레버는 하이브리드 조달 모델을 도입하여 전략적 조달 품목에 대해서는 중앙집중식으로 관리하면서, 일상적인 운영 조달은 분산 방식으로 처리 하고 있다. 중앙의 포트폴리오 관리자는 중요한 품목에 대한 계약 체결을 담당하고, 현지 팀은 일상적인 조달을 관리 한다. 이로써 유니레버는 규모의 경제를 활용하는 동시에 지역적 필요에 유연하게 대응할 수 있게 되었다.

애자일 조직

구매공급조직은 관계 관리, 산업 동향 이해, 데이터 분석, 협상 등 다양한 기술과 역량을 요구하고 있다. 조직 내에서 다양한 경험을 가진 팀이 프로젝트를 진행할 때 더 효과적인 해결책을 도출할 수 있다는 것을 알 수 있다. 구매

조직은 전략적 구매, 완전 자율 구매, 애자일agile 조직이 결합한 형태로 진화하고 있다(그림 1-6).

미래 구매공급 조직에서는 구매 복잡성이 적은 비핵심 자재나 서비스의 경우 완전 자동화된 운영 프로세스fully autonomous operations를 통해 구매 업무가 자동으로 처리한다. 구매에서 중요한 역할을 하는 부문이나 복잡성이 높은 카테고리는 매의 중요성에 따라 부서가 카테고리를 나눠서 책임을 지고, 전략적인 구매 의사결정을 한다.

또한, 변화하는 시장 상황이나 급격한 수요 변동에 빠르게 대응 가능하도록 애자일agile 원칙을 적용하여 조달 및 구매 프로세스를 보다 유연하고 협력적으로 운영이 가능해진다. 전통적인 구매 방식은 고정된 계획과 긴 조달 주기를 기반으로 하지만, 애자일 구매는 빠르게 변화하는 요구사항에 대응하기 위해 작업을 짧은 주기로 나누어 진행하고, 협력적인 접근을 통해 빠른 피드백을 받아 작업 범위에 유연성을 허용함으로써 각 기업은 더 높은 수준의 협력과 지식 공유를 이끌어내고, 결과적으로 팀 성과를 개선할 수 있다. 협력적이고 융합적이며 자율적인 의사결정 능력을 갖춘 전담 구매전문가 애자일 풀pool(구매, 공급망, 재무, 품질 관리 등 다양한 부서의 전문가들로 구성된 팀이 공동 목표를 향해 협력)들이 분산되어 필요 시 하나의 미션을 중심으로 작업한다. 애자일 구매조직은 기본적으로 각 팀별로 독립적으로 결정을 내릴 수 있어, 변화에 신속하게 대응할 수 있다.

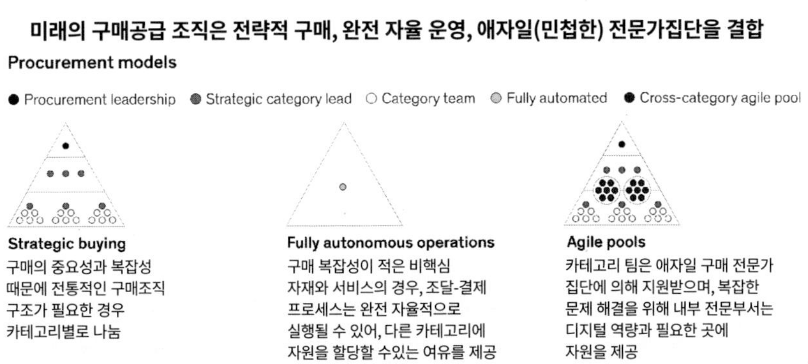

■ 그림 1-6. 애자일 구매 조직 운영 (출처: Mckinsey & Company)[5]

따라서 애자일 구매 공급 조직은 시장 변화나 공급망 리스크에 빠르게 적응하고 유연하게 대처할 수 있다는 장점이 있다. 애자일 방식은 변화하는 외부 환경에 신속하게 대응할 수 있도록 설계되어 있어, 예기치 않은 수요 변화나 공급망 중단 같은 상황에서도 신속하게 조치를 취할 수 있다. 또한, 애자일 조직은 팀 간 상호작용과 협업을 강화하여 더 나은 의사결정을 내리고, 공급업체와의 관계도 개선한다. 다양한 부서가 긴밀히 협력하고 정보를 교환함으로써 구매 결정의 품질이 향상되고, 공급업체와의 협력을 통해 안정적인 공급망을 구축할 수 있다. 효율성 측면에서도 애자일 구매 공급 조직은 비효율적인 프로세스를 제거하고 비용 절감에 기여한다. 불필요한 절차를 줄이고, 중요한 부분에 집중함으로써 업무 흐름이 단순해지고 운영 비용이 절감된다. 마지막으로, 애자일 조직은 피드백 루프를 통해 지속적으로 프로세스를 개선할 수 있다. 현장에서 얻은 피드백을 신속히 반영하여 프로세스의 문제점을 개선하고, 더욱 효율적이고 유연한 공급망을 유지할 수 있도록 한다.

애자일 조직 사례 (AGCO의 Agile Product Clinics)[7]

AGCO는 다양한 팀들이 애자일 원칙에 따라 협력하는 Agile Product Clinics를 운영하고 있다. 여기서 협력업체뿐만 아니라 경쟁업체까지도 함께 참여하여 트랙터 부품을 평가하고 새로운 아이디어를 도출하며, 대체 공급업체를 발굴하는 등 구매 프로세스를 개선하고 있다. AGCO는 스크럼scrum 방식을 적용해 다양한 부서가 짧은 주기로 협력함으로써 더 빠르게 문제를 해결하고 지속적인 개선을 이뤄낸다.
스크럼방식은 소프트웨어 개발에서 사용하는 애자일 원칙을 구매 조직에 적용한 접근법이다. 스크럼 방식은 작업을 작은 단위로 나누어 스프린트sprint라고 불리는 짧은 주기에 걸쳐 수행하는 것이 특징이다. 이를 통해 팀은 빠르게 피드백을 받고, 각 스프린트가 끝날 때마다 점진적으로 결과를 도출하며, 다음 단계로 나아갈 수 있다.

디지털화에 따른 조직의 변화

디지털화digitalizaiton에 따라 구매조직은 아래와 같이 변화할 것이다. 첫째, 조직의 문화는 기술과 데이터를 중심으로 재편되며, 실시간 피드백과 자동화된 프로세스가 일상화된다. 인공지능AI과 로봇 프로세스 자동화Robotic Process Automation(RPA)의 도입은 구매공급 조직 내의 전통적인 역할을 재정의하고 있다. 반복적인 구매공급관리 관련 업무가 자동화되면서 조직 내 많은 역할이 단순한 실행 업무에서 벗어나 전략적이고 창의적인 업무에 집중할 수 있게 된다. 또한 구매 담당자들은 수작업에서 벗어나, 전략 수립과 공급업체 관계 관리 같은 고부가 가치 활동에 집중할 수 있다. 둘째, 민첩한 조직 운영을 목표로, 부서 간 장벽이 낮아지고 크로스 기능적 팀들이 형성되며, 서로 다른 부서와의 협업이 필수가 된다. 정보가 실시간으로 공유되며, 이를 통해 다양한 팀이 함께 의사결정을 내리고, 신속하게 문제를 해결하는 구조로 변화하고 있다. 예를 들어, R&D와 구매부서가 협업하여 제품 개발 초기 단계부터 비용 효율성과 공급망 안정성을 동시에 확보할 수 있다. 셋째, 디지털화로 인해 기업은 공급망 리스크를 예측하고 실시간으로 대응할 수 있는 전담팀을 구성할 수 있게 되었고, 다양한 리스크 시나리오를 선제적으로 분석해 대응 전략을 마련할 수 있게 되었다. 이러한 구매공급관리 조직의 구조로 인해 예기치 않은 상황에서도 빠르게 전략적으로 대응할 수 있는 민첩성을 갖게 되었으며, 글로벌 다계층 공급망의 불확실성에 어느정도 대비할 수 있게 되었다.

5. 구매공급관리 조직 운영

구매공급관리 조직의 운영은 공급업체의 평가와 선정, 신제품 개발, 주문생성, 스케쥴링 및 충족, 통합적 로지스틱스에 이르기까지 타부서들과의 협업을 통한 신속한 의사결정을 하도록 한다. 그림 1-7처럼 수평적 프로세스를 통해 업무 현안에 대해서 부서 간 자유로운 의사소통과 협력이 가능하다. 구매공급관리 조직은 기존의 기능 중심적인 운영 방식에서 프로세스 중심적인 운영 방식으로 점차 변화하고 있다. 그림에서 나타난 바와 같이, 구매공급관리의 주요 프로세스는 공급업체 평가와 선정, 신제품 개발, 주문 생성과 스케줄링 및 충족, 그리고 통합적 로지스틱스와 같은 단계들로 구성된다. 이러한 프로세스는 단순히 기능별로 분리된 작업이 아니라, 부서 간 긴밀한 협력을 바탕으로 유기적으로 연결된 흐름을 강조한다.

공급업체 평가와 선정은 조직의 조달 네트워크를 구축하는 첫 단계로, 구매부서뿐만 아니라 엔지니어링, 생산, 마케팅 부서의 협력이 요구된다. 이는 기능별 분리된 책임이 아닌, 공급망 전체의 품질과 효율성을 고려한 통합적인 접근이 필요함을 보여준다. 신제품 개발 단계에서는 엔지니어링, 생산 부서와 구매공급 부서가 협력하여 적합한 자재와 부품을 조달하고, 이를 통해 제품 설계와 생산 효율성을 동시에 높인다. 여기서 구매공급 부서는 단순히 자재를 구매하는 역할을 넘어, 신제품의 경쟁력을 강화하는 데 중요한 파트너로 작용한다. 주문 생성, 스케줄링 및 충족 단계에서는 구매공급 부서가 재경 및 생산 부서와 협력하여 수요 예측과 자재 관리, 생산 일정 조율을 통해 효율성을 극대화한다. 이러한 프로세스 중심의 접근은 재고 관리 최적화와 원활한 생산을 보장하며, 기능별 역할의 경계를 넘어서 조직 전체의 목표를 지원한다. 통합적 로지스틱스는 조달, 생산, 그리고 배송 과정이 하나의 흐름으로 통합되도록 설계된다. 이를 통해 각 부서가 독립적으로 운영되는 것이 아니라, 전사적인 관점에서 협력하여 공급망의 비용 효율성을 높이고 신속한 대응이 가능해진다.

결과적으로, 프로세스 중심의 운영 방식은 기능별로 단절된 접근법을 벗어나 부서 간 협업과 통합을 기반으로 공급망 관리의 효율성을 극대화하며, 조직이 변화하는 시장 요구에 유연하게 대응할 수 있도록 지원한다.

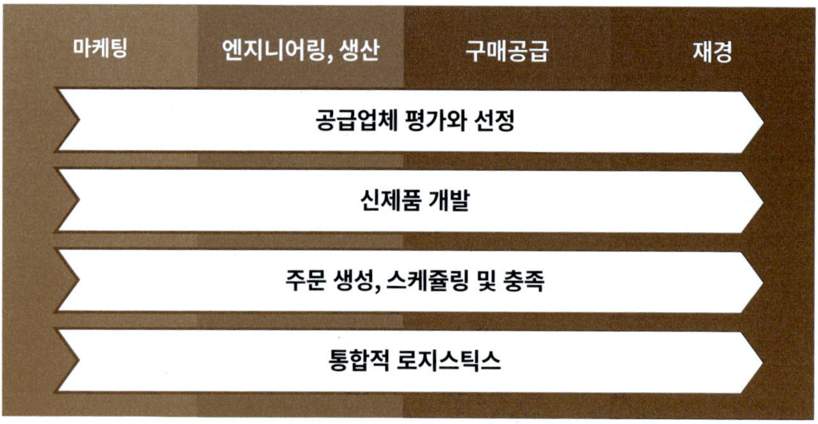

그림 1-7 수평적 프로세스

CPO & Control Tower 역할

최고구매책임자CPO(Chief Procurement Officer)는 단순 조달 업무가 아니라 제품 생산에 필요한 원부자재들과 기업 내 소모성 물품까지 총괄하며 원가절감과 품질개선의 중추적 역할을 담당하고 있다. 그림 1-8처럼 CPO는 전략가, 계획자, 통제자, 혁신가, 지원자로서 구매관련 주요 경영 이슈들을 정의하고 콘트롤 타워로서 기업내 구매관련 업무들을 총괄한다. 특히, 최근에는 공급업체에 대한 평가가 중요해진만큼 통합구매부서 내에 상생협력실, 협력업체운영팀 등을 상설조직으로 신설하여 이를 관리하고 있다.

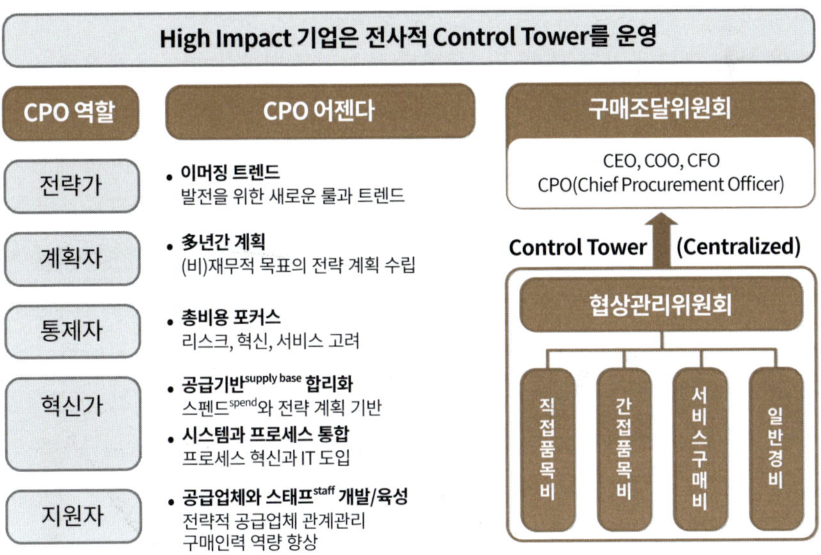

■ 그림 1-8 CPO의 역할[8]

CPO는 글로벌 공급망의 변동성과 복잡성이 증가함에 따라 새로운 도전과제에 직면하고 있다. 이러한 도전과제를 해결하기 위해 구매조직은 현재 상태에서 미래 상태로의 전환을 목표로 해야 하며, 이는 가치사슬의 재설계와 새로운 가치 창출, 디지털화를 통한 민첩성 확보라는 세 가지 주요 축으로 나뉜다.[9] 첫째, CPO들은 가치사슬의 재설계를 통해 밸류체인 형성에 적극적으로 참여하고, 다운스트림 마진 관리와 비용·수익 최적화를 목표로 삼는다. 비용과 수익을 개별적으로 최적화하는 상태에서 미래에는 비용과 수익을 동시에 관리하며 크로스 기능적 목표를 달성하는 방향으로 나아가야 한다. 이를 통해 전략적 회복력과 균형 잡힌 포트폴리오 최적화를 이루고, 공급 부족과 중단을 완화하며 공급망의 비용 최적화와 보안을 동시에 확보해야 한다. 둘째, CPO들은 시장 변동성을 예측하고 이를 기반으로 새로운 가치를 창출하는 능력을 갖춰야 한다. 현재는 변동성에 대응하는 반응적 비용 관리에 초점을 맞추고 있지만, 미래에는 Scope 3(전체 공급망 배출량) 투명성을 구축하고 최적화를 이루어 지속 가능성을 변화의 중심에 두는 리더십을 발휘해야 한다. 이와 함께 고부가 가치 분석과 자동화된 통찰력을 활용해 데이터 활용률을 크게 향상시켜, 우수한 조달 결정을 통해 가치 창출을 극대화해야 한다. 마지막으로 디지털화를 통한 민첩성 확보는 미래 구매조직의 핵심이다. 현재는 기능별 고립된 도구와 프로세스를 활용하기 보다는 미래에는 디지털 도구와 AI를 활용하여 상호 연결된 조직으로 발전해야 한다. 또한, 구매팀은 기존의 기능 및 카테고리 중심에서 다재다능한 문제 해결 능력을 갖춘 역할로 변화해야 하며, 인재 확보, 유지, 개발을 통해 매력적이고 성장하는 전문가 부서로 자리잡아야 한다. 구매조직은 단순 지원 기능에서 벗어나, 전략적이고 매력적인 전문가 부서로 변모하여 조직의 경쟁력을 강화해야 한다.

구매공급관리 기능의 조직화

구매공급관리 조직의 기능은 다음과 같다. 첫째, 소싱과 협상을 담당한다. 잠재적 공급업체들을 파악하고, 선정된 공급업체와의 협상을 진행한다. 협상을 통해 계약을 맺고 제품과 서비스의 구매조달을 운영관리한다. 둘째, 구매와 관련한 다양한 리서치 활동을 진행한다. 구매 물자들의 장기적인 가격과 공급/수급 상황에 대한 예측, 가치분석 프로그램 수행, 공급업체 역량평가와 비용구조 분석 등이 이에 해당한다. 셋째, 운영적 지원과 구매주문 후속조치를 담당한다. 구매와 관련한 모든 일상적 운영지원을 포함하고 전략적 소싱과 운영적 소싱에 대한 관리도 수행한다. 넷째, 기업 전사적으로 구매관련 정책들과 절차들을 관리한다. 구매 정보시스템과 데이터베이스 관리 및 유지, 측정 시스템 구축, 스태핑staffing수준 결정, 부서 계획 수립, 구매전문가 트레이닝과 육성 등이 이에 해당한다.

구매공급관리 전략적/운영적 업무

구매공급관리 부서의 업무는 특성에 따라 경영환경을 고려한 다양한 의사결정이 가능한 전략적 소싱과 업무 프로세스가 정형화되어 있는 운영적 업무로 구분할 수 있다.

전략적 소싱 업무

원자재가격의 급상승과 제품의 복잡성 증가에 따른 재료비 및 외주비 증가 등으로 전략적 소싱의 중요성이 증대되고 있다. 구매공급관리 부서의 전략적 소싱 업무는 다음과 같다. 첫째, 핵심 공급업체와의 관계 관리 및 핵심 품목의 관리이다. 이는 기존 제품의 품질관리 및 신제품의 개발에 있어서도 매우 중요하다. 또한 코로나19 판데믹과 같은 이벤트로 인해 글로벌 공급망의 불안정성이 커지면서 공급사슬 위험관리 차원에서 기존 공급업체와의 관계 관리가 매우 중요해졌다. 핵심품목 조달에 있어서 일정 기간의 리드타임lead time이 필요하고 공급업체가 제한적이고 전문성을 가지고 있는 경우 공급업체와의 전략적 협업을 위해 더욱 노력할 필요가 있다. 또한 적절한 수의 공급업체가 존재하지만 독과점에 가까운 경우에도 안정적인 조달을 위해 구매공급관리 부서가 전략적으로 관리해야 한다. 둘째, 공급계약 협상 관리이다. 전사적으로 협상하기 위해서 가격, 인도조건, 사양, 작업명세서, 거래조건 등에 대해서 전략적으로 고려해야 한다. 셋째, 전자 구매 시스템 구축, 전사적 베스트 프랙티스 실행이다. 이를 위해 업무에 관련된 정책이나 기준에 대한 매뉴얼은 작성하고, 각종 현황을 보고서로 취합하기 위해서도 업체, 품목, 구매담당자 등 각종 정보가 코드화 작업을 진행한다.

운영적 소싱 업무

운영적 소싱업무는 기업의 구매공급관리 절차의 정형화된 프로세스들을 주로 포함하고 있다. 운영적 소싱 업무는 공급업체와의 거래관리, 구매서류 보관, 공급업체 자격관리, 주문가격 및 비용 분석, 부적합 구매자재 처분, 공급업체 성과 피드백 제공, 사업부 특유의 목 관리 등을 포함한다.

구매공급관리 전문가의 의무와 권한

구매공급관리자는 기업으로부터 구매계약에 대한 여러 가지 권한들을 부여받아 대리인으로서 업무를 수행한다. 그림 1-9처럼 대리인(구매공급전문가), 고용주(회사), 제3자(공급업체) 사이의 관계가 형성된다.

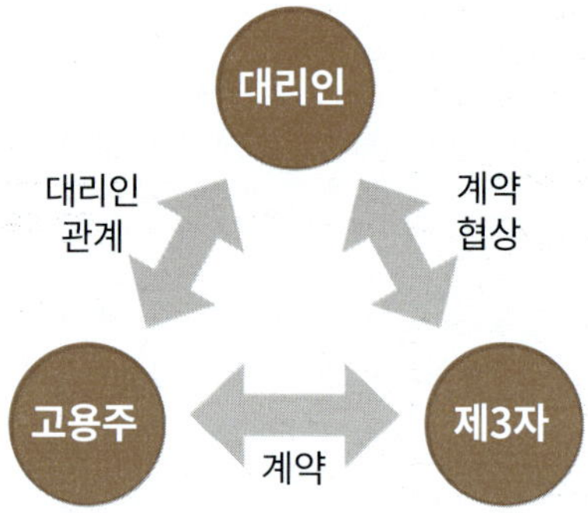

■■ 그림 1-9 대리인, 고용주, 제3자 관계[10]

대리인(구매공급전문가)과 고용주(회사)간에는 계약에 의한 법적 합의consensus 관계 및 대리인이 고용주의 관심사와 효익을 위해 행동하는 신탁fiduciary관계에 있다. 따라서 대리인은 충성심, 책임, 순종, 근면 등과 같은 신탁의무를 고용주는 보상, 변제와 배상, 계정 유지와 같은 신탁 의무를 갖는다.

대리인은 고용주가 허락한 권한의 범위 내에서 행동해야하는 대리인으로서의 한계를 가지며 다음과 같은 권한을 행사할 수 있다. 구매공급관리자가 대리인으로서 가제는 실제적actual 권한에는 명시적express 권한과 묵시적implied 권한이 있다. 명시적 권한은 공식적 서면에 기술된 업무 권한이고, 묵시적 권한은 명시적 권한 수행을 위해 법에 내포된 부수적 권한이다. 구매공급관리자가 가지는 표면적apparent 권한은 제3자와의 거래를 위해 고용주가 허락할 때 생기는 권한이다. 재가/추인ratification은 고용주로부터의 사후 승인으로, 대리인의 행위가 법적이어야 한다.

부서 간 내부 협업

구매공급부서는 일반적으로 구매 – 인소싱 대 아웃소싱 (가치 분석, 구매 리서치, 물자 예측), 공급관리, 촉진expediting관리, 재고 컨트롤, 운송, 대응무역방식countertrade arrangements 관리 등의 업무를 진행한다. 구매업무를 원활하게 수행하기 위해서는 입고와 창고 저장, 경제 예측, 원자재 선물거래commodity futures trading, 생산 계획 수립과 컨트롤, 하도급–글로벌 운송과 물자 관리, 출장경비 관리 등과 같이 연관부서들과의 업무들이 매우 중요하다. 그림 1-10은 구매공급관리 부서의 타부서들과 협력 관계도를 보여주고 있다. 내부협력을 위해서는 전폭적 팀 활동, 적극적 신제품개발 참여, 지원구매공급부서와 내부 고객부서들과의 동일장소배치co-location 등이 필요하다.

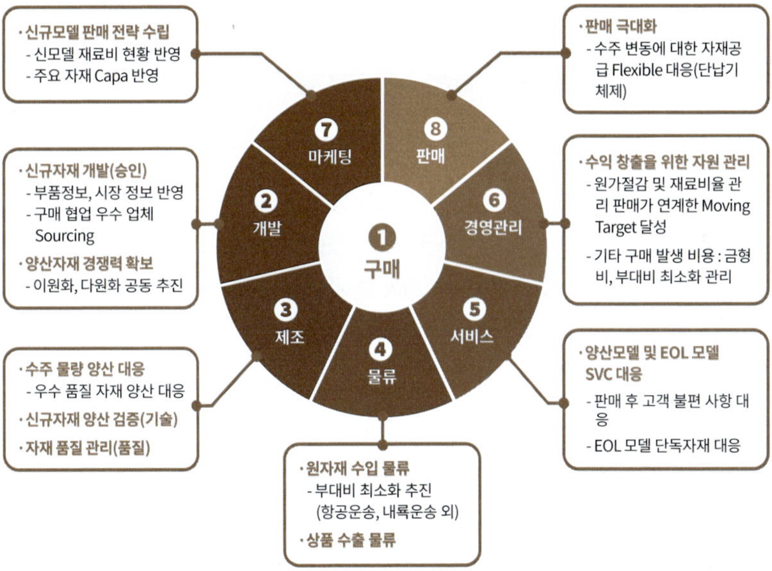

■ 그림 1-10 구매부서 협업

6. 구매공급관리 전략과 혁신

구매공급관리는 경영환경의 변화에 따라 끊임없이 진화해오고 있다. 구매공급관리는 생산기능을 보조하는 단순 사무적 서비스에서부터 기업의 원가절감과 공급사슬관리의 영역의 주요한 역할을 담당하게 되면서 전략적 중요성과 혁신이 중요하게 되었다.

평균적으로 제조업 기업의 매출원가의 60%이상을 구매비용이 차지하고 있고 추가적으로 물류와 R&D까지 포함하면 원가의 90%를 구매관련 비용이 차지하기도 한다. 따라서 오늘날 다수의 기업들이 전사적으로 원가목표 관리를 위해 구매공급관리 부문의 혁신을 강조하고 있다. 이제 구매공급관리 이슈는 단순히 관리자 레벨의 의사결정이 아닌 이사회의 주요 안건 중 하나가 되었다. 따라서 선진기업을 중심으로 구매공급관리의 전략적 비중을 강화하면서 혁신하기 위해서 지속적으로 노력하고 있다.

전략적 구매공급관리를 위한 핵심원칙

(원칙 1) 구매공급관리 인식의 변화: 대응적 관리 → 선제적 관리

구매공급관리는 대응적 관리에서 선제적 관리로 변화하고 있다. 대응적 관리는 문제가 발생한 후에야 해결책을 찾는 방식이다. 즉, 공급망에서 예상치 못한 리스크나 문제가 발생했을 때 즉각적인 대응을 통해 문제를 해결한다. 반면에 선제적 관리는 잠재적인 리스크나 문제를 미리 예측하고 대비하는 방식이다. 기업은 데이터를 활용하여 미래의 수요 변동이나 공급망 리스크를 분석하고, 이를 바탕으로 미리 계획을 수립해 리스크를 최소화 한다.

선제적 관리 예: AI 및 빅데이터 분석 통해 수요 예측하고, 공급망 내의 약한 고리 미리 파악하여 대체 공급원 확보하거나 재고 미리 비축하는 방식

(원칙 2) 구매공급관리 조직 문화 구축 (내성tolerance)

공급망 관점의 통합적 GPOGlobal Procurement Office 구축을 강조하며, 자원과 조직의 다양성을 수용하고 하이브리드 의사결정을 통해 통합적 관리를 가능

하게 한다. 이는 조직이 변화에 더 잘 적응할 수 있도록 내성을 기르는 것을 목표로 한다. 최근 구매공급관리 조직에서 다양성diversity, 형평성equity, 포용성inclusion은 중요한 요소로 자리잡고 있다. 다양한 지역의 다양한 배경을 가진 소수 공급업체minority-owned businesses와의 협업이 촉진될 수 있으며, 이는 윤리적이고 지속 가능한 조달 전략에도 기여할 수 있다.

(원칙 3) 조기경보early warning 시스템을 통한 선제적 관리

조기경보 시스템을 통해 데이터를 분석하고, 경영 및 관리 역량을 강화하여 위험에 대해 사전 대응하는 시스템을 구축할 수 있다. 이는 조직이 잠재적인 위험 요소를 초기에 파악하고 이에 대해 선제적으로 대응할 수 있도록 보조한다. 조기경보 시스템이 정확하게 작동하려면 실시간으로 신뢰할 수 있는 데이터가 필요하다. 따라서 기업은 다양한 출처로부터 데이터 수집하고, 이를 분석할 수 있는 고도환된 수집, 분석, 저장 인프라가 필요하다. 또한 공급망 내 다양한 이해관계자와의 협력이 요규된다. 협력업체, 물류 파트너, 공급업체와의 실시간 정보 공유가 중요하며, 이를 통해 공급망 전반에서 조기경보 시스템이 효과적으로 작동할 수 있다.

(원칙 4) 핵심부서/전사적/공급망의 민첩한 대응 (탄력성resilience)

구매공급관리의 중요한 역량 중 하나는 민첩한 대응을 통해 예측할 수 없는 리스크에 민첩하게 대응하는 능력이다. 환경 변화에 빠르게 대응할 수 있는 공급망 전반의 소통과 협력 체계 구축 및 가시성을 확보한다. 이를 통해 공급망의 유연성flexibility과 탄력성resilience을 강화할 수 있다. 이러한 관점에서 최근 공급망 면역성supply chain immunity이 중요해졌다. 공급망을 질병에 대한 인체의 면역 시스템에 비유하여, 공급망 내에서 발생할 수 있는 위험이나 위기에 대한 인지와 대응 능력을 향상시키는 것을 목표로 하는 개념이다.[11] 공급망 '면역 시스템'을 강화하여 잠재적 리스크를 사전에 감지하고, 신속하고 유연하게 대응하여 외부 충격에 견딜 수 있는 능력을 갖추는 것이 필요하다.

공급망 면역성 예시: (백신공급망) COVID-19 팬데믹 동안 백신 공급망은 전 세계적으로 불확실성에 직면, 공급망 면역성 개념을 적용하면, 생산량을 유지하면서도 공급 중단, 재고 부족, 사재기 등 다양한 문제를 사전에 대비 가능

(원칙 5) 엄격한 구매공급 성과 관리 (통제: 성과 관리)

구매공급관리 영역의 전략적 KPI(Key Performance Indicator) 설정하고, 실행과 성과를 인센티브로 연계하여 성과 관리를 엄격하게 시행한다. 또한, 단기적인 성과에 그치지 않고 지속가능경영을 목표로 한 운영전략을 강조할 필요가 있다. 성과 관리 체계를 통해서 목표 대비 성과를 평가하여 문제점을 발견하고 개선할 수 있다. 이를 통해 비효율적인 부분을 발견하고, 이를 개선하는 피드백 루프를 제공하여 공급망 운영의 효율성을 전반적으로 향상 시킬 수 있다.

구매공급관리 혁신의 핵심요소

구매공급관리 혁신을 위한 핵심요소는 Triple-VPA+ 모형으로 정리할 수 있다. 첫 번째, Triple-P(내부요소)는 인적자원(people), 성과(performance), 프로세스(process)로 초연결 초지능 시대의 구매공급관리 혁신을 위한 기본 프레임을 형성한다. 인적자원 관점에서 보자면 공급업체 및 내부 부서 간의 원활한 협업을 통해 구매공급관리 혁신이 촉진된다. 특히, 구매팀은 다른 부서와의 통합 및 커뮤니케이션을 통해 전략적 의사결정을 지원하고, 조직 전반의 혁신 문화를 조성하는 역할을 수행하도록 노력해야한다. 성과차원에서는 이를 정량적으로 측정하고 관리하기 위해 명확한 KPI를 설정하고, 비용 절감, 품질 개선, 리스크 관리와 같은 성과 목표를 지속적으로 평가한다. 프로세스 차원에서는 디지털 솔루션을 도입하여 프로세스의 효율성을 높이고, 운영 비용을 절감하는 것과 동시에 리스크 관리 프로세스를 정립하고, 다양한 시나리오 기반의 대응 계획을 마련하여 리스크를 최소화하도록 노력한다.

두 번째, Triple-A(공급망 요소)는 정합성(alignment), 민첩성(agility), 적응성(adaptability)를 의미하며 공급망 전반의 민첩성, 적응력을 강조하고 공급망 참여

기업들이 정보 및 공동의 성과를 추구할 수 있도록 돕는다. 정합성은 공급망 내의 모든 참여자들이 동일한 목표를 공유하고, 조화롭게 협력하는 것을 의미한다. 민첩성은 빠르게 변화하는 시장 환경이나 예기치 못한 변화에 신속하게 대응할 수 있는 공급망의 역량을 의미한다. 적응성은 공급망이 장기적으로 변화하는 환경에 적응하여 지속 가능한 경쟁 우위를 유지할 수 있는 능력이다.

마지막으로 Triple-V(외부 요소)는 가치[value], 속도[velocity], 변동성[volatility]으로 고객들의 기대와 선호, 제품수명주기와 기술, 빠르게 변화하는 경영환경의 불확실성에 대한 리스크에 대한 관리를 포함한다. 가치 중심 공급망[value-driven supply chain]은 고객 중심 전략을 통해 제품의 품질, 납기, 혁신 등을 극대화한다. 속도는 공급망 내에서 모든 프로세스가 얼마나 신속하게 이루어지는지를 의미하며 제품을 시장에 빠르게 출시하고, 산업, 시장, 고객의 변화 요구에 빠르게 대응하는 능력과 관련이 있다. 변동성에 대응하기 위해서는 리스크 관리 시스템을 구축하고, 탄력성[resilience]을 강화하여 비상 상황에 빠르게 대처할 수 있는 체계를 마련해야 한다.

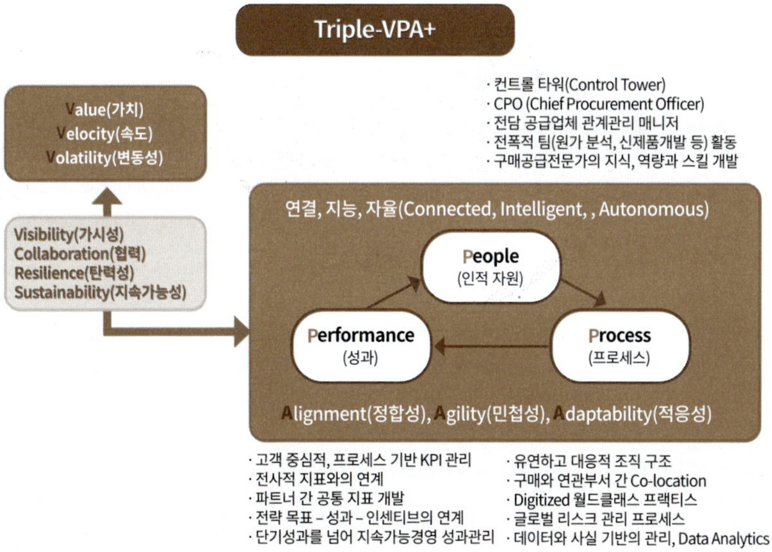

■ 그림 1-11 구매공급관리 혁신 핵심 요소

📌 공급망 가시성 및 협력 개선사례: BMW의 Part Chain 프로젝트[12]

BMW는 글로벌 공급망의 복잡성을 관리하기 위해 디지털화된 공급망 관리 시스템을 구축하였다. 생산 라인과 물류에서 발생하는 데이터를 실시간으로 모니터링하여 공급망의 모든 단계에서 가시성을 제공한다. 특히, 예기치 못한 공급망 중단 문제에 대비하기 위해 빅데이터와 AI 기반 예측 분석을 활용하여, 잠재적인 리스크를 미리 식별하고 대응할 수 있도록 하고 있다. 이러한 가시성은 공급망에서 발생하는 문제를 조기에 발견하고 신속하게 해결하도록 한다. BMW는 공급업체와의 협력 관계를 강화하기 위해 파트너십을 최적화하고, 공급업체와의 긴밀한 소통을 강조한다. 공급망 내에서 발생하는 예기치 못한 변화에 유연하게 대응할 수 있는 탄력성과, 장기적으로 지속 가능한 공급망 관리 전략을 통해 BMW는 글로벌 공급망의 리더로 자리잡고 있다.

이러한 시스템의 성공 요인은 실시간 데이터 모니터링(투명성 확보), 파트너와의 긴밀한 협력, 탄력성과 지속가능성 확보 등을 생각할 수 있다.

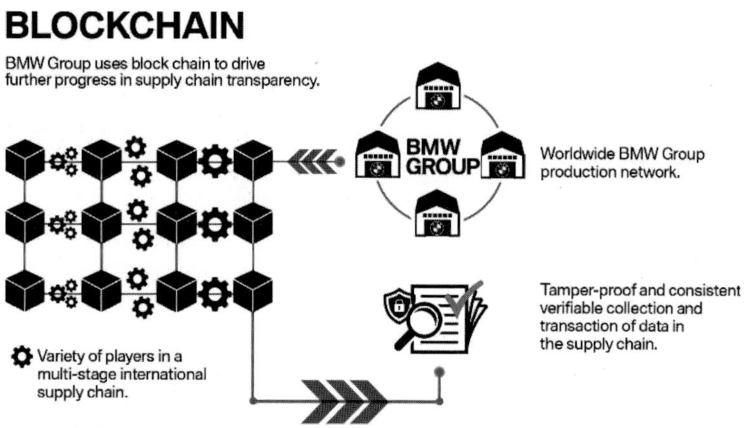

공급망 내 공급업체들의 데이터가 블록체인에 기록되어 모든 참여자가 동일한 데이터를 공유하게 된다. 이로 인해 데이터의 불일치나 오류가 줄어들고, 공급망의 투명성이 높아진다. BMW 그룹은 이 글로벌 공급망 데이터를 바탕으로 생산을 진행하는 핵심적인 역할을 한다. 블록체인을 통해 공급망의 다양한 데이터를 실시간으로 확인할 수 있어, 원활한 생산 계획 수립과 운영이 가능해진다.

2장

가치창출의 동력, 전략구매

1. 전략구매 개요

전략구매strategic sourcing는 현대 기업에서 필수적인 관리 기법으로서 그 중요성이 점점 더 높아지고 있다. 이제 기업들은 단순한 물품 구매가 아닌, 전략적 관점의 구매 관리를 통해서 비즈니스 성과를 높여야 하므로 전략구매의 역할과 가치는 계속해서 증대될 것이다.

변화하는 기업 환경과 구매 부서의 역할 : 수동적인 물품 조달에서 전략적 구매 기능 수행

4차 산업혁명이 진행되고 있는 상황에서 업무 프로세스에 생성형 AI가 도입되고 있고 AI를 활용한 제품의 생산과 서비스의 확산 등 대부분의 기업은 급변하는 기업 환경에 직면해 있다. 이런 변화는 기업 내 각 부서에서도 영향을 미치며, 새로운 기능 정립의 필요성을 시사하고 있다. 특히 구매 부문에서는 전사적 차원에서 전략적 대응 및 조정이 요구되는 만큼, 그 역할과 기능이 급격하게 변화하고 있다.

구매 부서는 전통적으로 가장 저렴한 가격으로 물품을 조달하여 비용을 절감하고, 개발, 생산, 품질 등 관련 부서의 요구에 신속하게 대응하여 납기를 준수하는 역할을 담당하였다. 이처럼 구매 부서는 주로 관련 부서의 요청에 따라 물품을 단순하게 조달하는 수동적인 업무가 주를 이루었다. 그러나 최근에는 급변하는 환경과 기업의 전사적인 운영 방침이 연결된 전략적 구매 기능의 수행으로 구매 관리 부서의 역할과 운영 방향은 변화하고 있는데, 이는 원가절감의 인식 전환과 연관이 깊다. 최근 들어, 기업에서 구매비용은 전체 비용 중 상당한 비중을 차지하거나 점차 늘어나고 있어, 구매비용의 절감이 중요한 이슈로 떠오르고 있다. 매출의 증대도 중요하지만, 비즈니스 환경의 불확실성이 높아지는 상황에서 구매 부분의 혁신을 통한 비용 절감이 기업의 이익 증가에 더 효과적이라는 점을 이해해야 한다. 그러기 위해서는 수동적 구매에서 벗어나 능동적 구매로의 변화가 요구된다. 아직도 많은 기업이 조달구매 위주의 구매 관리 업무를 수행하고 있으나, 제품을 생산하는 제조업 분야에서는 조달구매와 개발구매를 분리하였고, 글로벌 기업들은 전략적 구매로 기능의 전환과 혁신을 도모하는 중으로 이러한 변화는 늘어날 전망이다.

전략구매 vs. 조달구매

전략구매는 제품수명주기Product Life Cycle(PLC)와 개발 납기 단축과 연계해서 설정해야 하는 시장출시 시점time to market 상의 기술/개발의 목표를 달성하기 위해 구매 프로세스의 첫 단계부터 전략적으로 접근하여 원가경쟁력을 극대화하는 것이 핵심이다.

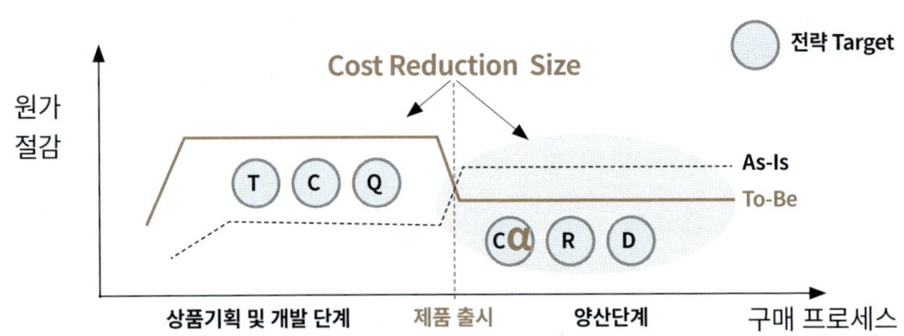

■ 그림 2-1. 원가경쟁력 향상을 위한 전략구매

그림 2-1은 원가경쟁력 향상을 위한 전략구매의 개념을 도식화한 것이다. 구매 프로세스는 상품을 기획하고 개발하는 과정을 거쳐 제품의 양산 단계로 진행되는데, 제품 출시를 기점으로 상품기획 및 개발 단계와 제품의 양산 단계로 구분할 수 있다. 이 과정에서 구매 원가절감의 기회는 제품이 출시되기 전인 상품기획 및 개발 단계에서 더욱 많으므로 전략구매 활동은 시장출시 시점을 단축하면서 원류 단계에서 원가경쟁력을 확보하기 위해 구매-개발-협력업체 간 전략적 협업을 강화하는 데 중점을 두어야 한다. 이 점이 전략구매와 조달구매의 가장 큰 차이점이라고 할 수 있다.

이에 반해, 조달구매는 제품의 양산 단계에서 생산 과정에 필요한 원자재, 부품, 장비 등을 외부 공급업체로부터 효율적으로 확보하는 데 초점이 맞춰져 있다. 즉, 원활한 생산을 뒷받침하고, 비용을 최적화하면서 안정적인 공급망을 유지하는 데 중점을 둔다. 특히, 이 과정은 기업의 제품 생산과 수익성에 직접적인 영향을 미치기 때문에 공동품목에 대한 통합구매를 바탕으로 표준화·공용화 효과를 통한 원가경쟁력을 극대화하는 것이 중요하다. 그림 2-2는 조달구매 절차를 도식화한 것으로, 필요한 품목의 구매 니즈를 확인

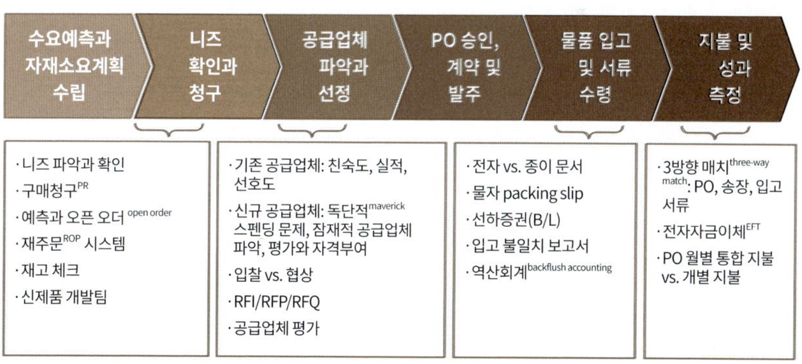

* PR: Purchase Requisition
SOW: Statement (Scope) of Work
ROP: Reorder Point
RFI/P/Q: Request for Information / Proposal/Quotation
PO: Purchase Order

* B/L: Bill of lading
EFT: Electrionic Fund Transfer
Backflush accounting: 제품 생산 완료 후 소요 재고를 기록하고 제품 원가 계산을 하는 관리 회계

■ 그림 2-2 조달구매의 절차

* 출처: Monczka et al., 2015[1] ; Handfield et al., 2011[2] (수정 보완)

하여 구매처를 결정하고 품목을 발주·접수한 후 대금을 결제하는 과정이기에 “Procure to Pay” 프로세스라고도 한다.

생산 계획에 따라 원자재와 부품의 수요를 예측하여 자재소요계획이 수립되면, 원자재나 부품이 필요한 부서에서 다양한 형태로 자재구매를 청구한다. 청구된 내역을 공급할 수 있는 공급업체를 파악하고 평가 과정을 거쳐 적합한 공급업체를 선정하게 된다. 공급업체 선정이 마무리되면 입찰이나 협상을 통해 실질적인 구매 절차가 진행되며, 공급업체로 주문(발주)서Purchase Order(PO)를 송부하면 매매계약이 성립하게 되면서 구매 발주가 이루어진다. 공급업체는 주문서에 명시된 요청 사항(납기일, 운송수단, 거래조건 등)에 따라 물품을 납품한 후, 구매기업으로 송장invoice을 발송한다. 물품이 도착하면 구매기업은 주문서, 송장, 입고 내역을 종합적으로 비교·검토하여 계약이 제대로 이행되었는지 확인하게 되고, 이후 지급조건에 따라 대금을 지불하고 계약 이행의 결과를 토대로 공급업체의 성과를 평가하고 기록한다.

결론적으로, 조달구매는 일상적인 생산 과정에서 필요한 물품을 충족시키기 위한 단기적인 활동이라면, 전략구매는 장기적인 성과와 경쟁력 강화를 목표로 하는 포괄적이고 전략적인 활동으로 정리할 수 있다. 따라서 전략구매는 조달구매에 비해 상대적으로 시간을 들여 계획하고 분석하여 의사결정을 내리는 경우가 많다. 전략구매와 조달구매의 구체적인 차이를 항목별로 정리하면 표 2-1과 같다.

표 2-1 전략구매와 조달구매의 차이점

항목	전략 구매	조달 구매
목적	장기적 관점의 비용 절감, 경쟁력 확보, 공급망 안정성, 공급업체 최적화	필요한 물품이나 서비스를 정해진 예산 범위에서 적시 확보
적용 범위	조직의 전반적인 구매 전략과 연계된 장기적 계획	주로 단기적인 요구사항에 초점(일상적인 구매 활동)
구매 대상	핵심 원자재, 부품, 장비, 고부가가치 서비스 등	일상적인 재료, 부품, 소모품, 서비스 등

항목	전략 구매	조달 구매
절차	공급업체 분석, 시장조사, 협상, 리스크 관리 등 다양한 전략 포함	규정된 절차에 따라 구매 활동이 이루어짐
공급업체 관리	장기적인 파트너십 구축, 공급업체와의 협력 및 성과 평가 중점	보통 단순 거래 관계
비용 절감	총소유비용(TCO) 절감, 장기적인 비용 절감 기회 모색	주로 단기 비용 절감에 중점
리스크 관리	공급망 안정성을 위한 리스크 식별 및 완화 전략 포함	제한적 리스크 관리
거래 방식	협력적 협상 및 장기적 계약을 선호	보통 경쟁 입찰, 정해진 절차 준수
성과 지표	비용 절감, 혁신성, 공급업체 성과, 리스크 관리 등	비용, 납기 준수, 품질 등
시장 분석 대상	시장 동향, 공급업체 역량, 혁신 기술 등	공급업체의 빠른 탐색, 가격 비교 등

전략구매의 필요성과 실행에 따른 이점

전략구매는 경쟁 환경에서 기업들이 생존하고 성장하기 위해서 필수적인 요소이다. 전략구매는 단순히 생산에 필요한 물품을 구입하는 것에서 그치지 않고, 구매 관리가 중심이 되어 기업과 그 제품에 경쟁력을 부여하는 구매 방식을 말한다. 이를 효과적으로 실행하기 위해서는 조직의 구조와 구매 프로세스를 포괄적으로 고려하여 기업의 전략적 의사결정 과정에 구매 부서가 참여하는 것이 바람직하다. 또한, 시장 조사 및 분석을 바탕으로 최적의 공급업체를 선정하고, 공급업체와의 협업을 통해 핵심 기술을 도입하여 경쟁력을 강화함으로써 기업의 가치를 높이는 데 도움이 된다.

기업은 전략구매를 통해 전체 공급망 관리에 대한 이해도를 높이고, 전략적으로 비용 절감, 품질개선, 공급업체와의 관계를 강화할 수 있다. 이를 통해 기업의 구매공급 기능의 경쟁력 향상과 공급기반supply base 최적화를 기대할 수 있다.

2. 위계성과 정합성을 고려한 전략의 수립

기업 전략과 연계된 공급전략

기업의 모든 기능은 여러 가지 시장 상황을 고려하여 수립된 전략에 따라 전개된다. 기업은 최상위 단계에 있는 기업 전략corporate strategy을 토대로 사업 전략business strategy[3]을 수립하고 이 사업 전략에 기반하여 각 부서들의 기능 전략functional strategy이 수립되어 기능 부서별로 다양한 활동을 계획하여 전개한다. 기업 전략은 기업이 사회의 구성원으로서 어떠한 사업을 영위하여 이윤을 추구하면서 사회에 이바지할지를 포괄적으로 제시한다. 사업 전략은 기업 전략에 기인하여 도출되고 특정 사업 영역에서 경쟁할 방법을 제시하며, Porter(1980)[4]의 5-force 모델이 보편적으로 사용된다. 다섯 가지 요인[5]에 관해 다각적으로 분석하여 경쟁 정도가 결정되며, 이를 바탕으로 시장에서 경쟁우위를 점하기 위한 전략의 유형(원가우위 또는 차별화)을 결정하고 이를 현실화하기 위한 일관성 있는 기업의 경쟁전략을 도출한다. 이 과정에서는 기업의 중장기적 목표와 시장 상황, 경쟁사 및 고객에 대한 분석 등을 반영하여 필요한 역량을 원가cost, 품질quality, 납기delivery와 같은 관리 지표에 대해 측정 가능한 계량화된 목표를 제시한다. 최근에는 공급망의 단절과 교란의 문제로 인해 기업의 민첩성agility[6]에 대한 중요도가 높아지면서 중요한 관리 지표로 삼고 있다. 기능 전략은 사업 전략을 바탕으로, 추구하고자 하는 목표를 달성하기 위해 각 기능부서의 구체적 활동에 대한 계획 및 실행 내용을 담고 있다. 각 기능부서는 전문적인 영역의 프로세스를 독립적으로 수행하기도 하지만 다른 기능부서와도 유기적으로 연계된 프로세스를 수행한다.

공급전략은 기업의 구매·공급 기능을 담당하는 부서의 기능 전략으로, 다음과 같은 내용이 반영되어야 한다. 첫째, 제품 생산에 필요한 제반 요소(원자재, 부품, 반제품, 서비스 등)가 원활하게 공급될 수 있도록 구체적인 계획이 제시되어야 한다(조달구매 관점의 전략). 이를 위해 공급업체의 생산 역량을 관리·육성하여 적절한 품질 수준이 보장되는 제반 요소를 적정한 원가에 확보되도록 관리하고, 이를 필요로 하는 부서의 요청에 따라 적시에 적량을 적소에 공급하여 기업의 생산 기능이 원활하게 전개될 수 있도록 보장한다. 둘째, 신제품을 개발하는 과정에서 요구되는 새로운 제반 요소가 적시에 공급될 수 있도록 우수한 신규 공급업체를 발굴하고 이들과의 긴밀한 협업을 위한 방향성이 제시되어야 한다(전략구매 관점의 전략). 이는 신제품의 출시와 양산에 적잖은 영향을 미친다. 신제품의 생산에 필요한 제반 요소의 확보와 원활한 공급을 위해 앞서 설명한 원가, 품질, 납기, 민첩성 등의 요인에 대해 구체적인 정량지표를 제시하여 이를 통제·관리함으로써 공급업체와의 유기적인 관계 유지가 필요하고, 공급업체의 역량을 높일 수 있는 다양한 프로그램(생산능력 향상, 생산 기술 및 인프라 지원, 셋업/리드 타임 단축, ICT 시스템 연동, 인적자원 스킬 등)을 개발·실행도 요구된다. 또한, 공급전략에서 제시되는 통제와 관리 지표에는 생산전략(생산 부서의 기능 전략)에서 제시되는 목표와 기준을 반영하여 생산전략과의 정합성을 확보해야 한다.

통합적 공급전략의 수립과 공급관리자의 역할

공급전략은 상위 전략과의 위계적 관계를 만족하면서 동시에 생산 및 마케팅 전략과의 정합성이 요구된다. 조직의 판매 및 매출액 목표를 달성하기 위해 시장 상황을 반영한 공급망 역량을 기획하고, 고객의 니즈를 만족시킬 수 있는 제품을 시장에 공급하기 위해 공급업체와의 협력을 통해 수요와 공급의 균형을 유지하면서 총 시스템 비용을 적절하게 관리해야 한다. 또한, 목표시장에서 신제품 개발을 통한 수익성과 기존 제품을 활용한 수익성을 비교·분석하여 판매 계획 및 운영 방안을 결정해야 한다. 이를 위해서는 공급업체를 포함한 자사의 연구개발 역량을 감안하여 제품·서비스의 특성과 기술을 선택하는 것이 중요하고, 공급업체와 계획 정보를 공유하여 고객 서비스 수준, 재고 및 인력 수준의 정합성을 종합적으로 고려해야 한다.

그러므로 공급관리자는 다음과 같은 전문적인 역할을 담당해야 한다. 첫째, 시장 세분화 및 고객 계층화 전략을 이해하여 공급 기반을 조성할 수 있도록 조직의 계획과 실제 판매 차이를 지속적으로 모니터링하고, 공급망의 역동성dynamic을 반영하여 공급 역량을 적절하게 조정해야 한다. 둘째, 공급업체와의 의사소통과 협업을 추진해 목표 판매가, 마진margin 및 시장점유율의 목표 달성을 위해 기여해야 한다. 셋째, 공급업체나 고객과의 적절한 시스템 범위를 설정하고 관련 이슈를 파악하고, 조직이 기대하는 핵심 서비스 요인(품질, 고객 서비스, 물류, IT 인프라, 제품 디자인 조정 등)을 관리하여 판매-공급 계획을 수립하고 프로세스를 운영함으로써 공급의 지속성을 보장하는 것이다.

3. 전략구매 목표

전략구매의 프로세스와 핵심 이슈

공급전략의 기본은 생산에 필요한 제반 요소를 전략적으로 구매하는 것으로, 여기서 '전략적'이라는 의미는 공급시장을 이해하고 이를 바탕으로 적정한 비용을 투입하여 공급업체와 상호 이득을 볼 수 있는 거래 관계를 형성하여 지속적으로 상호 발전하는 것을 의미한다. 이러한 개념은 최근 공급망의 불안정성이 가중되고 가속화되면서 예상하지 못한 문제가 발생했을 경우 선제적이면서 즉각 대응할 수 있는 공급망 기능의 회복 탄력성이 중요해짐에 따라 더욱 중요한 이슈로 떠오르고 있다.

그림 2-3과 같이 전략구매 프로세스는 원활한 공급망의 기능 수행과 지속적인 성과 향상을 위한 프로젝트 성격을 띤다. 업무 수행을 위한 복합기능cross-functional팀을 구성하고, 업무기술서Statement of Work(SOW)와 프로젝트 차터를 작성하여 업무 범위를 정의한다. 이러한 절차가 마무리되면 공급시장을 분석·이해하는 과정이 이어지는데, 이를 위해서는 공급시장의 가격 변동성과 공급능력을 파악하여 비용spend을 예측하고 이를 토대로 소싱sourcing 의사결정(인소싱In-sourcing 또는 아웃소싱Out-sourcing)을 내리게 된다. 자체적 확보인지 외부 공급인지에 관한 의사결정이기에 소싱 방법의 결정을 Make or Buy 의사결정이라고도 한다. 최근 들어 제품에 수용해야 하는 기술이 빠르게 진화하고, 사양의 다양성과 복잡성이 증가하는 등 제품에 반영해야 하는 문제가 늘어남에 따라 제

조기업의 Out-sourcing 비중은 점차 높아지는 추세이다. 이에 따라 공급업체와의 유기적인 관계를 통해 생산에 필요한 요소를 적시·적량 확보하는 것이 중요하게 되었고 이를 전략적 관점에서 접근해야 할 필요성이 제기된다. 여기서 고려되는 기본적인 사항은 소싱의 형태(단일 소싱, 다수 소싱), 소싱 기업의 지리적 위치(국내 기업, 글로벌 기업), 경제성(고비용, 저비용 또는 저가, 최저가)을 고려한 총소유비용Total Cost of Ownership(TCO) 등이며, 다양한 협상 계획의 수립이 필요하다. 이후 절차는 필요한 요소를 공급하는 공급업체의 역량을 평가하고 이를 반영하여 공급업체와의 계약 기간과 거래 형태를 결정한다. 우수한 역량을 보유하고 거래 관계의 신뢰를 보장할 수 있는 공급업체라면, 신제품 개발 과정에서 공급업체 조기참여Early Supplier Involvement(ESI)를 통해 신제품의 개발 기간 단축과 기대 품질 수준을 높이는 활동을 전개할 수 있다. 전략구매 프로세스의 마지막은 공급업체 관계관리Supplier Relationship Management(SRM)를 통해 공급업체와 지속적인 성과 향상을 위한 노력이 수반된다. 이 과정에서 공급업체의 육성, 역량 모니터링, 커뮤니케이션 기반의 신뢰 관계 형성, 원

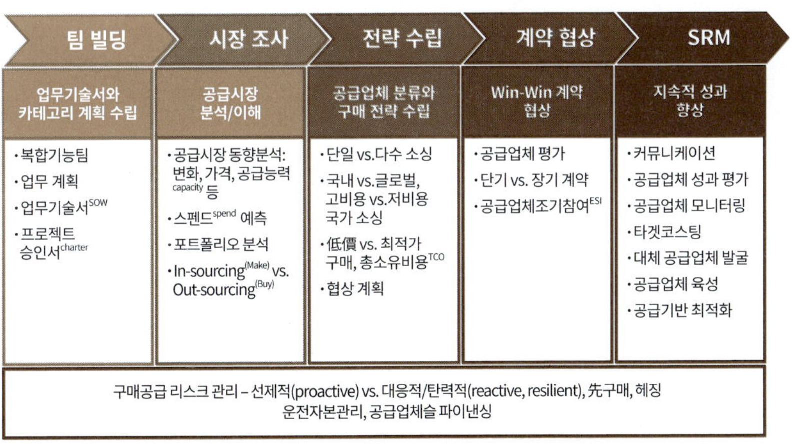

* SOW: Statement of Work
TCO: Total Cost of Ownership

* ESI: Early Supplier Involvement
SRM: Supplier Relationship Management

■ 그림 2-3 전략구매 프로세스

가절감을 위한 타겟코스팅target costing 등을 통해 최적의 공급 기반이 조성된다. 특히, 이러한 활동은 최근 EU 의회에서 발효한 공급망 실사 지침Directive on Corporate Sustainability Due Diligence(CSDDD)과 탄소국경조정제도Carbon Border Adjustment Mechanism(CBAM) 등의 규제[7]에 따라 새로운 관점에서 대응 방안을 마련해야 한다. 한편, 공급업체의 역량이 부족하거나 새로운 생산 요소가 필요한 경우에는 대체 공급업체의 발굴이 수반되기도 한다.

전략적 소싱 프로세스

전략적 소싱은 기업의 내·외부 환경을 분석하여 제품 생산에 필요한 구매 요소를 특성에 따라 카테고리로 구분하고 이에 따른 공급전략을 구체화하여 공급업체의 선정과 협상 절차를 거쳐 확보하는 과정이다. 그림 2-4와 같이

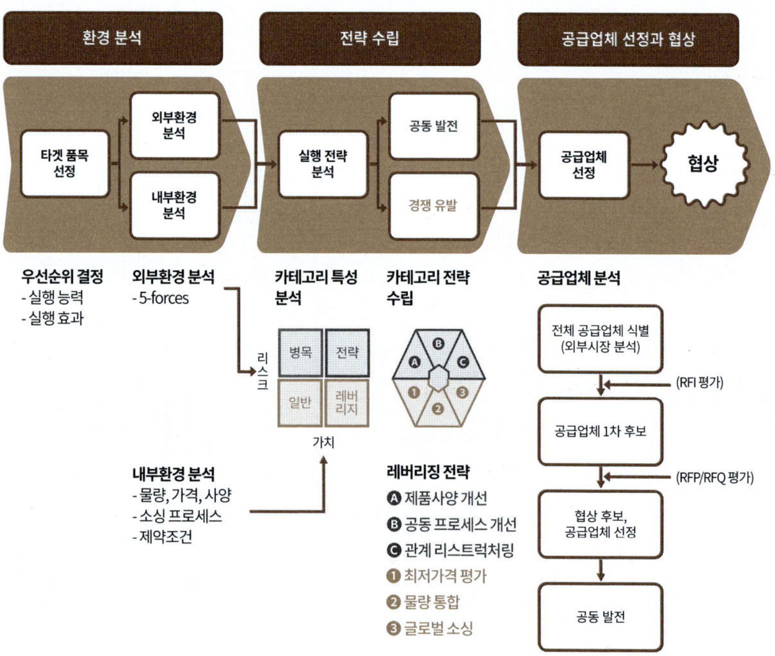

■ 그림 2-4 전략적 소싱 프로세스

전략적 소싱은 크게 환경 분석, 전략 수립, 공급업체 선정과 협상의 절차로 진행된다.

첫 번째 절차는 타겟 품목을 선정하고 이 품목이 공급되는 시장 내·외부 환경을 분석하는 것이다. 구매하려는 타겟 품목이 많으면 실행 능력과 효과를 고려해서 우선순위를 결정하고 품목의 공급시장을 분석한다. 내부환경을 분석할 때는 구매하려는 품목의 물량, 가격, 사양의 기초 정보 외에 소싱 프로세스와 제약조건을 고려한다. 외부환경을 분석할 때는 5-force 모델을 적용하여 경쟁 상황을 분석한다.

두 번째 절차는 환경 분석의 결과를 바탕으로 품목의 특성을 구분하여 실행 전략을 수립하는 과정이다.[8] 품목의 특성은 '리스크'와 '가치'의 높고 낮음에 따라 구분된 4개의 카테고리(전략, 병목, 레버리지, 일반)중 하나로 분류하게 된다. 품목의 구매는 공급업체와 공동 발전을 모색하거나 경쟁을 유발하는 방법 중 적절한 대안을 선택하여 진행한다. 구매 품목이 전략이나 병목으로 분류되었다면 제품의 사양 개선, 공동 프로세스 개선, 관계 구조화 등을 통해 품질이나 사양 수준을 충족할 수 있도록 공급업체와의 공동 발전을 모색하는 것이 바람직하다. 반면, 레버리지나 일반으로 분류되는 품목은 최저가격 평가, 물량 통합, 글로벌 소싱 등 공급업체 간에 경쟁을 유도해서 저비용으로 구매하는 것이 바람직하다.

세 번째 절차는 적합한 공급업체를 선정하여 거래 관계를 형성하는 일이다. 기존에 거래 관계에 있거나 선호하는 공급업체가 있을 때는 이러한 절차를 생략할 수 있다. 일반적으로, 공급업체를 선정하기 위해서는 공급업체의 역량을 분석하고 평가하여 적절한 대상을 선정하게 된다. 이 과정에서 RFI[9], RFP[10], RFQ[11] 등의 문서를 공급업체에 요청하여 평가를 진행하게 되고, 필요한 경우 실사도 병행하여 거래 여부를 결정한다. 거래는 협상이나 경쟁 입찰을 통해 이루어지게 되는데, 보통 전략/병목 품목의 경우에는 협상을, 레버리지/일반 품목은 경쟁 입찰을 통해 거래 관계를 형성한다. 거래 관계가 형성된 후에는 구매기업과 공급업체가 공동으로 발전할 수 있는 다양한 형태의 프로그램이 전개된다.

4. 카테고리 전략과 관리

스펜드 분석

스펜드spend 분석은 구매하려는 품목의 공급 관련 비즈니스 활동으로 발생한 총비용을 파악 및 검토하는 과정으로, 비용 측면의 요소, 공급업체와의 관계, 시장 환경 등을 고려하여 구매 품목의 물량 통합과 표준화의 기회를 제공하며, 다음과 같은 사항을 고려한다.

- 지난 1년 동안의 사업에서 필요한 품목을 구매하기 위해 사용한 비용은 얼마인가?
- 사용한 금액으로 자사가 필요한 제품/서비스의 적정량을 확보했는가?
- 부서별로 책정된 예산의 범위 내에서 제품/서비스를 구매했는가?

즉, 구매하려는 품목에 대해 전체 금액 및 주문 부서별 금액을 파악하고 투입된 금액에 따라 적절한 수량이 공급되었는지 검토하며 사업부별로 할당된 구매예산에 맞춰 비용이 집행되었는지를 점검하게 된다.

스펜드 분석은 전사적으로 필요한 데이터를 취합하여 스펜드 데이터베이스를 생성하면서 시작된다. 데이터베이스에는 구매 품목에 대한 매입채무account payable, ERP/MRP시스템 상의 비용, 운송과 구매카드 시스템 등의 데이터를 포함한다. 그런 다음 취급 품목과 관련하여 카테고리 코드를 생성해 물품코딩시스템(카테고리 트리)을 설계함으로써 품목 카테고리, 공급업체 정보, 비용센터cost center[12]를 데이터베이스에 통합한다. 이를 활용해 취급 품목에 대한 품목별 총비용, 품목별 공급업체의 수, 품목별 결과를 토대로 한 공급업체별 평균 비용, 공급업체 정보 등을 효율적으로 관리할 수 있고, 파레토 분석이나 ABC 분석을 통해 비용 절감, 물량의 통합/재분배, 발주방법 변경 등의 개선 기회를 모색하게 된다.

공급업체와의 관계 측면에서는 구매 품목의 전략적 중요도, 구매 품목을 공급하는 공급업체와의 관계 매력도 및 의존도를 점검한다. 특히, 구매 품목의 전략적 중요도를 분석할 때 활용하는 중요한 정보 중 하나가 바로 스펜드 분석이다. 관계 매력도는 거래 관계에서 구매기업과 공급업체가 상대적 관점에서 얻게 되는 이익 정도를 파악하게 된다. 구매하려는 품목을 공급하는 공급업체의 의존도가 높다면 이를 낮추기 위한 대책을 모색해야 한다. 해당 요인을 분석할 때는 다음과 같은 물음에 대해 점검이 필요하다.

- 거래의 대부분을 차지하고 있는 공급업체는 어떤 공급업체인가?
- PO, 요구량, 거래 및 SOW 등과 비교해 볼 때, 공급업체는 사용 부서가 제시한 적정 가격을 청구했는가?
- 물량을 통합하거나 표준화된 구매를 할 기회가 있는가?
- 현재 구매하는 제품/서비스의 공급업체의 수를 줄일 기회가 있는가?

최근에는 코로나19 펜데믹, 스태그플레이션(고물가 경기침체), 러시아-우크라이나 전쟁, 하마스-이스라엘 전쟁 등 여러 문제가 동시다발적으로 나타나면서 공급시장의 분석을 더욱 어렵게 만들고 있어 그 어느 때보다 시장 환경의 분석[13]이 중요한 시기이다. 따라서 시장 환경을 분석할 때는 품목이 공급되는 지역적 의존도, 환율 및 시장 동향, 지정학적 이슈 등을 종합적으로 고려해야 할 필요성이 제기된다.

카테고리 전략과 레버리징 전략

스펜드 분석과 함께 카테고리 전략을 수립하는 데 중요하게 고려해야 되어야 하는 요소는 구매 품목이 가져다주는 사업의 중요도와 공급 프로세스에 존재하는 위험 정도이다. 이는 원활한 제품 생산을 위해 제조기업이 선결해야 하는 과제로, 이를 파악하려면 공급 중단 발생 시 사업에 미치는 영향, 구매 품목의 디자인/사양/제조의 복잡성, 해당 품목의 구매 경험, 시장의 공급능력, 경쟁관계, 진입장벽, 공급시장의 접근성, 공급망의 복잡성 등을 복합적으로 고려해야 한다.

카테고리 전략은 구매 품목에 대한 전략적 중요도Strategic Importance(SI)를 분석하여 품목별로 차별화된 전략을 수립하고 관리 포인트를 규정하는 것으로, Kraljic(1983)[14]이 제시한 포트폴리오(그림 2-5 참조)에 기반한다. 이는 앞서 살펴본 전략적 소싱 프로세스의 전략 수립(두 번째 절차)에서 기술한 내용과 동일하며, 구매 품목에 대한 스펜드 중요도(가치)와 사업 중요도(리스크)를 고려한다. 전략/핵심 품목은 회사의 사업 운영에 중대한 영향을 미치는 품목으로, 원가/총소유비용을 분석하고 구매에 드는 총비용을 절감하기 위해 공급업체와 함께 가치분석Value Analysis(VA)/가치공학Value Engineering(VE)의 협업을 통해 비용 절감과 분담으로 총비용을 절감하는 것이 중요하다. 구매 품목의 중요도에 따라 공급업체 통합도 고려할 수 있다. 병목/안전 품목은 스펜드 중요도는 낮지만 공급이 원활하지 않으면 피해가 예상되는 품목이다. 이러한 품목은 제품의 사양을 변경하여 표준화하거나 일반 품목으로 전환하는 노력이 필요하고, 이를 대체할 수 있는 공급업체나 대체재를 발굴하는 데 관리의 초점을 두어야 한다. 레버리지/경쟁 품목은 사업의 중요도에 비해 구매 과정에서 비용이 많이 발생하는 품목으로, 시장의 가격 분석을 통해 품목을 관리해야 한다. 경쟁 입찰이나 선호하는 공급업체에 물량을 집중하여 비용을 낮추기 위해 노력해야 하고, 제품 표준화나 경쟁가격을 제시할 수 있는 새로운 공급업체를 개발하는 것도 고려할 수 있는 대안이다. 일반 품목은 철저하게 총 조달비용

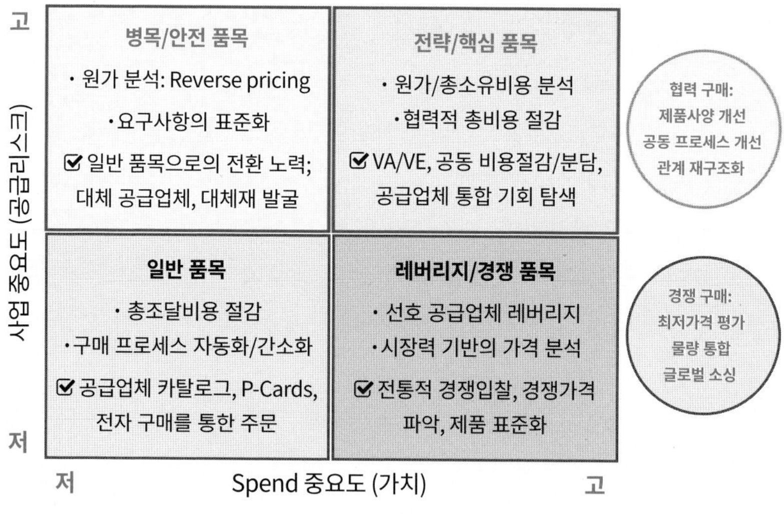

그림 2-5 가치-리스크 매트릭스

* 출처: A.T. Kearney, IBM Business Consulting (수정 보완)

을 절감하는 데 목적을 두고 관리해야 하는 품목으로, 구매 절차와 과정을 전산화/자동화하여 품목 관리에 투입되는 비용과 시간을 줄이고 구매 프로세스 업무를 간소화시켜 관리의 효율성을 극대화하는 것이 관리의 핵심이다.

일반적으로, 구매기업 입장에서 전략/핵심 품목이나 병목/안전 품목은 공급업체의 협상력bargaining power이 상대적으로 우월한 경우(공급업체들이 과점적으로 행동)가 많으므로 가격 인상의 동인이 있다. 따라서 공급업체와 공동으로 발전할 수 있는 전략적 협력 구매 방안을 모색하는 것이 필요하다. 이를 위해서는 우선 정예의 핵심 공급업체를 선별하여 이들을 육성하기 위한 전략적 제휴와 파트너십 구축이 필요하다. 필요시 공급업체와 공동 투자를 통해 물류 및 자재 흐름 개선을 위한 공동 프로세스의 통합이나 리엔지니어링reengineering을 모색하고, 제품의 개발 및 생산과 관련한 수명주기 비용 최적화, 공급업체 조기참여Early Supplier Involvement(ESI), 동시공학Concurrent Engineering(CE), 대체 사양 개발 및 대체제 분석 등 협력 활동을 긴밀하게 전개해야 한다. 또한, 구매기업은 자사의 핵심역량을 제외한 기능을 전략적으로 아웃소싱할지 결정하고 핵심역량으로 판단되는 기능을 불가피하게 공급업체로부터 공급받아야 할 때는 합작투자Joint Venture(JV) 형태를 취하거나 수직적 통합을 고려하는 것이 바람직하다. 가치가 높고 공급 리스크가 상대적으로 큰 품목은 전략/핵심 품목으로 구분하여 전략적으로 협력이 가능한 주요 협력업체들과의 신뢰 관계를 기반으로 총비용 절감을 위한 상호 노력이 요구된다. 이러한 전략적 파트너들과는 공동으로 프로세스를 개선하고 장기적 관점의 공급망 형성이 바람직하다. 반도체 제조기업의 반도체 칩은 기술 발전에 필수적인 전략적 품목으로, 해당 품목의 원자재나 고급 기술이 없다면 생산이 불가하다. 반도체 제조기업은 주요 고객사와 긴밀한 협력관계를 통해 안정적인 공급망을 유지하고, 첨단 기술을 활용한 파트너십을 구축하여 경쟁력을 강화하고 있다. 고도로 특화된 부품이 병목 품목일 경우에는 대체 공급업체가 거의 없어 공급에 차질이 생기면 생산 라인 전체가 멈출 수 있다. 예를 들어, 항공기 제조사는 항공기 엔진과 같은 특정 부품을 공급하는 공급업체와 장기 계약을 체결하고 비상시 사용할 수 있는 충분한 재고를 확보하는 방식으로 리스크를 관리한다.

반면, 레버리지/경쟁 품목이나 일반 품목은 시장에서 충분히 공급받을 수 있기에 구매기업의 협상력이 상대적으로 우월한 경우가 많아 공급업체 간에 공정한 경쟁을 통해 품목의 구매 원가를 낮추는 전략이 필요하다. 품목의 가격, 총비용 및 Should-Cost(실제로 발생해야 할 원가)를 분석할 수 있는 추정 모델을 만들어 최저가격 확보를 위한 지속적인 모니터링이 필요하고 장기 계약을 통한 가격 재협상, 가격 분리unbundle, 경쟁입찰, 원재료 헤징hedging 등의 활동을 통해 비용을 절감할 기회를 모색하는 것은 두 품목의 공통된 관리 포인트이다. 그러나 두 품목 간 비용 절감의 방법은 다소 차이가 있다. 레버리지/경쟁 품목은 공급처를 다변화하고 대량 구매를 통해 구매가 수준을 낮추기 위해 지속적으로 노력할 필요가 있다. 자동차 제조업체는 철강, 플라스틱, 타이어와 같은 레버리지 품목을 다수의 공급업체로부터 공급받는다. 이들 품목에 대해 다수의 경쟁 공급업체를 활용해 가격 협상력을 극대화하고, 대량 구매 계약을 통해 비용을 절감하고 있다. 이를 통해 공급업체 간의 경쟁을 유도하여 최적의 가격으로 구매할 수 있다. 이밖에 성능품질 대비 가격 경쟁력이 있는 신규 공급업체를 해외에서 발굴하여 글로벌 수요-공급 불균형을 이용한 이윤 창출의 기회도 고려할 수 있다. 반면, 일반 품목은 구매 대상 품목이 표준화된 제품인 경우로, 가격 변동성이 상대적으로 낮고, 시장에서 쉽게 구할 수 있는 제품이므로 공급 리스크(공급망 중단이나 납기 지연)가 비교적 낮다. 대체 가능한 공급업체가 많기 때문에 특정 공급업체에 대한 의존도를 낮출 수 있어 공급기반 최적화에 기반하여 구매 프로세스를 자동화·간소화 하는 것이 중요하다. 복잡한 전략보다는 효율성과 운영 간소화를 중심으로 하는 관리하는 전략이 바람직하다. 예를 들어, 정기 구매 계약, e-Procurement 시스템을 통한 자동 발주, 또는 전체적인 구매비용을 절감할 수 있는 카테고리 묶음 전략 등을 활용할 수 있다. 이와 더불어 전체 공정의 아웃소싱 비율과는 무관하게 거래 공급업체의 수를 정리/축소하고 업체 간 물량을 재분배하거나 사업부/카테고리 간 물량을 통합하여 유사 품목에 대해서는 타 기업과 중앙집중식 구매 등의 물량 통합 방법도 고려할 수 있다.

이처럼 생산에 필요한 품목을 취급/관리하기 위해서는 구매하고자 하는 품목의 특성에 따라 각기 다른 전략을 취하는 것이 바람직하다. 이른바 양손

잡이ambidexterity 전략이라고 하는 기업의 운영 방향은 구매기업의 협상력이 상대적으로 우월할 때는 경쟁 구매 전략을, 공급업체의 협상력이 상대적으로 우월할 때는 협력 구매 전략을 취하는 것이 일반적이며, 이러한 전략은 구매 품목에 대해 자사의 사업 중요도와 스펜드 중요도의 변동에 따라 재정립되어야 한다. 한편, 품목별 관리 전략을 달리 적용하는 것과 함께 구매 조직의 운영 형태를 결부시켜 고려하는 것을 권장한다. 운영 효율성과 간소화를 핵심으로 하는 일반 품목의 경우에는 그림 1-6에서 살펴보았던 구매 조직 중에서 Fully autonomous operations를 적용하는 것이 바람직하다. 그 외 품목에 대해서는 최적의 구매 조직을 추천하기 어렵고 기업의 구매 전략, 지정학적 문제, 품목의 공급망 현황 및 시장 동향, 품목의 특성 등 기업이 처한 상황에 따라 달라질 수 있지만, 지정학적 리스크가 높고 시장 및 공급망의 상황이 급변하는 요즘 시기에는 전략/핵심 품목을 포함한 병목/안전 품목, 레버리지/경쟁 품목은 Agile pools 구매 조직을 변형하여 적용할 수 있을 것이다. 이는 구매공급 업무에 AI를 도입할 때도 고려해야 하는 사안이다.

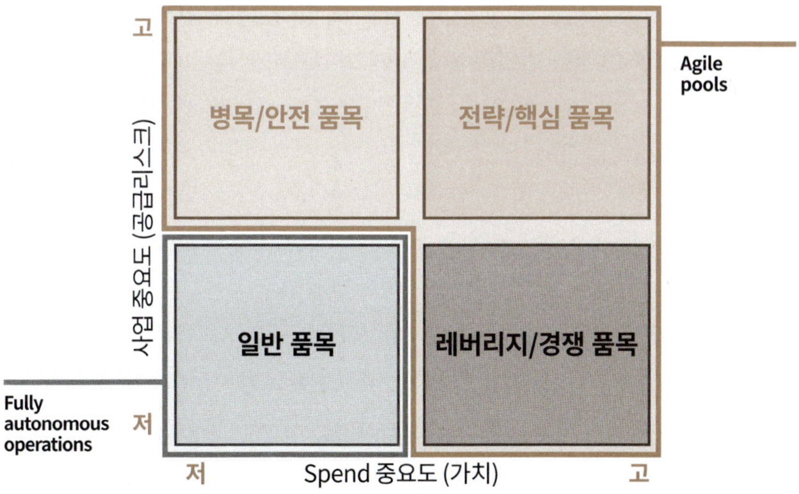

■■ 그림 2-6 품목에 따른 구매 조직 운영의 예

3장

혁신의 시작, 개발구매

기업들은 환경 변화에 대응하며 경쟁력을 유지하기 위해 지속적인 변화와 혁신을 추구해왔다. 이전에는 주로 외부 환경에 초점을 두고 영업과 마케팅 분야에 많은 투자를 진행하였다. 하지만 글로벌 경영환경의 변화로 인해 구매 부문의 중요성이 부각되면서, 특히 개발구매 부서의 역할이 재조명 받게 되었다.

과거에는 개발과 구매가 별개의 과정으로 운영되었으며, 개발부서R&D가 필요한 자재를 구매부서에 요청하는 단순한 구조였다. 반면, 오늘날의 글로벌 경쟁 환경에서 신제품 출시 기간 단축, 기술 트렌드의 변화, 비용 절감 등이 요구되며, 개발 프로세스가 점차 복잡해지고 있다. 이로 인해 개발부서와 구매부서의 긴밀한 연계와 협업이 필요하게 되었으며, 이는 개발구매 부서의 역할과 중요성을 더욱 강조하고 있다. 본 장에서는 이러한 배경 하에 개발구매 부서에 대해 자세히 살펴보자.

1. 개발부서와의 협업

기업 내에서 개발부서와 구매부서는 서로 다른 관점에서 구매를 바라본다. 개발부서는 새로운 제품 개발에 필요한 자재의 확보와 기술의 소싱을 중시하는 반면, 구매부서는 비용 절감과 양질의 부품 조달에 중점을 둔다. 이러한 차이 때문에, 개발부서와 구매부서 간 충분한 조율 없이 제품이 개발된 후에는 여러 문제가 발생할 수 있다. 예를 들어, 과도한 비용으로 부품을 공급받거나, 납품 지연이 발생하는 공급업체와 계약을 맺게 될 수 있다. 이런 이유로, 신제품 개발 초기부터 두 부서의 협력이 필요하며, 이를 통해 개발 프로세스에서 양산까지 원활하게 진행할 수 있게 된다. 이처럼, 개발부서와 구매부서 간 협력의 중요성은 점차 강조되고 있다.

개발과 구매가 만나다

개발구매 부서라는 개념이 언제 처음 등장했는지는 정확히 알 수 없으나, 1980년대에 일본에서 '원류 구매'라는 용어를 사용하며 이와 유사한 개념을 도입하였고, 미국에서는 '교차기능팀Cross Functional Team(CFT)'이라는 기법을 활용하였다. 그러나 기술 발전 속도에 따른 개발 프로세스의 변화가 가속화됨에 따라, 구매부서와 개발부서 간의 긴밀한 협업이 필요하게 되었고, 이를 계기로 '개발구매 부서'라는 용어가 보편화 되었다.

개발구매의 정의 및 체계

개발구매 부서는 신제품의 개발 과정에서 조기 참여를 통해 자재 수급과 비용 절감 등을 효과적으로 지원하며, 개발 목표를 달성하는데 중추적인 역할을 수행하는 체계를 의미한다. 신규 자재 개발 및 양산 자재 이원화 추진 시에는 개발, 기술, 품질 등과 관련된 부서들과 협업하여 부품 승인, 공급업체 발굴 및 선정, 가격 협상 등을 진행하며, 이를 통해 원가 경쟁력을 확보한다. 또한, 중장기적인 공급업체 운영 전략을 수립하여 TQRDCTechnology, Quality, Response, Delivery, Cost 등 다방면에서 경쟁력을 갖춘 공급업체와 거래함으로써 상호 경쟁력을 강화한다. 이러한 개발구매 부서 체계는 품질, 비용, 납기 측면에서 최적화된 부품 선정을 가능하게 하며, 안정적인 개발 업무 수행 및 양산을 지원한다.

개발구매의 필요성

부품 선택 및 승인은 기업에서 사용하는 대부분의 부품을 공급업체에서 조달받기 전에 필수적으로 거쳐야 하는 절차다. 이때 부품의 사양과 품질을 검증하며, 이를 통해 원가와 품질이 결정되고 공급업체가 선정된다. 따라서 신제품 개발 이전에 부품과 공급업체에 대한 사전 점검과 승인 절차를 거치는 것은 개발구매 부서의 중요한 의사결정 중 하나다.

표 3-1과 같이 개발구매 부서의 필요성은 다양한 방면에서 설명할 수 있는데, 이는 기업의 경쟁력 강화와 제품 개발 성공을 위해 필수적이다. 첫째, 신기술과 신소재를 발굴하여 개발부서에 적시에 공급함으로써 혁신적인 제품 개발을 지원한다. 둘째, 최적의 가격을 확보하고 공급망의 위험을 관리함으로써 비용을 절감하고 효율성을 높인다. 셋째, 고품질의 부품을 선택하고 친환경적이며 지속 가능한 부품을 선택함으로써 기업의 사회적 책임 이행과 품질관리에 기여한다. 넷째, 공급업체와의 협력을 강화하고 글로벌 소싱을 통해 경쟁력 있는 공급업체와의 네트워크를 구축한다. 다섯째, 시장에 신속하게 대응하고 맞춤형 솔루션을 제공함으로써 시장의 적응력과 유연성을 높인다. 마지막으로, 개발구매 부서는 신제품 개발 프로젝트를 종합적으로 관리하며, 개발 과정에서 발생하는 다양한 문제를 해결함으로써 프로젝트의 성공률을 높인다. 이와 같이, 개발구매 부서는 제품 개발의 전 과정에서 핵심적인 역할을 수행하며, 기업의 혁신, 비용 절감, 품질향상, 협력강화, 시장 적응력 향상에 크게 기여한다. 이는 결국 기업의 경쟁력을 강화하고 지속 가능한 성장에 기여하는 중요한 요인이다.

표 3-1 개발구매의 필요 요소

필요 요소	내용
혁신적인 제품 개발 지원	- 기술혁신 : 신기술 및 신소재 발굴을 통해 혁신적인 제품 개발을 가능 - 적시 공급 : 제품개발 초기 단계부터 필요한 자재와 부품을 적시에 확보하여 개발 일정 준수
비용절감 및 효율성 향상	- 최적의 가격 확보 : 다양한 공급업체로부터 견적을 받고 협상을 통해 최적의 가격을 확보 - 리스크 관리 : 공급망의 리스크를 사전에 파악하고 관리하여 개발과정에서 발생할 수 있는 지연이나 비중 증가를 방지
품질관리 및 지속 가능성 확보	- 고품질 자재확보 : 개발 요구사항에 맞는 고품질의 자재와 부품을 확보 - 지속 가능성 : 환경 친화적이고 지속 가능한 자재나 부품을 선택하여 기업의 사회적 책임CSR을 다하고, 규제 준수 및 환경 보호에 기여

필요 요소	내용
협력과 네트워크 강화	- 공급업체와의 협력강화 : 장기적인 협력 관계를 구축하여 안정적인 자재 공급을 확보 - 글로벌 소싱 : 전 세계의 다양한 공급업체와의 네트워크를 통해 더 많은 선택지를 확보
시장 적응력 및 유연성 향상	- 빠른 시장 대응 : 시장변화에 빠르게 대응할 수 있는 유연한 구매 전략을 통해 변화하는 고객 요구와 시장 트렌드에 신속히 적응 - 맞춤형 솔루션 제공 : 특정 프로젝트나 제품 개발에 맞춘 맞춤형 자재 또는 부품을 확보
프로젝트 성공률 제고	- 통합적 관리: 개발구매 부서는 프로젝트 관리의 중요한 부분으로 전반적인 프로젝트의 성공률을 높이는데 기여 - 문제해결 능력: 개발 과정에서 발생할 수 있는 다양한 문제를 조기에 발견하여 해결할 수 있는 능력 강화

2. 개발구매 역할과 프로세스

개발구매의 역할

제품 개발 과정에서 개발구매 부서의 역할은 지속적으로 변화하고 있다. 과거에는 단순히 부품을 구매하는 역할로만 여겨졌으나, 현재는 기업의 경쟁력 강화와 지속 가능한 성장의 핵심요소로 인식되고 있다. 개발구매 부서의 주된 역할은 제품 개발 과정에서 필요한 자재, 부품, 서비스를 적시에 경제적으로 조달하여 개발 프로젝트의 성공을 지원하는 것이다. 이를 위해 공급망을 체계적으로 관리하여 비용 절감, 품질향상, 납기 준수 등을 추구한다. 개발구매 부서의 구체적인 역할에 대해 상세히 알아볼 보자.

- **신제품 개발 지원**: 개발구매 부서는 신제품 개발 초기 단계부터 참여하여 필요한 자재와 부품을 적시에 공급함으로써 제품 개발이 원활하게 이루어지도록 지원한다.

- **원가 절감**: 개발단계에서부터 비용 측면에서 효율적인 자재와 부품을 찾고 협상하여 제품의 전체 원가를 절감하는 데 기여한다.
- **품질 보장**: 개발단계에서부터 고품질의 자재와 부품을 선택하고 공급업체와 협력하여 제품의 품질을 보장한다.
- **기술 혁신 촉진**: 최신 기술 동향을 파악하고 이를 반영한 자재와 부품을 소싱하여 제품의 기술 혁신을 촉진한다.
- **공급망 최적화**: 개발단계에서부터 안정적이고 효율적인 공급망을 구축하여 제품 생산에 필요한 자재와 부품의 안정적 공급을 보장한다.
- **리스크 관리**: 개발단계에서 발생할 수 있는 자재 및 부품의 공급 리스크를 사전에 파악하고 대응책을 마련하여 프로젝트의 성공 가능성을 높인다.
- **협력 관계 구축**: 개발단계에서부터 주요 공급업체와의 긴밀한 협력 관계를 구축하여 상호 이익을 추구하고 장기적인 파트너십을 형성한다.

이와 같이, 개발구매 부서는 제품 개발의 초기 단계부터 최종 단계까지 다양한 역할을 수행하며, 기업의 제품 경쟁력 강화와 비용 절감에 중요한 역할을 한다.

개발구매 부서와 타 부서의 협업

신제품 개발을 위해 개발구매 부서는 다양한 부서와의 협업이 필수적이다. 이를 통해 개발 일정을 조절하고 비용을 절감하는 효과를 얻을 수 있다. 타 부서와의 협업이 왜 필요한지에 대해 알아보자.

개발부서와의 협업

개발부서와 개발구매 부서의 효과적인 협업을 위한 방법은 다음과 같다. 첫째, 개발구매 부서는 제품 개발 초기 단계에 적극적으로 참여하여 필요한 부품 및 자재에 대한 정보와 의견을 제공한다. 이를 통해 개발부서는 효율적인 설계를 진행할 수 있고, 개발구매 부서는 최적의 소싱 전략을 수립할 수 있다.

둘째, 두 부서는 정기적으로 회의를 개최하여 진행 상황을 공유하고 문제 발생 시 즉시 해결한다. 이러한 회의는 신속한 의사결정을 돕고, 잠재적인 문제를 조기에 발견하고 대응할 수 있게 한다. 셋째, 두 부서는 동일한 목표를 설정하고 공유하는 것이 중요하다. 이를 통해 서로의 이해를 높이고 협력을 증진시킨다. 넷째, 원활한 커뮤니케이션을 위해 각 부서 간 연락 담당자를 지정하거나 공통된 용어 및 의사소통 채널을 사용한다. 이를 통해 개발부서와 개발구매 부서의 협업이 원활해지며, 제품 개발의 효율성과 성공 가능성이 높다.

상품기획 부서와의 협업

최근 많은 기업이 상품기획 부서와 개발구매 부서를 신제품 개발 초기 단계부터 협업시키고 있다. 상품기획 부서는 제품 기획을 주도하며, 개발구매 부서는 원재료, 부품, 제조 공정 등을 고려해 제품 기획을 수립하는 데 참여한다. 상품 출시 후에도 두 부서는 협업하여 공급업체 관리, 가격 협상, 재고관리 등을 진행해 제품의 경쟁력을 유지하고 효율적인 생산을 지원한다.

협업 방식은 다음과 같다. 첫째, 상품기획 부서는 시장 조사를 바탕으로 고객 특성을 분석하고 타겟 고객층을 정한 뒤, 그들의 니즈에 맞는 제품 스펙과 디자인을 결정한다. 이 정보는 개발구매 부서와 공유되어, 해당 사양을 만족시키는 자재와 부품을 조달하는 데 사용된다. 둘째, 두 부서는 함께 목표 원가를 설정하고, 그에 맞는 자재와 부품을 선택해 제품의 경쟁력을 확보한다. 셋째, 상품기획 부서의 제품 출시 일정에 맞춰 개발구매 부서는 자재와 부품을 적시에 확보한다. 마지막으로, 상품의 포지셔닝 전략을 지원하기 위해 개발구매 부서는 차별화된 신기술 또는 부품을 선정해 제품의 경쟁력을 강화하는 데 기여한다. 이처럼 상품기획 부서와 개발구매 부서의 긴밀한 협업은 신제품 개발 성공의 필수 요건이다.

품질부서와의 협업

품질부서는 자재와 부품의 품질 기준을 설정하고 이를 충족하는 공급업체를 선정하는데 협력한다. 품질부서와 개발구매 부서 간의 긴밀한 협력은 신제품 개발 및 생산 과정에서 제품의 품질을 보장하고, 원활한 자재 조달과 관리를 가능하게 한다. 두 부서 간 협업의 필요성과 방법을 몇 가지 살펴보자. 첫째, 자재 및 부품의 품질보증이다. 신제품 개발 시 자재와 부품의 품질 기준을 설정하고 이를 검사 및 인증하는 역할을 한다. 그리고 개발구매 부서에서는 품질부서가 설정한 기준에 맞는 자재와 부품을 조달하고, 공급업체와 협력하여 품질을 유지하는 데 지원한다. 둘째, 공급업체 평가이다. 공급업체 평가 시 품질부서는 공급업체의 품질관리 시스템을 평가하고, 정기적인 품질 검사와 품질 모니터링을 수행한다. 그리고 개발구매 부서에서는 품질부서의 평가 결과를 바탕으로 공급업체를 선정하고, 지속적인 관계를 관리한다. 셋째, 신제품 개발 지원이다. 품질부서에서는 신제품 개발 과정에서 품질 관련 요구사항을 설정하고, 테스트와 검증을 수행한다. 그리고 개발구매 부서에서는 신제품 개발에 필요한 자재와 부품을 조달하고 품질부서와 협력하여 테스트와 검증과정을 지원한다. 넷째, 부품에 대한 문제 해결과 개선이다. 품질부서는 자재나 부품에 문제가 발생했을 때 원인을 분석하고, 개선 방안을 제시한다. 그리고 개발구매 부서에서는 품질부서가 제시한 개선 방안을 공급업체와 협의하여 실행하고, 문제를 해결한다. 이와 같이, 품질부서와 개발구매 부서 간의 협업은 기업의 경쟁력을 강화하고, 제품의 품질을 높이는 데 중요한 역할을 한다.

영업(마케팅)부서와의 협업

영업(마케팅)부서는 급격히 변화하는 시장의 요구사항과 소비자 트렌드를 파악해야 한다. 시장의 트렌드, 소비자의 니즈, 제품이나 서비스 만족도, 소비자의 의견 및 선호도 등을 설문조사를 통해 신제품 개발에 적극 반영해야 한다. 영업(마케팅)부서와 개발구매 부서 간의 협업은 제품이 시장에서 성공적으로 자리 잡고, 소비자 요구를 충족시키는 데 필수적이다. 이 두 부서 간의 협업이 필요한 이유를 살펴보면 다음과 같다. 첫째, 시장 요구 분석이다. 영업(마케팅)부서에서 시장 조사와 소비자 분석을 통해 신제품에 대한 요구사항과 트렌드를 파악하고, 이를 개발구매 부서에 전달하면 개발구매 부서는 영업(마케팅)부서에서 제공한 시장 요구사항을 반영하여 자재와 부품을 선정하고 조달한다. 둘째, 제품 사양 및 기능 설정이다. 소비자가 원하는 제품 사양과 기능을 정의하고 이를 개발구매 부서에 전달하면, 개발구매 부서는 영업(마케팅)부서의 요구사항을 기반으로 필요한 자재와 새로운 부품을 선정하고 구매한다. 셋째, 신제품 출시 시기와 가격 결정이다. 영업(마케팅)부서는 신제품이 시장에 출시될 때 신제품의 목표 시장 가격과 판매 전략을 수립하고, 개발구매 부서는 영업(마케팅)부서에서 결정된 신제품 목표 가격과 기업 이익을 달성하기 위해 비용 효율적인 공급업체 선정과 부품을 구매한다. 넷째, 제품 출시와 일정 조율이다. 영업(마케팅)부서는 신제품 출시 일정을 계획하고 마케팅 캠페인, 광고, 홍보 등을 준비하고, 개발구매 부서는 이에 따른 신제품 출시 일정에 맞춰 자재와 부품을 적시에 확보하고 개발 일정 및 생산 일정을 조율한다. 만약 신제품 일정에 부품을 구매하지 못할 경우, 빠른 시일 내에 영업(마케팅)부서와 출시 일정을 협의해야 한다. 저자가 개발구매 부서 담당자였을 때 반도체류 부품이 장납기 자재임에 따라 영업(마케팅)부서와 신제품 출시 일정으로 정기적 협의와 비정기적인 협의를 자주 진행한 경험이 있다. 이처럼 영업(마케팅)부서와 개발구매 부서 간의 긴밀한 협력은 신제품의 시장 출시 성공을 위해 필수적이며, 정기적인 소통과 협력 과정을 통해 두 부서 간 시너지를 극대화하는 것이 중요하다.

기타 부서와의 협업

신제품 개발 시 개발구매 부서는 생산(제조)부서와 신제품 생산 계획 일정을 조율하고 원활한 생산을 위한 부품 구매 계획을 세워야 한다. 또한, 재무부서와 협력하여 비용 효율적인 자재와 부품을 선정하며, 법무부서는 공급업체와의 계약 체결에 관한 법적 검토 및 규제 준수를 지원하고 적법하게 자재와 부품을 공급받을 수 있도록 한다, 그리고 물류부서는 자재와 부품의 적시 납품과 원활한 공급망 관리를 위해 개발구매 부서와 협업한다. 이러한 다양한 부서와의 협업을 통해 개발구매 부서는 신제품 개발 과정에서 필요한 자재와 부품을 적시에, 적절한 품질과 비용으로 확보할 수 있다.

개발구매 프로세스

기업들은 개발구매 부서 업무를 통해 TQRDC측면을 고려한 최적의 부품을 초기 단계에 소싱함으로써 신기술력, 제품 원가 및 품질 경쟁력 등을 향상시킬 수 있다. 특히 전기, 전자, 자동차 등 제조 산업에서는 원가 85% 이상이 개발단계에서 결정됨으로 개발단계에서 개발구매 부서의 참여가 중요하다. 이렇게 함으로써 상품기획, 개발, 품질부서 등 간의 유기적 협업이 가능해지며, 이는 기업의 경쟁력을 높이게 된다. 개발구매 부서는 제품 개발에 필요한 원자재, 부품, 장비 등을 구매하는 절차를 담당하며. 신제품 개발 프로세스는 그림 3-1과 같이 여러 단계로 나누어지며, 각 단계별 개발구매 부서의 특정한 활동이 이루어 진다. 단계별 개발구매 부서의 활동을 알아보자.

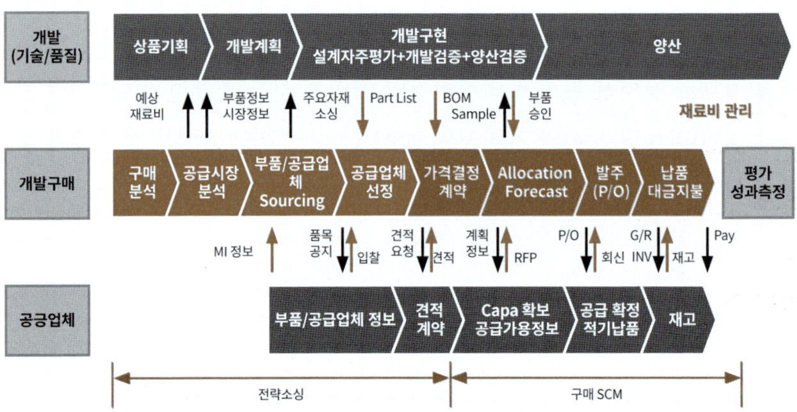

그림 3-1 신제품 개발 프로세스 내 개발구매 활동

상품기획 단계

오늘날의 역동적인 환경에서 기술은 기업들에게 큰 힘과 영향을 준다. 하지만 고객들의 다양한 요구와 끝없는 선택을 해야 하는데 있어서 기술환경을 탐색하는 것은 부담스러울 수 있다. 이 프로세스를 간소화하는 솔루션 중 하나는 기술 로드맵을 수립하는 것이다. 그래서 대부분의 글로벌 기업들은 향후 완제품에 들어갈 신규 기술 로드맵을 구축하고 구축된 기술 로드맵 계획에 따라 완제품 모델에 도입한다. 이러한 신규 기술 로드맵을 설계하고 관리하는 부서가 기술관리 부서Technology Roadmap Management Team(TRMT)이다. 기술관리 부서로부터 신규 기술 로드맵을 받은 상품기획 단계에서 구매부서, 품질, 영업(마케팅), 개발부서와의 차기 신제품 모델의 컨셉과 시장 요구를 기반을 두고 기획을 한다, 여기서 중요한 결정은 차기 신제품에 필요한 제품의 포지셔닝과 차별화 전략이다. 이에 따라 개발구매 부서에서는 신제품에 들어갈 신기술, 신규 부품 등 관련하여 소싱을 진행한다. 그러나 신제품에 필요한 신기술을 개발하는 공급업체들이 많지 않아 신기술 공급업체 소싱 및 검증, 신기술 품질 검사 등 여러 가지 업무를 수행하는 데 있어 장시간이 소요될 수 있다. 그래서 상품기획 단계에서 이러한 신기술 공급업체 소싱, 신규 부품 소싱 등을 하기 위해서는 개발구매 부서의 참여가 필요하다. 또한, 이 단계에서 개발구매 부서에서는 신제품에 들어가는 자재들의 원가를 설정하고 예상 재료비 및 목표 원가를 설정함으로써 영업(마케팅)부서에서 신제품에 대한 목표 시장 가격과 판매 전략 등 의사결정 하는 데 지원을 한다. 만약 목표 시장 가격과 판매 전략에 차질이 생길 경우는 개발구매 부서에서는 각 자재들에 대한 구매 분석을 통해 재소싱 할 가능성도 있다.

개발 계획

개발 계획 단계에서는 개발구매 부서가 상품기획 단계에서 결정된 신기술과 부품에 대해 공급시장 분석을 진행한다. 이 과정에서는 부품 정보와 시장 정보를 수집하여 개발부서와의 협의에 활용하며, 필요에 따라 대체 가능한 부품이나 적합한 공급업체를 발굴해 개발부서에 제안하기도 한다.

개발 구현

개발 구현 단계에서 개발구매 부서의 역할은 필수적이다. 이들은 개발 일정에 맞추어 필요한 신기술과 부품을 적시에 공급하는 한편, 원가 절감을 목표로 한 소싱 작업을 수행한다. 특히, 주요 신기술과 부품의 경우 공급업체의 조기 참여를 유도함으로써 개발 일정 단축과 효율적인 원가 관리를 실현한다. 개발부서에서 필요로 하는 신규 자재나 부품이 추가로 발생하면, 개발구매 부서에 해당 자재 리스트를 전달하고, 이에 따른 공급업체 선정과 가격 결정, 계약 체결 등의 과정을 거친다. 이후, 개발구매 부서는 확정된 자재명세서Bill Of Materials(BOM)를 바탕으로 초도 물량 확정을 진행하고 발주를 진행한다. 그리고 공급업체와 양산계획에 대한 정보도 공유하면서 예측된 물량을 배정하는 역할을 담당한다.

양산단계

양산단계에서는 개발구매 부서 담당자가 조달구매 담당자들과의 협의를 통해 필요한 자료를 공유한다. 이때에는 공급업체 정보, 자재 정보, 예측 물량, 물량 배정 등이 포함된다. 이후 신제품의 양산단계가 시작되면, 조달구매 프로세스가 활성화되며 조달구매 담당자가 주도하게 된다. 중소기업 또는 중견기업의 경우, 개발구매 부서와 조달구매 부서의 업무가 통합 운영되는 경우가 있을 수 있는데, 그럴 때는 개발구매 부서의 업무를 마친 후 이어서 조달구매 부서의 업무를 진행하면 된다.

공급업체 조기 참여

신제품 개발 시 모든 공급업체를 참여시키는 것은 비효율적일 수 있으므로, 기업들은 검증된 핵심 공급업체만을 선별하여 참여시킨다. 이렇게 하면 개발기간을 단축하고 비용을 절감하면서도 제품의 품질을 향상시킬 수 있어, 많은 기업들이 선호하는 전략이다.

공급업체 조기 참여 정의

공급업체 조기 참여Early Supplier Involvement(ESI)란 신제품 개발 초기 단계부터 공급업체를 참여시키는 전략으로, 제품의 설계, 개발, 생산 과정에 공급업체의 전문지식과 기술을 활용해 제품 품질을 높이고 개발시간을 단축하며 비용을 절감하려는 목적을 가지고 있다. 이 전략은 산업과 기업에 따라 다르게 적용되는데, 일반적으로는 개발 구현 단계 시점부터 공급업체가 참여하게 된다. 개발구매 부서와 협업하여 신규 부품과 공급업체에 관한 정보를 공유하고, 개발부서에게 필요한 정보를 제공하는 역할을 하게 된다.

ESI의 주요특징

ESI는 제품 개발 초기 단계부터 공급업체를 참여시켜 잠재적 문제를 미리 해결하고, 공급업체의 역할과 책임을 명확히 정의하고 실행할 수 있게 한다. 또한, 제품 개발 과정의 진행 상황을 정기적으로 검토하며, 피드백을 수용하고 개발부서 및 개발구매 부서와 공유함으로써 신제품 개발 기간을 단축할 수 있다는 것이 특징이라 할 수 있다.

개발구매 부서가 공급업체와 협업하여 ESI 전략을 활용 시 장점 과 단점을 살펴보자. 장점은 여러 가지가 있으나, 일반적인 장점은 다음과 같다.

- **제품 품질향상**: 공급업체의 전문지식과 경험을 활용해 제품 품질을 개선할 수 있다.
- **비용 절감**: 공급업체와 긴밀히 작업하면 불필요한 비용을 줄이고 최적화된 솔루션을 찾을 수 있다.
- **개발시간 단축**: 공급업체가 개발 초기 단계부터 참여하면, 그들의 피드백으로 제품 개발을 더욱 효율적으로 진행할 수 있다.
- **유연성 증가**: 공급업체와 함께 작업하면 시장 변화에 빠르게 대응하고, 새로운 기회를 포착하거나 위험을 완화하는 데 도움이 된다.
- **혁신 촉진**: 공급업체는 최신 기술에 익숙하므로, 그들과 협업하면 기업은 혁신적인 아이디어와 신기술을 활용할 기회를 얻을수 있다.
- **파트너십 강화**: 공급업체와 긴밀한 관계를 구축하면 장기적인 비즈니스 관계와 신뢰도를 쌓을 수 있다.
- **생산성 향상**: 공급업체의 효율성과 전문성을 활용하면 생산성을 높일 수 있다.

ESI 전략 활용 시 단점은 다음과 같다.

- **비밀 유지 어려움**: 공급업체와 민감한 정보를 공유하면 회사의 비밀을 지키기 어렵다.

- **공급업체와의 갈등**: 구매기업과 공급업체 간에 문화적 차이, 의견 차이 등으로 인한 갈등이 발생할 수 있다.
- **공급업체 의존도 증가**: 공급업체와 밀접하게 작업하면, 그들의 영향력 증가로 리스크가 커질 수 있다.
- **일정 지연**: 공급업체의 일정이나 문제로 인해 프로젝트 일정이 지연될 수 있다.

제품 개발과 원가 결정

제품 개발과 원가 절감 관계를 통해, 개발 초기 단계에서의 원가 관리 중요성에 알아보자. 제품 개발과 원가 절감은 밀접한 관계에 있다. 글로벌 기업들은 원가 절감을 위해 다양한 노력을 기울이고 있으며, 그 중에서도 구매 원가 절감을 통한 원가 경쟁력 확보가 주요 관심사이다. 하지만 그림 3-2에서 보듯이,

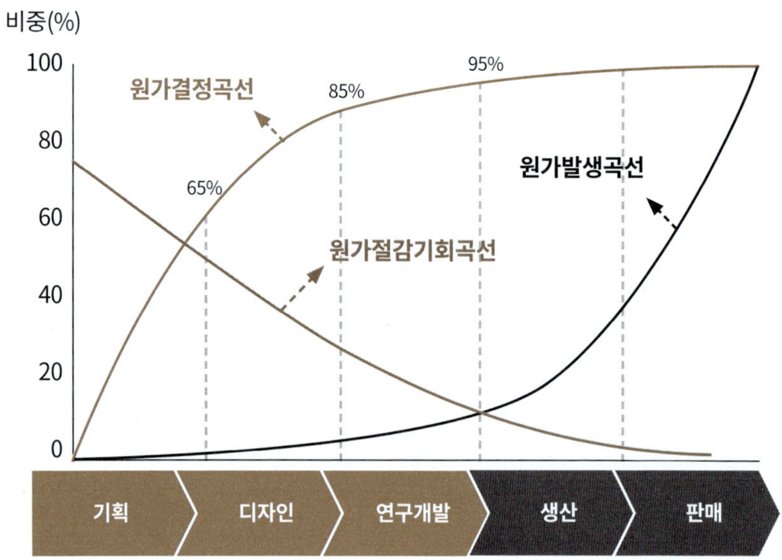

그림 3-2 제품개발과 원가 결정 곡선

원가 절감 기회 곡선은 생산이나 판매 단계로 갈수록 점점 줄어들고 반면에 원가 발생 곡선은 점점 증가한다. 그러므로 원가 절감 기회는 점점 줄어들 수 밖에 없다. 이처럼 단순히 생산이나 구매 단계에서의 원가 절감은 그 효과가 제한적일 수밖에 없다. 오히려 기획, 디자인, 연구개발 과정과 같은 제품 개발 초기 단계에서 원가를 관리하는 것이 더 중요하다. 이를 위해 개발구매 부서에서는 경쟁사 정보, 업계 동향, 신기술 보유 협력업체 등을 적극 활용하여 상품기획, 디자인, 연구개발단계에 참여하고, 이를 통해 원가 절감의 기회를 찾는 것이 필요하다.

산업별 개발구매 부서의 특성

산업별로 개발구매 프로세스의 기본적인 절차는 유사하지만, 각 산업의 특성과 요구사항에 따라 세부적으로 다르게 운영된다. 또한, 각 기업의 정책과 절차에 따라 약간씩 변동이 있을 수 있으며, 필요에 따라서는 프로세스 일부가 생략되거나 추가되기도 한다. 개발구매 프로세스를 체계적으로 관리함으로써 신제품 개발의 효율성을 높이고, 품질과 납기를 보장하는 데 기여할 수 있다. 그러나 각 산업별 특성과 요구사항에 따라 개발구매 부서의 세부적인 운영 방식은 조금씩 차이가 있을 수 있다. 표 3-2는 산업별 기업의 개발구매 특성을 나열하였다. 전기 전자 산업에서는 기술 변화가 빠르다. 따라서 개발구매 역시 빠르게 대응하는 것이 필요하다. 신기술이 등장하면 이를 적용한 신제품을 개발하는 데 필요한 부품을 신속히 찾고, 기존 부품의 대체품을 찾는 능력도 중요하다. 자동차 산업의 경우, 안전 규정이 엄격하므로, 부품의 안전성과 신뢰성이 중요하다. 또한, 화학 산업의 경우, 원료의 품질이 최종 제품의 품질에 결정적인 영향을 미친다. 따라서 고품질의 원료를 안정적으로 확보하는 것이 중요하다. 또한, 화학 물질에 대한 안전 규제가 엄격하므로, 공급업체가 해당 규정을 준수하는지 확인하는 것이 필요하다. 조선 산업의 경우, 대형 선박 건조에 필요한 철판과 각종 기계 설비를 적시에, 경제적으로 조달하는 것이 중요하다. 또한, 선박 건조에 필요한 도면, 설계 자료 등을 정확히 이해하고, 이에 맞는 자재를 선정하는 능력도 필요하다.

표 3-2. 산업별 개발구매의 특성

산업	특성
전기 전자	고품질의 부품 소싱sourcing, 빠른 기술 변화에 따른 대응능력 필요
자동차	부품의 안전성과 신뢰성이 중요, 자동차 수명주기 동안 안정적 부품 공급 중요
화학	고품질의 원료를 안정적으로 확보, 안전성과 규제 준수, 복잡한 공급망 고려
조선	대형선박에 필요한 철판과 각종 기계 설비를 적시에 경제적으로 조달
의류	빠른 패션 트렌드로 인한 신속한 대응, 저렴한 비용으로 대량생산, 효율적인 재고관리
식품	식품 안전과 위생이 최우선, 공급업체의 인증 및 검증 과정이 필수적, 로컬소싱 선호
물류	운송수단, 창고 공간, 포장재 등 다양한 서비스 자원 필요, 기술 융합, 실시간 트래킹 기술 등을 활용해 물류 과정을 투명하게 관리

3. 개발구매 업무

개발구매 부서의 업무는 제품 개발 과정에서 필요한 자재, 부품, 서비스 등을 적시에, 효율적으로 조달하는 활동을 말한다. 이는 제품 개발의 성공을 위해 필수적인 활동으로, 자재와 부품 조달 과정에서 발생하는 여러 문제를 해결하고, 비용과 품질, 납기 등의 측면에서 최적의 결과를 도출하는 것을 목표로 한다. 개발구매 부서 기본 업무는 다양하나 주요 업무를 알아보자.

신제품에 들어갈 신규 부품에 대한 가격 결정

신규 부품 가격 결정은 개발구매 부서에서 제일 중요한 업무 중의 하나이다. 이는 새로운 제품이나 기술에 사용될 부품을 선정하고 책정하는 과정으로, 결정된 가격은 제품의 총 원가에 직접적인 영향을 미친다. 따라서 신중히 결정할 필요가 있다. 일반적으로 신규 부품을 선택할 때는 부품의 품질, 기능성, 가격이 중요한 판단 기준이 되며, 이를 위해 원가 분석, 시장 분석, 공급업체로부터의 견적 비교분석, 단가 협상 등의 방법을 사용한다. 이를 통해 합리적인 기준에 근거한 최적의 가격을 산정해야 한다. 가격이 지나치게 높으면 제품의 경쟁력이 저하될 수 있으므로, 가능한 한 합리적인 가격을 유지하는 것이 중요하다. 그러나 반대로 가격이 너무 낮으면 품질이 떨어져 제품의 성능에 부정적인 영향을 미칠 수 있으므로, 가격 산정 시에는 주의가 필요하다. 결국, 신규 부품 가격은 품질과 성능은 물론, 장기적인 기업 이미지를 고려하여 결정되어야 한다.

신제품 개발에 필요한 부품 또는 서비스의 선정 및 공급업체 관리

신제품 개발의 초기 단계에서는 제품을 구성하는 모든 부품과 서비스를 식별하고 정의하는 작업이 진행된다. 이 과정에서는 제품의 기능, 안전성, 내구성 등에 영향을 미치는 핵심 부품과 서비스를 우선적으로 고려한다. 부품과 서비스의 선정이 완료된 후에는 이들을 공급할 공급업체를 선정하게 된다. 이때, 단순히 가격만을 기준으로 공급업체를 선정하지 않으며, 업체의 기술력, 신뢰성, 품질, 대응력, 배송 시간, ESG, 공급망 관리 등을 종합적으로 고려하여 선정해야 한다.

선정된 공급업체와는 긴밀한 파트너 관계를 유지하고, 소통을 통해 부품의 요구사항을 만족시키는 데 주력해야 한다. 이를 통해 제품의 품질을 확보하고, 생산 비용을 효율적으로 관리할 수 있다.

대체 공급업체의 확보는 공급망의 안정성을 높이는 중요한 요소이다. 특정 공급업체에 문제가 발생했을 때를 대비하여, 동등한 품질의 부품을 신속하게 조달할 수 있는 대체 공급업체를 사전에 확보해 둠으로써 미래의 공급 리스크를 줄일 수 있다. 이는 공급 관리의 위험 요소를 줄이고, 전체 공급망의 견고함을 높이게 된다.

기존 제품의 개선을 위한 신규 부품 소싱

이미 개발된 제품에 대해 더 나은 성능이나 비용 효율성을 가져오는 신규 부품을 소싱하는 것은 지속적인 혁신과 개선을 가능하게 한다. 그래서 시장에 출시된 제품에 대해 더 뛰어난 성능을 내거나 제조 비용을 줄일 수 있는 새로운 부품을 찾는 것을 목표로 한다. 이를 위해 시장 조사, 기술 트렌드 분석, 경쟁사 제품 분석 등 다양한 방법을 활용한다.

신규 부품을 찾은 후에는 해당 부품이 제품의 기능에 부정적 영향을 주지 않는지, 안전성에 문제는 없는지 등을 철저히 검증해야 하므로 품질부서와의 긴밀한 협업이 필수적이다. 또한, 신규 부품 도입에 따른 추가 비용, 예를 들면 설비 변경 비용 등도 함께 고려해야만 한다.

검증과정을 통과한 부품은 실제 제품에 적용하기 전에 소규모 테스트를 거치며, 테스트 결과가 만족스러울 경우에만 본격적으로 제품에 사용하게 된다. 이를 통해 기업은 제품의 경쟁력을 높이고, 제조 비용을 절감하는 효과를 얻게 된다.

공급망 관리와 리스크 관리

팬데믹 기간 동안 기업들은 공급망 관리와 리스크 관리에 대한 중요성을 인식하게 되었다. 특히, 원자재나 부품을 공급하는 공급업체에서 발생하는 여러 가지 리스크들이 주목받았다. 이 중, 1차 공급자를 넘어서는 2차, 3차 저층 공급업체에서의 리스크가 빈번하게 발생하였다. 이에 따라 개발구매 부서는 공급망을 효과적으로 관리하는 공급업체를 선정하는 것이 중요하다는 사실을 재인식하게 되었다. 원활한 공급망은 제품의 품질향상, 생산성 향상, 그리고 비용 절감을 가져다주며, 이는 최종적으로 고객 만족도를 향상시킨다. 그리고 개발구매 부서는 공급망 관련한 리스크 관리를 통해서 공급망에 존재하는 다양한 리스크 요인들을 파악하고 대응해야 한다. 예를 들면 공급업체의 파산, 자연재해, 정치적 불안정 등으로 인해 부품 조달에 문제가 발생할 수 있는데, 이러한 리스크 요인들을 대비하는 전략을 세우는 것이 중요하다. 따라서 공급망 관리와 리스크 관리는 제품의 안정적 공급을 보장하고, 기업의 비즈니스 연속성을 유지하기 위해 필수적인 업무이다. 때때로 이 업무를 조달구매 부서에서 진행하는 기업들도 있다. 이는 구매부서의 구매전략과 방향에 따라 차이가 있을 수 있으므로 최고 구매 책임자Chief Procurement Officer(CPO)에 의해 조정될 수 있다.

이 외 개발 기간 단축, 안정적 공급, 원가 절감 등을 위해 공급업체와 협업하여 부품 설계 및 개발을 지원하는 것이 중요하다. 그리고 양산 과정에서는 안정적인 원자재(부품) 공급이 필수이므로, 효율적인 조달 계획을 수립하고 실행하는 데 있어 조달구매 담당자와의 긴밀한 협력이 필요하다. 또한, 공급업체와 계약 협상 시 부품 단가 결정, 납기delivery time, 공급계획, 공급망 관리, ESG 등의 사항을 고려해야 한다. 마지막으로 금형 관리와 물류 운송 관리를 통해 자재 공급 및 품질향상, 공급망 안정화를 도모한다.

4. 개발구매 부서와 신기술의 만남

팬데믹 이후, 기업들은 기술 변화와 혁신에 빠르게 대응하여 경쟁력을 확보하려 노력하고 있다. 이런 환경에서 우위를 차지하려면 디지털화와 자동화 추진이 필수적이다. 멀지 않은 미래에는 개발구매 부서도 이러한 영향을 받아 큰 변화를 겪을 것이다. 디지털 기술이 발전함에 따라 공급망 관리는 더욱 세밀해질 것이다. IoTInternet of Things와 블록체인Blockchain 등을 활용하면 공급업체 위치, 재고량, 배송 상태를 실시간으로 파악할 수 있어 재고 감소와 배송 지연 최소화에 도움이 될 것이다. 또한, AI와 머신러닝 기술은 구매 프로세스를 분석 및 예측하는데 활용되어 최적화된 소싱 전략 수립과 리스크 사전 감지에 기여할 것이다.

디지털 트윈Digital Twin, 가상현실Virtual Reality, 증강현실Augmented Reality 기술은 제품 개발단계에서 부품 선택과 검증에 활용될 것으로 예상된다. 이들 기술로 실제 제품을 만들기 전에 시뮬레이션하여 문제를 미리 발견하고 수정할 수 있으므로, 제품 개발 과정의 효율성과 정확도가 높아질 것이다. 또한, 4D 프린팅 기술의 발전으로 소량 다품종 생산이 가능해짐에 따라, 개발구매 부서가 맞춤형 부품이나 샘플 제작을 쉽게 할 수 있게 될 것이다. 이렇게 디지털 기술의 발전과 함께 미래의 개발구매 부서는 더욱 효율적으로, 유연하게, 그리고 정확하게 발전할 전망이다. 위의 내용을 바탕으로 좀 더 자세히 알아보자.

디지털화된 공급망 관리

IoT를 활용한 공급망은 각 요소를 연결하고 모니터링함으로써 투명성을 높인다. 이를 통해 실시간 데이터 분석으로 공급을 예측하고, 품질 유지보수와 리스크 예방 조치를 취함으로써 공급망의 안정성을 향상시킬 수 있다. 또한, 블록체인은 공급망 데이터를 투명하게 관리하므로, 공급업체의 거래와 부품 공급망의 이동 경로를 검증 가능하게 할 것이다. 예를 들어, 자동차 산업에서는 IoT로 부품의 위치와 사용 현황을 추적하고, 품질 문제를 신속하게 해결할 수 있을 것이다. 다이아몬드 가공업체 경우, 블록체인 활용 시 다이아몬드의 출처와 거래 이력을 추적하여 불법 채굴 다이아몬드의 유통을 사전에 방지 가능하게 한다.

AI 기반의 의사결정

AI와 머신러닝 기술은 대량의 데이터를 분석해 패턴을 찾고 미래 수요를 예측하거나 최적의 소싱 전략을 제안하는 데 활용된다. 이를 통해 개발구매 부서의 의사결정 정확도와 효율성을 개선할 수 있다. 구체적으로, 문서 작성부터 수요 예측, 재고관리, 공급업체 평가 등의 업무에서 효율성 및 정확성 향상을 기대할 수 있다. 이미 글로벌 기업들은 이러한 기술을 활용해 공급망 관리를 최적화하고 비용을 절감하고 있으며, 앞으로도 이러한 기술들이 개발구매 부서의 업무에 점차 적용될 예정이다.

글로벌 기업인 지멘스Siemens와 IBM Watson 등은 AI를 이용해 공급업체 데이터와 과거 거래 데이터를 분석하여 견적서를 자동 작성하고, 복잡한 법률 문서와 계약서 작성을 지원한다. 또한, 머신러닝 알고리즘으로 과거 부품 데이터, 시장 트렌드, 계절별 공급 등을 분석하여 미래 공급을 예측하고 최적의 재고를 유지하며, 적기에 개발에 필요한 부품을 공급 가능하게 한다. 더불어, 공급업체의 과거 성과를 분석해 리스크 요인을 평가하고 최적의 공급업체를 선정해 리스크를 최소화할 수 있다. 이는 공급업체 선정의 정확도 향상과 공급망 리스크 사전 파악 및 대응을 가능하게 할 것이다. 최근엔 GE, 아마존 등에서 개발구매 부서에 AI와 머신러닝을 활용하는 사례가 늘어나고 있다.

가상현실과 증강현실, 디지털 트윈 기술의 활용

가상현실과 증강현실 기술은 제품 개발단계에서 부품 선정에 활용된다. 이들을 이용하면 실제 부품을 조립하지 않아도 제품의 기능과 디자인, 품질 그리고 적합성 등을 미리 검토해 볼 수 있어, 제품 개발 과정의 효율성을 높이게 될 것이다. 특히, 신규 부품 소싱 시 해당 부품이 신제품에 적합한지 특성을 확인하고, 조립 없이도 가상현실과 증강현실 기술로 시뮬레이션해볼 수 있어 비용 절감과 리스크 완화가 기대된다.

에어버스Airbus는 MiRA라는 증강현실 기술로 엔지니어들은 여러 부품 정보를 확인하고, 그 부품을 조립해야 할 위치와 작업 방법까지 실시간으로 파악한다. 또한, 항공기 신규 부품들의 품질을 검사하고, 공급망 관리와 중요 의사결정에 활용하고 있다. 그리고 MiRA를 통해 브래킷 검사에 필요한 소요 시간을 단축하고 부품 결함을 실시간으로 파악함으로써 생산 공정 시 작업 시간과 작업 오류를 줄이는데 기여하고 있다.[1]

디지털 트윈은 실제 시스템이나 프로세스의 가상 복사본으로, 개발구매 부서에서도 중요한 역할을 수행한다. 실시간 데이터 수집과 분석을 통해 개발구매 부서의 프로세스 효율성을 개선하고, 공급망 변화와 시장 요구에 빠르게 대응할 수 있다. 그리고 다양한 시나리오를 시뮬레이션하여 최적의 구매의사결정을 내리고, 가격 변동, 공급자 역량, 재고 수준을 고려한 예측 모델로 리스크를 줄일 수 있다. 또한, 개발부서와 개발구매 부서 간 협력을 증진시키며, 가상 환경에서 정보 공유와 공동 문제 해결을 통해 원활한 소통을 진행할 수 있다.

개발구매 부서에서의 4D 프린팅 기술 활용

4D 프린팅은 기존 3D 프린팅에 변화 가능한 한 차원dimension의 특성을 추가한 개념으로, 3D로 프린팅된 제품이나 부품이 스스로 변형하여 사용자가 원하는 결과를 만들어내는 기술이다. 이를 통해 개발구매 부서에서 공급업체와 협업을 통해서 맞춤형 부품이나 샘플을 보다 쉽게 제작하고, 이를 기반으로 빠른 구매 결정을 내릴 수 있다. 결과적으로 개발과 제조 과정에서 발생하는 비용과 시간을 줄일 수 있다. 특히 제품 개발단계에서 시제품을 빠르고 효과적으로 만들 수 있게 지원한다.

많은 기업들이 신제품 개발에 4D 프린팅 기술을 활용하고 있다. 대표적으로 독일의 자동차 회사인 BMW는 4D 프린팅 기술을 적용한 '비전 넥스트100' 자동차를 공개했다. 이 차는 자동차 외관에 적용된 4D 프린팅 기술은 운전대와 주변 환경에 따라 디자인이 변하는 기능을 갖추고 있으며, 운전자 습관에 따른 개인화된 인공지능 가이드를 제공하였다. 또 다른 예로, 신발 업체 아디다스는 4D 프린팅 기술을 사용한 '알파엣지 4D' 미래형 운동화를 출시하였다. 이외에도 항공산업 등 다양한 분야에서 4D 프린팅이 신제품 개발에 활용되어 개발 시간과 비용을 줄이는 데 기여하고 있다.[2]

로봇 프로세스 자동화

반복적이고 단순한 작업을 자동화하는 RPARobotic Process Automation(RPA)는 일부 반복적인 구매 프로세스를 대체하여 오류를 줄이고 속도를 높여 전체 프로세스의 효율성을 향상 시킬 것이다. 삼성전자의 경우, 이미 RPA를 활용하여 포괄적으로 구매부서 업무를 효율적으로 개선하였으며, 발주를 자동화해 업무 손실을 줄이고 공급업체 관리와 구매 혁신에 집중하도록 하였다. 이는 개발구매 부서뿐만 아니라 구매부서 전체에 긍정적인 영향을 미쳤다. RPA에 대한 자세한 내용은 10장에서 하고자 한다.

PART 2

공급 전략

4장

스펜드 관리

구매공급관리자의 주된 업무 중 하나는 기업에 필요한 기계, 설비, 원부자재, 간접(서비스 구매 포함) 구매 비용spend을 전략적으로 관리하는 것이다. 예를 들어 동일한 품목의 원부자재들을 경쟁업체 대비하여 비싸게 구매하면 시장에서 기업의 제품 가격 경쟁력 강화에 도움이 되지 않는다. 또한 구매 당시 단가를 최소화하더라도 획득비용 또는 유지비용과 같이 숨겨진 구매공급관리 관련 비용들을 총체적으로 파악하지 못하고 관리하지 못하면 실질적 효익을 반영한 가치 기반의 전략적 의사결정이 어렵다.

오늘날 시장, 원가, 가치에 기반한 전략적 구매공급 비용 관리가 중요한 이유는 기업이 치열한 경쟁 속에서 비용 효율성을 극대화하고, 고객에게 전달하는 가치를 높이기 위해서이다. 이러한 전략적 접근은 단순한 비용 절감에 그치지 않고, 기업의 장기적인 경쟁력을 강화하는 데 기여한다. 시장 환경이 빠르게 변화하면서, 수요와 공급의 불균형, 원자재 가격 변동, 글로벌 공급망 리스크 등이 빈번하게 발생하고 있다. 시장 기반의 구매공급 비용 관리는 이러한 변화에 민첩하게 대응할 수 있는 능력을 제공한다. 이를 통해 기업은 시장의 흐름에 맞춰 자재를 조달하고, 비용을 최적화하여 경쟁 우위를 확보할 수 있다. 원가에 기반한 비용 관리는 제품을 생산하는 데 들어가는 모든 요소 비용을 세밀히 분석하여 단순히 가격 협상에 그치는 것이 아니라, 공급업체의 비용 구조를 파악하고 개선하는 방식으로 이루어진다. 원가 기반의 접근을 통해 기업은 비용 효율성을 극대화하고, 가격 경쟁력을 확보할 수 있다. 기치 기반 분석은 단순히 초기 구매 가격만 보는 것이 아니라, 자재나 부품을 사용하는 동안 발생하는 모든 비용을 고려하여 총비용을 관리하는 방식이다. 본 장에서 이러한 시장, 원가, 가치에 기반한 전략적 비용관리에 대해서 살펴보고자 한다.

1. 가격 및 비용 모델 분석

구매공급관리자는 공급업체에서 제시(또는 협의)한 가격이 적정한지 판단할 필요가 있다. 이를 위해서 시장의 상황과 특성을 파악하거나, 품목의 원가를 다각도로 고려하여 제시한 구매가격의 적정성을 분석할 수 있다. 또한 구매를 진행하면서 그리고 취득비용 이외 유지관리 비용을 포함하고 미래의 효익을 고려하여 구매의 실질적 가치를 추정할 수 있다.

따라서 구매공급관리자들은 다음과 같이 시장상황, 원가, 총소유 비용Total Cost of Ownership(TCO)을 고려하여 구매가격과 비용을 분석하여 전략적으로 관리하여야 한다(그림 4-1).

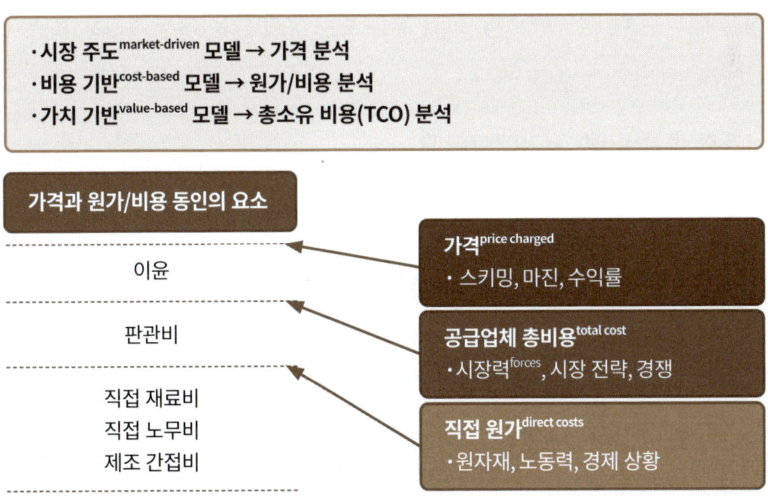

■ 그림 4-1 가격모델과 가격/비용 동인

1) 시장상황을 고려한 적정 구매가격 분석(시장주도모델market-driven)
2) 품목의 가격에 대한 적정성이나 합당성 확인이 어려운 경우 제조원가/비용 분석 (비용기반모델cost-based)
3) 가치기반의 총소유 비용(획득비용, 소유비용, 사후비용 등 포함) 분석 (가치기반모델value-based)

시장 주도의 가격 분석 모델

시장 주도 가격모델은 구매 상황의 가격 영향력, 상황 변화, 물량으로 인한 가격 변동, 경쟁 상황 및 구매전략을 시장의 특성을 고려하여 분석하는 것이다.[1] 시장 주도 가격 분석 모델은 시장 변동성을 예측하고, 가격 변동에 따라 구매 전략을 조정하는 데 유리하다. 시장 주도 가격 분석을 통해 경쟁사의 가격 전략과 시장 트렌드를 파악하면, 보다 효과적인 가격 협상을 할 수 있게 된다. 공급업체와의 협상 시, 시장 데이터를 근거로 삼아 유리한 조건을 끌어낼 수 있으며, 이를 통해 비용 절감 효과를 극대화할 수 있다. 이는 기업의 가격 경쟁력을 강화하고, 시장 내 우위를 점하는 데 기여한다. 예를 들어, IBM은 예측 분석과 실시간 데이터를 사용해 공급망의 리스크를 줄이고, 전략적인 가격 결정을 내리는 데 성공했으며, 이를 통해 변동성이 높은 시장에서도 효율적으로 가격을 관리할 수 있었다.

가격 볼륨 모델: 저가대량판매

가격 볼륨 모델에서는 일반적으로 품목의 거래가격을 낮출수록 거래량이 증가하고, 거래량이 증가할수록 간접비용을 분산시켜서 이윤이 증가하게 된다. 따라서 대량으로 구매하는 경우 가격을 할인하는 '수량할인모델quantity discount model: 로트lot 크기나 볼륨 기반' 운영이 가능해진다. 기업 내 부서에서 동일한 품목을 여러 부서에서 구매를 희망하는 경우 대량으로 한 번에 구매하는 것을 고려 가능하고, 가능한 품목에 대해서는 공급업체 수를 최소화 (또는 단일)하여 운영하면 저가로 대량구매가 가능해진다. 저가 대량구매를 하는 경우 부수적으로 발생할 수 있는 보관, 유지 비용 등을 고려하여야 한다.

시장 점유(침투가격) 모델: 시장점유율 확보를 위해 마진 축소

구매기업의 제품이 시장성이 있다고 판단하는 경우 공급업체는 단기간의 손실을 감수하더라도 향후 시장점유율 증가로 인한 판매량의 증가와 장기간의 이윤증대를 기대하면서 가격을 인하할 수 있다. 즉, 시장점유율 확보를 위해 마진을 축소하는 경우가 이에 해당한다. 구매기업에서는 공급업체가 이러한 시장점유(침투가격) 전략을 얼마나 지속할 수 있는지 파악하여야 한다.

시장 스키밍skimming 모델: 높은 마진의 단위 가격, 초기고가정책

시장 스키밍 모델은 특정 품목의 공급 부족 또는 독점이 예상되는 경우에 공급업체가 제시하는 높은 마진의 고가정책을 구매기업이 받아들이는 현상을 의미한다. 이러한 경우 구매관리자는 고가 구매로 인한 부작용, 효익benefits을 고려하여야 한다.

매출가격 모델: 시장침체 時 변동비 커버, 매출 확보

매출가격 모델은 시장이 침체되는 경우에 공급업체가 매출유지와 운영비용 충당을 위해 가격을 인하하는 경우를 설명한다. 구매기업에서는 이러한 가격인하 기조가 언제까지 유지될 수 있는지 그리고 비용절감으로 인해 품질과 서비스가 저하되는지 확인하여야 한다.

프로모션 가격 모델: 전체 라인의 수익성을 제고

프로모션 가격 모델은 전체 제품라인의 수익성을 고려하여 가격이 결정되는 경우를 설명한다. 예를 들어 공급업체에서는 고가의 장비를 저가로 판매하여 유지보수를 위한 제품 및 서비스를 고가에 제공하여 수익을 낼 수 있다. 이는 총소유 비용 분석과 관련이 있다. 구매관리자는 구매단가만을 고려하는 것이 아니라 구매와 관련한 전반적인 총 비용을 분석할 필요가 있다.

경쟁가격 모델

경쟁가격 모델은 역(易)경매 방식으로, 구매가격이 결정되는 경우를 설명한다. 일반적으로 동일 품목에 대해서 가장 낮은 구매단가를 제시한 공급업체를 선정하게 된다.

현금할인 모델: 신속한 대금지불 목적

일반적으로 공급업체들은 구매기업들이 대금결제pay invoice를 신속히 진행하기를 희망한다. 따라서 구매기업이 설정한 기간 내 대금결제를 하는 경우에 가격을 할인할 수 있다 (예: "2-10/net 30", "10일 내 지불, 2% 할인; 30일 내 전체 지불").

가격 비교분석

가격 비교분석은 동일품목에 대한 적격 공급업체들의 제안가격, 여러 경로로 제시된 공시가격, 과거 가격들의 비교를 통해 가능하다(표 4-1). 비교 가격 분석은 시장에서 유사한 제품이나 서비스의 가격을 비교하여 공급업체가 제안한 가격이 합리적인지 평가하는 방법이다. 이 방법은 투명한 가격 구조를 가진 제품군에서 효과적이며 맞춤형 서비스나 독점적 제품의 경우 적용이 어려울 수 있다.

표 4-1 가격 분석 기법

가격 분석 기법	주요내용
공급업체 간 경쟁가격 제안 비교 (최저 견적가격은 합당한가?)	구매기업 요건을 만족하는 둘 이상의 적격 공급업체들이 독자적으로 경쟁하며 합리적인 저가로 평가된 경우
공시 가격 비교 (공시가격 간 차이는 없는가?)	규제 가격(유틸리티, 수송), 시장 가격, 카탈로그 공시 가격, 광고 가격
역사적(과거) 가격 비교 (가격이 변화하고 있는가?)	상황 변화, 일시적 엔지니어링/셋업/툴링tooling 요금, 인플레이션/디플레이션 효과, 공급업체의 학습효과 등 분석

원가 기반의 가격 분석

신제품 또는 가격의 변화의 폭이 비교적 큰 품목(비표준화 제품)의 경우에는 가격 분석이 비현실적인 경우가 많아서 가격에 대한 적정성이나 합당성 확인이 어렵다. 이러한 경우에는 제조원가와 공급업체와의 거래 총비용을 고려하여 가격을 분석할 수 있다. 구매기업이 공급업체의 비용 구조를 이해하고, 원재료, 인건비, 간접비, 유통비 등을 세부적으로 분석하여 적정한 가격을 제시할 때 비용 기반 분석이 활용 가능하다. 예를 들어, 원자재나 부품 제조업에서 흔히 사용되며, 제품의 제조 원가를 기반으로 공급업체와 협상을 진행할 수 있다. 대형 계약이나 장기 공급 계약에서도 활용 가능하다. 구매기업이 공급업체의 제조비용, 물류비용 등을 분석하고 합리적인 가격을 요구할 수 있어, 계약 초기 단계에서부터 지속적인 비용 절감 효과를 기대할 수 있다. 예를 들어, 국방부와 대형 무기 시스템 구매 계약에서는 원가 기반 분석을 통해 공급업체가 제공하는 가격이 적정한지 평가하는 데 도움이 된다.

원가 기반 분석은 가격 구성 요소에 대한 투명성을 제공하여 공급업체와의 협상력을 높여준다. 각 원가 항목에 대해 구체적인 데이터를 바탕으로 협상할 수 있기 때문에 공급업체가 지나치게 높은 마진을 설정한 경우 이를 지적하고 합리적인 가격을 요구할 수 있다. 이러한 접근은 협상에서의 우위를 점하는 데 도움이 된다. 원가 기반 분석을 통해 공급업체가 사용하는 자원과 비용의 효율성을 평가할 수 있다. 특정 비용 항목이 과도하게 높은 경우, 공급업체의 효율성에 문제가 있을 가능성이 크다. 이를 바탕으로 공급업체의 성과를 평가하고, 공급업체와 장기적인 파트너십을 구축할 수 있다.

원가분석

원가분석은 구매기업과 공급업체가 모두 동의할 수 있는 공정하고 합리적인 수준의 가격 도출을 목적으로 한다. 원가분석을 위해서는 잠재적 공급업체의 견적서, 협력 또는 전략적 제휴 공급업체의 원가지표, 원가 모델 등을 필요로 한다. 그 외에 과거의 경험, 지식, 주관적 판단 등을 활용하여 합리적인 구매원가를 도출할 수 있다. 원가분석은 제품이나 서비스의 개별 원가 요소(재료비, 인건비, 제조비 등)를 분석하여 공급업체의 전체 가격이 합리적인지 평가하는 방법이다. 제조 공정과 각 비용 항목을 분석함으로써 가격 책정의 근거를 검토하고 협상 기회를 찾을 수 있다.

표 4-2 원가항목

<table>
<tr><th></th><th></th><th></th><th colspan="2">원가항목</th><th>주요내용</th></tr>
<tr><td rowspan="6">총원가</td><td rowspan="5">제조원가</td><td rowspan="4">매출원가</td><td rowspan="3">직접비</td><td>재료비</td><td>주요 원재료비, 매입부품비 등</td></tr>
<tr><td>노무비</td><td>직접공임금 및 부대비용</td></tr>
<tr><td>경비</td><td>외주가공비, 특허권사용료</td></tr>
<tr><td colspan="2">간접비</td><td>원가대상에 대해서 직접적으로 연계할 수 없는 원가 (예: 공장관리직 인원에 대한 인건비, 공장임차료, 공장시설관리비, 공장생산용 기계장치에 대한 감가상각비, 공장사무용품비, 소모품비, 도서인쇄비, 회의비 등)</td></tr>
<tr><td colspan="3">스크랩 비용</td><td>부산물 처리비용</td></tr>
<tr><td colspan="4">판관비용</td><td>영업비용</td></tr>
</table>

표 4-2는 원가분석에 필요한 원가 항목들을 설명하고 있다. 표 4-3은 원가 기반 가격 결정 예시를 보여주고 있으며, 분석을 통해서 실제(또는 예상) 원가의 적정성을 평가하고 검토 가능하도록 한다. 구매관리자는 일반적으로 총원가에서 직접비가 차지하는 비중이 높고 직접비 항목의 확인 및 추적이 용이하기 때문에 직접비 분석에 더욱 신중할 필요가 있다. 직접비의 인하로 인해 상대적으로 더욱 큰 가격인하 효과가 있을 수 있다.

표 4-3 원가 기반 가격 결정 예시[1]

<table>
<tr><th colspan="2">Year1 목표가격= $61.00</th></tr>
<tr><td>협상된/분석된 비용 구조</td><td>• 재료비= $20/unit; 노무비 = $8.50/unit; 간접비율 = 노무비의 200%
• 스크랩율= 10%; 판관비율 = 제조원가의 10%
• 실효적^{effective} 물량 범위= 125,000 units/year ± 10%
• 예상제품수명= 2년; 합의된 투자수익률(ROI)= 30%</td></tr>
<tr><td>공급업체 투자</td><td>Year 1 - $3,000,000, Year 2 - $2,000,000; 즉, 2년간 $5M</td></tr>
<tr><td>비용절감 공유: 50/50</td><td>• 노무비: 년간 10% 절감
• 스크랩율: 년간 50% 절감</td></tr>
</table>

	Year 1	Year 2	Year2 산출 근거
재료비	$20.00	$19.24	재료비 절감 $1.50, 총재료비 인상 4%; 즉, ($20.00 – $1.50) x 1.04
노무비	8.50	7.88	계약상 개선 목표 10% 절감 및 총노무비 인상 3%
간접비(노무비의 200%)	17.00	15.76	
매출원가	$45.50	$42.88	
스크랩@ 10%	4.55	2.14	스크랩율 10%에서 5%로 감소
제조원가	$50.05	$45.02	
판관비 @ 10%	5.01	4.50	
총원가	$55.06	$49.53	
이윤**	6.00	6.75	공동 재료비 절감 공유share $0.75, 즉$6.00 + ($1.50 / 2)
판매가격	$61.06	$56.28	개선 후 新판매가격

** 이윤: 협상 합의된 30% ROI 기반: (2년간 투자 $5M x 0.3) / 250,000 units = $6.00/unit

역가격 분석reverse price analysis

원가분석 자료를 활용하여 제시(또는 예상)된 가격을 기점으로 공급업체 원가의 적정성을 분석하는 방법이다. 즉, 공급업체의 원가와 이윤이 적절하게 책정되어 가격should be price이 결정되었는지 평가하는 것이다. 표 4-4는 역가격 분석의 예시이다.

표 4-4 역가격 분석 예시[1]

가상가격hypothetical price	$20
이윤/판관비 허용액@ 15%	- 3
소계	**$17**
직접 재료비	- 4
소계	**$13**
직접 노무비	- 3
제조 간접비manufacturing burden	$10

비용 기반 시스템 분석

비용 기반 시스템 분석에서는 대기업이나 공급기반이 큰 기업이 사용하는 가장 정밀하고 가장 덜 주관적인 방식으로 공급업체와의 비즈니스 총비용을 산출한다. 구매단가와 공급업체 성과지표Supplier Performance Index(SPI)를 활용하여 가격의 적정성과 품목별 최저 총비용 공급업체를 파악할 수 있다. 표 4-5와 표 4-6은 비용 기반 시스템 분석 예시 자료이다.

표 4-5 비용 기반 시스템 분석 예시1 [1]

공급업체: Advanced Systems			
품목(카테고리): Integrated Circuit			
품목 내 총 부품 수: 2			
A. 현 분기 총구매비 불이행nonperformance 비용:			$5,231.67
이벤트	발생건수	건당 평균비용	발생비용
늦은 배송late delivery	5	$150.00	$750.00
공급업체 반송	2	45.00	90.00
스크랩 노무비	3	30.00	90.00
물품 재작업 비용	1	100.00	100.00
B. 총불이행 비용			$1,000.00
C. 총구매비 + 불이행비용(A + B)			$6,231.67
D. 공급업체 성과지표(SPI) (C / A)			1.20
E. 서비스 요인 등급			78%

(정성적 혹은 서비스 요인의 총 가능 점수 대비 실 획득 점수 비율)

SPI= (Purchase Price+Nonperformance Cost)/Purchase Price

Purchase Price: 공급업체의 기본적인 구매 가격.

Nonperformance Cost: 공급업체의 성과 미달로 인해 발생하는 추가적

인 비용. 예를 들어, 지연된 납품으로 인해 발생한 비용이나 품질 문제로 인한 재작업 비용 등이 포함

표 4-6 비용 기반 시스템 분석 예시2[1]

품목: Integrated Circuit					
파트 넘버	**공급업체**	**단가**	**SPI**	**총비용**	
04279884	Advanced Systems	$3.12	1.20	$3.74	**
	BC Techtronics	$3.01	1.45	$4.36	
	Micro Circuit	$3.10	1.30	$4.03	
04341998	Advanced Systems	$5.75	1.20	$6.90	**
	BC Techtronics	$5.40	1.45	$7.83	
	Micro Circuit	$5.55	1.30	$7.22	

Service Factor Ratings:

	Advanced Systems	78%
	BC Techtronics	76%
	Micro Circuit	87%

** 품목별 최저 총비용 공급업체 (총비용 = 단가 x SPI)

가치 기반 총소유 비용분석

초기 비용만 보고 공급업체를 선정했으나, 이후 품질 관리 문제, 물류비용 증가, 장기적 유지보수 비용 등을 충분히 고려하지 않아 결과적으로 예상보다 높은 비용이 발생할 수 있다. 특히, 예상치 못한 수리 비용과 공급 지연이 발생하여 전체 비용이 크게 증가하고, 생산 차질까지 이어진다. 이와 같은

상황에 대비하여 가치 기반 총소유 비용 분석을 활용할 수 있다. 가치 기반 총소유 비용^TCO 분석은 구매가격과 비용을 분석하는데 있어서 단순히 구매단가만을 고려하는 것이 아니라, 구매단가 이면에 숨겨진 기업이 제품/서비스를 생산하고 판매하는데 들어가는 전체 비용 또는 특정 제조/서비스 공급업체와 거래하는데 드는 총 공급망 비용을 함께 고려한다(그림 4-2). 이를 통해 예기치 못한 비용 발생을 줄이고, 보다 정확한 예산을 수립할 수 있다. 예를 들어, IT 시스템 도입 시 초기 설치비용 외에도 소프트웨어 업데이트, 유지보수 및 직원 교육 비용 등을 고려할 수 있다. 가치 기반 비용 관리는 초기 구매 비용뿐만 아니라 장기적인 운영 효율성을 함께 고려한다. 예를 들어, 에너지 효율성이 높은 제품이나 유지 보수가 용이한 장비는 초기 비용이 높을 수 있지만, 장기적으로는 더 큰 비용 절감을 가져올 수 있다. 또한, 가치 창출에 중점을 두어 기업의 경쟁력을 강화할 수 있다.

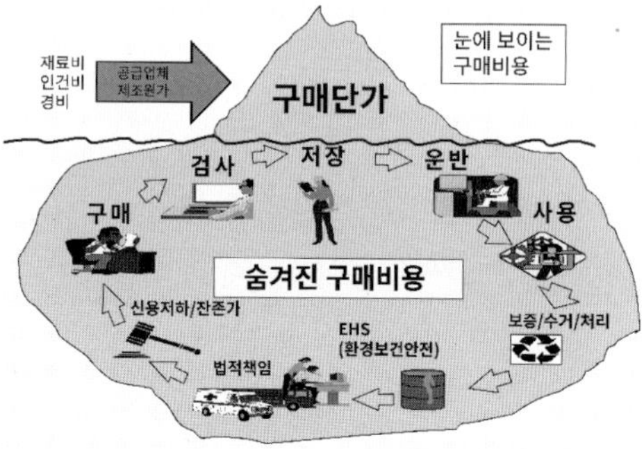

■ 그림 4-2 총소유 비용 분석의 고려 항목

가치기반 분석

총소유 비용을 통해서 특정품목의 비용대비 효익, 즉 구매품목의 가치 value = 효익 benefit / 총소유 비용 TCO를 평가할 수 있다.

총소유 비용 분석에서는 가치를 평가하기 위해서 순현재가치 Net Present Value(NPV)분석을 주로 활용한다. 순현재가치는 구매품목으로 인해 발생하는 총효익(미래발생 효익의 현재가치 총합)에서 총비용(현시점 총소유 비용 + 미래발생 소유비용의 현재가치)을 차감하여 계산한다. 순현재가치가 '0' 보다 크면 구매가치가 있으며, '0'미만이면 구매에 대해서 재고할 필요가 있다. 표 4-7은 총소유 비용 분석의 예시이다.

표 4-7 총소유 비용 분석 예시[1]

비용 (1,000 PCs)

비용 요소	현재	Year 1	Year 2	Year 3
구매가격:				
- 하드웨어($1,200/PC)	$1,200,000			
- 소프트웨어($450/PC)	450,000			
취득원가:				
- 소싱(2 FTE 직원(1 FTE @ $85,000/년, 1 FTE @$170,000/년– 각 2 개월)	42,500			
- 관리(1 PO @ $150, 12 송장/년)	150	480	480	480
사용비용:				
- 기회비용: 생산성(다운타임: 15 시간/PC/년@ $30/시간)		450,000	450,000	450,000
- 설치비($700/PC)	700,000			
- 장비 지원 ($120/월/PC)		1,440,000	1,440,000	1,440,000
- 네트워크 지원($100/월– 공급업체 견적)		1,200,000	1,200,000	1,200,000
- 품질보증($120/PC, 3년보증)	120,000			
수명만료비용:				
잔존가액salvage value ($36/PC)				(36,000)
총비용	$2,512,650	$3,090,480	$3,090,480	$3,054,480
현재 가치present value @ 12%	$2,512,650	$2,759,799	$2,463,113	$2,174,790

총소유 비용 범주 분류

총소유 분석은 구매기업이 공급업체로부터 구매를 계획하고, 구매실행, 사후관리에 이르기까지 물품의 사용 기간 동안에 발생하는 모든 형태의 직간접비용을 고려하여 계산한 것이다. 다음은 총소유 비용의 범주 분류이다.

TCO 범주 분류#1

– 구매/취득acquisition 원가: 구매가격+ 기타 취득비용(계획수립, 세금, 파이낸싱)

– 사용usage 비용: 변환/지원(유지보수, 에너지), 기회 비용(차선 물품 사용 비용; 예, 유실판매, 생산성 저하, 다운타임, 품질, 리스크, 공급망 등)
– 수명만료end-of-life 비용: 잔존가치salvage value

TCO 범주분류 #2

– 사전거래비용: 니즈인식, 공급업체 조사/적격 심사, 시스템에 공급업체 입력, 공급업체 교육 비용
– 거래비용: 가격, 발주, 관세, 대금 청구, 검사, 반품, 후속 조치 및 정정 비용
– 사후거래비용: 라인 폴아웃line fallout, 판매 전 불합격품, 현장 실패 및 보수/대체, 품질보증, 고객 불만족/굿윌goodwill, 생산물 배상책임, 유지보수, 환경비용

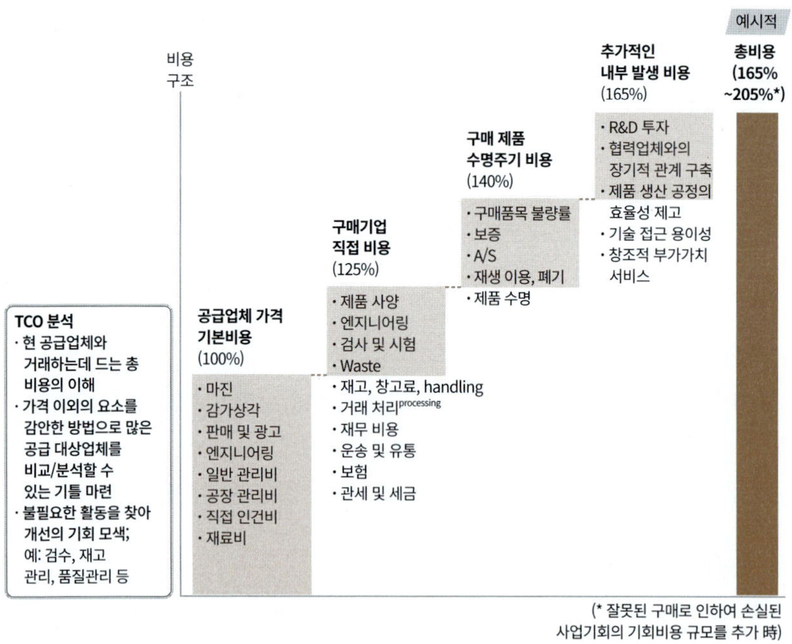

그림 4-3 총소유 비용의 이해 (출처: 노먼그룹)

그림 4-3처럼 다수의 경우에 취득비용(기본비용)은 총소유 비용의 일부분에 불과하다. 따라서 총소유 비용에 포함되는 다양한 비용 항목들을 파악하는 것이 매우 중요하다.

TCO 기반의 비용 혁신

총소유 비용 구성요소는 표 4-8처럼 정리할 수 있다. 총소유 비용 구성요소 중 상당수는 공급망 내 협력업체들과의 공동개선을 통해 각 비용을 최소화할 수 있다. 공동 개선 활동으로는 생산 계획 공유, 품질 개선 활동, 공정 개선 지원, 기술 지원, 위기관리 능력 지원, 제품 개발에 공급업체 조기 참여, 물류 거점 최적화, 성과 공유 등이 있다. 이러한 개선 활동은 주로 전략품목에 초점을 두고 1~2개의 일부 협력 공급업체들과 실행하게 된다.

표 4-8 총소유 비용 구성요소[2]

구성요소	세부 구성요소
이익	이익
물류비	보관비, 수송비
상각비	공구 상각비, 설비 상각비
관리비	판매 관리비, 본사 관리 부문비
가공비	사외 가공비, 직접 노무비, 설비 가공비
직접 재료비	부문품비, 원재료비, 구입 물류비

TCO 기반의 분석을 위해서는 현 공급업체와 거래하는데 드는 총비용의 이해, 가격 이외의 요소를 감안한 방법으로 많은 공급 대상업체를 비교/분석할 수 있는 기틀 마련, 불필요한 활동을 찾아 개선의 기회 모색 (예: 검수, 재고관리, 품질관리 등) 등이 필요하다.

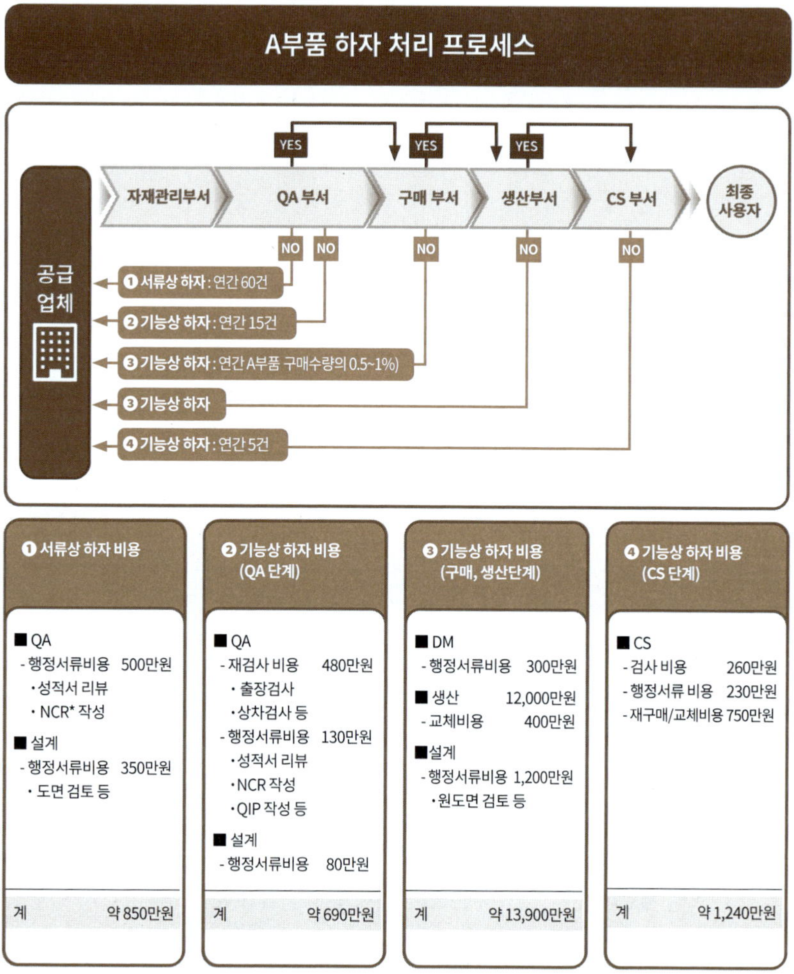

- 상당 부분을 차지할 것으로 추정되는 서류상 누락된 하자 건수와 최종사용자에서 발생하는 비용을 포함한 총체적 비용에 대한 접근이 요구됨.
- 총체적 비용의 관점에서 A부품 납품 후 발생되는 하자로 인해 추가되는 비용은 B기업 내부 인건비로 한정하여도 연간 최소 약 16,700만원에 달함.

* NCR = Non-Conformity Requirements (불부합사항 시정요구); QIP = Quality Improvement Plan

그림 4-4 TCO 분석사례 (출처: 노먼그룹)

📌 TCO 접근 방식

1. 초기 구매 비용보다 장기 비용을 고려

부품을 선택할 때 단순히 초기 구매 비용뿐만 아니라, 사용 수명 동안 발생할 수 있는 모든 비용을 고려한다. 예를 들어, 부품의 유지보수 비용, 교체 주기, 품질 보증, 불량 발생 시의 리스크 등을 종합적으로 평가한다. 초기 구매 비용이 낮더라도 유지보수 비용이 높다면, 장기적으로 높은 TCO를 초래하기 때문에 이러한 부품은 선호하지 않는다.

2. 품질과 신뢰성 확보

TCO 접근을 통해 품질이 우수하고 신뢰할 수 있는 부품을 확보하려 한다. 고품질의 부품은 유지보수와 수리 빈도를 줄여 장기적인 비용 절감 효과를 가져온다. 또한, 차량의 전체 품질이 높아져 고객 만족도와 브랜드 신뢰도가 상승하는 효과도 얻을 수 있다.

3. 공급업체와의 장기적 파트너십 구축

TCO를 기준으로 공급업체와의 장기적인 관계를 중시한다. 공급업체가 단기적인 가격 할인보다는 장기적으로 안정적이고 고품질의 부품을 제공할 수 있도록 유도한다. 이를 통해 공급업체도 자신의 생산 과정에서 효율성을 높일 수 있으며, 양측 모두 비용 절감 효과를 얻는다. 이러한 파트너십은 공급망의 안정성을 높이고, 예기치 않은 상황에서도 부품 공급을 안정적으로 유지하는 데 기여한다.

4. 불량률 감소 및 품질 리스크 관리

TCO 접근을 통해 초기 구매비가 낮아도 불량률이 높은 부품은 장기적인 리스크로 판단한다. 따라서 불량률이 낮고 신뢰성이 높은 부품을 우선 구매하는데, 이는 결과적으로 차량의 전체 품질을 높이고 고객 신뢰를 쌓는 데 기여한다. 만약 불량 부품으로 인해 리콜이나 수리 비용이 발생하면 TCO가 급격히 상승하게 되므로, 사전에 이러한 리스크를 줄이는 것이 핵심이다.

5. 환경적 지속 가능성 고려

TCO 접근에서 환경적 비용도 고려한다. 부품의 수명 종료 후 폐기 비용이나 환경 규제 준수 비용까지 포함해 계산하고, 이를 통해 장기적으로 지속 가능한 부품과 자재를 선택한다. 이러한 접근은 비용 절감뿐만 아니라 ESG(환경, 사회적 책임, 지배구조) 목표 달성에도 기여한다.

2. 전략적 공급망 비용 관리

전략적 구매비용 관리는 단순히 최저가 공급업체를 선택하는 것이 아니라, 품질, 서비스 수준, 지속 가능성 등을 고려하여 장기적인 관점에서 최적의 공급업체의 선정을 필요로 한다. 예를 들어, 동일한 품목이라도 환경적으로 지속 가능한 자재를 사용하는 공급업체를 선택하면, 초기 비용은 높을 수 있지만 장기적으로 환경 규제 준수 및 기업 이미지 향상에 기여할 수 있다.

공급망 관리는 원자재를 최종 고객에게 완제품으로 전달하는 과정에서 거래 관계로 연관되어 있는 기업의 네트워크와, 여기에 포함되어 있는 자재, 인적자원, 정보, 프로세스 등의 포괄적 관리를 의미한다. ICT 기술의 발달, 공급망의 확대 및 글로벌화, 공급망의 복잡성complexity, 변동성volatility, 불확실성uncertainty이 증가됨에 따라 공급망 내 기업 간 협력은 기업의 생존을 위한 핵심 요소 중 하나가 되었다. 그림 4-5 처럼 구매공급관리 부문에서도 기업 간 협력을 통한 전략적 비용관리가 매우 중요하다. 전략적 공급망 비용 관리는 단순히 비용 절감이 아니라, 장기적인 공급망 안정성과 성과를 개선하는 것을 목표로 한다.

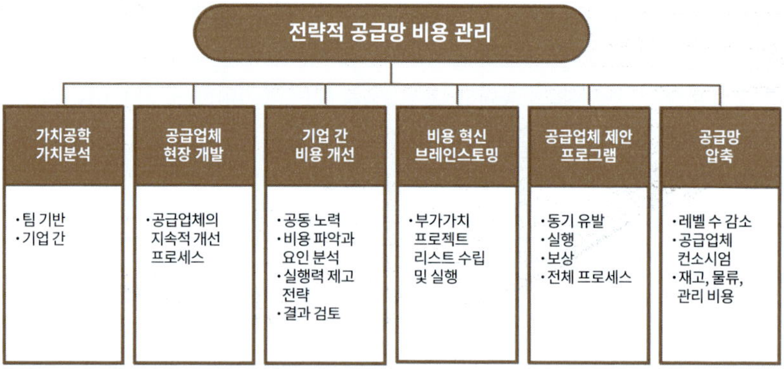

■ 그림 4-5 전략적 공급망 비용 관리[1]

구매품목의 전략적 비용관리를 위해서는 '공급리스크'와 '가치'에 따라서 품목을 구분하여 비용분석 방법과 비용관리 전략을 차별화할 필요가 있다. 그림 4-6은 품목 구분에 따른 구매비용 관리의 주요 사항을 설명하고 있다.

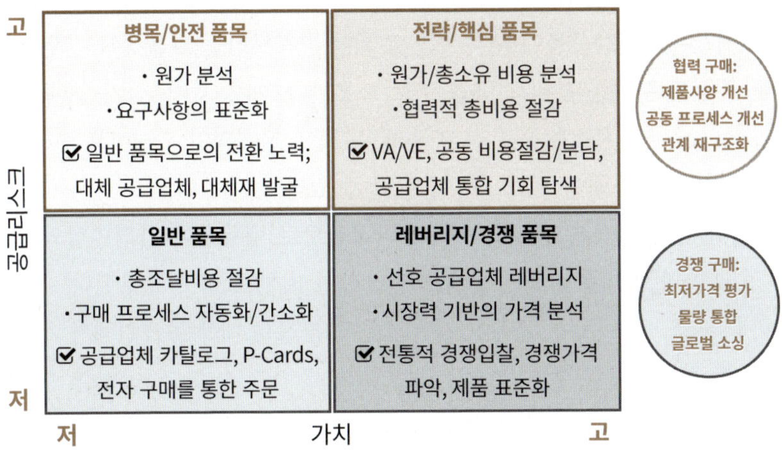

품목분류	특성
Critical (전략/핵심) 품목	- 사업에 필수적인 품목으로 연간 지출 비중 높음 - 공급업체가 제한적이고, 전문성을 가지고 있음 - 품질, 규격 문제 존재하며 조달을 위해 일정 기간 lead-time 필요
Bottleneck (병목/안전) 품목	- 상대적으로 소규모의 구매 금액 - 비정기적인 구매 경우가 많은 반면, 수요 발생시 반드시 필요 - 규격 이슈 존재하며 가용 대체품 빈약 - 적절한 공급업체가 존재하나 독과점에 가까움
Leverage (레버리지/경쟁) 품목	- 연간 구매금액이 일정액 이상임 - 품질이 매우 중요하나 상대적으로 수월하게 품질관리 가능 - 경쟁 가능한 적절한 수의 공급업체 확보 가능
Routine (일반)품목	- 구매금액이 적은 다품종 소량의 비 핵심 품목 - 다수의 경쟁적인 공급업체가 존재하여 경쟁관계 형성

*VA: Value Analysis, *VE: Value Engineering

그림 4-6 가치-리스크 매트릭스[3]

일반품목은 가격 변동성이 상대적으로 낮고, 시장에서 쉽게 구할 수 있는 제품이므로 구매 리스크가 비교적 적다. 일반 품목은 상대적으로 전략적 중요도가 낮고, 대체 가능성이 높은 항목으로, 비용 기반 분석을 통해 관리하는 것이 적합하다. 이러한 품목은 대체 공급업체가 많기 때문에 특정 공급업체에 대한 의존도가 낮으며 공급망 중단이나 납기 지연에 대한 리스크가 크지 않다. 일반품목에 대해서는 복잡한 전략보다는 효율성과 운영 간소화를 중심으로 하는 관리 전략을 주로 사용한다. 예를 들어, 정기 구매 계약, e-Procurement 시스템을 통한 자동 발주, 또는 전체적인 구매비용을 절감할 수 있는 카테고리 묶음 전략 등을 활용할 수 있다.

병목/안전 품목은 공급업체들이 과점적으로 행동하여 가격인상의 동인이 있고 따라서 새로운 공급업체를 발굴하기 위한 노력이 요구된다. 고도로 특화된 부품, 예를 들어, 항공기 엔진의 특정 부품은 대체 공급업체가 거의 없으며, 공급에 차질이 생기면 생산 라인 전체가 멈출 수 있다. 이러한 병목 품목에 대해 항공기 제조사는 다수의 공급업체와 장기 계약을 체결하고, 비상시 사용할 수 있는 충분한 재고를 확보하는 방식으로 리스크를 관리한다. 따라서 병목 품목의 공급 차질을 대비해 안전 재고를 충분히 확보하는 것이 중요하며, 비용 기반cost-based 관리 접근이 유용하다. 재고 비용을 고려하면서도 공급 차질에 따른 생산 손실을 방지할 수 있는 재고 수준을 설정해야 한다.

레버리지/경쟁 품목은 공급처를 다변화하고 대량구매를 활용하여 구매가격수준을 낮추기 위해 지속적으로 노력할 필요가 있다. 경쟁 품목은 여러 공급업체 간의 경쟁을 활용하여 시장 가격을 효과적으로 협상하는 것이 중요하다. 이때 시장 조건과 경쟁력을 분석하여 최적의 공급업체를 선정하고, 가격 협상을 통해 원가를 절감하는 전략이 필요하다. 자동차 제조업체는 철강, 플라스틱, 타이어와 같은 레버리지 품목을 다수의 공급업체로부터 공급받는다. 이들 품목에 대해 다수의 경쟁 공급업체를 활용해 가격 협상력을 극대화하고, 대량 구매 계약을 통해 비용을 절감하고 있다. 이를 통해 공급업체 간의 경쟁을 유도하여 최적의 가격으로 구매를 할 수 있다.

가치가 높고 공급리스크가 상대적으로 큰 품목은 전략/핵심 품목으로 구분하며 전략적으로 협력이 가능한 주요 협력업체들과의 신뢰관계를 기반으로 총비용 절감을 위해서 상호 노력하여야 한다. 이러한 전략적 파트너들과는 공동으로 프로세스를 개선하고 장기적인 구매관계 형성을 목표로 해야 한다. 전략 핵심 품목은 기업에 있어 경쟁력 확보에 필수적인 요소이므로 가치 기반 분석을 활용하여 TCO를 중심으로 관리하는 것이 중요하다. 원자재의 품질이 제품의 성능과 고객 만족에 영향을 미친다면, TCO 관점에서 초기 비용이 높더라도 장기적으로 비용 절감과 품질 이점을 추구할 수 있다. 예를 들어, 반도체 제조업체의 반도체 칩은 기술 발전에 필수적인 전략적 품목으로, 해당 품목의 원자재나 고급 기술이 없다면 생산이 불가능하다. 반도체 제조업체는 주요 고객사와의 긴밀한 협력관계를 통해 안정적인 공급망을 유지하고, 첨단 기술을 활용한 파트너십을 구축하여 경쟁력을 강화하고 있다.

3. 간접구매 비용 관리

간접구매란 기업의 생산 활동에 직접적으로 사용되지 않는 물품이나 서비스를 구매하는 것을 의미한다. 즉, 제품을 제조하는 데 필요한 원자재나 부품과는 달리, 기업의 운영을 지원하기 위해 필요한 물품과 서비스를 조달하는 활동이다. 간접구매는 "비생산재 구매"라고도 하며, 일반적으로 다음과 같은 항목을 포함한다. 간접구매 비용은 고객에게 배송되는 제품/서비스의 직접 품목을 제외한 모든 제품/서비스의 구매비로, 총구매비의 50% 이상을 차지하고 있다. 간접구매는 다양한 부서에서 이루어지기 때문에, 비용 지출 내역이 분산되어 있는 경우가 많다. 이를 체계적으로 관리하지 않으면 지출의 투명성이 떨어지고 비효율적인 구매가 발생할 수 있다. 간접구매 비용을 효과적으로 관리하면 기업은 리스크를 최소화하고, 비효율적인 지출을 줄일 수 있다. 전략적인 비용관리를 못하여 독단적maverick 구매를 진행하는 경우가 있어 주의할 필요가 있다.

　최근 간접 구매 관련 이슈들은 다양한 제품과 서비스 구매로 인한 간접구매 부문의 성장, 분권적decentralized 스펜드 성향, 직접 품목/서비스 가격에 포함하는 경우의 증가, 비용 압박의 증가, 간접비로의 할당 방법 고려 등이 있다.

간접비용 관리 기법

내적 관리기법으로 데이터 취합과 통합, 책임소재의 재구조화, "Procure to Pay" 프로세스의 자동화, 표준화 등이 있다. 데이터 취합과 통합은 다른 사업부에서 같은 제품을 같은 공급업체로부터 다른 가격에 구매하거나, 사업부 간 회계 목적으로 비용이 다른 코드로 처리되거나, 구매공급부서가 아닌 다른 부서에서 종종 분권화된 스펜드를 실행하는 것을 파악하는 것을 의미한다. 책임소재의 재구조화는 철저한 데이터 분석을 통해 권한이 부여되지 않은 소스의 독단적 구매를 방지하도록 간접 스펜드의 책임소재를 결정하고 지휘 감독 계통을 확립하는 것이다. 표준화는 미승인 소스의 전자 카탈로그 액세스를 제한하고, 카탈로그에 없는 모든 구매를 검토하여 임원급 매니저의 승인을 획득하는 것을 통해 전사적으로 간접 스펜드 관리를 통합하는 것이다.

외적 관리기법으로는 역경매, 컨소시엄 구성, 아웃소싱 등이 있다. 역경매는 인터넷을 통해 어디에서나 구매기업와 공급업체의 실시간 소통을 가능하게 하며, 10-20%의 원가 절감을 용이하게 한다. 하지만 오랜 기간 사용은 신중한 접근이 필요하다. 컨소시엄consortiums은 주로 제3자가 여러 조직들의 물량을 통합하여 구매력을 증진하는 것이며 어떤 구매를 활용(레버리지)할 것인지를 결정하는 것이 중요하다. 간접 스펜드 관리 아웃소싱을 위해서는 아웃소싱 업체에 대한 높은 신뢰 수준이 요구된다.

간접구매 비용관리의 핵심요소는 다음과 같다.

- 물류 등 서비스 활동들을 기업 전략에 직접 연계
- 임원(특히 CFO)의 승인/수용buy-in을 획득
- 물류 등 간접 스펜딩을 단일 임원 하에 조직화
- 스펜드 데이터 취합을 위한 기술력 사용
- 물류 등 서비스 제공업체의 성과 측정

- 비용절감을 실제 스펜딩과 직접 연결
- 소수의 제공업체와 파트너십 혹은 제휴 관계를 구축하고 스펜드 레버리지
- 벤치마킹과 정기적 성과 검토
- 프로젝트 범위를 설정하고정기적 진도 관리
- 간접 구매 전략(사용자 요건과 기대, 비용 목표 등) 검토와 재평가

서비스 구매

오늘날 기업들은 그림 4-7처럼 기업 내 조직 구성원과 외부 인력이 다양한 채널을 통해 협력하고 있으며, 서비스가 조직에 미치는 영향이 상당하다. 서비스 구매는 기업이 직접 생산에 필요한 제품이나 원자재가 아닌, 비물질적인 서비스나 전문 역량을 외부에서 조달하는 것을 의미한다. 구매공급관리에서 서비스 구매는 제조업뿐만 아니라 다양한 산업에서 중요한 역할을 차지하며, 기업이 효율적이고 전문적인 운영을 할 수 있도록 돕는다. 외부 인력이 총 인건비의 상당 부분을 차지하고 있다는 점에서, 외부 인력과 서비스 구매가 기업 운영에서 매우 중요한 역할을 하고 있다. 이는 기업들이 핵심 역량에 집중하고 나머지 비핵심 업무는 외부 인력이나 서비스로 아웃소싱하는 경향이 강화되고 있는 것과 무관하지 않다. 기업들은 인력 파견 업체, 온라인 인력 제공 플랫폼, 프리랜서 마켓, 직접 소싱 경로, 사설 인재 풀 등 다양한 경로를 통해 외부 인력을 채용한다. 서비스 구매나 외부 인력 채용에서 비용 절감만이 중요한 것은 아니며 가시성visibility 또한 중요한 요소로 작용하며, 이는 기업이 외부 인력의 상태, 성과, 리스크 등을 실시간으로 파악하고 관리하는 데 노력해야 함을 의미한다.

그림 4-8과 같이 서비스 구매에서 효율적이고 체계적인 프로세스는 기업이 리스크를 줄이고, 적시에 필요한 서비스를 구매하는 데 필수적이다. 서비스 구매에서 비용 관리는 중요한 요소이다. 서비스 구매에서는 직접 비용뿐만 아니라 간접 비용도 고려해야 한다. 총 스펜드total spend 관리를 통해 서비스 구매 비용을 분석하고, 절감 기회를 식별하며, 예산 관리를 효율적으로 해야 한

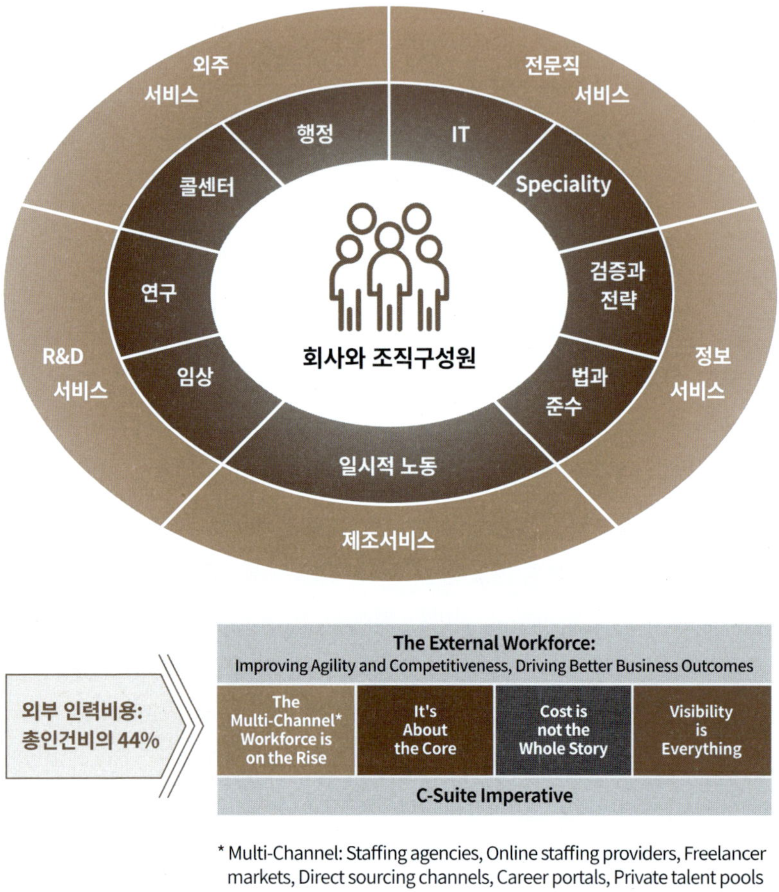

■ 그림 4-7 서비스 구매[4]

다. 또한 서비스 구매에서는 계약 조건, 서비스 수준 협약service level agreement, 법적 규제 준수 등의 리스크 요소를 관리하는 것이 중요하다. 서비스 계약에서 명확하지 않은 항목은 나중에 추가 비용을 초래할 수 있으며, 이에 대한 사전 관리가 필요하다. 예를 들어, 법률 서비스나 외주 계약에서 추가 비용 발생 가능성을 미리 파악하고 관리하는 것이 필수적이다.

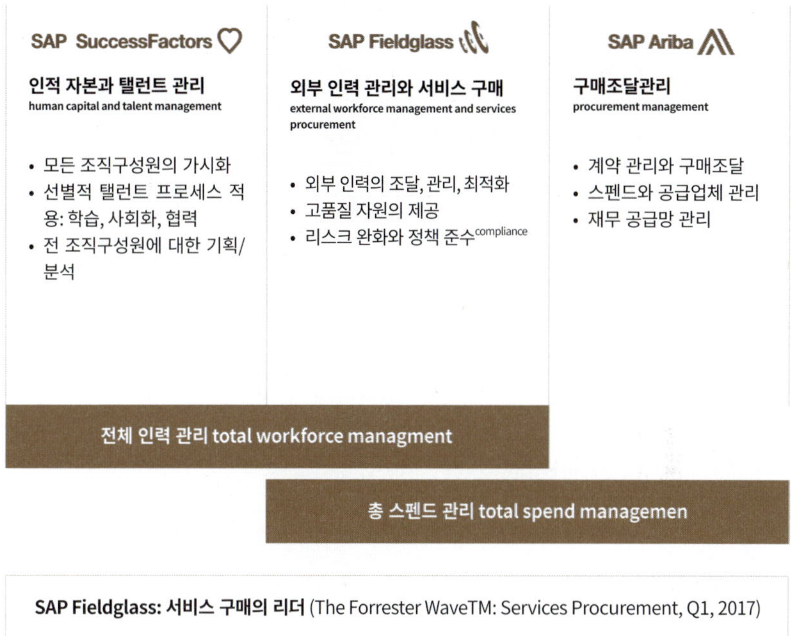

그림 4-8 SAP의 토탈 텔런트와 스펜드 관리[5]

서비스 구매의 선정 요인으로는 유형성, 신뢰성, 반응성, 확신성, 공감성과 같은 서비스 품질 요소를 들 수 있으며, 그림 4-9의 분류에 따라 품질 요소들을 평가할 수 있다. 서비스 구매는 일반적인 상품 구매와는 달리 비물리적 특성과 지속적인 제공이 중요하다. 서비스 구매 시 서비스의 중요성은 서비스가 조직의 핵심 운영에 얼마나 큰 영향을 미치는가에 따라 차이가 나며, 중요도가 높은 장비 지원이나 전문직 서비스는 기업의 운영 연속성에 필수적이므로 성능의 신뢰성, 유지보수, 전문성 등이 중요한 평가 요소이며, 반대로 중요도가 낮은 세탁, 청소, 폐물 처리와 같은 서비스는 비용 효율성과 반응성이 우선시 된다. 서비스 초점은 서비스 제공의 대상과 성격에 따라 부동산property, 사람people, 프로세스process로 구분한다. 부동산 서비스는 주로 시설 유지, 장비 관리 등의

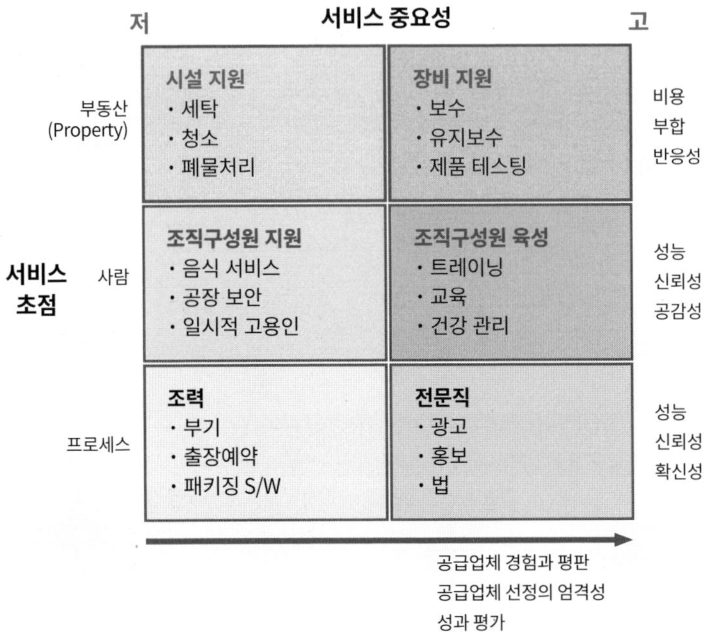

■ 그림 4-9 서비스 초점과 중요성에 따른 서비스 부문 및 품질 항목[6]

지원 서비스로, 정기적인 유지보수와 제품 테스트가 중요한 항목이다. 사람 관련 서비스는 직원 교육, 건강 관리, 조직 구성원 지원 등을 포함하며, 신뢰성과 지속적인 성과 개선이 중요하다. 프로세스 서비스는 조립, 부가 서비스(예: 출장 예약, 패키징 S/W)와 같은 지원 서비스로, 효율성과 반응성이 주요 평가 기준이 된다. 이와 같이 서비스 구매에서 서비스의 중요성과 초점에 따라 비용 관리 전략과 공급업체 선정 기준이 달라진다.

📌 간접 구매 및 서비스 구매 비용관리

1. 중앙집중화된 구매 시스템 구축

간접 구매와 서비스 구매를 중앙에서 관리하는 체계를 구축하는 것이 필요하다. 중앙집중화된 시스템은 구매 절차와 기준을 통일하여 중복 구매와 비효율을 줄일 수 있다. 또한 대규모 계약을 통해 더 낮은 가격을 확보할 수 있어 전체적인 비용 절감에 기여한다.

2. 항목별 관리 체계 도입

간접 구매 항목을 구분하고, 각 항목에 맞는 구매 전략을 수립하는 것이 효과적이다. 예를 들어, IT 장비, 시설 관리, 마케팅 서비스 등 각 카테고리 별로 요구사항이 다르기 때문에 이를 전문적으로 다룰 수 있는 항목별 관리 체계를 도입하면 더 효율적인 비용 관리를 할 수 있다. 각 분야 관리 담당자는 해당 영역의 시장 동향과 가격 변동 요인을 잘 이해하여 최적의 비용 절감 전략을 수립할 수 있다.

3. 디지털 플랫폼과 데이터 분석 활용

디지털 플랫폼을 통해 구매 프로세스를 자동화하고, 데이터를 실시간으로 수집하여 분석하는 것이 중요하다. AI와 빅데이터 분석을 통해 지출 패턴을 파악하고, 불필요한 지출을 줄일 수 있는 기회를 찾아낼 수 있다. 또한, 데이터 기반으로 구매 결정을 내리면 예산 초과를 방지하고, 예측 가능한 비용 관리를 실현할 수 있다.

4. 공급업체 관리 및 파트너십 강화

공급업체와의 관계를 단순 거래 관계가 아닌 전략적 파트너십으로 발전시키는 것이 중요하다. 공급업체와의 장기적 파트너십을 통해 더 유리한 가격 조건을 얻을 수 있으며, 맞춤형 솔루션을 도입하여 비용 절감을 도모할 수 있다. 주기적으로 공급업체 성과를 평가하고 피드백을 제공해 개선 기회를 발굴하고, 협력관계를 강화하는 것이 효과적이다.

5. 성과 지표 설정 및 지속적인 모니터링

간접 구매와 서비스 구매 비용 관리에서 명확한 KPI를 설정하고, 이를 주기적으로 모니터링하여 비용 절감 성과를 측정하는 것이 중요하다. 예를 들어, 비용 절감율, 공급업체 리스크 수준, 서비스 품질 등 다양한 KPI를 통해 구매 성과를 평가하고, 문제 발생 시 신속하게 대응할 수 있다. 이를 통해 지속적인 비용 관리와 성과 개선이 가능하다.

6. 지속 가능한 구매 정책 도입

간접 구매에서도 환경, 사회적 책임을 고려한 지속 가능한 구매 정책을 도입하는 것이 점점 중요해지고 있다. 예를 들어, 에너지 효율이 높은 장비를 선택하거나, 환경 친화적인 재료를 사용한 제품을 구매하는 방식이다. 지속 가능한 구매 정책을 통해 장기적으로 운영 비용을 절감할 수 있으며, ESG(환경, 사회, 지배구조) 목표를 달성하는 데 기여할 수 있다.

7. 계약 조건 최적화 및 협상 전략 강화

간접 구매와 서비스 구매에서는 계약 조건을 신중히 검토하고, 협상력을 강화하여 최적의 조건을 확보하는 것이 중요하다. 특히 유지보수 조건 등을 포함하여 품질과 비용 간 균형을 맞추는 계약을 체결해야 한다. 이를 통해 예기치 않은 비용이 발생하지 않도록 예방하고, 필요할 경우 계약 조건을 조정해 비용 효율성을 높일 수 있다.

5장

글로벌 소싱과 아웃소싱

국내 시장을 넘어 해외로 사업을 확장하고 협업을 강화함에 따라, 기업들은 더 이상 국내에서만 경쟁하지 않고 글로벌 시장에서 치열한 경쟁을 벌이고 있다. 이러한 환경에서 성장 한계에 직면한 기업들은 생존 전략을 위해 해외 공급업체를 적극적으로 활용하기 시작했다. 이를 통해 필요한 자재와 서비스를 적절한 시점에 조달하고, 완제품을 생산하는 시스템이 보편화되었다. 이러한 활동은 구매부서의 체계적이고 전략적인 글로벌 소싱global sourcing 전략을 통해 구체화 되며, 경쟁이 심화되고 가속화되는 최근의 비즈니스 환경 속에서 기업의 핵심 역량으로 판단되는 사업 및 활동은 직접 운영하되, 핵심 분야 이외의 사업이나 기능을 다른 기업에 아웃소싱outsourcing하는 전략은 하나의 해결책이 되고 있다. 인터넷과 디지털 기술이 발달하면서 자재 아웃소싱부터 콜센터, 데이터 분석, IT, 서비스 기능과 관련한 엔지니어링, 제품 연구와 신제품 디자인 등의 업무에 이르기까지 아웃소싱의 영역도 다양하게 확대되고 있다.[1]

1. 글로벌 소싱의 개념과 중요성

글로벌 소싱은 자재나 서비스에 대한 가격 절감뿐만 아니라, 품질, 납기, 물류비용, 그 이외 부가 서비스 등을 포함하여 총소유비용Total Cost Ownership(TCO) 관점에서 경쟁력 있는 공급업체를 찾거나 신기술 또는 신자재 발굴 등을 고려한 통합적인 구매 전략의 전개를 의미한다. 글로벌 소싱은 치열한 경쟁이 펼쳐지는 세계 시장에서 기업의 차별화와 기업 경쟁력 향상을 위해 적정 가격의 고품질 제품 생산에 필요한 자원을 공급하는 중요한 전략으로, 기업 성과에 긍적적인 영향을 미친다.

글로벌 소싱의 발전은 1970년대 이후로 대략 4단계로 구분할 수 있다. 초창기인 1970~80년대는 기업이 생산 활동에 필요한 자재를 국내에서 수급하기 어렵거나 구매하기 어려운 경우 외국 수입품을 구매하여 직접 사용하거나 국산화하는 형태로 비교적 단순하였다. 이후 시장 경쟁이 더욱 치열해졌으며, 1990년대에 들어서면서 글로벌 소싱은 구매 비용 절감을 위한 핵심 전략으로 자리 잡았다. 2000년대에 접어들며 글로벌 가치사슬Global Value Chain(GVC) 무역이 확대됨에 따라, 비즈니스 환경은 특정 지역을 넘어 전 세계로 확장되었다. 이에 따라 기업들은 경쟁력을 강화하기 위해 가격 절감, 품질 개선, 납기 대응을 최우선 과제로 삼았으며, 저비용 국가 소싱Low Cost Country Sourcing(LCCS) 전략을 적극 도입하면서 구매 부서 간 글로벌 통합과 기능 확장을 추진하였다. 최근 글로벌 소싱은 단순한 원자재 및 부품 조달을 넘어, 디자인과 신기술을 포함한 생산 활동 전반을 공급업체와 협력하여 통합적으로 운영하는 방식으로 진화하고 있다. 그 결과, 구매 기능은 단순한 자재 확보를 넘어 기업의 다양한 비즈니스 영역으로 확장되고 있다.

글로벌 소싱의 이점

기업은 글로벌 소싱을 통해 다양한 이점을 기대할 수 있다. 첫째, 원부자재의 구매 가격, 품질 및 서비스에 대한 경쟁력을 확보할 수 있다. 한정된 국내 공급기반supply base의 소싱은 경쟁력 있는 공급업체를 찾는 데 한계가 있어 글로벌 소싱을 통해 공급업체의 선택 폭을 넓혀 기업이 만족할 만한 최적의 공급업체를 선택할 가능성을 높일 수 있다. 글로벌 소싱은 경쟁력 있는 공급업체를 찾고 글로벌 경쟁 업체들과의 경쟁에서 우위를 점할 수 있는 가장 효과적인 방안이다. 국내 글로벌 제조기업 A의 경우, 2014년 중국, 일본, 동남아 등에 있는 해외 공급업체들을 대상으로 초저가 소싱 전시회 및 온라인 구매를 통해 전자부품 중 어댑터 및 파워코드의 소싱을 수행해 2,600억 원의 원가 절감과 품질 경쟁력이 있는 업체를 선발하였다. 국내 중장비업체 B사는 글로벌 소싱을 통해 원자재인 철판과 환봉 원가를 기존 대비 5~15% 절감했고 엔진 오일 온도를 제어하는 오일 쿨러의 원가를 40% 이상 절감했다. 국내 케이블 제조업체인 C사의 경우 글로벌 소싱을 통해 PVC 화합물, 전선 피복용 원자재, 관 이음쇠 등 자동차 부품의 구매 비용을 10~20% 절감할 수 있었다.[2]

둘째, 제품과 프로세스 기술, 혁신 가용성 및 더 나은 액세스access를 확보할 수 있다. 해외 시장에서 기업이 보유하지 못한 비즈니스 노하우know-how를 습득할 수 있고, 국내에서 찾을 수 없는 기술과 자원을 활용하여 혁신적인 가용성을 통해 더 나은 사업을 운영할 수 있다. 미국 NVIDIA와 대만 TSMC의 관계가 대표적인 사례로, 반도체 공급망에서 팹리스fabless는 반도체의 설계, 디자인, 개발을 전문적으로 수행하고, 파운드리foundry는 반도체 생산을 위탁받아 수행한다. 이를 통해 팹리스는 생산 기능을 혁신적인 생산 공정과 기술력이 우수한 파운드리에 소싱함으로써 반도체 칩의 설계 및 개발에서 경쟁우위를 선점할 수 있다.

셋째, 신시장 진입과 해외 시장에서 존재감을 확립할 수 있다. 글로벌 제조기업이 중국, 베트남, 인도 등 저비용 국가Low Cost Country(LCC)로 진출해 인건비를 포함해 적은 비용으로 제품을 생산하여 부가가치를 상승시키고, 현지 시장 개척의 교두보를 확보하기에 보다 수월하다. 최근 홈플러스는 EMDEuropean Marketing Distribution과 회원 가입 계약을 체결하여 EMD의 비즈니스의 노하우와 막강한 구매력을 바탕으로 유럽의 매력적인 품질의 상품을 국내 소비자들에게 저렴하게 제공할 수 있게 되었고, 아시아 유통업체와의 협업을 통해 홈플러스가 취급하는 양질의 제품을 유럽 시장으로 판매할 수 있게 되어 1조 원 이상의 규모로 시장을 키울 수 있었다[3].

또한, 해외 공급업체를 활용하면 국내 공급업체 간의 경쟁을 촉진하고, 변화하는 구매 패턴에 효과적으로 대응할 수 있다. 아울러 글로벌 공급업체와의 경쟁을 통해 비즈니스 노하우를 습득할 수 있으며, 이를 바탕으로 공급업체와의 관계 개선, 재고 관리 최적화, 소싱 프로세스 표준화, 정보 공유 기반의 공급망 가시성 확보 등을 통해 공급망 대응력을 강화할 수 있다.

글로벌 소싱의 장벽과 극복

글로벌 소싱은 이점도 있지만, 실행 과정에서 난관을 수반하기도 하는데, 이를 극복하기 위한 다양한 대응책을 고려해야 한다. 첫째, 잠재적 공급업체 파악, 공급망 관리, 품질 관리, 신기술 및 기술 동향 분석, 제품과 원자재 관련 시장 분석 등 글로벌 소싱에 필요한 지식과 기량skill 부족 문제의 해결이다. 각 기업에 적합한 글로벌 공급업체를 찾아 소싱하기 위해서는 소싱 업무에 대해 전략적인 접근이 필요하며, 가격, 품질, 서비스, 신기술 등을 보유한 경쟁력이 있는 공급업체들로부터 소싱하기 위한 전문적인 기술, 지식 및 역량이 필요하다. 이를 위해서는 먼저 글로벌 소싱에 적합한 제품, 사용할 프로세스, 시스템을 통한 공급업체 발굴 등에 관한 이해를 높이기 위해 교육과 훈련이 요구되고, 다양한 기업의 성공 사례를 전파하여 기업 인력에게 홍보하고 동기를 부여하는 것이 필요하다.

둘째, 기존의 국내 소싱 패턴과 관행에 집착한 나머지 효율적인 글로벌 소싱을 할 수 없는 경우가 발생하는데, 이러한 문제 해결을 위한 기업의 여건이 마련되어야 한다. 기업이 원하는 공급업체를 찾기 위해 직접 여러 나라를 방문하던 관행을 벗어나 온라인 네트워크를 활용하여 적합한 공급업체를 찾는 시간을 대폭 줄일 수 있다. 삼성전자의 경우, 2014년부터 대면offline 중심의 글로벌 소싱 업무에 비대면online 방법을 병행하여 더 많은 신규 공급업체를 참여시켜 신제품 출시 기간 단축, 원가 절감, 신기술 소싱 등 기대 이상의 성과를 거두고 있다. 이와 더불어 글로벌 소싱에 관한 성과 측정 및 보상 시스템을 구현하고, 글로벌 공급업체에 자국의 자원 지원이나 제 3자 중개상을 이용한 소싱 형태를 도입하여 글로벌 소싱 업무를 원활하게 수행될 수 있는 환경 조성도 고려해야 한다.

셋째, 비즈니스 관행, 언어 및 문화의 차이를 이해한 상태에서 글로벌 소싱 업무가 진행되어야 한다. 중국 기업과 비즈니스를 할 경우, 관시(关系, guān · xi, 관계)를 충분히 이해해야 하고, 광활한 중국 대륙 내 지역별 방언이 심하여 의사소통에 많은 어려움이 발생할 수 있음을 인지하고 있어야 한다. 미국인과 협상을 진행할 경우, 싫다는 의사를 'Dislike'가 아닌 'Hate'로 표현하면 의미가 잘못 전달될 수 있다. 일본인은 '아니오'라는 표현을 잘 쓰지 않는 문화가 있고, 협상 막바지에 일본 공급업체에서 고려하겠(考慮し)다고 결

론짓는다면 부정의 의미인지, 긍정의 의미인지를 세심히 파악할 필요가 있다. 한국 시장에서 월마트의 사례는 한국 소비자의 문화와 생활 행태에 대한 이해가 부족한 상황에서 사업을 전개하다 철수한 대표적 사례이다. 미국인들은 냉동식품을 구비해 두었다가 먹고 싶을 때 해동시키거나 데워먹는 행태가 일반적이지만, 한국인들은 신선도가 높은 식품을 선호하는 문화와 니즈가 있다. 이 사례는 지역 소비자의 문화를 충분히 이해하지 못할 경우, 진출한 국가에서 사업을 철회하거나 실패할 수 있음을 보여준다.

이 밖에 제품/자재 수입에 대한 리드타임과 물류의 복잡성에 대해 분석하고, 해외 공급업체의 재무 건전성과 속해 있는 국가에서 발생할 수 있는 정치·사회·환경 리스크를 완화하는 방안도 대비해야 한다.

2. 글로벌 소싱의 핵심요소

글로벌 기업으로 성장하려면 현재의 비즈니스 모델이나 공급망에 해외 공급업체와의 협업 성과를 반영·접목시켜야 하는데, 이 과정에서 지금까지 접하지 못했던 다양한 이슈와 제약에 부딪히기 마련이다. 이러한 문제의 해결책을 도출하기 위해 기업들이 이해하고 있어야 할 글로벌 소싱의 핵심적인 요소를 살펴보자.

GPO의 역할

글로벌 소싱을 위해 글로벌 구매조달 오피스Global Procurement Office(GPO)를 필요한 지역에 배치·운영한다. GPO는 최대의 고객 만족을 이끌어내기 위해 전 세계 제조 공장에서 사용할 소재, 부품, 원자재 및 기타 산업 투입물을 조달하고, 신규 업체 발굴 및 신기술을 소싱한다. 또한, GPO는 기업에 필요한 정보 및 공급망 전략, 지역별 시장 정보 등을 본사와 공유함으로써 전반적인 글로벌 전략을 구축하는 데 도움을 준다. GPO의 역할이 과거에는 조달 측면에 비중이 높았다면 최근에는 글로벌 소싱 측면으로 점차 변화·확대되어 가는 추세이다.

삼성전자는 각 지역별 특수성을 고려하여 지역에 맞게 GPO를 배치하였다. 일본, 독일, 미국과 같은 지역에는 첨단기술, 핵심 역량, 프리미엄 품질의 장점들을 보유한 공급업체를 소싱하고 있으며, 그 이외 중국과 같은 지역에서는 저가 부품 소싱 및 공급업체 등을 소싱하여 가격 절감 및 납기 대응에 큰 효과를 얻고 있다. 노키아는 한국 GPO를 통해서 한국의 기술력 있는 업체를 소싱하여 품질 좋은 제품을 생산하였고, HP는 여러 나라에 배치된 GPO를 통해서 글로벌 소싱 및 시장의 전략적 정보를 입수하고 있다. 그 외 GPO는 문화, 통화currency, 물류, 법적 이슈, 공급 단절 등의 리스크를 고려하여 공급망을 운영할 수 있도록 도움을 주며, 잠재적 공급업체 파악 및 견적과 제안proposal 요청, 수송품 추적, 공급 계약 협상 및 제품 샘플 확보, 기술적/상업적 문제 관리, 대응 무역countertrade 조건 관리, 현장 방문 수행 등의 역할을 수행한다.[4]

글로벌 소싱 대상의 선택

최근의 글로벌 소싱은 중장기 관점의 전략으로 통용되며, 이를 통해 시장 경쟁력 제고, 경쟁우위 선점, 비용 절감 등의 성과를 거둘 수 있다. 글로벌 소싱은 저비용 성과에 초점을 맞춘 저비용 국가 소싱과 고품질 획득에 초점을 맞춘 고비용 국가 소싱High Cost Country Sourcing(HCCS)으로 나눠볼 수 있다.

저비용 국가 소싱은 언제 할까?

이 방법은 저비용 국가의 공급업체를 활용하여 재료비, 인건비, 재고관리, 세제혜택 등 생산 프로세스 활동에 필요한 제반 비용을 낮추면서 해당 국가(또는 BRICS와 같은 신흥 경제 성장국)로 내수 판매의 기회를 확대할 수 있는 이점이 있다. 그러나 비효율적인 생산 프로세스 운영 및 재고관리로 인한 운영비나 물류비가 늘어날 수 있고, 자재 불량, 공급 지연, 긴 배송기간(납기), 미흡한 품질 관리 기술 등으로 인한 운영 및 서비스상의 불확실성이 높아질 수 있다. 또한, 지적 자산이나 기업 비밀 등의 보안 리스크와 함께 지정학적 분쟁이나 사회적 불안 요소 등 다양한 리스크에 대한 대비를 고려해야 한다.

저비용 국가 소싱을 위해서는 기업의 비즈니스에 맞는 품질, 원가 경쟁력, 납기 대응력, 생산 프로세스, 유연성 등의 필수 운영 요건을 충족시킬 수 있는지 확인해야 한다. 미국, 일본, 유럽 등 선진국의 기업들은 인건비 절감, 세제혜택 등을 통해 원가 경쟁력을 높이기 위해 중국을 선호하였으며, 물류비, 납기 등의 지역 접근성, 문화적 유사성 등으로 인해 유럽의 중동부 국가(체코, 헝가리, 폴란드, 슬로바키아 등)나 멕시코, 브라질 등을 선호하였다. 최근 들어서는 원가 경쟁력, 접근성, 문화적 유사성뿐만 아니라 신기술, 품질수준, 적기 납기 대응력이 있는 인도, 베트남, 인도네시아 등으로 선호 지역이 바뀌고 있다. 그러나 여전히 노동집약적인 저부가 가치 형태의 원부자재나 서비스로는 중국을 선호하고 있다. 저비용 국가 소싱을 활용한 비용 절감 관련하여 다음과 같은 사례가 있다.

사례 1 : P사는 광학 공업 분야의 콤팩트 카메라(36mm) 업계에서 세계적으로 손꼽히는 일류 기업으로, 광학 및 소비자 제품과 관련하여 부품을 제조·조립·판매하고 있으며, 5,000명이 넘는 직원이 일하고 있다.

저비용 국가 소싱 도입 전, 주요 자재 부품에 대해 소싱 전략이 없어 원가 절감을 기대하기 어려운 상황이었으며, 구매 운영 및 모니터링의 효율성이 요구되었다. 또한, 연구개발 부문과 구매 부문 간의 의사소통이 미흡해 제품 요구사항과 각 부품 사양 사이의 불일치 문제도 제기되었다. 그러나 저비용 국가 소싱 도입 후, 약 10%의 원가를 절감하였고, 구매 프로세스에 많은 변화를 가져와 거래 중인 공급업체에 대한 가시성, 객관적 평가 및 선정 기준을 마련하게 되었다.

사례 2 : L사는 자동차, 기차의 객차, 모터사이클 등의 OEM Original Equipment Manufacturer과 관련한 전기 모터 생산 업체로, $10억에 이르는 매출 규모의 중견 기업이다. L사는 급격히 변화하는 자동차 부품 산업에서 규모의 경제 실현, 원가 절감을 통한 가격 경쟁력과 시장 성공의 연관성, 수익성 향상 등의 성과 달성을 위해 구매 혁신이 절실하게 필요했다. LCCS 도입 후, L사는 대부분의 자재에 대해서 12~15%의 원가를 절감했고 일부 자재는 25% 이상의 원가 절감 효과를 거두었다.[5]

고비용 국가 소싱은 언제 할까?

고비용 국가 소싱은 가격보다는 고품질이나 차별화된 사양을 경쟁우위로 설정하는 경우 적합한 기법이다. 고비용 국가 소싱은 신기술이나 첨단기술의 도입, 고부가 가치 원부자재나 서비스 공급, 핵심 역량의 보완 및 강화, 프리미엄 품질의 확보 등에 초점을 맞춤으로써 시장을 선도해 나가려는 목적을 달성하기 위한 소싱 전략이다. 제품 판매가격의 상승, 재무 및 보안(기업 비밀·지적 재산 intellectual property 등)과 관련하여 잠재적 리스크가 높지만, 글로벌 선진 기업들은 고비용 국가 소싱을 통해 고부가 가치 서비스, 첨단기술, 고품질 확보가 가능한 한국, 일본, 대만 등의 공급업체를 선호한다. 일례로, 미국 퀄컴은 한국의 삼성전자를 파트너사로 하여 삼성전자 반도체 파운드리를 통해 퀄컴의 고품질 반도체 제품을 생산하여 인텔이나 구글과의 반도체 시장 경쟁에서 우위를 선점하였다.

글로벌 업체 선정 요건

글로벌 경쟁력을 키우고 시장 선점 및 점유율 향상을 위해서 기업들은 경쟁력 있는 공급업체를 찾아 소싱하고 그들의 역량을 활용하여 경쟁력 있고 우수한 제품을 시장에 먼저 출시하여 시장을 선점하는 것이 중요하다. 표 5-1은 글로벌 업체를 선정할 때 파악이 필요한 내용이다. 이러한 기본적인 물음에 대해 경쟁력 있는 공급업체를 발굴하기 위해서 고려해야 하는 요소를 좀 더 구체적으로 살펴보자.

표 5-1 글로벌/해외 공급업체 선정 시 고려되어야 할 사항

- 공급업체와의 거래로 비용이 절감되는가? 절감 효과가 오랜 시간 지속되는가?
- 지불 조건은 어떠한가? 환율 이슈는 어떻게 관리하는가?
- 품질 성과와 역량은 어떠한가? 어떠한 품질시스템이 있는가?
- 물류와 관련한 문제는 없는가?
- 일관된 배송 계획을 위한 공급업체 역량이 있는가?
- 리드타임은 얼마나 되는가? 긴 리드타임의 영향은? 재고수준의 증가는?
- 재고는 어떻게 비축하고 관리할 것인가?
- 공급 단절, 자연재해 등으로 인한 비상대책 contingency plan 은 어떻게 구축할 것인가?
- 기술적 역량은 어떠한가? 새로운 제품 디자인 과정을 지원할 수 있는가?
- 특허와 사유 기술 proprietary technology 은 안전한가? 지적자산을 어떻게 분배할 것인가?

- 공급한 자자로 제품을 생산했을 경우 고객에 미치는 영향은 어느 정도인가?
- 장기적 관계를 구축할 수 있는가? 신뢰할 수 있는가? 재정적인 문제는 없는가?
- 기업의 사회적 책임 프로그램은 어떠한가?
- 어떤 법규체계를 따르는 것을 기대하고 있는가?

잠재적 글로벌 공급업체 어디서 찾을까?

글로벌 공급업체를 찾는 것은 결코 쉬운 일이 아니다. 어디서 어떻게 찾아야 할지 알려주는 곳이 없다. 이럴 경우, 인터넷 검색을 하거나, 경험이 있는 동료나 업체를 찾아 벤치마킹하는 것도 좋은 아이디어다. 그러나 이런 방법으로도 원하는 공급업체를 찾지 못한다고 하더라도 포기할 필요가 없다. 여러 가지 트레이드 쇼, 공급관리 학회Institute for Supply Management, CAPSthe Center for Advanced Procurement Strategy Research, 국제 산업 디렉토리international industry directory(Principal International Business, Marconi's International Register, ABC Europe Production, Business Directory of Hong Kong 등)를 활용하여 잠재적 글로벌 공급업체를 찾을 수 있다.

다른 나라의 문화를 이해하고 대인 관계 기술을 점검하라

외국과의 무역, 문화·정치·사회 등의 교류가 날로 증가하는 상황이지만 국가별로 문화, 언어, 소통 방법은 각양각색이다. 그러므로 해외 공급업체가 있는 나라의 비즈니스 관행, 언어, 습관, 기업 문화를 이해해야 한다. 그러나 이러한 문화의 차이를 인식하고 습득하기에는 상당한 시간이 소요되므로 이에 대한 준비를 사전에 하기를 추천한다. 그러나 문화를 잘 안다고 해서 공급업체와 비즈니스가 잘 진행된다는 보장도 없다. 이를 보완하기 위해서는 다른 문화의 사람들과 소통하는 방법을 배우고 비즈니스 관행, 언어, 습관을 이해해야 한다.

공급업체의 재정적 문제를 파악하라

공급업체 스스로가 공개하지 않는 한, 공급업체의 재정적 상황과 내재해 있는 운영적 이슈 파악은 쉽지 않다. 문제는 이러한 내용을 파악하지 않고서는 해외 공급업체와의 거래는 위험해질 수밖에 없다는 것이다. 특히, 공급업체의 재정 현황을 파악하려면 인터넷, Standard & Poors, Moody's, 피치Fitch Rating 등과 같은 신용 평가 회사의 정보를 적극 활용하거나 경쟁사의 정보 등을 통해서 간접적으로라도 상황을 분석·보완해야 한다. 이를 위해 화물의 양륙 포함 가격landed cost[6], 환율 변동 리스크(리스크 공유, 헤징hedging 등), 지불 방식(신용장, 환어음, 현금 등), 계열사 간 거래, 세금(종가세, 부가가치세, 추가세 등), 수수료, 관세, 환급 등의 정보가 활용될 수 있다. 글로벌 소싱을 하려는 공급업체의 운영 상황에 문제가 없다 하더라도 재정 현황이 좋지 않다면 소싱 대상으로 적합한지 고려해야 한다.

국가 특유의 정부 규제를 파악하라

해외 공급업체와 거래를 진행하기 위해서는 국가별 정부 규제를 파악할 필요가 있다. 우리나라의 경우, 중소기업을 보호하기 위해서 하도급법, 공정거래법, 상생협력법 등 특유의 법률이 있다, 국가별로 이러한 규제에 대해서 제대로 파악되지 않을 때는 해외 공급업체와 거래 시 많은 어려움에 봉착할 수 있다. 반대로 이러한 법 규제를 잘 활용하면 많은 도움을 받을 수도 있다. 예를 들어, 해외에 있는 기업들이 한국의 공급업체와 거래할 경우, 한국 정부의 중소기업 보호라는 특유의 규제로 인해서 공급업체와 투명한 거래가 가능해지고 세제 혜택 등의 부가적인 혜택을 한국 정부로부터 받을 수도 있다.

글로벌 소싱 초기에는 해외 공급업체와 거래 관계를 맺는 일이 어려울 수 있다. 이럴 경우, 해외 무역을 전문으로 하는 중개인이나 수입상을 통해서 소싱을 대행할 수 있다. 또한 글로벌 트레이드 네트워크global trade network나 무역기구를 활용해 신용장 개설, 안전한 중개인 소개, 세관 업무, 부두dock 보험 개설, 공급업체 평가 및 품질 감사, 물류 업체 파악 등의 광범위한 서비스를 제공 받을 수 있다.

지역별 특징, 인프라, 리스크의 파악

국가별·지역별로 문화, 지역 사람들의 행동, 언어 및 역사 등이 다르기에 글로벌 소싱을 진행하면서 효율적으로 성과를 얻기 위해서는 그 지역의 역사, 문화, 사람들의 생활방식 등을 직·간접적으로 교육하거나 경험하여 사전에 파악·이해하는 것이 필요하다. 대부분의 기업은 다른 나라에서 글로벌 소싱을 하고자 할 때 그 나라의 인력을 채용하여 소싱한다. 이는 현지 인력이 인적 네트워크를 가지고 있고, 비즈니스 측면의 관행, 문화, 언어를 잘 이해하고 있기 때문이다.

해당 지역에서 경제 활동을 하기 위해서는 가장 기본이 되는 시설, 제도, 사회구조, 교통시설, 기술적 지원, 정부, 지역사회 수준에서 안정적으로 인프라를 지원해 주는지 고려해야 한다. 이러한 사항들이 뒷받침되지 않을 경우, 해당 지역에서 비즈니스활동 전개가 어렵게 된다. 예를 들어, 인도의 공급업체는 생산성이 높고 개발자의 능력은 우수하지만, 인터넷 연결이나 시설이 열악하여 인도에서 공급업체를 쉽게 선정하기는 어렵다. 저자가 글로벌 소싱을 위해 미얀마, 라오스 등을 방문하여 공급업체 소싱을 한 경험이 있다. 미얀마와 라오스는 베트남과 인접해 있는 국가이며 베트남보다 인건비가 저렴하여 간단한 가내 수공업으로 만들 수 있는 자재를 생산하기에 적합했고, 베트남 공장에서 멀지 않아 가격 절감이 가능하다고 판단했다. 그러나 아주 훌륭한 가내 수공업 공급업체들은 많았으나, 베트남으로 자재를 보내는 교통편이 선사(선박) 외에는 없었다. 항공을 이용하는 경우, 항공료가 비싸고 절차가 너무 까다로워 납기 기간이 베트남에 있는 가내 수공업 공급업체보다 4일 정도 더 걸린다는 판단하에 미얀마와 라오스에 있는 공급업체를 선정하지 못했던 경험이 있다.

소싱 지역에 내재한 리스크 평가도 중요한 업무 중 하나이다. 러시아와 우크라이나 전쟁, 미국과 중국의 무역 분쟁, COVID19로 인한 세계 경제 악화, 세계 경제 인플레이션 등으로 기업은 막대한 손실을 감내해야 하는 상황이다. 글로벌 소싱을 위해서는 그 지역에서 발생하고 있거나 발생할 여지가 있는 리스크를 우선적으로 모니터링해야 하고, 후보로 선정된 공급업체가 리스크에 대한 대응 방안을 얼마나 갖추고 있는지도 면밀히 파악해야 한다. 예를 들어, 일본에 있는 공급업체로 소싱할 경우, 이 업체가 지진이나 태풍으로 인한 리스크 대응 역량이나 비상 대책이 수립되어 있는지 반드시 평가해야 한다. 리스크 평가에는 권역별, 국가별 리스크 프로필 분석이 필요하다. 예를 들어, 그 지역의 정부 지원, 정치적 풍토, 경제적 안정성, 지적 자산 접근법, 리스크에 대한 법적 규제, 환경과 안전보건 리스크, 테러 위협 등을 분석해야 한다. 실제로, 반도체 자재를 공급하는 일본 A 업체의 경우, 동일본 지진으로 인해 큰 피해를 입었던 과거를 교훈 삼아, 지진이나 태풍이 없는 중국에 2공장을 구축하여 구매기업들이 안심하고 구매할 수 있도록 대응하고 있다.

비즈니스 요건의 충족

글로벌 소싱을 위해서는 필요한 비즈니스 요건들이 충족되어야 한다. 첫째, 글로벌 소싱의 니즈를 파악해야 한다. 글로벌 소싱이 필요한 이유, 소싱을 위한 전략, 공급업체를 통해 어떻게 소싱을 수행할지 여러 가지 니즈를 우선 파악해야 한다. 둘째, 시장 상황, 비용 관계, 글로벌 환경, 경쟁적 요인 관계 등을 고려한 글로벌 비즈니스 전략과 경쟁을 위한 물리적, 문화적, 경제적 요인 등을 분석하여 중장기적 관점의 글로벌 마케팅 전략이 수립되어야 한다. 셋째, 소싱이 이루어지는 해당 지역의 회계 기준, 비즈니스 관행 규율과 법규, 인적 자원과 노동 조건, 인권 문제, 문화적 차이를 파악하여 소싱 요건에 부합하는지 검토해야 한다. 넷째, 국가별로 차이가 있는 기업의 지배구조 유형을 파악할 필요가 있다. 공급업체 선정 시 지배구조를 파악하여 그 결과를 사업 관계의 진행 형태와 유지 방안에 반영해야 한다. 표 5-2는 국가별 기업 지배구조 유형을 요약하고 있다.

표 5-2 국가별 기업 지배 구조 유형

기업 지배 구조 유형	국가	특징
시장 기반	미국, 캐나다, 영국, 호주	분산 소유권
가족 기반	싱가포르, 홍콩, 대만, 프랑스, 말레이시아, 인도네시아	소유와 경영 결합
은행 기반	독일, 한국	정부 통제
정부 산하	중국, 러시아	국가 소유

지식 재산권 이슈

글로벌 소싱을 통해 공급업체를 발굴하고 거래하면서 특정 국가, 또는 기업이 소유한 기술이나 지식 재산권intellectual property을 공유해야 하는 경우가 빈번히 발생한다. 이럴 경우, 국내를 포함한 각 나라에서 적용되는 지적 재산권의 인정 범위에 대한 이슈가 글로벌 소싱을 운영하는데 중요한 요인이 될 수도 있다. 예를 들어, 스마트폰 공정에 들어가는 중요한 자재를 이란, 러시아, 콩고 등의 공급업체를 활용하여 진행해서 미국으로 수출할 경우, 미국 정부에서는 스마트폰을 수입 금지품으로 적용할 가능성이 크다. 미국과 우호적인 국가들이 아니며 노동 착취, 테러지원국 등 전 세계적으로 여러 가지 문제들을 야기하는 것도 있지만, 이러한 나라들과 기술이나 지적 재산권을 공유하려고 하지 않기 때문이다. 그 지역의 공급업체가 원가 경쟁력이 있고, 우수한 기술을 보유하고 있더라도 제품 수출 지역에서 받아들이지 않는다면 그러한 공급업체들과는 소싱하지 않아야 한다. 최근 들어, 특정 국가나 지역, 혹은 기업에서 선진 기술을 습득하기 위해 불법 복제나 모방을 시도하는 사례가 빈번히 발생하고 있다. 그러나 복제나 모방이 어려운 기술이거나, 지식 재산권 이슈가 적은 품목은 글로벌 소싱을 통해 확보하는 것이 기업 경쟁력 향상에 도움이 될 수 있다.

국경 이동 거래 및 인코텀즈

글로벌 소싱은 국경 이동 거래를 수반하므로 기업들은 이 과정에서 알아야 할 사항과 무역 관련 상식이 필요하다. 해외 공급업체와의 국경 이동 거래에서 많은 법이 글로벌 커머스에 영향을 미치므로 그 국가와 지역의 법과 규제를 파악하고 규정을 준수해야 하며 적절한 문서화가 필요하다. 이에 대한 몇 가지 관련 이슈를 살펴보자. 첫째, 제한된 조직과 국가에 적용되는 정부 규제법에 대해서 살펴봐야 한다. 규제법에는 기술과 지적 자산 보호법, 미국의 해외부패방지법US Foreign Corrupt Practice Act, 국제뇌물방지법International Anti-Bribery Act, 보이콧방지법Anti-Boycott Legislation(다른 국가에 반대하여서 한 국가를 보이콧하는 것은 불법임), 수출관리법Export Administration Act 등이 있다. 해외 공급업체와 거래 시, 위의 같은 규제는 반드시 지켜져야 하며, 필요한 경우 양사 간 계약서에 이 내용이 적용되어야 한다. 둘째, 관세 요건에 대해서 알아야 한다. 관세는 수입하는 모든 상품, 자재 등에 대해 부과하는 세금으로, 국가 간 산업 고유의 보안 표준과 조정이 언제든지 변동하므로 지속적으로 관리하고 갱신해야 한다. 그렇지 않을 경우, 많은 과태료를 부과받을 수 있다. 또한, 수입 서류는 물품 대금과 수수료를 명시하고 있으며 7년간 보관하게 되어 있다. 셋째, 중개인 주선arrangement을 고려해야 한다. 중개인은 수많은 카테고리의 수입 품목에 대해 정확하게 분류해야 하는 책임이 있고 선적 품에 대한 적절한 관세를 수불함으로써 유능하고 평판 좋은 중개인과 관계를 구축해야 한다. 또한, 국경을 넘는 거래에서는 널리 사용되는 무역 거래 조건인 인코텀즈International Commercial Terms(Incoterms)를 결정해야 한다. 인코텀즈는 국제 상공회의소 International Chamber of Commerce에서 제정되고, 표 5-3과 같이 11개의 운송 조건으로, 누가 운임을 지불하고 비용 부담과 관세 책임을 지며, 어떤 지점에서 화물 손실 리스크가 이전되는지를 정하고 있다(표 5-4). 인코텀즈의 조건은 4가지 유형, 즉 F(FOB, FAS, FCA), C(CIF, CIP, CFR, CPT), E(EXW), 그리고 D(DAF, DES, DEQ, DDP, DDU)로 분류된다. 이 중에서 FAS, FOB, CFR, CIF는 해상 및 내륙 수로 운송에만 적용되며, 나머지 유형들은 모든 운송 모드에 적용된다. 또한, 비용 부담과 리스크 이전 시점이 일치하지 않는 점에 대해서도 유의할 필요가 있다.

표 5-3 주요 인코텀즈 유형 용어 (2020년기준)

인코텀즈	용어 내용	비고
FAS	Free Alongside Ship	named port of shipment
FOB	Free On Board	named port of shipment
FCA	Free Carrier	named place of delivery
CPT	Carriage Paid To	named place of destination
CFR	Cost and Freight	named port of destination
CIF	Cost, Insurance and Freight	named port of destination
CIP	Carriage and Insurance Paid to	named place of destination
EXW	EX Works	named place of delivery
DAP	Delivered At Place	named place of destination
DPU	Delivered at Place Unloaded	named place of destination
DDP	Delivered Duty Paid	named place of destination

표 5-4 국제 운송 유형별 권한과 책임 조건

비용 할당	출발지에서 선적; 수출 세관 신고	수출항으로 운송	수출항에서 트럭에서 하역	수출항의 선박/비행기로 선적	수입항으로 운송	보험	수입항에서 하역; 트럭에 선적	도착지로 운송	수입 통관; 관세/세금	도착지에서 하역
인코텀스 2020 리스크 이전	공급업체	운송업체	항구/터미널	승선/운송			항구/터미널/지정 장소			도착지에서 하역
EXW	구매기업*	구매기업	구매기업	구매기업	구매기업	구매기업	구매기업	구매기업	구매기업	구매기업
FCA	공급업체	공급업체	구매기업(*)	구매기업*	구매기업	구매기업	구매기업	구매기업	구매기업	구매기업
FAS	공급업체	공급업체	공급업체	구매기업*	구매기업	구매기업	구매기업	구매기업	구매기업	구매기업
FOB	공급업체	공급업체	공급업체	공급업체	구매기업*	구매기업	구매기업	구매기업	구매기업	구매기업
CPT	공급업체	공급업체	공급업체*	공급업체	공급업체	구매기업	구매기업/공급업체	공급업체	구매기업	구매기업
CFR	공급업체	공급업체	공급업체	공급업체	공급업체*	구매기업	구매기업	구매기업	구매기업	구매기업
CIF	공급업체	공급업체	공급업체	공급업체	공급업체*	공급업체	구매기업	구매기업	구매기업	구매기업
CIP	공급업체	공급업체	공급업체**	공급업체	공급업체	공급업체	구매기업/공급업체	공급업체	구매기업	구매기업*
DAP	공급업체	공급업체	공급업체	공급업체	공급업체	공급업체	공급업체	공급업체	구매기업	구매기업*
DPU	공급업체	공급업체	공급업체	공급업체	공급업체	공급업체	공급업체	공급업체	구매기업	공급업체*
DDP	공급업체	공급업체	공급업체	공급업체	공급업체	공급업체	공급업체	공급업체	공급업체	구매기업

* 인코텀스(Incoterms) 2020 규정: 구매기업/공급업체의 비용 할당과 공급업체에서 보험회사**로, 구매기업*로 리스크가 이전되는 지점

주: **FAS, FOB, CFR, CIF**는 해상 및 내륙 수로 운송에만 적용, 나머지 조건은 모든 운송 모드에 적용됨

출처: Incoterms 2020, ICC

3. 아웃소싱의 활용

복잡하고 경쟁이 심화하는 기업 환경 속에서 국내 기업들이 세계 시장에서 경쟁 우위를 선점하기 위해서는 경쟁 기업들과 차별화된 전략이 필요하다. 이러한 전략 중의 하나가 기업에서 진행하고 있는 핵심 업무나 프로세스를 제외한 일부를 외부의 공급업체에 위탁하거나 주문하는 아웃소싱이다. 아웃소싱은 1980년대 후반 미국의 제조업 분야에서 시작하여 성공을 거두자 빠르게 확산되었는데, 기업 간 경쟁이 심화되고 새로운 기술의 발전이 급격히 가속화되면서 기업은 교유의 핵심 업무에 집중하고, 제품 및 부품의 생산 과정 중 일부를 외부의 전문성을 갖춘 기업에 위탁함으로써 비용 절감뿐만 아니라 더 좋은 품질의 제품을 제공할

수 있게 되어 효율성이 높아지는 이점을 취할 수 있다. 또한, 펜데믹pandemic으로 인한 한국을 포함한 글로벌 경제가 급격히 악화되면서 많은 기업에서는 가장 핵심적인 역량과 기술에 자원을 집중하고 그 외 나머지 업무나 활동을 전문 기업에 위탁함으로써 기업의 경제적 효과를 극대화하고자 하였다.

아웃소싱의 이해

A사는 컴퓨터를 수년간 생산해 온 제조기업이다. 컴퓨터 시장의 성장이 하락하고 경쟁사와의 경쟁이 심화됨에 따라 이러한 위기를 극복하기 위해서 전략적으로 돌파구를 찾아야만 했다. 고민 끝에 컴퓨터 제조 공정에 탁월한 업체로 모든 제조 공정을 아웃소싱하고 컴퓨터 신제품 개발에 모든 역량을 집중하였다. 이처럼 아웃소싱은 일반적으로 기업 내 핵심 역량으로서의 가치나 중요도가 낮은 프로세스나 제품을 대상으로 한다. 실질적으로 A사는 더 이상 제조 기반의 컴퓨터 회사가 아니라 신제품 개발 기반의 컴퓨터 회사로서 경쟁하게 될 것이다.

아웃소싱은 유형과 형태에 따라 주문자 상표 부착 생산(자)Original Equipment Manufacturer(OEM), 제조업자 개발/설계 생산(자)Original Development Manufacturer(ODM), 전자 제조 서비스Electronic Manufacturing Service(EMS)로 구분할 수 있다. OEM은 제조 기반의 회사가 단순한 조립 또는 임가공 생산을 자체적으로 수행하기보다는 임금이 싼 지역에서 필요한 작업을 완성할 때 이용한다. 델Dell과 나이키가 대표적인 기업이다. 나이키의 경우, 상표를 디자인하고 인건비가 저렴한 인도, 동남아 지역의 제조기업에서 신발을 생산한다. 제조기업은 나이키가 요구하는 방법대로만 신발을 제조해야 하고 신발에 대해 독자적인 디자인을 할 수 없으며 지적 소유권은 없다. ODM은 공급업체가 제조 능력뿐만 아니라 개발/설계 능력도 있어서 주문기업은 상세 설계도를 완성할 필요 없이 제품을 생산할 수 있어 시간과 노력을 절약할 수 있고 공급업체의 전문성을 활용할 수 있는 게 큰 장점이다. 그렇다고 전적으로 공급업체에 맡긴다면 오히려 원하는 제품을 만들지 못할 수도 있다(믿는 도끼에 발등 찍힌다!). 공급업체는 주문기업이 요구한 제품의 설계도를 기업과 협업하여 수정하거나 변경할 수 있는 권한이 있으며, 기업과 협의에 따라 지적 소유권을 공유할 수도 있다는 게 장점이다. EMS는 독자적인 제품 개발 능력이 뛰어나고 전자 제품 제조 분야에서 인정받는 업체로, 주문기업이 필요한 내용과 개념을 설명해 주면 이에 맞춰서 설계부터 납품까지 모든 과정을 알아서 진행하는 주문자 종합 생산 서비스 공급자Total Solution Provider(TSP)이다. 주문 기업은 어떤 유형의 생산 아웃소싱 업체를 활용할 것인지 내부적으로 협의하여 이에 맞는 유형을 선택하여 아웃소싱할 공급업체를 선정한다.

아웃소싱의 의사결정 프로세스

아웃소싱을 할 경우, 어떤 절차로 진행해야 경제적이고 합리적인가를 고민해야 한다. 그리고 아웃소싱은 한 번으로 끝나기보다는 전략적이고 체계적으로 장기간 진행하는 것이 효과적이다. 그러나, 어떤 제품 또는 서비스를 대상으로 아웃소싱을 하느냐에 따라 여러 가지 방법과 절차가 있다. 여기서는 가장 일반적이고 많이 사용하는 아웃소싱 프로세스를 설명하고자 한다.

아웃소싱의 타당성과 니즈 결정

먼저, 아웃소싱을 하려는 목적이 정확히 설정되어야 한다. 어떤 제품/서비스를 아웃소싱할지 정의하고 내용을 파악한 후 아웃소싱에 대한 타당성이 있는지 분석할 필요가 있다. 타당성 분석에는 내부 자원의 적절성, 유능한 공급업체의 가용성 검토, 아웃소싱할 활동이 경쟁우위에 미치는 영향력 분석이 고려되어야 한다. 그리고 이러한 분석 후에는 니즈 분석을 통해서 아웃소싱의 장점 과 단점 (표 5-5)을 파악해야 한다. 아웃소싱을 통해서 기업에 효과가 없거나 역효과를 준다면 당연히 할 필요가 없을 것이다.

표 5-5 아웃소싱의 장점과 단점

장점	•(재무상태표)에서 자산과 자본 감소 •재고 및 대차 대조 간접비 감소 •전매 특허표proprietary 작업을 위한 내부 자원 확보 •사내에 없는 선진 기술 혹은 역량의 활용 •신제품 개발 촉진 및 기술적 불확실성 리스크 완화

단점	• 공급업체나 경쟁 업체로의 지적 자산의 유출 • 유능한 공급업체가 없을 경우, 품질과 고객 경험에 대한 컨트롤 상실 • 공급업체 선정 기간의 장기화 • 역량의 점진적인 상실로 인한 미래 인소싱insourcing할 능력 상실 • 공급업체 관리와 측정의 전문성 개발 필요

운영 프로세스, 비용, 시장 데이터의 수집

아웃소싱 목적과 니즈에 따라 아웃소싱 팀을 구성하고 운영 프로세스를 구축한다. 팀은 구매팀 주축으로 여러 관련 부서와 협업하여 구성해야 하며, 팀 구성원들과 함께 운영 프로세스를 구축하고 진행해야 한다. 그리고 아웃소싱에 필요한 비용과 궁극적으로 절감해야 할 비용이 어떤 것인지 아웃소싱에 관련된 원가구조를 심도 있게 분석해야 한다. 여기서 한가지 핵심 포인트는 효과적이고 장기적인 관점에서 기업의 경쟁력 확보가 중요하므로 아웃소싱 관련 원가구조 분석은 장기적인 관점에서 수행되어야 한다. 비용 기반 분석에는 아웃소싱할 부품/기능 분석, 손익분기점 분석, 내적(인소싱) 비용과 외적(아웃소싱) 비용의 추정과 비교, 그리고 한계 비용 분석이 필요하다. 현재와 미래의 시장 자료 수집과 분석도 필요하다.

서비스 수준 내용 및 계약 기간의 설정

공급업체가 제공해야 할 서비스 수준과 정도, 품질과 규격을 아웃소싱 팀원들과 결정한다. 서비스의 상세 내용, 적정한 품질수준 등을 정의하고, 단기적으로 진행할지, 장기적이고 관계 지향적이며 우호적인 계약으로 진행할지를 결정해야 한다. 이러한 사안을 명확하게 정의하고 기준을 설정하면, 아웃소싱을 진행할 때 발생할 수 있는 논쟁이나 사건들을 해결하는 데 도움이 된다. 또한, 계약 기간을 단기 또는 장기로 할지 결정하고, 이에 따라 아웃소싱 방법과 진행 방향을 정해야 한다.

공급업체의 역할 정의 및 선정

서비스 수준과 계약 기간이 결정되면, 공급업체가 어떤 서비스를 제공할지 역할을 정의하고, 이를 공급업체에게 설명하여 동의를 얻어야 한다. 만약 선정된 공급업체가 기업이 원하는 것을 제공할 수 없는 경우에는 아웃소싱의 의미가 없어진다. 그리고 공급업체의 역할과 서비스 제공과 관련하여 문서화가 필요하며, 문서를 통해서 공급업체에게 달성해야 할 지표들을 확인시켜 주고, 아웃소싱 내용을 명확하고 정확하게 전달하여 향후에 논쟁이나 사건들이 발생하는 것을 방지하고, 문제 발생 시 이를 증빙자료로 활용해야 한다. 공급업체를 선정하기 위해서는 기업이 원하는 능력, 기업과 협업을 잘할 수 있는 능력의 보유 여부 등을 파악해야 한다. 표 5-6은 공급업체 선정 시 고려해야 할 정성적 요소를 보여준다. 공급업체 선정이 완료되면 계약서를 작성한다.

표 5-6 공급업체 선정 시 정성적 점검 포인트

정성적 요소	점검 포인트
전략적 요소	- 핵심 역량과 전략 - 공급 리스크(장기 공급의 함의) 및 총소유비용[TCO] - 경쟁적 이슈(공급업체 = 경쟁 업체) - 조직 구성원의 사기[morale] - 불확실한 비즈니스의 자산과 민첩성 감소 - 변화에 대한 유연성 또는 프로세스 변화에 대응 능력 감소
노동 및 기타 조직의 제약조건	- 품질 문제와 이행[transition]상 암묵지 상실 - 공급업체 역량을 보장할 인센티브 구조 - 사회 경제적 목표(사회 경제적 책임, 지속가능성, ESG) - 자본 투자

정기적인 피드백

아웃소싱을 수행하는 공급업체가 선정된 후, 수행 과정에서 발생했던 문제점이나 이슈가 무엇인지, 해결은 어떻게 했는지, 미흡했던 점들과 잘한 점들을 정리하여 문서화한다. 이러한 문서는 향후 아웃소싱할 경우, 훌륭한 참고 자료로 활용할 수 있다. 또한, 공급업체가 수행한 내용을 평가하고 분기별 미팅을 통해 결과를 공유하며, 정기적 현장 방문을 통해 공급업체와 우호적인 유대 관계를 맺어야 한다.

글로벌 비즈니스 환경 변화에 따른 아웃소싱의 새로운 흐름

오프쇼어링

오프쇼어링offshoring은 기업들이 생산, 판매, 서비스 등 비즈니스 프로세스와 설비를 인건비가 낮은 국가로 이전하여 운영하는 전략이다. 이는 주로 미국과 같은 나라에서 2000년대부터 첨단 정보통신기술ICT의 발달과 국가 간 임금 격차로 인해 생산, 서비스 등을 인건비가 저렴하면서 대량 생산이 가능한 중국과 인도로 이전하면서 시작되었다. 이러한 경향은 미국 기업들을 중심으로 여러 국가로 확대되었고 생산기지는 중국으로, 정보통신 서비스는 인도로 재배치하면서 두 국가는 오프쇼어링의 주요 무대로 급부상하게 되었다. 하지만 최근에는 중국의 인건비가 점차 상승함에 따라, 인건비가 더 저렴한 베트남, 인도네시아 등으로 이동하는 이른바 트랜스쇼어링transshoring(인건비, 생산성, 무역 장벽, 정치적 리스크 등을 고려해 생산 기지를 재조정하는 전략)이 진행되고 있다. 오프쇼어링은 인건비 절감, 대량생산을 통한 생산 효율성 증대 등의 장점이 있지만, 국내 자본과 설비가 해외로 유출됨에 따라 일자리가 줄어들 수 있어 이에 대한 대응책이 필요하다.

리쇼어링

리쇼어링reshoring은 오프쇼어링과 반대의 개념으로서, 해외로 나간 생산시설을 다시 본국으로 가져오는 전략이다. 오프쇼어링을 진행했던 국가에서 운송비, 인건비, 생산비 등이 증가하면서 비용 절감 효과가 점차 감소한 것이 리쇼어링의 주된 원인으로, 제품 품질 저하, 납기 지연, 세금 문제 등이 추가로 작용하면서 리쇼어링 현상을 더욱 가속화했다. 또한, 지진이나 태풍과 같은 자연재해뿐만 아니라 전쟁, 폭동, 테러 등의 지정학적 리스크도 기업들이 본국으로 생산 기지를 이전하는 데 중요한 영향을 미치고 있다.

미국의 리쇼어링 정책은 세금 감면, 에너지 비용 절감, 인프라 구축, 연구개발R&D 및 인적 자본에 대한 투자를 통해 기업들이 투자하기 좋은 환경을 조성하는 데 중점을 두고 있으며, 동맹국들의 정책 참여를 독려하고 있다.[7] 조 바이든 행정부는 '바이 아메리칸Buy American' 정책을 통해 미국산 제품 구매를 장려하고, 미국산 제품 기준을 강화하였는데[8], 이러한 정책은 트럼프 2기 정부에서도 지속될 것으로 예상된다. 특히, 이러한 전략은 자동차와 반도체 산업을 중심으로 전개되고 있다.

중국은 리쇼어링 정책을 통해 부품소재 자급률을 높이고, 첨단 산업의 자립을 추구하며, 중국 중심의 독자적인 공급망을 구축을 통해 가치사슬 재편 정책을 진행하고 있다. 유럽은 일자리 창출보다는 산업 혁신을 위한 리쇼어링 정책을 펴고 있는데, 특히, 독일은 '독일 국가산업전략 2030'을 통해 제조업 비중을 GDP 대비 25%까지 늘리는 목표를 세우고 있다. 일본은 리쇼어링 정책을 통해 특정 국가에 의존하는 산업과 품목의 분산을 꾀하며, 전략산업의 자국 내 생산을 강조하는 등 국가 안보 차원에서 글로벌 공급망을 재편하려고 한다.[9]

니어쇼어링, 파쇼어링, 온쇼어링, 프렌드쇼어링

니어쇼어링nearshoring은 생산 거점을 본국과 가까운 국가로 이전하는 전략이다. 니어쇼어링은 물류 운송을 간소화하고 제품 품질 관리를 용이하게 하며, 현지 협력업체와의 협업을 원활하게 해주는 장점이 있다. 이러한 이유와 더불어 최근 글로벌 공급망 불안정성이 커지면서 니어쇼어링의 중요성이 더욱 강조되고 있다. 특히, 미국은 반도체, 전기 자동차, 배터리 등 미래 첨단 산업의 주도권을 확보하기 위해 중국을 견제하면서 러시아-우크라이나 전쟁과 중동 분쟁으로 인한 원자재 및 부품 공급망의 리스크로 인해 안정적인 생산 거점 확보를 필수 과제로 판단하고 있다. 멕시코는 니어쇼어링의 대표적인 국가로, 저렴한 비용으로 생산 거점을 운영할 수 있고 관세 절감 등의 인센티브를 기대할 수 있었다. 2023년에 발표한 테슬라의 기가팩토리Gigafactory를 대표적인 사례로 들 수 있지만, 2024년 7월 미국 대선 이후 추진 여부를 다시 결정하겠다는 방침을 세웠고 트럼프의 당선으로 이 프로젝트는 현재 불확실하다.

파쇼어링farshoring은 니어쇼어링과 반대로 기업의 기능이나 생산기지를 지리적, 문화적으로 멀리 떨어진 국가나 지역으로 이전하는 전략이다. 비록 기업의 소재국에서 지리적 위치는 멀지만 임금 구조나 서비스 외에 생산설비나 자재 등의 비용이 저렴한 지역이 주로 고려된다. 예를 들면, 기업들은 서비스의 최적 가격을 찾기 위해서 소프트웨어 개발 요구사항을 멀리 떨어진 지역에서 조달하고 중동, 인도, 중국에서 원격으로 인력을 고용해서 값비싼 국내 전문가 서비스를 대체하기도 한다.

온쇼어링onshoring은 해외 기업의 생산 거점을 본국 내에 만들도록 하고 생산을 진행하는 전략이다. 미국의 경우, 2022년 8월 바이든 정부는 반도체 칩스법을 발표하였고, 온쇼어링 정책을 통해 외국 반도체 기업의 미국 내 생산 시설 유치를 강화했고, 대중국 '디리스킹'을 강조하면서 동맹국 중심의 공급망 안정화에 초점을 맞췄다. 삼성전자와 SK하이닉스 등이 미국의 보조금을 지원받아 공장을 건설하고 있는 것이 대표적인 사례이다.[10] 바이든 정부가 동맹국 중심의 공급망 안정화에 초점을 맞춘 온쇼어링을 진행했다면, 트럼프 2기 정부는 철저한 자국 내 공급망 구축에 초점을 맞춘 온쇼어링에 집중할 것으로 예상된다.[11] 미국 정부는 이 정책을 통해 자국의 일자리 창출, 공급망 단순화, 기술 유출 방지, 품질 개선 등을 꾀하려고 한다.

프렌드쇼어링friendshoring은 특정 국가에 대한 공급 의존도와 지정학적 리스크를 낮추고 공급망의 안정성을 확보하기 위해 동맹 및 우방국에 생산 거점을 두고 활동하는 전략이다. 예를 들어, 미·중 갈등이 심화되는 가운데, 중국이 희토류 수출 제한 조치를 검토하자 미국 정부는 이를 '희토류 무기화'로 간주하며 우방국들과 협력에 나섰다. 이에 따라 호주의 희토류 업체 리나스Lynas에 3,040만 달러를 지원하여 텍사스주에 희토류 정제 및 가공 시설을 설립하였다.[12] 한편, 세계 최대 반도체 파운드리 기업인 대만의 TSMC는 미국의 수출 규제로 인해 중국 화웨이Huawei와의 거래를 중단하였으며, 미국 애리조나주에 3나노미터(nm) 및 5나노미터 반도체 공장을 건설 중이다.[13]

6장

협상과 계약 관리

협상과 계약은 구매에서 진행하는 중요한 업무로, 주로 협력업체와 진행하게 된다. 협상과 계약 과정을 이해하기 위해서는 협상의 원리, 전략과 전술, 특수 관계의 협상 및 계약 관리의 핵심 요소와 원리에 대한 충분한 이해가 뒷받침되어야 한다. 이 장에서는 이러한 내용을 소개하며, 협상 후 어떤 계약을 진행해야 하는지 파악하기 위해 계약 관리의 핵심 요소와 원리에 대해 알아본다.

1. 협상, 심리게임

최근 들어 물가 상승으로 식료품 가격들이 줄줄이 인상되고 있어, 식료품 가게 가서 물건을 사는 것이 정말 부담스럽다. 그래서 한 부부는 재래시장에 있는 생선가게에 가서 맛이 좋은 제철 생선을 사려고 가격을 문의하니 생선 다섯 마리 가격이 35,000원이라고 한다. 부인은 너무 비싸다고 이야기하며 생선가게를 나가려고 하자, 가게 주인이 원하는 생선 다섯 마리와 덤으로 다른 생선 두 마리를 줄 테니 35,000원에 사라고 제의하였다. 부부는 잠시 고민하다가 다른 생선가게에 가서 사겠다고 한다. 그러면서 부부는 만약 덤으로 두 마리가 아닌 세 마리를 주면 35,000원에 사겠다고 가게 주인에게 제안하니, 가게 주인은 알 수 없는 듯한 표정으로 그 제안을 받아들인다. 가게 주인과 이 부부 중 누가 협상을 더 잘했을까? 겉으로 보기에는 부부가 덤으로 생선 3마리를 더 받았으니, 협상을 잘한 것 같지만, 가게 주인이 오히려 협상을 잘했다고 판단 할 수 있다. 다른 생선이 잘 팔리지 않아서 오랫동안 재고로 갖고 있으면 팔지도 못하고 버리는 경우가 많은데, 이 부부로 인해 재고를 처분할 기회를 얻게 되었고, 후한 인심으로 이 부부는 단골 고객으로 확보할 가능성을 열어두게 되었기 때문이다. 생선가게 주인은 고객의 심리를 잘 파악하여 고객을 내 편으로 만드는 게임에서 우위를 점할 수 있다.

협상이란

협상은 상대방을 내 편으로 만드는 심리적인 과정이다. 서로가 원하는 것을 두고 서로 다른 의견을 가진 사람이나 기업과의 갈등을 해결하는 방법이라고 할 수 있다. 즉, 서로가 만족할 수 있는 합의를 찾기 위해 의견 차이를 줄여 나가는 것이다.

가격을 깎거나, 제품을 구매하기 위한 협상도 중요하지만 이러한 것이 목적이 되어서는 안된다. 협상에서 가장 중요한 것은 서로의 가치를 이해하고 소통하는 과정이다.

많은 사람들이 협상에 임하기 전에 상대방이 너무 강하다고 생각하여 마음이 위축되는 경우가 많다. 그러나 이는 잘못된 생각이다. 어떤 상황에서도 협상의 가능성은 존재하며, 상대방의 강점을 이해하고 그에 맞는 접근 방식(전략과 전술 등)을 취하면 좋은 결과를 이끌어낼 수 있다.

일반적으로 흥정bargaining과 협상을 구분하지 않고 사용하는 경우가 많다. 예를 들면, 시장이나 마트에 가서 원하는 제품을 사려고 할 때 "가격을 흥정한다"라고 하지 "협상한다"라고 하지 않는다. 그렇다면 흥정은 어떤 의미일까? 사전적으로는, 물건을 사거나 팔기 위해 품질이나 가격 따위를 의논하는 의미로 기술된다. 일반적으로 흥정은 판매자와 구매자 간에 가격만을 대상으로 밀고 당기기를 한다. 그러므로 하나의 기준만으로 거래하면 한쪽은 기대만큼 성과를 얻게 되나 다른 한쪽은 잃을 수 밖에 없는 필연적 제로섬zero-sum 게임으로 귀결된다. 그러나 협상은 다르다. 협상은 적어도 둘 이상의 거래 조건들을 고려하여 상호 만족스러운 협의에 이르기 위해 함께 의견 차이를 줄여가는 노력을 한다. 동일 유형의 거래를 하더라도 흥정 수준이 아닌 협상 수준의 거래를 통해 거래의 가치를 키워 서로 만족할 수 있도록 해야 한다.

협상이 선호되는 조건

고객이나 공급업체와 협상하는 조직(주로 구매 또는 영업/판매 조직)의 협상은 제품 사양, 가격, 물량, 품질, 납기, 서비스, 공급업체와 협력 관계에 집중되며, 상호 만족할 수준의 합의가 도출되어야 한다. 또한, 시간, 정보, 개인(조직) 간 역학 관계 관리, 설득력, 협상 기술 등의 훈련도 중요하다. 이밖에 협상이 선호되는 조건이 있는데 이에 대해 살펴보자.

경쟁(둘 이상의 적격 공급업체)이 없는 경우

둘 이상의 적격한 공급업체가 있으면 보통 경쟁 입찰을 통해서 구매 단가를 결정한다. 그러나 단일 소싱이나 결탁한 공급업체가 있는 경우에는 협상을 통해 충분한 협의를 거쳐 상호 win-win할 수 있도록 해야 한다.

구매/판매업체에 높은 불확실성이 존재할 경우

협상된 커미트먼트commitment의 미준수, 공급 부족, 주요 생산업체의 부재 등으로 인해 불확실성에 대한 다양한 대비책을 수립해야 하는 경우, 협상을 통해서 공급업체와 다양한 상황에 대비해야 한다.

계약 총액이 크거나 다량의 물량을 구매할 경우

가격보다는 계약에 대한 여러 가지 다양한 조건을 고려해야 하는 자본집약적 공장과 장비를 구매하는 경우, 여러 가지 다양한 조건에 대해 충분한 협의가 필요하면 협상이 우선적으로 고려되어야 한다.

불명확한 제품사양/업무기술서 등 복잡한 조건이 있을 경우

복잡한 기술 요건, 신규 제품/프로세스 요건 및 사양 등 기술 규격이 결정되어 있지 않아 추후 규격의 변화와 개선이 요구되거나 복잡하고 불명확한 사양들이 포함되어야 하는 경우는 협상을 통해서 공급업체와 충분한 협의가 이루어져야 한다. 그렇지 않으면 계약을 체결할 때 많은 어려움이 뒤따를 것이고 계약이 성사되기 어렵게 될 것이다.

특수 관계나 협력적 관계partnership를 수반해야 하는 계약인 경우

중요한 부가가치 활동을 수행한 공급업체와 계약하거나 생산/서비스 역량이 우수한 업체와의 계약 등과 같이 공급업체와 지속적으로 계약이 필요할 경우는 경쟁 입찰을 통해서 진행하기보다는 협상을 통해서 장기적인 관계long term relationship를 통해 상호 win-win 할 수 있는 관계를 만들어야 한다.

총 소유비용TCO, 품질, 장기간 납기해야 하는 자재나 서비스 등이 필요할 경우

구매 단가보다는 물량 보장, 장기 계약, 파트너십 등을 활용한 가격 할인이나 최저 단가보다는 총 소유비용을 고려한 원가절감을 목적으로 공급업체와 협업이 필요한 경우에도 협상이 필요하다. 또한 반도체 커넥터connector와 같이 공급업체의 장기 리드타임lead time이 필요한 부품을 구매하거나 긴급성이 필요한 경우에도 반드시 협상을 통해 충분한 협의가 필요하다. 24시간 핫라인, 비상 운송 서비스, 엔지니어링 지원 등 다양한 조건의 서비스를 이용이 필요한 경우에도 협상이 필요하다.

2. 협상을 위한 사전 준비

협상 프로세스 원리: 삼각 대화법

성공적인 협상을 위해 가장 중요한 요소는 사전에 협상을 준비하는 것이다. 우리가 잘 알고 있는 손자병법(孫子兵法)에는 "지피지기 백전불태(知彼知己 白戰不殆)"라는 명언이 있다. 이는 적과 나의 상황과 능력을 알고 싸우면 여러 번 싸워도 크게 위태롭지 않다는 의미로, 전쟁터에 나가기 전에 적의 상황을 이해하고 이에 맞는 전략과 전술을 세우고 우리의 상황과 능력을 판단한 후에 적과 싸워야 한다는 내용으로 풀이할 수 있다. 이 격언에는 협상 프로세스의 원리인 삼각대화법의 기본 개념이 담겨 있다.

■ 그림 6-1 협상프로세스 원리: 삼각대화법[1]

내가 원하는 것을 정확하게 파악하라

제일 먼저 준비해야 하는 사항은 협상 목표를 수립하는 것이다. 이번 협상에서 얻고자 하는 것이 무엇인지를 명확히 파악해야 한다. 예를 들어, 긴급 자재 확보를 위한 협상을 진행할 때는 빠른 시간 안에 자재를 받기 위한 목표로 협상을 해야하고, 대량의 사과를 저렴하게 구매하고자 할 때는 가격 절감을 목표로 협상을 진행해야 한다. 협상 목표는 얻고자 하는 대상이 구체적이고 측정가능 하도록 수립하는 것이 효과적이다. 만약 달성할 수 없는 목표를 수립하거나 단순하게 최선을 다한다는 식으로 어렴풋하게 수립한다면, 목표 수립의 의미가 없거나 목표 달성을 평가하기 어렵기 때문이다. 두 번째로 준비해야 하는 사항은 전략과 전술의 수립이다. 전략은 협상을 위한 기본적인 태도와 관점이라고 할 수 있다. 협상을 단기적인 관점으로 볼 것인지, 지속적 파트너로서 장기적 관점으로 볼 것인지 고려되어야 한다. 예를 들어, 매년 차를 구매하지 않는 상황에서 자동차 한 대를 구매한다면, 단기적인 관점에서 자동차 딜러와 협상해야 한다. 이 경우에는 많은 혜택을 받도록 자동차 딜러를 강하게 압박할 필요가 있다. 그러나 반기별 혹은 매년 자동차를 여러 대 구매를 해야 한다면, 장기적인 관점에서 자동차 딜러와 협상해야 한다. 이 경우에는 자동차 딜러가 필요한 부분을 양보하거나 최대한 자동차 딜러의 마음을 이해하려고 노력하여 향후 얻을 수 있는 혜택을 많이 받을 수 있도록 노력하는 것이 필요하다. 전략이 세워졌다면, 전술을 수립해야 한다. 전술에는 나의 협상 기술과 수준을 이해하고, 기업의 현황을 파악해야 한다. 그런 후, 이에 맞는 협상 방법을 수립하고 이 협상 방법에 따라 협상 기술과 수준을 고려한다. 예를 들어, 자재 구매를 위한 협상에서는 현재 보유하고 있는 자재의 재고량, 자재의 필요 시점, 자재의 현재 가격 정보, 자재 구매 시 원가절감의 폭 등을 파악하고, 이에 맞는 협상 방법을 찾는다. 즉, 자재에 대한 기술적 특성, 새로운 기술 방법, 수급 상황, 시장 가격 변동 추세 등에 대한 정확한 정보를 바탕으로 협상 방법을 모색해야 한다. 이밖에 협상 시간과 협상 준비계획도 중요하다. 상대가 원하는 장소에서 협상할지, 협상의 예상 시간, 협상 테이블에 참석할 대표와 인원 등을 사전에 계획해야 한다. 저자의 경험상, 협상은 내가 원하는 장소에서 협상할때 심리적으로 안정감이 있었으며, 협상의 목표와 전략에 맞게 협상 인력을 협상 테이블에 배치하는 것이 좋다.

상대가 원하는 것을 정확하게 파악하라

내가 원하는 것을 정확하게 파악했다면, 상대방이 협상 테이블에서 무엇을 얻고자 하는지도 정확하게 파악할 필요가 있다. 여기서 한 가지 명심할 점은 협상의 궁극적인 목표는 상대방을 설득하여 내가 원하는 방향으로 유도하면서 상대도 만족해야 한다는 것이다. 상대의 니즈와 원하는 바를 식별하는 것으로 시작하여, 이에 대응할 수 있도록 준비해야 한다. 만약, 상대는 이번 협상을 통해서 지속적인 거래를 원하고 있으나 이를 알지 못하고 강압적 분위기로 협상을 진행한다면, 협상은 결렬될 가능성이 높다. 그러나 사전에 상대가 지속적인 거래를 원한다는 사실을 알고 대비한다면, 장기적인 관점에서 협상 전략을 수립하고 협상한다면 성공적으로 마무리하게 될 것이다. 다음으로는, 상대 입장position의 기저base에 깔린 관심사를 추정해야 한다. 상대가 왜 이러한 요구를 하는지, 그들의 주장 뒤에 숨겨놓은 의도, 욕구needs, 관심사가 무엇인지 알고 있다면 협상을 좀 더 유리하게 이끌 수 있다. 이는 성공적인 협상을 위한 중요한 착안점이다. 마지막으로, 상대가 우리와 같은 생각을 할 것이라 기대하지 말아야 한다, 사람은 각자의 관점과 시선에 따라 다른 생각을 한다. 특히, 협상에서는 더더욱 그러하다. 그러므로 철저히 상대의 전략이나 원하는 바를 정확하게 파악할 필요가 있다.

상대가 수용하도록 실천을 제안하라

협상에서 원하는 것과 상대방이 원하는 것을 인지하였다면, 상대가 협상을 수용하도록 유도해야 한다. 이를 위해서는 어떻게 해야 할까? 첫째, 상대가 협상에서 어떤 니즈를 원하는지 파악하고 그것을 정확하게 나의 니즈에 반영하는 것이다. 성공적인 협상은 상대의 니즈를 파악하고 그에 맞도록 준비하고 제안하는 것이다. 둘째, 상대가 협상 내용과 제안에 대해 긍정적인 태도를 보일 수 있도록 쉽게 진행해야 한다. 협상은 상대를 내 편으로 만드는 심리 게임이다. 심리 게임을 어렵게 이끌어가다 보면 오히려 상대에게 휘말려 게임 과정이 난해해지거나 종종 게임에서 지기도 한다. 또한, 협상 내용을 어렵게 진행하다 보면 협상이 결렬될 수도 있다. 그러므로 상대가 긍정적인 태도로 협상 내용을 수용할 수 있도록 행동을 제안해야 한다. 협상에서 제일 중요한 것은 공정하고 유연하게 합리적으로 진행하는 것이다. 만약 협상을 불공정하거나 비합리적인 방법을 활용하여 유리한 방향으로 이끈다면, 협상은 반드시 결렬될 것이다.

게임의 원리(정보)와 전술을 찾아라

협상 프로세스를 구축하라

협상은 한 번 성공했다고 해서 다음에도 성공한다는 보장은 없다. 그러므로 협상 성공 가능성을 높이기 위해서는 기본적인 협상 프로세스를 구축하는 것이 필요하다. 일반적인 협상 프로세스는 그림 6-2[2]에 나타난 기본적인 7단계로 구분할 수 있다.

협상 요소와 전술을 찾아라!

성공적인 협상을 위해 체계적인 사전 준비가 필요하지만, 철저히 준비한다고 해도 실제로 협상 테이블에 앉으면 내가 원하는 것을 얻지 못할 경우가 발생하기도 하므로 협상을 유리하게 진행할 수 있는 기술이 필요하다. 그렇다

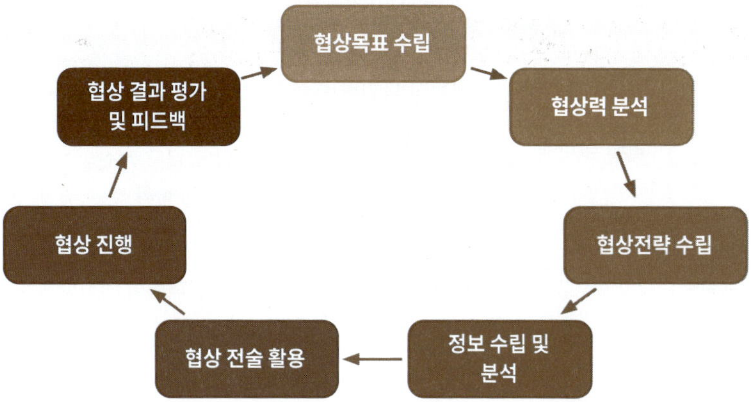

■ 그림 6-2 협상 프로세스

면 협상에서 유리하게 진행할 수 있는 전술은 어떤 것이 있을까?

먼저 협상에서 꼭 필요한 3대 요소를 알아보자(표 6-1 참조). 첫 번째 요소는 파워power로, 구매기업과 공급업체 사이에 누가 더 영향력을 행사할 수 있느냐이다. 유일 또는 독점sole 공급업체와 협상할 경우, 공급업체가 협상 테이블에서 영향력을 더 행사할 수 있어 유리한 위치에서 협상할 수 있다. 이에 반해, 구매기업은 가능한 한 공급시장에서 다수의 공급업체가 존재한다는 상황을 제시하여 공급업체에 대응함으로써 협상에서 유리한 위치를 차지하고자 노력할 수 있다. 두 번째는 정보information로, 협상을 진행하는 동안 필요한 정보를 누가 먼저 많이 확보하느냐이다. 구매기업과 공급업체의 강·약점, 필요한 요구사항 등을 미리 알고 협상에 들어간다면 구매기업에게 유리한 위치에서 협상할 수 있다. 준비한 정보가 정확하지 않거나 과거 정보에 기반하여 협상에 임한다면 구매기업은 협상에서 유리한 위치를 점하지 못할 것이다. 그래서 최대한 최신 정보를 준비해야만 한다. 그리고 마지막 요소는 시간이다. 시간은 협상을 준비하는 시간과 마감 시간으로 나눌 수 있다. 협상 준비가 중요하다는 점은 저자가 강조한 바 있다. 충분한 준비 시간이 있으면 더 유리한 협상 결과를 얻을 수 있다. 반면, 마감 시간이 촉박하면 불리한 상황이 발생할 수 있다.

표 6-1 협상 3대 요소

요소	내용	의미
파워[power]	합법적 파워	• 정보적 파워의 특수 형태로 전문적 가치가 검증된 자격 인증[credentials] • 포지션에 대해 반박/부인 할 확률을 감소 • 당신의 주장에 합법성이 실리게 하라
	전문적 파워	• 전문가에 대한 신뢰와 존경 • 협상대상에 대한 전문가라고 상대방이 인식하게 하라
	commitment 파워	• 협상팀(여러 사람 참여)으로써 얻는 힘 • 위험을 협상팀 인원들과 함께 나눠라 • 협상팀은 일치된 의견이나 헌신이 필요
	보상적 파워	• 가치있는 보상을 통한 직접적 컨트롤
정보	필요한 정보	• 원가 및 가격정보 • 공급업체의 최근 재무적 상황 정보 • 시장 정보 • 공급업체의 강점 및 약점 관련 정보 • 공급업체의 협상담당자 정보 • 협상 결렬 시 공급업체의 대안 관련 정보
시간	Time Manipulation	• Marathon session : 누가 더 시간적인 제약이 있나? 누가 더 인내하는가? • 끈질김[persistence]: 시간이 많으니 목표 달성까지 협상을 진행 • 빠른 의사 결정을 위한 시간적 압박

따라서 공급업체의 마감 시간을 파악하고 이를 활용한다면 구매기업은 협상에서 유리한 위치를 차지할 수 있다. 시간이 부족하면 선택의 여지가 줄어들고, 공급업체에게 빠른 결정을 요구함으로써 압박을 가할 수 있기 때문이다.

표 6-2와 같이 협상의 전술은 내부적 전술과 외부적 전술로 나눌 수 있다. 내부적 전술은 협상 전에 준비하는 과정으로, 준비된 협상 내용을 각 부

서 임원으로 구성된 심사위원회 앞에서 발표하여 피해야 할 문제를 파악하고 모의 협상을 통해 협상을 준비하고 훈련을 통해서 미비한 점이나 과도한 내용이나 행동을 모니터링하여 피드백 과정을 거친다. 또한 토론 이슈(주요 이슈, 어려운 이슈, 쉬운 이슈)에 대해서 순위를 정하는 것이 좋다. 이는 누구와 어떤 협상을 하는가에 따라 협상 순위를 정하는 것이 좋다. 외부적 전술은 협상 테이블에서 협상을 유리하게 이끄는 전술로, High Ball/ Low Ball, Bogey, Nibbling, Door Knob 등 다양한 기법을 포함한다.

표 6-2 협상 전술

	전술	내용
내부적	발표 연습	• 연습을 실제처럼, 실제를 연습처럼 하라. • 발표는 협상의 첫걸음이다. 실수를 최소화하라.
	모의 협상	• 모니터링을 통해 피해야 할 문제를 파악하고 준비하라. • 압박 실험으로 전략을 평가하라.
	토론 이슈	• 이슈에 대해 협상팀과 토의하라. • 항상 일치된 의견과 결론을 확보하라.
외부적	Highball/ Low ball	• 얻을 수 없게 높거나 낮은 오퍼에서 협상 시작하라 • 그런후 조건에 맞춰 양보하여 원래 목표 가격에 도달하거나 상대방의 switching cost가 높아지게 만듬
	Bogey	• 상대방의 요구를 응하고 싶으나, 장해물(여건, 상황, 사람)로 인해 요청을 받아들이기 어렵다고 역설함 • 어떤 것(가격)을 제외하곤 다 좋다
	Nibbling	• 구매기업 또는 공급업체에게 별로 중요하지 않은 것을 덤으로 주거나 받음 예: 신규 핸드폰 구입시, 케이스 및 액서서리 요구
	제한된 권한 전술	• 협상에서 이유있는 거절, 시간 및 여유 확보를 위한 제한된 권한을 이용하는 전술 예: 조건, 기준, policy(기업,국가적 방침), 조직적인 서열(임원) 등
	Door Knob	• 싫으면 그만두라[Take it or Leave it]

3. 게임의 원칙

게임의 법칙 : 공격과 방어

모든 게임에서는 공격과 방어가 상존한다. 공격하는 사람이 있다면 반드시 방어하는 사람도 있다. 협상에서도 공격하는 자와 방어하는 자가 있다. 성공적인 협상을 하기 위해서는 누가 더 유리한 입장일까? 일반적으로 위험성이 높거나 복잡한 거래 또는 중요한 사안이나 이슈를 위한 협상일 경우에는 먼저 선제적으로 공격하는 전술을 사용하여 협상을 진행하는 것이 유리할 수도 있다. 공격자를 위한 전술로는 살라미 전술, Nibbling, Good Guy and Bad Guy가 있다. 살라미 전술은 협상에서 쟁점 이슈를 부분별로 세분화하여 하나씩 해결해 나가며 각각에 대해 대가를 받아내 이익을 극대화하여 내가 원하는 모든 것을 얻어내는 전술이다. Nibbling 전술은 구매기업 또는 공급업체가 별로 원하지 않은 요구 또는 조건을 덤으로 주거나 얻는 것을 말한다. 예를 들면, 자동차를 구입할 때 자동차 업체가 자동차 액세서리, 세차 쿠폰, 사은품 등을 고객에게 선물로 줌으로써 원하는 가격에 판매하는 전술이다. 한편, Good Guy and Bad Guy 전술은 협상 실무자가 가격 협상 중일 때 협상팀에서 상급 임원이 상대방 요청사항에 긍정적으로 답하거나 반대로 가격 인하를 압박하여 상대의 마음을 흔들어 놓는 전술이다.

반면, 방어자를 위한 전술에는 Flinching, 권한 위임limit authority 등이 있다. Flinching 전술은 깜짝 놀라거나 움찔하는 등 적극적으로 반응을 보여주는 전술이다. 그러나 지나치면 역효과가 있을 수 있다. 방어자는 “정말 이 가격이 정확한 겁니까?”라며 강하게 반문하거나 다양한 제스처를 통해 놀랐다는 것을 보여줄 필요가 있다. 별다른 반응을 보이지 않는다면 상대는 제안에 대해서 ‘필요가 없구나’라고 믿고 더 강하게 밀어붙일 수도 있기 때문이다. 권한 위임은 협상에서 이유 있는 거절, 시간 및 여유 확보를 위한 제한된 권한을 이용하는 전술로서 방어적 입장에서 좋은 전술이다.

끝까지 가다: 시간 속으로

공급업체와 협상할 때마다 성공적으로 마무리 되면 좋겠지만, 최악의 경우 협상이 결렬되기도 한다. 협상 결렬로 협상을 그만둔다면 구매기업은 자칫 제품 생산에 차질을 빚게 되어 많은 타격을 받을 수 있다. 성공적인 협상은 아니지만, 협상 결렬에 대비한 대응책(차선책)이 있다면 그만큼 협상력을 증가시키고 협상의 유연성을 확보할 수 있다. 이러한 대응책을 Best Alternatives To Negotiated Agreement[BATNA]라고 한다. BATNA는 많은 기업이 사용하고 있는 가장 강력한 협상 기법 중 하나이다.

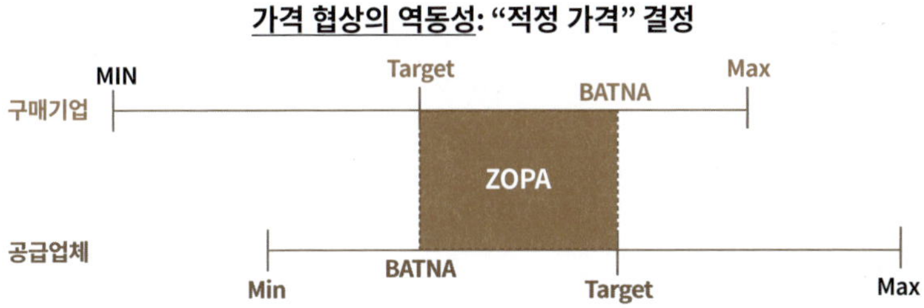

■■ 그림 6-3 BATNA 협상 기법

그림 6-3과 같이 BATNA는 협상 과정에서 최소한의 옵션[option]이며, 이러한 옵션에 대한 분석 및 수행을 가능하게 하여 협상에서 무조건 합의를 해야 할 의무를 덜어준다. 그리고 이러한 옵션은 상대도 받아들일 수 있어야 협상이 가능하다. 터무니없는 옵션은 BATNA 효과가 없으며 상대방으로 하여금 협상을 결렬시키게 만든다. 또한, BATNA는 상황이나 상대방의 반응에 따라 변하며 상대방의 나쁜 제안을 거절할 기준점이 된다. 상대방에게 BATNA를 긍정적으로 만들기 위해서는 먼저 상대방의 BATNA를 파악하고 상대방의 마지노선[Least Acceptable Solution(LAS)]을 예측할 필요가 있다. 다음의 사례는 BATNA를 이해하는 데 도움이 될 것이다.

구매기업은 커넥터 공급업체와 분기별 협상을 진행하고 있다. 구매기업은 지난 분기에 10% 가격을 인하하여 지난 분기 협상에서 구매기업과 공급업체는 서로 만족하였다. 그러나 최근에 반도체 산업 불안정과 글로벌 경기 불황으로 커넥터 가격도 점차 높아지는 상황이다. 그래서 커넥터 공급업체는 작년 대비 15% 인상한 $4.90로 가격 목표를 정했다. 그러나 경험상으로 구매기업이 $4.90에 만족하지 않을 것이라 예상되어, 공급업체는 최악의 경우 마지노선LAS을 $4.30로 정하고, 받고자 하는 가장 이상적인 적정 가격Maximum Supportable Solution(MSS)은 $5.50로 정했다. 구매기업은 지난 분기에 $4.25로 커넥터를 공급받았다. 그러나 이번 분기는 가격 절감이 어렵다고 판단하고 $4.25을 목표로 협상에 임하는 상황이다. 구매기업은 마지노선을 $5.0으로, 가장 이상적인 가격MSS은 $4.0로 정했다. 따라서, 공급업체의 BATNA는 $4.30~$5.50이 될 것이고, 구매기업의 BATNA는 $4,25~$5.0이라고 할 수 있다. 또한 양사 간의 협상 합의 가능 영역인 ZOPAZone of Possible Agreement는 $4.25~$4.90로 예상된다.

협상에서 계약까지

협상이 완료되었다면 협상 결과를 공유해야 한다. 즉 협상에서의 개선이 필요한 점, 보완해야 할 점, 잘된 점을 서로 파악·공유하고 다음 협상에서 쉽게 사용할 수 있도록 보관해야 한다. 협상은 연속적으로 이루어지는 게임이기 때문에 다음 게임을 위해 준비해야 하고, 협상이 완료되면 상대방과 계약을 진행하게 된다. 계약은 협상에서 합의된 내용을 바탕으로 양사 간의 일정에 맞게 진행하고, 계약에 따른 계약서는 양사 간의 서명을 통해 동일한 계약서를 갖고 있어야 한다.

4. 특수한 상황의 협상

유일 공급업체와의 협상

구매기업의 입장에서 독점적 지위에 있는 유일 공급업체sole source와의 협상은 항상 어렵기 때문에 유리한 입장으로 이끌어 가기가 힘들다. 성공적인 협상이 될 수도 있지만 성공할 확률은 낮다. 따라서 가능하다면 구매기업은 독점적 공급업체를 만들지 않는 것이 좋다. 그러기 위해서는 제품 개발 시 사양을 개선하고 표준화된 부품이 사용될 수 있도록 설계한다면 협상에서 유리한 위치를 점할 수 있다. 그럼에도 불구하고 유일 공급업체와 협상해야 하는 경우에는 세 가지 전술 통해서 협상을 준비할 수 있다. 첫째, 공격적인 경쟁 유발 전술이다. 경쟁 유발을 위해서 구매기업은 자재의 자체 생산(내재화)을 한다거나, 대체 자재나 거래선을 적극적으로 발굴하거나, 사양의 개선/표준화/단순화를 통해 유일 공급업체에 의존도를 낮추는 것이다. 둘째, 협력적 관계 구축 전술이다. 이 전술은 win-win 상황의 제안을 모색하거나 비용/리스크/절감금액을 공유하여 유일(독점적) 공급업체가 구매기업을 우호적 관점에서 장기 고객으로 인지하도록 유도하여 구매거래 이외의 혜택을 강조하여 공급업체와 협업 관계를 만드는 방법이다. 셋째, 레버리지leverage 전술이다. 이 전술은 과잉재고, 재정적 문제 등 공급업체의 약점과 이슈를 활용하여 구매기업과 맞교환을 통해 양사 간의 윈-윈 상황의 협상을 이끄는 방법이다.

📌 Lockheed Martin 사례

Lockheed Martin은 방위 산업 분야에서 세계적인 기업으로, 많은 핵심 부품을 독점적 공급업체로부터 조달해야 한다. 특히, 군용 항공기 및 무기 시스템의 부품들은 대체 공급업체를 찾기 어렵거나 독점적인 기술로 인해 유일 공급업체에 의존해야 하는 경우가 많다. 이를 해결하기 위해 Lockheed Martin은 다음과 같은 협상 전략을 구사하였다.

1. 유일 공급업체와 장기 계약을 통해 안정적인 수요를 보장함으로써 협상에서 유리한 위치를 점할 수 있었다. 장기 계약은 공급업체에게도 안정적인 매출을 보장해 주기 때문에, 가격 안정성을 확보하여 제품의 가격 인상 위험을 줄일 수 있었다.

2. 지속적으로 대체 공급업체 탐색하여 독점적 공급업체에 지나치게 의존하지 않도록 다양한 공급망을 구축하고, 대체 가능한 공급업체를 활용할 수 있도록 준비하고 있다.

이 사례는 장기적인 파트너십과 기술 협력을 통해 독점적 공급업체와의 관계를 상호 이익을 가져가는 관계로 발전시킨 것이 큰 성과로 평가받고 있다.

국제 협상

국제[international] 협상은 복잡성과 챌린지가 증가하여 상당한 시간과 노력이 요구된다. 또한, 국가의 특성과 문화를 잘 이해하지 못하고 국제 협상을 진행할 경우에는 문화적 충격을 느낄 수도 있다. 언어로 인한 의사소통의 오류, 시간적 제한, 문화적 차이로 인해 해외 공급업체와의 협상에서 실패한 사례를 많이 찾아볼 수 있다. 이러한 장벽을 극복하기 위해서는 협상 전에 외국 문화와 관습에 친숙해져야 하며, 협상 시 통역가 또는 협상 담당자가 직접 언어를 구사하여 의사소통의 오류를 최소화해야 한다. 협상 합의에 대해 지식이 필요하며 무엇보다 정직하고 정중한 태도로 국제 협상에 임한다면 충분히 좋은 성과를 가져올 수 있다. 표 6-3은 국제 협상 시 점검해야 할 사항이다.

표 6-3 국제 협상 시 점검해야 할 사항

- 문화적 차이에 대한 이해와 언어 구사력은 충분한가?
- 구체적 정보 부족으로 국제 협상의 목표가 부정확하지 않은가?
- 국제 협상에 대한 전략, 전술이 부족하지 않은가?
- 상대방의 입장을 이해하고 있어 자기 중심적 협상이 되지 않도록 준비되었는가?
- 감정에 이끌려서 국제 협상을 진행하지는 않는가?
- 체계적이고 논리적인 토론 및 대화 능력을 보유하고 있는가?
- 국제 협상을 일반적인 협상과 동일하게 진행하고 있지는 않은가?

기타 : 소기업, 컨소시엄 및 협동조합의 협상

소기업과의 협상은 일반적인 협상과는 다르게 특별한 고려가 필요하다. 협상 전, 소기업에 기술적, 엔지니어링 지원, 비용절감액 공유, 원재료와 부품을 제공할 필요가 있다. 또한, 공급업체가 새로운 공급원과 고객을 파악하는 데 지원해야 하며, 훈련을 통해 공급업체 직원의 역량 향상을 지원할 필요가 있다. 나아가 필요시, 재정과 운영 시스템 설치를 지원하여 구매기업과의 업무 효율을 높이도록 유도해야 한다. 소기업이 중요한 업체일 경우에는 장기적인 파트너십을 통해 장기적으로 물량을 보장하는 것도 하나의 방법이다. 이러한 지원

속에서 소기업이 자립하여 성장할 수 있도록 지원한 후 협상을 진행해야 한다. 컨소시엄consortium은 여러 산업의 개인 기업들로 구성된 공식 조직으로, 시장에서 영향력leverage을 확보하고 원가를 절감하기 위해 선정 품목의 구매력을 통합하여 협상을 진행한다. 협동조합Cooperative(Co-Op)은 병원, 대학, 지방 정부 등 단일산업 내 영리 및 비영리 조직들로 구성되어 있으며, 멤버들은 공급업체로부터 직접 구매하거나 협동조합을 통해 구매한다.[3]

5. 계약 관리

계약은 당사자 간의 제안에 대한 수락으로 합의된 내용을 바탕으로, 선의와 성실에 기반하여 합리적인 가치 교환을 목적으로 하는 법적 의무 내에서 성사된다. 계약이 성사된 후에는 대부분 계약 관리를 하지 않는 경우가 많다. 모든 업무에서 결과를 얻기 위해서 마무리 작업을 잘해야 하듯이, 계약이 성사된 후에는 만료될 때까지 계약 관리가 필요하다.

계약이 필요한가?

커피 전문점에서 커피 한잔을 사려고 할 때 계약이 필요할까? 아파트를 장만하기 위해 10년 동안 열심히 일하여 부동산에 가서 아파트를 알아본 후 위치와 전망이 좋고 마음에 드는 아파트를 사려고 할 때 계약이 필요할까?

계약은 일정한 법적 범위 내에서 양사(양자) 간의 의사표시 합의와 이행에 의한 법률 행위이다.[4] 계약이 성사되려면 양사의 서로 다른 의견에 대해서 의사표시에 대한 합의가 있어야 하며, 이러한 합의는 요청과 이에 대한 승낙으로 이루어진다. 계약 체결에 있어서 요청은 필요한 내용에 대한 일방적인 의사표시이며 승낙은 이 요청에 대해 상대방이 응할 것인지에 대한 의사표시이다. 즉, 요청에 상대방이 승낙할 경우에만 계약 체결이 성립된다. 또한, 계약은 사람이나 조직 간에 지켜야 할 의무에 대해서 서면이나 구두로 정해진다.

앞서 언급한 사례에서, 고객은 커피를 요청한 것이고 커피 점원은 커피 주문에 대한 승낙을 구두로 일종의 계약이 성립되어 커피를 만들어 주는 행위를 하게 된다. 아파트 매매의 경우, 매매를 하는 사람과 매수를 하는 사람 사이에 부동산 매매 계약서라는 서면 계약서를 주고받으면 계약이 성사된다.

이처럼 법적 효력을 얻기 위해서 누군가와 계약을 진행할 경우, 반드시 계약서가 필요하다. 일상적으로 일어나는 행위에는 구두 계약이 편리하고 좋으나, 업무상으로 계약을 진행할 경우에는 서면 계약이 반드시 필요하다. 참고로 미국의 사기방지법Statute of Frauds에 따르면, $500 이상 물품 계약과 1년 이상의 서비스 및 부동산 계약은 반드시 서면 계약으로 이루어져야 법적 효력이 발생한다.

나는 어떤 계약을 원하는가?

구매기업과 공급업체 간 계약은 계약 내용에 따라 구두로 가능하더라도 반드시 서면으로 하는 것이 바람직하다. 그렇다면 협상 후 계약은 어떻게 체결해야 하는가? 계약 유형과 그 적절성에 대해 살펴본다. 일반적으로 계약 유형은 계약기간, 고정가격, 원가기반 유형으로 나눌 수 있다.

계약기간에 따른 유형

계약기간에 따라 계약 유형은 스팟spot, 단기short-term, 장기long-term의 3가지 유형으로 나눌 수 있다.[5]

스팟 계약은 1회성 계약으로 반복된 계약이 없는 경우에 사용한다. 예를 들면, 10월에 있을 50주년 창사 기념행사 기념품으로 필요한 화장품 500개를 주문할 경우, 더 이상 그 화장품을 주문하지 않을 것이기 때문에 단기나 장기 계약은 필요하지 않다. 스팟 계약 시 구매 금액이 많지 않으면 서면 계약보다는 구두 계약이 더 편리할 수 있다. 단기 계약은 상대적으로 한정된 시간 내 일상적으로 이루어지는 계약이다. 이 계약은 서비스나 물품을 공급받기 위해 구매기업과 공급업체 간에 주로 1년 이내로 체결하는 계약으로, 서면 계약으로 진행한다. 장기 계약은 특정 기간 또는 무기한(일반적으로 1년 이상) 지속하여 발생하는 구매 계약으로, 서면 계약을 통해서 법적 효력이 발생한다. 장기 계약을 진행할 경우에 상대방만 이익을 추구하려고 하는 기회주의 가능성,

업체의 적절성 및 다양한 혜택과 리스크 등을 복합적으로 고려하고 판단해야 한다. 특히, 구매-공급업체 쌍방 간 리스크와 이익의 공정한 분배에 대해서 사전에 논의하고 계약서에 명시해야 한다. 장기 계약의 주요 혜택은 공급업체 보증, 공급업체 기술과 원가 및 가격 정보의 공유, 우선 물량 공급, 공급업체와 생산 계획 정보 공유를 통한 생산 리스크의 최소화 등을 들 수 있다. 반면, 공급업체의 기회주의로 인해서 공급 물량이 순조롭지 않을 경우가 발생할 수 있고 잘못된 공급업체를 선정하여 물량에 대한 불확실성이 증가하여 공급망이 무너지는 리스크가 발생할 수 있으므로 이러한 사항을 계약서에 명시하는 것이 필요하다. 일반적으로 기업에서 장기 계약서를 작성할 때는 법무팀의 검정 및 법적 조언을 받고 진행하는 것이 효과적이다.

고정가격에 따른 유형

고정가격fixed price 기반으로 이루어지는 계약은 확정 고정가격, 에스컬레이션 고정가격, 고정가격 재산정, 고정가격 인센티브, 고정가격 구제 계약의 다섯 가지 유형으로 나눌 수 있다.

확정 고정가격Firm Fixed Price(FFP) 계약은 고정가격 계약 유형 중에서 가장 기본적인 계약으로 가격의 변동이 없다. 따라서 구매기업의 가격견적요청Request for Quotation(RFQ)에 대해 공급업체가 응답한 후 협상을 통해서 가격이 결정되고, 협상에서 결정된 기간 내에서는 가격변동이 없다. 시장이 성장(하락) 추세를 보이면 공급업체가(구매기업이) 재무 리스크를 부담하고, 불확실성이 높으면 임시비용contingency fee도 반영해야 한다. 에스컬레이션 고정가격fixed-price contract with escalation 계약은 경제적 불확실성이 높거나 시장 가격의 변동이 클 때 장기 계약 형태로 활용되는 계약 유형으로, 계약 체결 후 가격 조정(인상 또는 인하)의 신규 조항을 포함하며, 제3자 기관이 독립적으로 발표하는 객관적 지표와 가격을 연계하여 양사 간 공정성을 확보할 필요가 있다. 고정가격 재산정 fixed-price contract with redetermination 계약은 노무비나 재료비와 물량을 쌍방이 정확하게 예측하기 어려운 상황일 때 많이 사용하는 계약이다. 기준 가격base price은 "최선의 추정치"를 사용하여 결정하며, 예정된 미래 시점에 쌍방이 실제 경험을 검토하여 가격을 조절하게 된다. 고정가격 인센티브fixed-price contract with Incentives 계약은 일반적으로 단가가 높고 리드타임이 긴 경우 많이 사용하는 계약으로, 예정 공유율로 공급업체와 비용절감액을 공유하는 것을 계약 조건으로 포함한다. 고정가격 구제fixed-price with remedies 계약은 고정가격을 제공하되, 한쪽이 계약 조건을 위반한 경우 임시비extraordinary expenses 상환을 위해 사용하는 계약이다. 예를 들어, 구매기업이 운송일 연장을 요구하는 경우, 계약 조건에 이 내용이 없다면 계약을 위반한 상황이므로 임시비 상환을 위해 추가적인 계약을 해야 한다.

원가기반에 따른 유형

원가를 기반으로 하는 계약은 실비정산, 원가 및 유인비용, 원가분담, 시간 및 자재 계약 등의 유형으로 구분된다.

실비정산cost reimbursable 계약은 사용한 비용만큼만 정산하는 계약으로, 고정가격 계약으로 체결된 공급업체의 구매력이 구매기업이 판단할 때 경쟁력이 없거나 공급업체가 구매기업으로 경제적 리스크를 전가하여 손실을 줄이고자 할 때 사용한다. 특히, 비싸고 중요하거나, 공급망 흐름이 복잡하거나, 불확실성이 높은 제품이나 서비스를 구매할 때 주로 적용하는데, 공급업체가 원

환경적 조건	고정가격 계약	인센티브계약 사용의 적절성	원가기반 계약
공급시장의 불확실성	저	↔	고
장기계약	저	↔	고
쌍방 간 신뢰 수준	저	↔	고
프로세스/기술의 불확실성	저	↔	고
공급업체의 비용 영향력	저	↔	고
구매 가치	저	↔	고

그림 6-4 계약 유형의 적절성[6]

가/비용을 신중하게 모니터링하고 통제할 수 있는 조건을 포함해야 한다. 또한, 구매기업과 공급업체 간에 허용가능 비용allowable costs을 합의해야 성사될 수 있는 계약이다. 원가 및 유인 비용cost plus Incentive fee 계약은 고정가격 인센티브 계약과 유사하나, 인센티브가 허용가능한 비용 변화에 기반을 둔다는 것이 차이점이다. 다시 말해, 구매기업과 공급업체가 초기 목표원가 추정치에 확신이 있을 때 적절 비용절감액을 예정률로 공유하고, 비용 증가액은 공급업체가 부담하는 계약이다. 원가분담cost-sharing 계약은 쌍방이 예정률로 허용가능 비용을 분담하게 되고, 계약서 상에 운영 가이드 라인, 목표, 목적을 제시하고, 이에 관한 기대치를 명확하게 기술해야 한다. 시간 및 자재 time and materials 계약은 실제 보수 전에 비용을 결정할 수 없는 시설의 장비 보수계약에 주로 사용되며, 합의된 노임률labor rate을 기반으로 상한가를 결정한다. 이 계약의 단점은 구매기업이 추정 최대가격에 대해 통제하기 어렵다는 점이다. 원가 가산 고정요금cost plus fixed-fee 계약은 공급업체가 예정 수준까지 모든 허용가능 비용과 고정요금(목표 원가의 비율)을 상환하는 계약이다. 다만, 비용 통제에 대한 동기부여는 없다. 원가 및 계약 수수료 포함cost plus award fee 계약은 수수료에 이윤이 포함된 조건을 반영한다. 그림 6-4는 환경 조건에 따른 고정가격 계약과 원가기반 계약의 적절성을 요약하고 있다.

계약 분쟁, 해결책은 있는가?

예기치 못하는 일들이 발생하면 계약은 분쟁이 따르게 되고 해석이 달라질 수 있다. 사양이 복잡하거나 금액이 클수록 분쟁은 빈번히 일어난다. 따라서 분쟁 해결을 위한 조건과 매커니즘을 구축해야 한다. 계약 분쟁은 법적 조치를 취하거나 소송을 통해 해결하기도 하지만, 법적 조치를 취하지 않고 해결할 수도 있다. 법적 조치(소송)는 비용과 시간이 많이 들고 불확실성이 크다. 비법적Non- Legal Actions 조치에는 화해, 중재, 조정, 미니트라이얼minitrial, 민간 판사rent-a-judge 제도가 있다. 화해는 쌍방 합의로 이루어지며, 중재는 제3자가 쌍방의 합의에 따라 준거법을 기반으로 판결하는 방식으로 강제력이 있다. 조정은 조정위원의 권고에 따라 쌍방이 양보하여 합의점에 도달하는 방식이다. 민간

판사는 중립적 제3자가 심리를 진행하고 판결을 내린다. 분쟁 해결은 시간과 비용이 많이 들기 때문에 계약 단계에서 협상, 중재, 조정, 소송 절차를 포함한 단계적 프로세스와 스케줄을 설정해야 한다. 구매기업과 공급업체 간의 명확한 의사소통과 파트너십은 분쟁 예방에 중요하며, 분쟁이 발생하더라도 당사자가 직접 참여하여 정확한 정보를 전달하고 증거를 철저히 준비해야 한다. 전문가의 도움을 받더라도 비용과 시간이 소요되므로 신중한 준비가 필요하다. 결과적으로, 분쟁 예방과 해결을 위해 명확한 목표 설정, 우선순위 마련, 전문가와 증거 확보가 필수적이다.

계약 관리는 계약 만료일까지 하라

계약이 성사되면 계약서를 작성하고 계약 관리를 철저히 해야 한다. 계약 관리는 계약 서명 후부터 만료일까지 공급업체가 계약 조건을 준수하며 제품과 서비스를 기한 내에 제공하도록 관리하는 활동이다. 계약 관리의 주요 목적은 공급업체와 구매기업이 계약 조건을 충족하도록 보장하고, 이행 중 발생하는 문제를 공정하게 해결하며, 계약 조건의 공정한 조정을 협상하는 것이다. 계약 관리 담당자는 원가기반 실비정산 계약, 재정적 책임 및 승인, 스케줄, 비용, 자원 관리, 단계적 지급 관리 등을 모니터링한다. 또한, 가격조정 조항과 주문 변화 관리를 포함한 계약 조건 준수와 문서화를 책임진다. 계약 종료 시에는 작업 성과, 수락, 송장, 지불 등을 검증하여 모든 계약 관련 활동을 마무리한다.

7장

공급업체 관계 관리

1. 공급업체 관계 세분화

2018년부터 불거진 미·중 무역 갈등, 2020년 초부터 시작되어 3년여간 계속된 코로나19 팬데믹으로 인해 공급망의 기능은 단절·중단되거나 교란을 겪었다. 이러한 문제는 시장경제 시스템을 와해시키면서 기존의 공급망 환경은 유래를 찾아보기 어려울 정도의 커다란 변화를 초래했다. 재고 감소와 원가절감 등을 위해 수요예측에 기반한 대량 생산을 통해 효율성을 극대화하던 전통적인 공급망 관리 기법은 이러한 공급망 비상 상황에 적절한 대응 방안이 될 수 없게 되었다.[1] 실제 공급망의 단절·중단·교란은 세계 경제에 적잖은 영향을 미쳤는데, OECD는 2020년 GDP가 전 세계적으로 평균 4.2% 감소하였고, 미국은 3.8%, 유럽연합은 7.5%, 우리나라는 1.1% 감소하였다는 결과를 발표하였다. 그러므로 공급망의 회복력을 강화하기 위해서는 현재의 공급망 구성 및 운영방식을 새롭게 설계해야 할 필요성이 제기되며, 제조 기업 독립적으로 해결하기보다는 공급업체와의 신뢰가 전제되는 협업 역량의 개발 및 시스템 구축을 고려해야 한다.

Amazon, Alibaba, Lufthansa, BMW, DHL, DB Schenker 등 유명 다국적 기업들은 공급망의 디지털 전환Digital Transformation을 위해 많은 투자를 하고 있는데, 이는 아날로그 기반의 업무 도구, 행태, 자료 등을 디지털화digitization 하거나 디지털 기술과 정보를 이용하여 업무 프로세스를 디지털화하는 것을 넘어서 사물인터넷을 통해 수집된 데이터가 실시간으로 클라우드cloud로 전송되어 빅데이터Big Data 분석 및 AI 기술 등을 활용하여 플랫폼platform

을 기반으로 업무 프로세스를 혁신하고 비즈니스 모델을 창출하는 활동이다. 따라서 공급망의 디지털 전환은 단순히 공급망의 관련 업무에 ICT 기술을 접목하는 것이 아니라 공급망을 구성하고 있는 기업 간에 프로세스의 동기화를 효율적으로 지원하는 방향으로 설계되어 공급망 가시화 및 선제적 관리를 목표로 설계되어야 하고, 나아가 주요 산업 간, 공급망 간의 정보 플랫폼 구축, 중소·중견 기업을 위한 물적·인적 자원의 지원, 협업 역량 강화를 위한 공동투자 및 성과공유 등 공급망 비상 상황에 빠르게 대응하기 위한 협업 시스템 구축을 지향해야 한다.

과거의 구매 기능은 자재나 부품 조달에 국한된 경우가 많았다. 그러나 제품의 수명주기 단축, 신제품 기능의 다양성과 복잡성 증가, 우수한 역량을 가진 글로벌 공급업체의 확보를 통한 제품의 품질/성능 향상 등이 중요한 이슈로 등장하면서 구매 업무는 기업의 경쟁력과 차별화를 확보하는 기능으로 체계적으로 변화·발전하게 되었다.

체계적인 구매 업무를 위해서는 2장에서 살펴본 바와 같이 기업의 전략을 바탕으로 구매전략의 방향성을 수립해야 하고, 구매 품목에 대해 공급업체 및 구매기업과의 교섭력, 대체제의 위협 정도 등 공급시장의 외부 환경 분석이 필요하다. 또한, 최근에는 지정학적인 요인으로 인한 시장의 변화가 급격·빈번하게 이루어지는 경우가 많아지면서 PESTEL(정치·경제·사회·기술·환경·법/제도에 대한 거시환경 분석법)을 통한 거시환경 분석과 함께 스펜드 분석, 카테고리 분류 등을 통해 적합한 소싱 업무 체계를 확립하는 것이 필요하다.

이처럼 구매하려는 품목의 내·외부 환경 분석을 통해 구매의 방향성이 정립되면 역량 있는 공급업체를 선정하고 이들과의 관계를 지속하면서 동반 성장할 수 있는 협업 체제를 구축하는 활동을 전개하게 된다. 이 과정을 구체적으로 정리하면 그림 7-1과 같다.

전략적 중요도와 관계매력도 분석

공급업체를 관리하는 데 있어서 '선택과 집중'은 제법 잘 들어맞는 경우가 많다. 비즈니스 중요도에 따라 세분화하여 역량있는 공급업체를 선별하여 육성함으

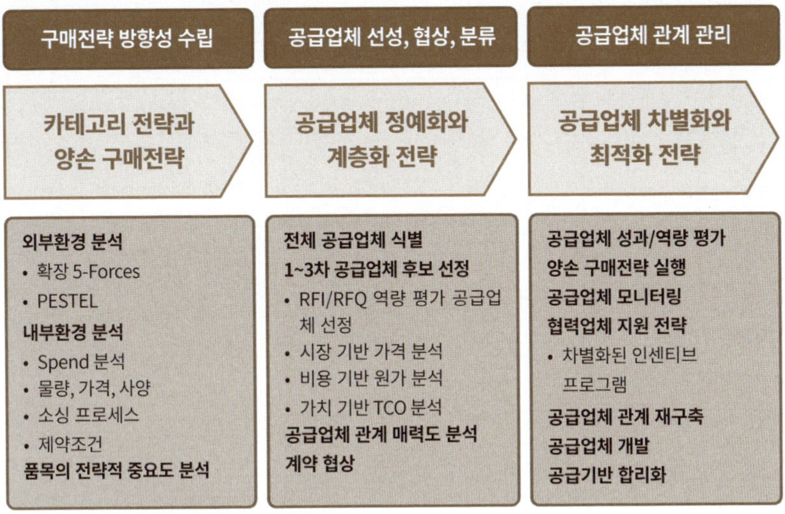

■■ 그림 7-1 공급업체의 전략적 관리

*확장 5-Forces: 분석: 경쟁강도(1차 공급업체), 진입장벽, 대체재, 구매기업 협상력, 2차 공급업체 협상력

로써 구매기업의 경쟁력을 확보하는 것이 핵심이다. 거래 과정에서 구매기업은 공급업체로부터 자재나 부품 등을 공급받는 1차적 니즈를 해결하지만 이를 넘어서 공급업체와 동반 성장할 기회를 마련해야 한다. 이는 더욱 경쟁력 있는 제품을 생산하기 위한 선결 과제이자 강건한 공급망을 구축하기 위한 기초 작업으로, 구매 품목의 전략적 중요도와 공급업체와의 관계 매력도를 순차적으로 분석하여 이를 통합하는 과정을 통해 체계화할 수 있다.

전략적 중요도 분석

전략적 중요도Strategic Importance(SI)분석은 2장에서 살펴본 카테고리 분석을 의미한다. 핵심은 구매하려는 품목에 대해 가치(스펜드 중요도)와 리스크(사업 중요도)의 기준에 따라 가치-리스크 매트릭스를 구성하고, 전략/핵심, 병목/안전, 레버리지/경쟁, 일반 품목으로 구분되는 품목 특성을 고려하여 품목별로 차별화된 전략을 수립하여 관리를 위한 전략과 중점 사항을 정하는 것이다. (그림 7-2 참조)

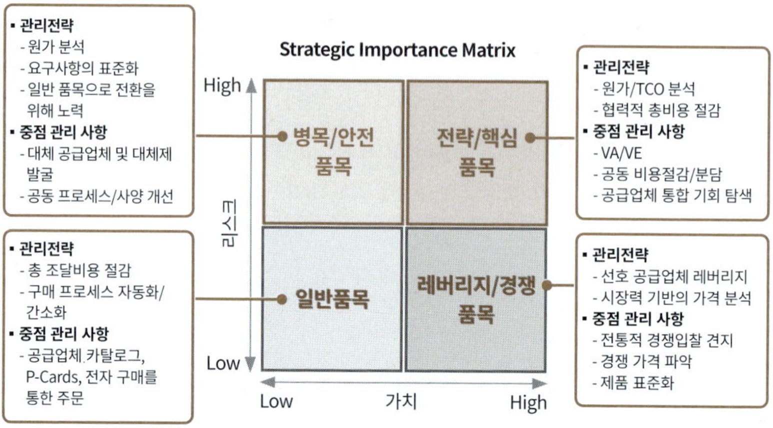

그림 7-2 품목별 관리 전략 및 중점 관리 사항

관계 매력도 분석

관계 매력도 분석Relationship Attractiveness(RA)은 구매기업과 공급업체 간의 품목별 거래 관계에서 발생하는 상호 가치를 평가함으로써 거래의 매력도를 분석하고 관계 유형을 도출하여 이 유형에 따라 각기 다른 거래 방법을 정립하는 방법이다. 분석 대상 품목별로 목표 공급업체를 선정하여 해당 품목군별로 구체적인 평가 항목을 설정하는 것이 효과적이며, 일반 품목에 대해서는 굳이 관계 매력도 분석을 수행할 필요는 없다.

관계 매력도는 '구매기업이 얻는 이익(구매기업 측의 가치와 니즈)'과 '공급업체가 얻는 이익(공급업체 측의 가치와 니즈)'의 두 기준을 바탕으로 분석한다. 전자는 공급업체의 서비스 수준과 신뢰도 등을 평가하는데, 공급 품목에 대한 사업의 전략적 중요도, 공급업체의 서비스 제공 정도(기술 인력의 지원/공유, 기술시장 정보 제공, 사후 품질보장, 재고관리 기능 여부 등), 공급 신뢰도(납기 준수율, 납기 소요 기간, 긴급 발주 대응 능력 등), 공급업체의 제공 단가 수준(제조원가 분석 자료 제공 여부 포함) 등을 평가 항목으로 고려한다. 후자는 구매기업과의 거래로 공급업체가 받는 영향을 판단하는 것이다. 여기서는 공급업체의 사업에 미치는 구매기업의 영향도(매출 비중), 공급업체에 보장하는 구매기업의 물량 보장 정도, 유·무형 투자 비용에 대한 구매기업의 공동 부담 가능성, 구매기업과의 거래로 얻게 되는 공급업체의 시장경쟁력 강화 정도(또는 사업 성장성), 구매기업의 거래/서비스 우대 정도(공급업체의 가격 수용, 계약 조건, 계약 기간, 지불 조건 등) 등을 고려한다.

구매기업과 공급업체 간의 거래를 통해 쌍방의 가치와 니즈를 얼마나 충족시키느냐에 따라 상대적 이익을 판단하고 그림 7-3과 같이 네 가지 유형의 관계를 도출한다. '높은 상호관심High Mutual Interest(HMI)'은 쌍방의 거래 관계에서 가장 바람직한 상태이다. 양측이 모두 중요하게 생각하는 가치와 니즈를 충분히 충족하면서 상호 보완하는 관계로, 대부분 전략적으로 중요하다고 판단되는 공급업체들이 이러한 관계 유형으로 분류될 것이다. 그러므로 이러한 공급업체들과는 향후 지속적인 관계를 유지하기 위한 쌍방의 노력이 요구된다. 반면, '낮은 상호관심Low Mutual Interest(LMI)'의 관계는 쌍방이 필요한 점을 충분히 충족시키지 못하는 관계이다. 이러한 관계에서는 구매기업이 판단하기에 전략적으로 중요한 업체(기술력, 가격 등)인 경우라면 레버리지[2] 관계나 높은 상호관심 관계로의 전환을 모색해야 한다.

한편, 상호 거래에 있어 어느 한쪽이 상대적으로 더 많은 이득을 취하는

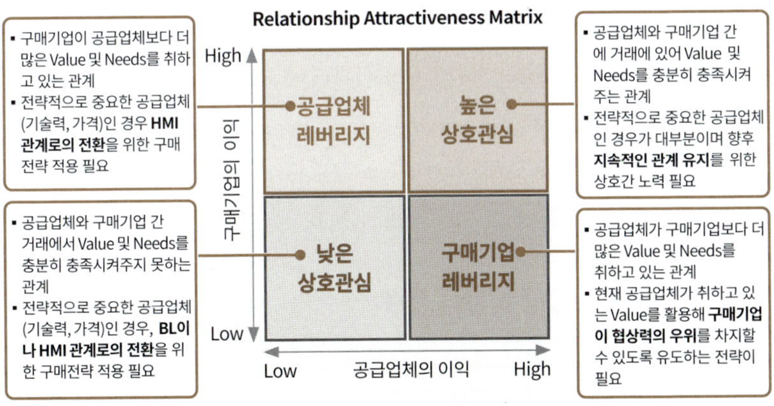

그림 7-3 구매기업-공급업체의 관계 매력도에 따른 전략

경우가 있다. '공급업체 레버리지Supplier Leverage(SL)' 관계는 공급업체의 역량으로 구매기업이 상대적으로 많은 가치(니즈)를 취하고 있는 관계이다. 이러한 거래의 역학 구조에서는 공급업체가 불만을 가질 수 있으므로 전략적으로 중요한 공급업체(기술력, 가격 등)인 경우라면 '높은 상호관심HMI' 관계로의 전환을 위한 전략적 대응이 필요하다. 반대로, '구매기업 레버리지Buyer Leverage(BL)' 관계는 구매기업의 역량으로 공급업체가 상대적으로 많은 가치(니즈)를 취하고 있는 관계이다. 구매기업은 이러한 관계에서 공급업체가 현재 취하는 가치를 활용하여 공급업체와의 거래 및 구매 협상에서 상대적인 우위를 활용할 수 있는 전략과 방침을 강구하는 것이 필요하다.

공급업체 세분화 전략

전략적 중요도 분석과 관계 매력도 분석이 완료되면, 이를 통합하여 '공급업체 관계 세분화Supplier Relationship Segmentation(SRS)' 분석을 진행한다. 이는 해당 소싱sourcing 그룹에 따른 품목의 특성과 공급업체 관계를 결합하여 공급업체를 세분화하고 각기 다르게 분류된 공급업체에 차별된 구매 전략과 운영 방침을 적용하는 것이다.

'공급업체 관계 세분화'의 개념은 그림 7-4와 같으며, 그 결과는 그림 7-5와 같다. 이는 일반적인 상황에 대한 예시로, 반드시 이러한 형태로 영역을 나누어 공급업체를 분류할 필요는 없으므로 구매기업의 판단에 따라 각 그룹별 영역은 달리 설정할 수 있다. 그림 7-5에서 보는 바와 같이 전략적 중요도 분석과 관계 매력도 분석의 결과를 바탕으로 세 계층으로 나눌 수 있고, 이 계층을 각각 전략적(S)Strategic, 협력적(C)Collaborative, 거래적(T)Transactional 관계로 명명하여 계층별로 차별화된 전략과 운영 방침을 수립하게 된다.

전략적(S) 관계: 상생 지향적 전략

구매기업과 공급업체가 상호 이득인 관계로, 이 계층으로 분류되는 공급업체는 구매기업의 핵심 공급업체이다. 이들과는 신뢰 구축과 장기계약을 통해 자재나 부품을 지속해서 안정적으로 공급받는 것이 필요하고, 공급 프로세

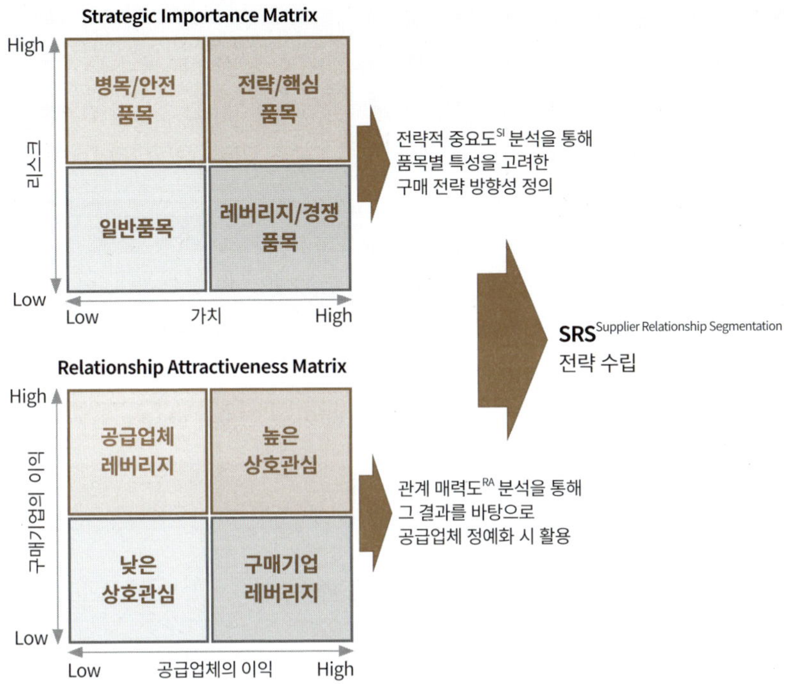

■■ 그림 7-4 공급업체 관계 세분화 분석의 개념

스의 개선이나 공급망 재구축을 위해 공동으로 협약을 체결하고 총비용 측면에서 접근하는 것이 바람직하다. 또한, 비용 절감, 재고 감축, 품질(기술, 공정) 및 납기 향상을 위한 협업 체계를 구축함으로써 공급업체의 수익에 관해 공동으로 합의하는 체계의 구축도 필요하다. 이들과는 신제품 개발 시 공급업체 조기참여ESI 활동과 더불어 리스크 분산 및 공동 투자를 통해 얻게 되는 성과를 공유하는 상생 지향적 운영을 하는 것이 중요하다.

협력적(C) 관계: 협력 지향적 전략

협력적 관계로 분류되는 공급업체는 구매기업 입장에서 필요한 협력업체이기는 하지만 구매기업이 요구하는 기준의 운영성과[3]를 충족할 수 있도록 역량 향상이 필요한 특징을 보인다. 그 성과에 따라 인센티브(예: 물량집중)

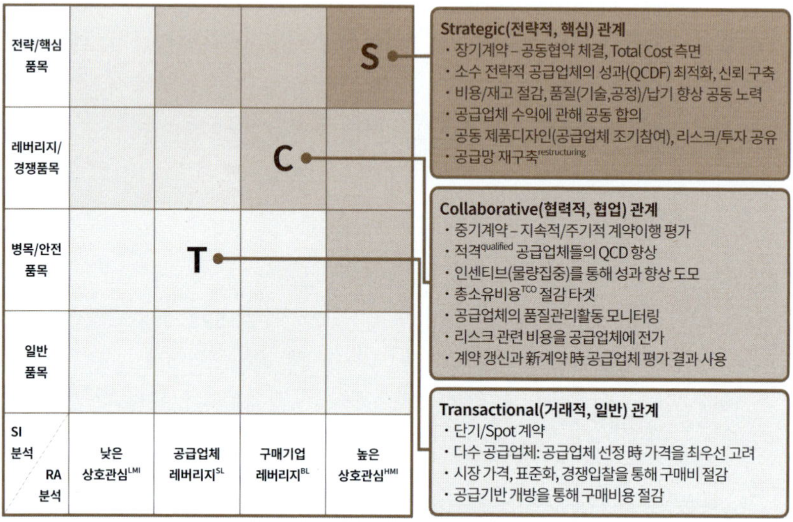

■ 그림 7-5 공급업체 관계 세분화에 따른 전략 및 운영방침

를 제공하고, 중기 계약의 거래 관계를 유지하면서 총소유비용TCO 절감, 공급업체의 품질관리 활동 모니터링, 리스크 관련 비용을 공급업체에 전가하는 등 강력한 운영방침을 통해 성과 향상을 도모하고 협업 지향적인 관점에서 공급업체를 관리하는 것이 바람직하다. 지속적이면서 주기적으로 계약 이행을 평가하여 우수한 성과를 보이는 공급업체는 전략적 관계로 관계 개선을 통해 공급업체의 발전을 유도할 수 있다.

거래적(T) 관계: 시장 지향적 전략

구매기업이 거래하는 공급업체 중 많은 수의 공급업체가 거래적 관계로 분류되는 경우가 많다. 주요 취급 품목에 따라 스펜드를 분석하여 파레토 차트로 결과를 도식화해본다면 "Vital few, Trivial many"의 결과를 쉽게 확인할 수도 있다. 구매비용이나 전략적 중요도 면에서 공급업체가 구매기업에 미치는 영향력이 높지 않으므로 단기성 spot 계약을 중심의 거래 관계를 유지하는 것이 바람직하다. 아울러 이러한 관계에서 거래를 시작하려는 공급업체를 선정할 때는 시장 가격을 최우선으로 고려해야 하고 경쟁 입찰을 통해 구매비용을 절감해야 한다. 또한, 공급기반supply base 개방을 통해 가격 경쟁력이 있는 공급업체를 유입시킴으로써 공급업체 간 경쟁을 유도하여 구매비용 절감을 모색하는 것도 좋은 방법이다.

2. 공급업체 역량 및 성과 평가

공급업체 성과 관리와 평가

공급업체 평가supplier assessment는 공급업체의 재무, 기술, 관리/생산능력 등의 역량에 대한 실제 성과를 정기적으로 평가하는 것으로, 그 결과는 구매기업의 구매 전략 방향성에 따라 공급업체 차별화의 기초 자료로 활용된다.

공급업체 평가는 평가 모델을 구축하고 이를 활용하여 공급업체의 역량 측정을 위한 실사를 거쳐 실제 성과를 취합/평가/분석하는 과정으로 진행한다. 이 과정에서 활용하는 역량측정 평가 항목은 신제품 개발이나 신규 자재(부품) 등이 요구될 때, 신규 공급업체를 선정할 때, 공급업체 성과에 따른 기존 계약을 갱신할 때도 적용할 수 있다. 평가 모델의 핵심 측정 영역은 비용 절감(스펜드), 리스크 완화(전략 품목), 지속적인 개선 등으로 구성하고, 프로세스 역량, 기술/혁신, 수명주기 비용, 서비스 수준, 불량률, 선적 지연/불량, 생산 중단, 최종 고객 만족, 제품 실패로 인한 보증비용; 컴플라이언스(환경, 안전보건, ESG, 인권, 투명경영, 분쟁광물 사용여부, CSR, 다양성diversity 프로그램) 등을 측정 영역으로 포함할 수 있다. 이러한 요인은 공급업체 역량의 측정·평가·개발을 목적, ACMACS[4] 원칙을 준수하여 핵심성과지표KPI로 관리해야 하고, 이를 공급업체와 공유하여 시스템(내부 통제 준수), 프로세스, 제품/서비스 등에 대해 역량 감사audits나 실사due diligence를 공정하게 수행/평가하고 피드백하여 신뢰를 쌓아가는 상생협력 체계를 구축하는 것이 중요하다.

평가 절차 및 항목

공급업체 평가는 크게 평가 모델 구축, 공급업체의 역량을 측정하기 위한 실사, 결과 취합 및 평가의 단계로 진행하는 것이 일반적이다(그림 7-6 참조).

평가 모델 구축 과정에서는 평가 카테고리를 결정하고 카테고리별로 세부 평가 항목을 정의하게 된다. 일반적으로 평가 카테고리를 결정할 때는 공급업체의 품질 시스템, 납품 아이템의 비용 구조, 배송 성과, 재무 상태 등을 중점적으로 고려하고, 구매기업이 요구하는 기타 항목을 추가할 수 있다. 평가 카테고리가 결정되면 구매기업의 판단에 따라 카테고리별로 가중치를 할당하고 카테고리별 평가 항목들에 대해서도 가중치를 할당한다. 그런 후 항목별 측정을 위한 평가 척도scale[5]를 결정한다. 공급업체의 역량을 측정하기 위한 실사 단계에서는 공급업체로부터 RFI를 요청하여 사전 점검을 수행하고 역량을 측정/조사하기 위한 실사를 진행하여 점수를 부여한 후 평가하게 된다. 평가 종료 후에는 공급업체의 역량을 지속적으로 모니터링하고 역량 수준을 유지하는지 점검하기 위해 주기적으로 성과를 측정·검토한다.

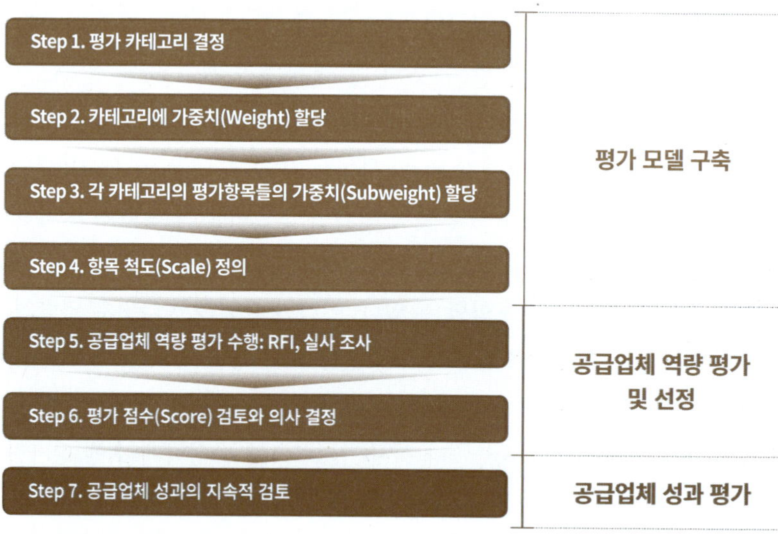

■ 그림 7-6 공급업체 평가 절차

표 7-1은 공급업체 평가 모델의 예를 보여준다. 첫 번째 열은 평가 카테고리와 항목을, 두 번째와 세 번째 열은 가중치 및 하위 가중치를 나타낸다. 네 번째 열은 실사를 통한 평가 점수[6]를, 다섯 번째 열은 가중치를 반영한 점수를, 여섯 번째 열은 가중치가 반영된 점수의 합을 나타낸다. 이와 같은 평가 모델은 공급업체의 역량 수준을 정량화하여 평가한다는 점에서 결과의 공정성을 확보할 수 있고, 특정 공급업체의 부족한 역량 파악과 공급업체들의 비교를 쉽게 해준다.

표 7-1 공급업체 평가 모델의 예시[7]

카테고리와 항목	가중치 (Weight)	하위 가중치 (Subweight)	Score (5점 척도)	Weighted Score	Subtotal
품질시스템	20				
프로세스 컨트롤 시스템		5	4	4.0	
토털 품질 커미트먼트		8	4	6.4	
PPM 불량품 성과		7	5	7.0	17.4
경영 역량	10				
노사 관계		5	4	4.0	
관리 역량		5	4	4.0	8.0
재무 상태	10				
부채 구조		5	3	3.0	
회전율(Turnover ratios)		5	4	4.0	7.0
비용 구조	15				
산업 대비 상대적 비용 수준		5	5	5.0	
비용에 대한 이해		5	4	4.0	
비용 컨트롤/절감 노력		5	5	5.0	14.0
배송 성과	15				
납기 충족 성과		5	3	3.0	
리드타임 요건		5	3	3.0	
대응력		5	3	3.0	9.0
기술/프로세스 역량	15				
제품 혁신		5	4	4.0	
공정/프로세스 혁신		5	5	5.0	
R&D		5	5	5.0	14.0
정보시스템 역량	5				
EDI 역량		3	5	3.0	
CAD/CAM		2	0	0.0	3.0
일반	10				
Minority 공급업체 지원		2	3	1.2	
환경 준수(Compliance)		3	5	3.0	
공급기반 관리		5	4	4.0	8.2
				Total Score	80.6

본 예시에서는 평가 카테고리를 품질 시스템, 경영 역량, 재무 상태, 비용 구조, 배송 성과, 기술/프로세스 역량, 정보시스템 역량, 일반 항목 등 총 8개로 정의한 후, 각 카테고리 별로 가중치(가중치의 합은 100)를 부여했다. 카테고리 별로는 2~3개의 세부 평가 항목을 제시하고 있으며, 평가 카테고리에 할당된 가중치를 기준으로 세부 평가 항목에 하위 가중치(하위 가중치의 합은 카테고리의 가중치와 일치)를 부여했다. 실사를 통해 5점 척도로 공급업체의 역량을 평가하고, 가중치를 반영하여 점수를 산출한다. 이후 평가 카테고리 별로 가중치가 반영된 점수를 합산하여 소계subtotal를 산출하고 이를 모두 합하여 공급업체의 총점을 산출한다. 사례에서 제시한 공급업체의 평가 결과를 보면, 품질 시스템에서 매우 우수한 성과를 보이고, 비용 구조와 기술/프로세스 역량 면에서도 우수하다. 이에 반해 배송 성과, 일반 평가 영역, 경영 역량, 재무 상태, 정보시스템 역량 면에서는 부족한 점이 발견되고 있고, 특히 정보시스템 역량이 매우 부족하다는 것을 확인할 수 있다.

공급업체 평가는 주기적으로 평가되는 것이 일반적이기는 하지만, 공급업체-구매기업 간 공급 프로세스가 변환되거나 공급업체의 성과 부진, 계약 만기 또는 구매기업의 필요에 따라 비정기적으로 평가할 수도 있다. 표 7-2는 이러한 경우를 요약한 것이다.

표 7-2 공급업체 평가가 필요한 경우

구분	평가가 필요한 상황
프로세스 변환과 관련된 경우	• 신제품 개발 과정 중이나 신시장/신제품으로 확장을 고려할 때 • 시장 검토(새로운 제품/서비스에 대해 직원 의견을 요청)를 수행할 때 • 새로운 장비/설비를 구매할 때
공급업체가 관련된 경우	• 현재의 공급업체 성과가 좋지 않을 때 • 현재의 계약이 종료되는 시점 • 현재의 공급업체가 충분하지 못한 생산능력을 갖고 있을 경우
기타	• 내부 사용자의 요청이 접수되었을 경우 • Counter-trade[8]의 요청을 받았을 때 • 물량 통합을 하거나 역경매를 수행하는 경우 • 아웃소싱 분석 중이거나 공급기반의 규모를 줄이는 경우

3. 공급업체 차별화 및 최적화 전략

공급업체 차별화 전략

공급업체의 평가 결과는 공급업체 차별화에 활용되기도 한다. 이는 공급업체에 대한 무조건적인 지원이 아니라 핵심역량을 보유하고 있는 공급업체를 엄선하여 이들 기업과 협업을 통하여 공급업체의 역량을 관리·개발하고 지속적인 성과 개선을 얻고자 하는 공급 전략의 일환이다. 즉, 공급업체 차별화는 구매기업의 핵심역량 강화에 도움을 줄 수 있는 공급업체를 선정하고 지원하여 효과적인 소싱 업무의 지원을 위해 우수한 성과를 보이는 공급업체에게는 인센티브를 부여하지만, 역량이 미흡한 공급업체에는 지원을 통한 보완/개선의 기회를 부여하되 개선의 성과가 미흡하면 공급기반에서 제외하여 공급업체를 정예화함으로써 강건한 공급 환경을 구축하기 위한 활동이다.

공급업체 차별화를 위해서는 공급업체 계층(공급업체 세분화 분석 결과, 전략/협력/거래로 나눔)과 공급업체 등급(공급업체 역량/성과의 평가 결과, 개선필요/양호/우수로 나눔)을 종합하여 그림 7-7과 같이 그룹을 설정한다. 공급업체의 전략적 관계와 공급업체 평가 결과를 토대로 공급업체를 차별화하

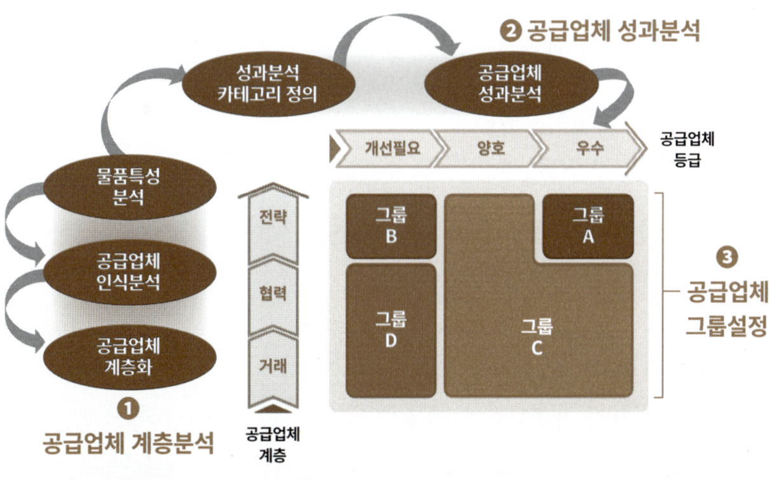

■ 그림 7-7 공급업체 차별화의 얼개

■ 그림 7-8 공급업체 차별화에 따른 지원 전략의 예

게 되고, 이에 따라 공급업체 협력 및 지원 전략(인센티브 프로그램)을 차등 적용한다. 공급업체 지원은 구매/판매 협력, 기술 협력, 환경 협력, 금융 지원, 교육/훈련지원 혁신 활동 등 다양한 방법으로 지원할 수 있다.

그림 7-8은 다양한 종류의 인센티브를 차별화된 공급업체 그룹별로 차등 적용하는 예를 보여주고 있다. 그룹 A는 구매기업에서 제공하는 모든 지원을 받을 수 있지만, 그룹 B는 A가 받을 수 있는 지원을 제외한 모든 지원을 받을 수 있고 그룹 C는 그룹 A와 B가 받을 수 있는 지원을 제외한 기본적인 지원을 받을 수 있다.

공급업체 최적화 전략

공급업체 최적화는 차별화한 그룹별로 최적의 전략을 수립하는 것으로, 그림 7-7에서 제시했던 예시와 같이 그룹을 설정할 수도 있고 필요에 따라 그룹을 조금 더 세분화하여 설정할 수 있다. 그림 7-9는 공급업체 차별화 결과에 따라 그룹별로 최적의 전략을 제시한 예를 보여주고 있다. 기본적으로, 그룹별로 분류된 공급업체에 대해서는 공급 관련 활동과 인센티브를 차등 적용하며, 이를 바탕으로 물량 배분도 비중을 달리한다.

예를 들어, 그룹 A1과 A2로 분류되는 공급업체는 장기적 관점에서 동반성장할 수 있는 협력업체로 관리하는 것이 필요하다. 공급업체의 성과는 우수하거나 양호하지만, 취급 품목의 특성이나 관계 매력도가 떨어져 협력 관계에 있는 공급업체는 재차 세분화하여 그룹 B1과 같이 협력의 관계에서 전략적인 관계로 전환될 수 있도록 유도한다. 그룹 B1과 B2로 구분되는 공급업체에는 경쟁 입찰을 통한 가격 경쟁력을 요구하면서도 지속적인 소싱과 물량 집중, 부분적인 공동 개선 활동을 통해 공급업체의 역량을 끌어올려 공급의 지속성을 확보할 수 있도록 관리한다. 그룹 C로 분류되는 공급업체에는 구매기업이 제시하는 기준을 충족하도록 역량 개선에 합의할 것을 요구하고, 일정 기간 보여주는 개선의 노력 여부에 따라 상위 단계인 그룹 B2로 재분류하거나 개선의 성과가 미흡할 경우 거래 관계를 종료하고 공급기반에서 퇴출하는 특단의 대책을 적용할 수도 있다.

차별화 분석

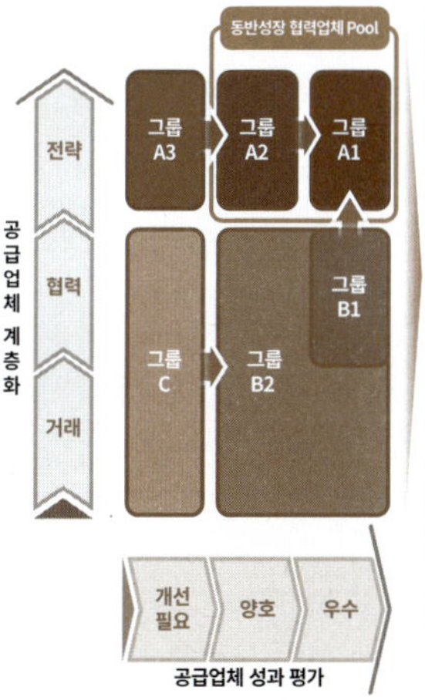

최적화 전략

그룹	A1	A2	A3	B1	B2	C
장기 협력	●	●				
협력 활동	●	●	●			
지속적 소싱과 물량 집중	●	▲		●	▲	
지속적 개선과 기술 지원		▲	●		▲	
공동 개선 활동 (6 sigma, lean 등)	●	●	▲	▲	▲	
경쟁 입찰 (Open & Fair)				●	●	
개선 합의			●			●
일정 기간 표준 미달 時 퇴출			▲			●
인센티브	성과 공유 + 추가 보상	부분적 성과 공유 (% 총마진)		공급 지속성		N/A
물량 할당(% total)	60%	20~25%		10~15%		0~10%

* ●: 전적 적용, ▲: 부분 적용

그림 7-9 공급업체 최적화 전략의 예

공급업체와의 관계 향상을 위한 관리

구매기업과 공급업체의 거래에 있어 역학적인 관계를 보면 매출, 규모, 재무 상태, 기술력 등 여러 방면에서 구매기업이 우위에 있는 경우가 많다. 특히 우리나라에서는 '하청(下請)', '하도급(下都給)'과 같이 상하 관계를 연상하게 하는 용어가 빈번히 사용되다 보니 자연스럽게 구매기업과 공급업체의 거래 관계에 명령과 복종이 암암리에 요구되는 경우가 많아 관계 개선을 유도하기가 쉽지 않다. 그러므로 구매기업은 공급업체를 협업 파트너로 인식하고 쌍방이 신뢰를 구축하는 관계로 인식을 개선하는 것이 무엇보다도 중요하다.

공정하고 합리적인 평가를 통해 공급업체에 동기를 부여하고 이를 통해 우수한 성과를 보이는 공급업체는 육성하고, 강건한 공급 기반을 조성하기 위해 공정한 구매계약 프로세스 운영, 열린 의사소통 채널 구축, 신속한 대금(현금) 지급 등의 지원활동 전개도 필요하다. 때로는 공급업체에 평가나 계약 과정에서 구매계약이 체결되지 않은 이유를 상세하게 통지할 필요도 있다. 구매기업은 공급업체가 적극적으로 혁신적인 아이디어를 제공할 수 있도록 신뢰 기반의 건전한 협업 문화를 조성하고 이러한 과정에서 발생하는 효익을 노력의 투입 정도에 따라 공정하게 성과를 공유하는 체계의 설계도 요구된다. 신제품을 개발할 때는 우수 공급업체가 신제품 개발 프로세스에 조기 참여하는 특혜도 제공할 수 있고 공급업체의 개발 아이디어를 수용할 수도 있다. 다만, 이러한 상황에서 기밀유지협약서를 사용하여 보안을 유지하는 활동이 수반되어야 하고, 공급업체의 공동 투자, 특허 및 기타 지적 자산의 공유에 대해 별도의 협의도 필요하다. 공급업체와의 신뢰를 더욱더 높이기 위해서는 양측의 경영진이 참여하는 협의회councils 구성, 양방향two-way 성과 평가, 성과 평가에 대한 만족도 설문조사, 공급업체 제안 플랫폼 운영 등 소통과 상호 존중이 뒷받침되는 관계 자본relationship capital의 구축과 사회화socialization도 고려되어야 한다.

구매기업과 공급업체 간 소통 향상을 위한 관리

구매기업과 공급업체 간에 신뢰와 공정의 거래 관계가 조성되었더라도 거래 접점에서 각각의 입장에 따른 특유한 장벽이 존재하기 때문에 이를 해결하기 위한 해결책이 고려되어야 한다. 이는 제도나 시스템적인 문제로 발생하기보다는 조직원 간의 이해 및 노력 부족, 거래로 인한 이득 발생의 지연, 구매기업-공급업체 간의 조직문화 및 인식 차이 등으로 인해 발생한다. 표 7-3에 구매기업-공급업체 간 거래에서 발생할 수 있는 특유의 장벽과 해결책을 요약·정리하였다.

표 7-3 구매기업-공급업체 간 발생할 수 있는 특유의 장벽과 해결책

구분	특유의 장벽	해결책
구매기업 측면	구매 물량이 공급업체 개발 투자를 정당화하지 못함	표준화, 단일 소싱
	구매기업에게 즉각적 이익이 없음	Small wins[9]추구
	구매 물품의 중요도가 공급업체 개발 노력을 정당화하지 못함	장기적인 관점에서 접근
	공급업체 개발에 대한 구매기업 중역의 지원이 미흡	거래로 인한 이익을 증명
공급업체 측면	경영진의 헌신과 책무 부족	헌신과 책무가 보장될 때 실행
	경영진의 개선 노력이 실패	공급업체 챔피언 기업 발굴, 학습의 활성화
	솔루션 실행을 위한 엔지니어링 자원이 부족	직접 지원
	정보 시스템의 결여	Direct EDI 지원
	역량 개발의 이익에 대한 확신이 결여	공급업체의 현재 상태를 파악하고 이를 전파
	솔루션 실행을 위한 종업원의 스킬이 부족	훈련센터를 구축하고 인적자원을 지원
구매기업 - 공급업체의 거래 접점	공급업체가 비용/프로세스 정보 공유를 꺼려함	옴부즈맨Ombudsman 제도 이용
	비밀 유지가 정보 공유를 저해	비밀보장 계약 체결
	구매기업에 대한 공급업체의 신뢰 결여	관련 항목을 명시하고 이를 시정하기 위해 노력
	조직 문화가 잘 맞지 않음	로컬 컨디션에 관한 새로운 방법 채택
	공급업체 참여 유인의 결여	고안된 동기부여 (예: 재무적 인센티브 제공)

구매기업은 공급업체에 운영 성과의 기준을 제시하고 성과 평가를 반복하면서 지속적인 개선을 꾀한다. 그러나 때로는 기준에 어긋나는 경우(불일치 nonconformance)가 발생할 수 있는데 이러한 문제는 사전에 감지하고 예방하는 것이 효과적이다. 이를 위해서는 생산하는 산출물의 특성을 데이터로 수집하면서 변동성을 관리해야 한다. 변동성을 줄이면 평가/검수/탐지 활동의 빈도를 줄일 수 있어 프로세스의 생산성을 높일 수 있고, 원천품질quality at the source의 관점에서 본다면 불량품의 생산을 근본적으로 차단하기 때문에 품질비용(예: 실패비용)을 줄일 수 있다.

공급업체의 불일치를 예방하는 또 다른 효과적인 방법은 공급업체 인증 프로그램을 적용하는 것이다. 일정 기준 이상의 성과를 보이는 공급업체에 자격을 부여하여 이들이 공급하는 품목의 품질과 신뢰성을 보증함으로써 공급업체 스스로 역량을 개발하도록 동기부여를 하는 것이다. 데이터를 활용한 품질관리 기법을 적용할 수 있게 공급업체 직원들의 업무 역량 향상을 위한 교육 프로그램을 제공하여 스마트 생산시스템을 구축할 수 있는 기반을 마련할 필요가 있고, 인증 기간을 설정하여 공급업체의 지속적인 개선 노력을 요구하고, 정기적인 평가를 통해 안정된 제조 프로세스와 품질 보증 시스템이 구축될 수 있도록 관리해야 한다.

4. 공급기반 관리 및 공급업체 발굴과 육성

공급기반 관리

구매기업은 자사의 니즈를 정확하게 이해하고 유능한 공급업체와 정합alignment하여 양사의 관계를 발전/고도화시켜야 미래에 더 많은 쌍방간bilateral 혹은 다자간multilateral 협력·협업 역량을 확보할 수 있다. 회사의 미래 니즈를 충족하기 위해 내적인 통합과 외적인 협력의 조직문화를 조성해야 하고, 공급기반 경쟁을 토대로 공급업체와의 유기적인 협력과 정보의 가시성을 높일 수 있도록 다양한 기술 지원, 투자 분담, 리스크 공유/관리, 지적자산 보호 등이 가능한 신뢰 기반의 파트너십 형성이 필요하고 이를 계약에 반영해야 한다.

공급기반 관리는 자격을 갖춘 공급업체를 적정한 수로 유지하고 기준에 부합하는 역량 수준을 유지할 수 있도록 공급업체 합리화rationalization[10]와 공급업체 최적화optimization[11]를 통해 강건한 구매·공급 환경을 조성하기 위한 지속적인 의사결정 과정으로, 공급업체의 역량 평가 시스템과 공급업체 육성 프로그램을 개발하여 성과가 미흡한 소수의 공급업체는 제거하고 좋은good 공급업체는 더 나은better 공급업체로 발전시키거나 대체하면서 공급망의 지속적인 성과 향상을 목적으로 한다.

공급기반을 정비하는 데에는 여러 가지 방법이 활용될 수 있다. "파레토Pareto 원리(80-20 rule)"는 많은 구매비용이 드는 공급업체나 품질 문제를 일으키는 소수의 공급업체를 식별하는데 적용할 수 있다. 구매비용과 품질 문제는 공급업체 제거에 적용할 수 있는 중요한 판단 기준이므로, 이 방법은 공급업체의 수를 빠르게 줄일 때 활용된다. 다만, 이러한 과정에서 잠재력 있는 공급업체가 배제될 수 있다는 점은 유의해야 한다. "Improve or else" rule은 공급기반의 신속한 향상이 필요할 때 이용하는 방법이다. 이 방법은 모든 공급업체를 대상으로 과거의 성과 기록과 상관없이 공급기반에 잔류할 수 있을지를 판단한다. 통지받은 공급업체는 구매기업에서 제시한 일정 기간 내 구매기업이 제시하는 주요 성과지표(품질향상, 배송 리드타임leadtime 단축, 비용 절감 등)의 새로운 기준이나 요구사항을 충족하는지 검토 과정을 거치게 된다. 이 방법을 통해 빠르게 공급기반의 성과 향상을 기대할 수 있지만, 자칫 공급업체를 너무 가혹하게 대하는 부정적인 이미지를 줄 수 있어 공급업체의 반발이나 반감이 생기면 공급기반에서 장기간 공급 단절 현상을 겪을 수도 있다는 점에 유의해야 한다. "분류triage 기법"은 각각의 공급업체의 성과를 체계적으로 평가한 결과를 3개의 카테고리 중 하나로 범주화categorization하는 방법이다. 이 3개의 카테고리는 ①구매기업의 성과 요구사항을 맞추기 어렵거나 그 한계에 있는 범주, ②모든 영역에서 구매 요구사항 달성의 일관성이 결여되거나 잠재적 개선 능력이 충분하지 않은 범주, ③고품질 성과를 보여 성과 개선의 도움이 필요 없는 범주로 정의한다. 현재의 공급기반에서 적지 않은 공급업체가 첫 번째 범주에 속하는데 이들은 공급기반에서 제외 대상이 된다. 두 번째 범주에 속하는 공급업체는 구매기업으로부터 일정 부분 도움과 개발의 기회를 부여받게 되고, 그 결과에 따라 공급기반에 잔류 여부가 결정된다. 세 번째 범주에 속하는 공급업체는 지속적인 개선을 대가로 장기 거래를 제공하고 강력한 협력 체계의 대상으로 관리한다. 결론적으로, 구매기업이 요구하는 최소 한계를 넘지 못하는 공급업체는 공급기반에서 제외되고 최소 한계는 넘기지만 최고 수준(또는 World-class) 성과에는 미치지 못하는 공급업체는 공급기반 최적화 및 개발의 대상이 된다. 이러한 맥락에서 공급기반의 향상을 위해서는 경쟁력 있는 World-class 공급업체를 발굴하는 노력도 수반되어야 할 것이다. "계단식 역량competency staircase 기법"은 구매기업이 제시하는 일련의 성과 이정표milestones를 따라 공급업체의 목표 달성 여부에 따라 공급기반에 잔류를 허가하는 방법이다. 모든 공급업체는 기본적으로 품질 표준의 성과를 달성해야 하고, 이후에는 기술 사양 및 제품 성능 요구사항의 목표를 달성해야 한다. 이후 구매기업이 요구하는 고차원적인 성과 이정표(예: 적시 배송 요구사항, 정보 공유의 의지, 지속가능성 등)의 달성 여부에 따라 공급기반 잔류가 결정된다. 이 방법의 가장 큰 장점은 구매기업이 제시하는 역량을 갖춘 강력하면서도 유연한 공급기반을 구축할 수 있다는 점이다.

공급기반 관리를 통해 구매기업은 World-class의 공급업체로부터 필요한 품목을 구매할 수 있고, 구매기업과 밀접한 거래 관계에 있는 Full-service 공급업체 이용이 가능해지게 된다. 또한, 공급기반 리스크 축소, 공급기반 관리 비용 감소, 총 제품 비용 감소, 비용 기반의 가격 합의 도출 등 복잡한 공급관리 전략을 수행할 수 있는 역량을 갖게 된다. 이를 통해 우수한 공급업체의 개발/육성, 디자인 조기 참여, 적시Just-in-time 소싱 등 한 차원 더 높은 수준의 구매 기능을 수행할 수 있게 된다. 그러나 공급기반 관리는 기본적으로 도태하는 공급업체를 배제하는 원칙을 두고 있어 공급업체에 대한 물량 의존도와 지역적/국가 의존도가 높다면 공급기반 내에 경쟁의 부재로 인한 부작용이 발생할 수도 있고, 공급 단절이나 과도한 공급 감소의 상황이 발생하게 되면 빠르게 대처하거나 회복하기 어려운 잠재적 위험을 내포하기도 한다.

스타 공급업체 발굴과 육성

공급업체의 개발 및 육성

제품 기능의 다변화·복잡화, 수명주기의 단축, 신개념의 융복합 제품의 생산 등이 요구되는 최근의 시장 환경에서 제조 기업은 단독으로 이러한 모든 목적을 달성하기는 불가능하다. 제한된 자본과 역량 내에서 어떻게 하면 우수한 협업 파트너와 손을 잡고 부족한 부분을 보완하느냐가 사업 성공의 관건이라 해도 과언이 아니다. 이러한 맥락에서 공급업체의 역량 개선/발전은 구매기업의 비약적인 혁신을 견인하는 핵심 요인이라고 할 수 있다.

이를 위해서 구매기업-공급업체 간의 정보 가용성을 높이고 전략적 파트너로서의 인식 개선이 우선되어야 하고 구매기업 주도의 철학, 태도, 실무사례 개발 등의 공유를 통해 협력적 관계의 공급망 조성이 요구된다. 또한, 개발/육성할 공급업체에 대한 대상과 이유를 명확히 제시하고, 적정 수 및 역할 배분에 대해서도 고려해야 한다. 아울러 현재와 미래에 요구되는 구매기업의 역량에 따른 공급업체 역할 변화에 대해서도 검토가 필요하다. 이밖에 2차, 3차 공급업체 관리에 있어서 해당 공급업체(주로 1차 공급업체)에 위임delegation 할지 구매기업이 중앙 통제할지도 고민해야 할 문제이고, 공급업체 위임의 상황에서 발생할 수 있는 이중 대리인double agency[12] 문제에 대해서도 심도 있는 고찰이 요구된다.

궁극적으로 공급업체의 개발과 육성은 공급망의 경쟁우위 실현을 위함이고 이를 위해서는 전략적 공급업체사슬관리 및 공급 목표와 사업부 목표의 정합이 요구된다. 앞서 살펴본 바와 같이 공급업체와 구매기업은 극복하기 어려운 특유의 장벽이 존재하며, 구매기업 조직 내에서도 사일로silo 효과[13]가 존재하므로 이를 제거하고 극복해야 한다. 이러한 장벽/단절을 극복하기 위해서는 직접 참여 활동Hands-on[14], 인센티브 및 보상carrot[15], 경고와 패널티stick[16] 등의 방법을 적절히 혼합하여 활용한다. 이러한 관계 관리의 개선을 위한 노력은 공급업체 개발과 육성에 있어 필수 불가결한 성공 요인이다.

공급업체의 개발 및 육성을 위한 절차

공급업체의 개발과 육성은 체계적인 절차를 통해 진행하는 것이 필요하다. 구매기업이 취급하는 모든 품목에 대해 공급업체 개발 및 육성 프로그램을 수행하는 것은 비효율적일 뿐만 아니라 효과적이지도 않다. 따라서 제일 먼저 구매기업에서 중요하게 취급해야 하는 품목을 선정하고 이 품목의 구매를 위해 투입되는 비용을 파악한 후, 개발/육성할 핵심 공급업체를 식별하는 것이다. 다음으로는 개발/육성을 담당할 내부 조직을 구성하고, 이 조직을 통해 개발/육성의 범위, 핵심지표, 필요 요건 등의 관련 핵심지표를 결정한다. 그런 후, 가시적 성과 개선을 위한 구매기업-공급업체의 협업 매커니즘을 정의하고 공급 환경의 지속가능성을 위한 쌍방의 전략 및 계획 수정이 뒤따르게 된다. 자세한 절차는 그림 7-10에 제시하였다.

❶ 개발/육성을 위한 중요 품목군 식별	• 제품/서비스의 외부 구매 가치가 50%를 상회하는가? • 공급업체가 경쟁우위의 현존 혹은 잠재적 원천인가? • 현재 구매나 구매 계획이 총비용 vs. 초기 구매가격 기반인가? • 기존 공급업체가 자사의 향후 5년간 니즈를 충족할 수 있는가? • 자사 니즈에 대한 공급업체 대응성이 더 필요? 공급업체가 그러려고 하는가? • 공급업체를 파트너로 대우하며 열린 신뢰 관계를 개발/유지할 계획인가?
❷ 개발/육성할 핵심 공급업체 식별	• 공급기반 평가 시스템 활용 • 공급업체의 정기적 평가와 랭킹 • 성과가 낮은 공급업체는 제거 고려 대상; 중도의 공급업체는 개발/육성 대상
❸ 교차기능팀 구성	• 내부 합의와 지원 확보 • 먼저 내부 프로세스 개선 • 주요 팀 멤버: 구매, 엔지니어링, 생산, 품질
❹ 공급업체 최고경영진 팀 미팅	• 합리적 구성요소[building blocks] 구축: 전략적 정합, 측정, 전문성 • 긍정적 어조[tone]의 쌍방 커뮤니케이션 활성화 • 협력 강화와 상호 신뢰 구축

❺ 개발/육성할 기회와 가능성 파악	• 최종 고객의 요구조건과 기대수준에 기반 • 개선 확률과 범위 결정 • 개선 영역에 대한 공동 합의
❻ 핵심지표와 비용 공유 메커니즘 정의	• 프로젝트 실현가능성 평가, ROI 결정 • 기회의 현실성과 달성가능성 결정 • 합의된 측정지표, 개선 목표, 공정한 비용-효익 공유 시스템 구축
❼ 주요 프로젝트와 공동 자원 필요요건에 대한 합의 도출	• 필요 자원 파악, 자원 투입에 대한 커미트먼트commitment 확보 • 성공을 입증할 구체적 측정 평가 지표 개발 • 가시적 이정표와 수행 기간 확정
❽ 프로젝트 진행상황 모니터링과 필요에 따른 전략 수정	• 정기적 모니터링과 지속적 쌍방 정보 공유 • 가시적 이정표에 대한 진도 분석 • 모멘텀을 유지하거나 새로운 결과를 다루는 필요에 따라 계획 수정

■ 그림 7-10 공급업체 개발/육성을 위한 프로세스

8장

공급망 리스크 관리

글로벌 기업을 운영하는 기업인들은 엔데믹endemic 시대에는 세계 경제가 좋아질 것으로 전망했다. 하지만, 이와는 달리 팬데믹 시기를 거처 엔데믹 시대가 도래되었음에도 불구하고 세계 경제가 여전히 침체됨에 따라 비즈니스 생태계의 불확실성이 증가하고 있다. 이로 인해 기업들은 공급·수요 리스크, 환경 및 지정학적 리스크 등 다양한 형태의 리스크에 노출되면서, 기업에서 공급망 리스크 관리Supply Chain Risk Management(SCRM)는 매우 중요한 사안으로 부각되고 있다.

이 장에서는 이른바 VUCAVolatility(변동성), Uncertainty(불확실성), Complexity(복잡성), Ambiguity(모호성) 시대인 지금, 글로벌 환경의 변화에 따른 공급망 리스크 관리에 대해 전반적으로 알아보고자 한다.

1. 리스크 관리

ISO 31000:2018 리스크 관리에 따르면, 리스크는 조직의 의사결정에 대한 사건이나 상황에 대한 불완전한 지식의 효과에 초점을 맞춘 "목표에 대한 불확실성의 영향"으로 정의하고 있다. 또한, 리스크는 긍정적이거나 부정적이거나 둘 다일 수 있으며 기회와 리스크를 창출할 수 있다. 이를 위해서는 리스크에 대한 기존의 개념을 바꿔야 하기 때문에 조직은 리스크 관리를 조직의 목표에 맞춰 끊임없이 변화시켜야 한다. 리스크 관리는 하나의 중요한 전략으로 기업이 가지고 있는 목표에 부정적인 영향을 미칠수 있는 불확실성을 최소화하거나 리스크를 방지하기 위한 잠재적인 리스크를 파악하는 전략이다. 특히 21세기 들면서, 기업의 시장이 글로벌로 확대되고 비즈니스 생태계가 불확실함에 따라 리스크 관리는 경영진을 포함한 이해관계자들에게 점점 중요한 요소로 전환되고 있으며, 또한, 법적인 규제 강화와 기업 차원에서의 리스크 전략 형태로 모든 기업 활동에 대해 적지 않은 영향을 미치고 있다. 이 외에도 기업 보안 침해 사고로 인해서 재정적 악영향을 끼침으로 모든 기업의 최우선 사안으로 되고 있다.

표 8-1과 같이, 전통적인 리스크 관리는 기업의 이해관계자 즉 고객, 주주, 직원, 지역사회 등을 위해 창출하는 가치나 이익에 대해서 리스크를 최소화하고자 하였다. 이를 위해서 기업 내부적으로 비공식적이고 자체적인 방법으로 진행해 왔으며, 내부적으로 연관된 다른 부서와 협업 없이 독립적으로 운영silo-based approach하거나 각 그룹별 또는 각 부서별로 자체 리스크만 최소화하기 위해 관리 되었다. 예를 들면, 구매부서는 구매와 관련된 리스크 즉 납기 리스크, 공급 리스크, 재무부서에서는 재무 리스크, 품질부서에서는 품질 리스크 등으로 운영 및 관리되고 있었다. 또한, 리스크 관리는 모든 운영 절차 및 의사결정에 대해서 공식적인 절차에 의해서 진행되어야 하나 대부분이 비공식적이고 부수적인 이슈로만 취급되어 온 게 사실이다. 그러나 최근 들어 글로벌 환경의 변화로 인해 국·내외에서 일어나고 있는 다양한 리스크를 접하면서 기업들은 리스크 관리를 기업 공식적인 규정이 되는 사고(思考)의 전환이 요구되었으며, 이와 관련된 기업 내 리스크 관리팀을 구성하게 된 계기가 되었다.[1] 또한, 여러 국가의 정부와 세계적인 규제 기관들이 기업의 리스크 관리에 대한 기준을 강화하고 리스크 수준을 측정 및 공식화하고 있는 추세다. 예를 들면, 독일 정부는 기업이 경영 리스크에 대해 모니터링하여 리스크 관리 감독 기관에 주기적으로 보고하는 법안을 1998년 채택하여 진행 중이며, 신용평가 기관인 Moody's는 기업의 신용평가서에 리스크 관리 수준을 2004년부터 반영해 왔다. 이러한 요인들이 기업의 리스크 관리를 중요한 사안으로 채택하게 된 원인이 되었다.

위기의 이면에는 기회가 존재한다. ISO 31000에서는 리스크 관리를 위한 네 가지 기본 원칙인 통합적, 체계적, 맞춤형, 그리고 기회 창출을 강조하고 있다. 따라서 공급 프로세스와 네트워크 상의 잠재적 리스크를 기회로 전환하는 긍정적인 사고와 발상의 전환이 필요하다.

기업의 리스크 관리 성공 사례를 보면 다음과 같다.

사례 1. BASF 사례

독일의 화학기업 BASF는 기업내의 전반적인 리스크를 3단계(과거, 현재, 미래)로 관리 하고 있다. 이 회사는 조기 경보 시스템인 BASIKS[BASF Information & Communication System]을 구축하였고, 이 시스템에 사전 등록된 리스크 요소가 "리스크" 수준으로 상승하면 즉시 통제 활동으로 전환된다. 또한, 리스크가 발생할 경우, 준비된 사전 프로그램을 통해 관련된 부서들이 리스크를 완화하고 최소화하기 위해서 대응 활동을 수행한다. 나아가 리스크의 후행 관리를 수행한다. 기업 내의 감사팀과 특별 위원회를 구성하여 사후 모니터링 실시, 리스크관리 활동의 성과 및 효과성 등을 검증한다.[2]

사례 2. 삼성전자 사례

한국의 삼성전자 구매팀은 자연재해 조기 감지 시스템을 구축하였다. 이 시스템은 공급업체와 삼성전자 협업으로 구글 맵을 활용하여 전 세계 공급업체 위치 정보를 건물 단위 수준까지 정확도를 확보하고, 주요 재해 정보 기간 시스템과의 연계 및 빅데이터를 활용하여 재해 자동 감지 시스템 구축하였으며, 이를 통해 영향도 분석 내용을 삼성전자 구매팀으로 전송되는 자동 통보 기능까지 갖춘 시스템이다. 이 시스템을 통해 공급망 피해 발생할 경우, 동일 자재 대체 공급 가능한 공급업체 정보를 제공하여 리스크 최단 시간 복구하는데 기여하고 있으며, 또한, 공급업체는 자연재해 리스크로부터 사전에 대비하여 리스크를 최소화하고 있다. 예를 들면, 지진 발생할 지역에 대해서 재해 자동 감지 시스템으로 지진 영향도 분석을 하고 지진 규모에 따라 지진 반경 내에 있는 공급업체들에게 SNS, 이메일 등을 통해서 자동 통보함으로써 공급업체들이 지진에 대비하여 재해 리스크를 최소화할 수 있도록 했다. 2016년 일본에서 규모 7.0 지진이 발생 했을때 일본 공급업체들이 이 시스템을 통해 지진 리스크를 최소화하여 삼성전자에 자재수급을 원활하게 할 수 있었다. 그해 그 외 5건의 자연재해가 있었으나 공급업체들은 리스크를 최소화할 수 있었다.

표 8-1 기업 리스크 관리 변화

	전통적 기업 리스크 관리	현대적 기업 리스크 관리
리스크 주체	개별 부서	전사적인 통합 관리 부서
리스크 관리	필요시	지속적 모니터링, 포트폴리오
운영 절차	비 공식적, 부수적인 이슈화	공식화, 중요 이슈화
리스크 방법	사후 관리 중심	사전 관리 중심
리스크 회피 수단	보험, 헤징hedging 등	자산부채종합관리Asset Liability Management

2. 리스크 관리 프로세스

기업 내에서 발생하는 여러 가지 리스크를 완벽하게 회피하는 것은 불가하다. 그리고 앞서 이야기한 바와 같이, 리스크의 결과가 항상 부정적인 것은 아니다. 오히려 이러한 리스크를 잘 활용한다면, 기업 성과에 유리하게 작용할 수 있는 긍정적인 업사이드 리스크upside risk로의 전환도 가능하다. 그래서 리스크가 발생했을 때 어떻게 대처하는지가 중요하다. 그림 8-1은 4단계로 이루어진 리스크 관리 프로세스를 도식화하고 있다. 첫째, 리스크를 파악하고 그 요인을 분석한다. 둘째, 리스크의 발생 확률과 미칠 영향을 추정하여 리스크 프로필을 도출한다. 셋째, 이를 바탕으로 리스크 관리 전략(완화, 대응)을 수립하고 자원을 할당하여 전략을 실행한다. 넷째, 리스크 관리 결과(성과)를 모니터링, 검토하여 지속적인 개선을 도모한다. 각 단계에 대해서 자세히 살펴보자.

그림 8-1 리스크 관리 프로세스

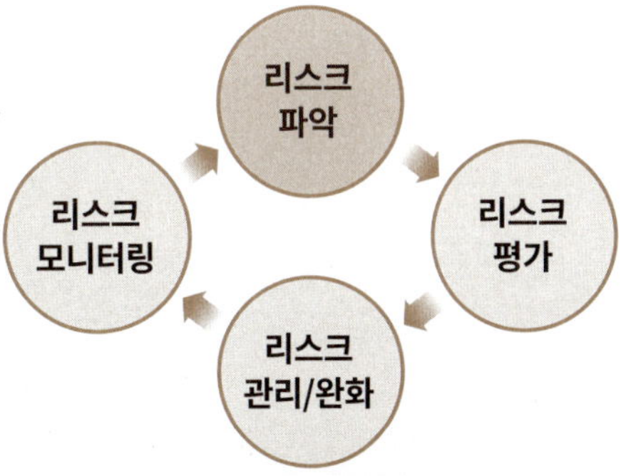

리스크 요인을 파악하고 분석하라

리스크 관리의 첫 단계는 잠재적인 리스크와 그 요인을 파악하는 것이다. 리스크를 식별하는 방법에는 구성원들과의 워크샵, 브레인스토밍brainstorming, 그리고 조직 내 임직원들과의 설문조사, 인터뷰 실시, 현 프로세스 분석과 위험 사례 분석 등이 있다. 그리고 어떤 식별 방법을 사용할지는 리스크의 유형(그림 8-2)에 따라 달라질 수 있다. 예를 들면, 비재무적 리스크 중에서도 외부로부터 발생하는 브랜드, 환경, 법률/규제와 관련된 리스크, 그리고 시장 리스크 등은 워크샵이나 인터뷰를 통해 파악할 수 있다. 이때, 기업의 내·외부에 걸친 다양한 분야의 전문가들이 참여하는 것이 중요하다. 외부 전문가를 선정할 때에는 전문 분석가, 업계 전문가, 정책 결정자, 공급업체, 고객 등 모든 이해관계자들이 포함되어야 한다. 반면, 운영적인 측면에서 유동성 리스크, 수요 리스크, 품질 리스크 등의 파악은 기업 내부의 실무자들 대상으로 업무 프로세스 분석, 위험 사례, 인터뷰 등을 활용하면 효과적이다. 이러한 식별 방법들을 통해서 각 리스크 간의 인과 관계를 파악하는 게 중요하다. 인과 관계를 통해

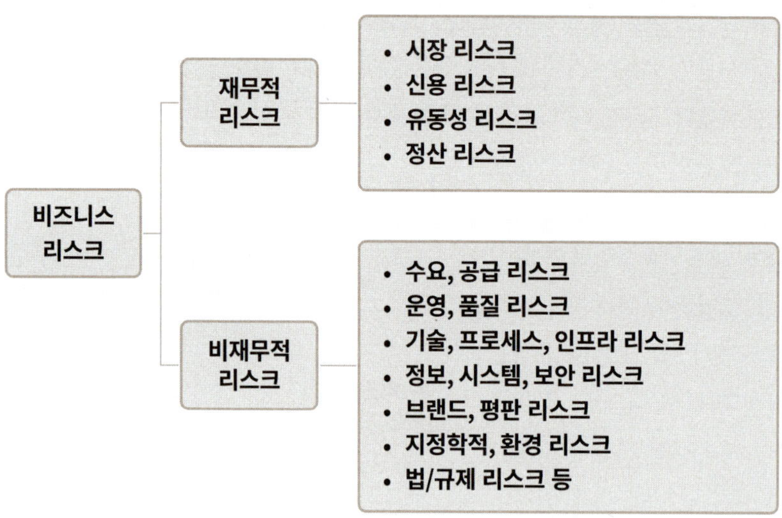

■ 그림 8-2 리스크 유형

서 가장 장애가 되는 리스크 요인을 한눈에 파악할 수 있고 리스크의 우선순위를 정할 때 도움이 되기 때문이다. 마지막으로 파악된 리스크는 일정한 방식으로 반드시 문서화해야 한다.

리스크 요인은 국가별, 사회별, 산업별, 기업별 리스크에 따라 다양하게 나타난다. 글로벌 환경에서 지속적으로 발생하는 공급망 리스크 요인을 크게 두 가지로 나누어 볼 수 있는데. 그림 8-3[3]과 같이 하나는 거시적 리스크 요인이고 또 다른 하나는 미시적 리스크 요인이다. 거시적 리스크 요인은 글로벌 환경에서 언제든 발생할 수 있는 자연재해, 정치적 불안정 및 지역적 불안정성, 경제 침체, Sovereign Risk(국가의 부도 위험이나 채무상환 불능 등 국가의 위험한 상태, 사회적 또는 문화적 불만) 등을 포함한다. 이러한 요인들은 일단 발생하면 큰 피해를 입히고 회복에 오랜 시간이 필요하다. 반면, 미시적 리스크 요인은 수요 리스크 요인, 공급 리스크 요인, 제조 리스크 요인, 인프라infrastructural 리스크 요인으로 크게 4가지로 나눌 수 있다. 각 요인별 내용을 살펴 보면, 첫째, 수요 리스크 요인에는 부정확한 수요 예측, 심각한 예측 오류, 채찍 효과bullwhip effect 또는 정보 왜곡, 수요 불확실성, 수요 변동성, 경쟁 변화, 갑작스러운 수요 변동 등이 있다. 둘째, 공급 리스크 요인에는 납품 요구 미충족, 경쟁력 있는 가격 미제공, 기술적으로 경쟁 업체에게 뒤처지거나 볼륨 수요 변화에 처리가 안되는 경우, 품질 요구사항 미충족, 공급업체 파산, 단일(또는 독점) 공급 소싱 등 대부분이 공급업체와 연관되어 공급할 수 없는 경우가 대부분이다. 셋째, 제조 리스크 요인으로는 노동 분쟁/파업, 직원 사고 및 운영자 부재, 업무에 대한 불만, 경험/교육 부족, 제품 노후화, 재고 소유권 및 생산 유연성 부족, 설계/기술 변화, 창고 및 생산 중단 등 있으며, 마지막으로 인프라 리스크 요소에는 3가지 중요 요인이 있다. 즉 정보 시스템 장애, 시스템 통합 또는 광범위한 시스템 네트워킹, 전자상 거래, 정보 지연, 인터넷 보안 등 정보와 관련한 정보 리스크 요인information risk factors, 그리고 국경 통과 또는 운송 수단 변경으로 인한 과도한 취급, 아웃바운드 효과성 부족, 운송 제공업체의 분열, 운송 솔루션 대응력 부재, 운송 사고, 해상 해적 공격 등을 포함한 운송 리스크 요인transportation risk factors, 마지막으로는 환율 및 통화 변동,

■ 그림 8-3 리스크 요인

이자율 수준, 임금율 변화, 가격 변동, 제품 비용, 재무와 보험 문제, 계약 손실 등 재무적 리스크 요소financial risk factors다.

이와 같은 공급망 리스크 요인을 활용하여 기업은 효과적인 리스크 관리를 위해서 가치사슬, 공급망 및 비즈니스 생태계 관점에서 핵심 리스크 지표Key Risk Indicators(KRI)를 도출하여 관리하는 것이 중요하다.

리스크 요인을 파악한 후에는 그에 따른 분석이 필요하다. 그림 8-4와 같이 리스크 요인 분석 방법에는 다양한 분석 도구가 있다. 이 중의 하나인 Michael Porter의 Five Force Model은 공급 리스크 요인 분석, 시장 리스크 요인 분석 등에 활용이 가능하다. 또한, 인과도표cause and effect diagram 또는 fishbone diagram는 일반적으로 영향 또는 문제의 근본 원인을 파악하는 데 주로 사용되며, 시스템 또는 조직에서 발생할 수 있는 모든 잠재적인 리스크 요인을 한눈에 보여줄 수 있다는 장점이 있다. 반면에 원인 간의 연관성을 파악하는 데는 한계가 있고 지나치게 복잡해질 수 있다는 단점이 있다. 파레토 다이어그램pareto diagram은 어떤 문제를 우선적으로 개선해야 하는지를 보여주는 도구로서 리스크가 되는 데이터를 요인별로 분류하고, 큰 순서대로 막대 그래프에 나열

한다. 이렇게 하면 리스크가 가장 큰 요인을 쉽게 파악하고 이에 대응할 수 있다는 장점이 있다. 그리고 리스크 요인 또는 인과 지도risk source tree or causality map는 원인과 결과 사이의 인과 관계를 지도로 표현하고 있는 것으로서 이 방법을 사용하면 리스크의 요인을 정확히 이해하고 해결 방안을 모색하는데 도움이 된다. 리스크를 해결하기 위해서는 해당 요인을 찾는 것인데, 이를 위해 "왜"라는 질문을 끊임없이 던져 요인을 찾아내는 방법이다. 만약 특정 요인을 찾았다면 기업 내 조직의 역할과 책임을 연결시켜 더욱 효과적으로 리스크를 관리할 수 있다는 장점이 있다. 그 이외에는 상관관계 분석, 인과 관계 분석, 시나리오 분석, 베이지안 네트워크Bayesian Network분석 등의 정성적 분석 기법을 활용할 수 있다.

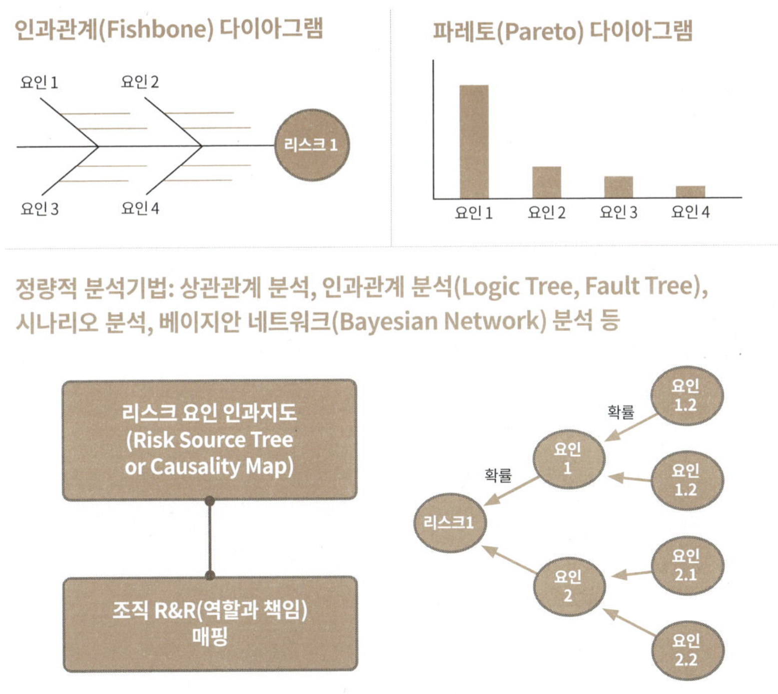

■ 그림 8-4 리스크 요인 분석 도구 예시

리스크를 평가하라

리스크 요인을 파악하고 분석한 후에는 각각의 리스크가 얼마나 중요한지 평가해야 하는 단계가 필수다. 이는 한정된 리스크 관리 자원을 우선순위에 따라 적절하게 분배하기 위함이다. 이러한 평가를 통해서 리스크의 크기를 가늠하고, 어느 정도의 리스크가 수용가능한 범위인지, 또한, 즉시 무엇이 처리되어야 하는지를 판단할 수 있다.

리스크는 발생 확률 또는 주기에 따라 빈번한 리스크와 간헐적 또는 돌발적 리스크로, 영향력 또는 중요도에 따라 심각한 리스크와 심각하지 않은 리스크로 분류한다. 또한, 감지detection 가능에 따라 잠재적latent 리스크와 가시적visible 리스크로, 통제 가능성에 따라서는 통제 가능한 리스크와 통제 불가능한 리스크로 나뉜다.

리스크 평가는 일반적으로 그림 8-5에 제시된 리스크 심각성 매트릭스Risk Severity Matrix와 실패모드영향 심각성 분석Failure Modes, Effects, and Criticality Analysis(FMECA)을 사용한다. 리스크 심각성 매트릭스는 모든 리스크를 영향력과 발생 확률(빈도)에 따라 좌표 평면에 배치하며, 이를 통해 4가지 유형의 리스크(수용 가능

리스크 심각성 매트릭스
(Risk Severity Matrix)

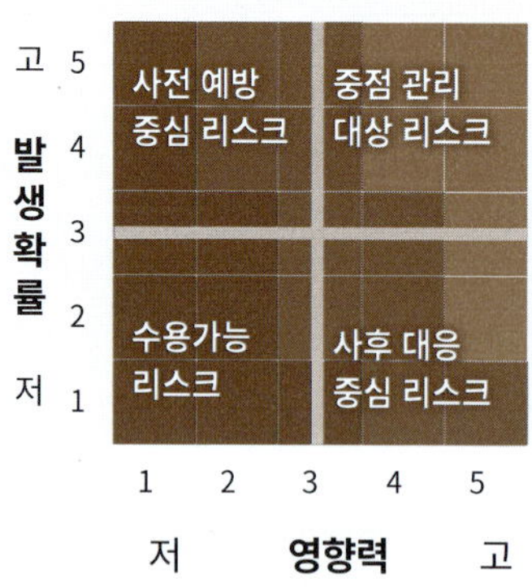

실패모드영향 심각성 분석(FMECA;
Failure Modes, Effects, & Criticality Analysis)

리스크	발생확률	영향력	非 감지확률	점수 (1-125)
1	5	5	5	125
2				
3				
4				
5				
…	1	1	1	1

■ 그림 8-5 리스크 평가 도구

리스크, 사후 대응 중심 리스크, 사전 예방 중심 리스크, 중점 관리 대상 리스크)로 분류한다. 각 상황에 맞는 리스크 관리 전략을 수립하게 된다.

첫째, 수용 가능 리스크는 리스크 영향력과 발생 확률이 모두 낮아, 다른 유형의 리스크 변화에 따라 리스크 가능성이 판단되므로 최소한의 모니터링으로 리스크를 최소화할 수 있다. 둘째, 사후 대응 중심 리스크는 리스크 영향력은 높지만, 발생 확률이 낮아, 컨틴전시 플랜contingency plan 등으로 사후 대응에 집중해야 한다. 셋째, 사전 예방 중심 리스크는 리스크 영향력은 낮지만, 발생 확률이 높아, 통제 기능이나 시스템을 사전에 개발하여 사전 예방에 초점을 맞춰야 한다. 마지막으로 중점 관리 대상 리스크는 리스크 영향력과 발생 확률이 모두 높아, 사전 예방 및 사후 대응 활동 모두를 강화하고, 구체적인 전략을 수립해 관리해야 한다.

일반적으로 프로젝트나 실험에서 실패하고 난 후에야 그 원인을 분석하고 수정하여 다음번엔 실패하지 않으려는 노력을 기울이게 된다. 반면, 실패 모드 영향 심각성 분석은 이미 발생한 실체에 대한 반성보다는, 그림 8-5와 같

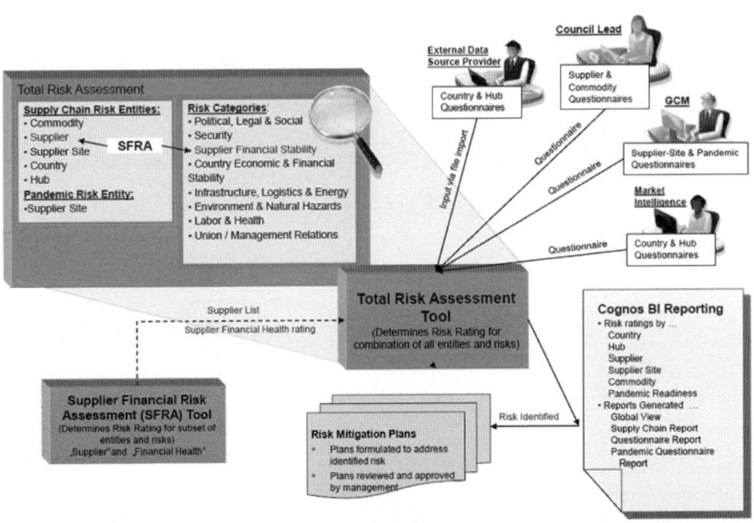

■ 그림 8-6 IBM 리스크 평가 사례[4]

이 앞으로 일어날 수 있는 실패를 사전에 예측하고 이를 방지하는 데 중점을 두는 방법이다. 이는 정성적 및 정량적 리스크 식별과 평가에 초점을 맞추어, 잠재적인 실패 요소와 그로 인한 영향, 그리고 그 원인 사이의 연관성을 밝혀내는 데 효과적이다. 즉, 실패의 모드 및 원인 등 실패의 요소들을 연결하여 리스크 평가에 활용하는데 데이터 기반의 방법론이라 할 수 있다.

공급망 리스크의 경우, 각 공급업체들의 리스크 관련 평가가 중요하다. 특히, 제조 기반의 기업은 공급망 리스크를 완화하기 위해서 공급업체의 리스크 관리가 필수적이다. 그림 8-6[5]과 같이 IBM의 경우, 세계 각지 공급망에 대한 잠재적 리스크를 조사, 평가하는 시스템인 TRA^Total Risk Tool^를 개발하였다. 이 시스템은 공급업체의 재무 상태를 비롯해 조달 방식, 소속 국가, 물류 등과 관련된 위기 상황에 대한 비상 계획 체제 등을 종합적으로 평가한다. 또한, 공급업체, 제품, 생산 거점 등 전 세계 시장 등에 관해 내부 담당자 설문 조사를 실시하거나 공급업체가 위치한 세계 각국의 재무 위험도와 경제 지표 등을 제공하는 EDSP^External Data Source Provider^의 데이터를 활용하여 평가를 진행하고 있

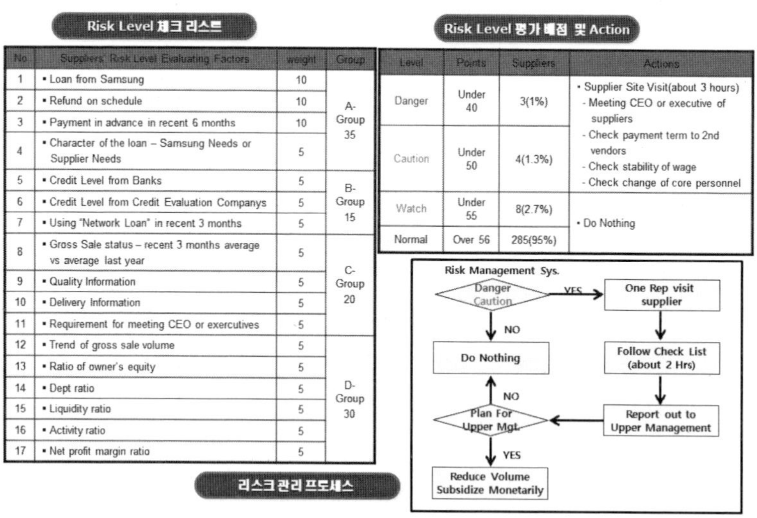
Risk Level 체크 리스트

No	Suppliers' Risk Level Evaluating Factors	weight	Group
1	• Loan from Samsung	10	A-Group 35
2	• Refund on schedule	10	
3	• Payment in advance in recent 6 months	10	
4	• Character of the loan – Samsung Needs or Supplier Needs	5	
5	• Credit Level from Banks	5	B-Group 15
6	• Credit Level from Credit Evaluation Companys	5	
7	• Using "Network Loan" in recent 3 months	5	
8	• Gross Sale status – recent 3 months average vs average last year	5	C-Group 20
9	• Quality Information	5	
10	• Delivery Information	5	
11	• Requirement for meeting CEO or exercutives	5	
12	• Trend of gross sale volume	5	D-Group 30
13	• Ratio of owner's equity	5	
14	• Dept ratio	5	
15	• Liquidity ratio	5	
16	• Activity ratio	5	
17	• Net profit margin ratio	5	

Risk Level 평가 배점 및 Action

Level	Points	Suppliers	Actions
Danger	Under 40	3(1%)	• Supplier Site Visit(about 3 hours) - Meeting CEO or executive of suppliers - Check payment term to 2nd vendors - Check stability of wage - Check change of core personnel
Caution	Under 50	4(1.3%)	
Watch	Under 55	8(2.7%)	• Do Nothing
Normal	Over 56	285(95%)	

■■ 그림 8-7 삼성전자 리스크 평가 사례

다. 이를 기반으로 각 리스크의 발생 가능성과 영향력을 평가하여 모델링하고, 우선적으로 관리해야 하는 주요 리스크를 도출하여 대응 전략을 세워 대응하고 있다.

또한, 삼성의 경우, 그림 8-7의 리스크 평가 사례처럼, 매년 공급업체를 평가할 때는 리스크 관련 평가가 이루어진다. 이때, 공급업체 리스크 레벨 체크리스트 도구를 사용하여 리스크 담당자들이 재무적, 공급망, 품질 등의 관점에서 리스크를 파악하고 평가를 한다. 특히, 공급업체가 '위험' 또는 '조심' 레벨을 받는 경우에는 직접 방문하여 리스크 발생 가능성이 있는 활동 및 업무들에 대해 협의하고 대응 전략을 세운 뒤 모니터링하고 있다.

시나리오별로 리스크를 완화하고 신속 대응하라

리스크 평가가 완료된 후에는 리스크 관리 전략을 수립하고, 그에 따른 자원을 할당하여 실행에 옮기는 작업이 필요하다. 리스크 관리 전략은 그림 8-8과 같이 대응 전략과 대응 자세에 따라 6가지로 구분할 수 있다.

첫째, 리스크 전가/이전 전략은 리스크가 발생한 후에 대응하는 가장 소극적인 전략으로, 리스크 발생 가능성은 낮지만, 기업 성과에 큰 영향을 미칠

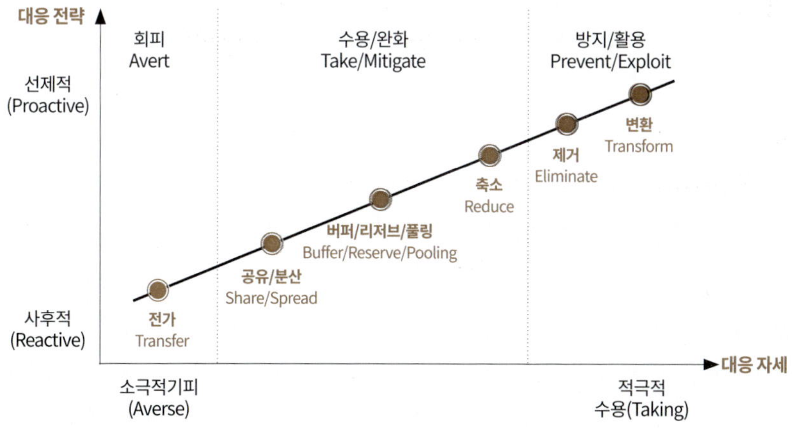

그림 8-8 리스크 관리 전략

수 있는 경우에 사용된다. 이 전략은 리스크를 보험회사나 제휴 회사 등과 같은 다른 전문기관으로 이전시키는 방법으로, 발생하는 손실과 책임을 줄일 수 있으나 비용 부담이 크다는 단점이 있다.[6]

둘째, 리스크 공유 및 분산 전략은 기업과 고객사 간, 기업과 공급업체 간, 또는 기업 내 타 부서 간에 필요한 정보를 공유하거나 대체 공급업체를 통해 리스크를 분산함으로써 리스크를 수용하고 완화하는 전략이다. 기업 내·외부적으로 리스크를 공유하거나 분산함으로써 리스크에 대한 부담감을 줄이고 전략적으로 리스크를 효율적으로 완화시킬 수 있다. 예를 들어, 가격 변동성이 큰 환경에서는 개발부서, 마케팅부서, 구매부서 등이 기업 내부에서 리스크를 공유하고 분산시키면, 리스크를 완화하고 소싱 비용을 절감하는 효과를 얻을 수 있다.[7]

셋째, 리스크 Buffer, Reserve, Pooling 전략이다. 리스크 버퍼, 리저브, 풀링 전략은 수요 및 공급의 불확실성을 줄이기 위해서 여러 수요 및 공급을 통합하여 관리하는 전략이다. 예를 들어, 반도체 생산 기업은 두 개의 공장을 운영하고 있을때, 생산 리드타임을 줄이기 위해서 각 공장 옆에 자재 창고를 두었다. 그리고 각 공장별 일일 수요는 평균 100, 표준 편차는 10의 정규분포를 따른다고 가정해 보자. 일반적으로 안전재고는 불확실성 정도를 나타내는 수요의 표준 편차에 비례한다. 그러므로 이 기업의 경우, 단순하게 두 공장의 자재 창고를 합하여 표준 편차 20에 대응되는 수준만큼 안전재고를 보유하고 있어야 한다. 그러나 만약 두 개의 자재 창고를 하나로 통합 운영한다면, 각 공장에서 요구하는 일일 수요는 평균 200, 표준 편차는 약 14의 정규분포를 따르게 된다. 이렇게 되면 표준 편차 14에 해당하는 안전재고만으로도 충분히 대응할 수 있으므로, 자재 창고의 고정 비용과 재고 유지 비용을 절약할 수 있다. 이처럼 여러 수요를 통합하면 수요의 불확실성이 줄어드는 '리스크 풀링 효과'가 발생하여, 기업은 안전재고를 줄이면서 불확실성에 효과적으로 대응할 수 있다.

넷째, 리스크 축소 전략은 리스크의 발생 가능성과 영향력을 적극적으로 줄이는 전략이다. 이 전략은 리스크 발생 가능성은 높지만, 그로 인한 손실이

상대적으로 적을 때 주로 사용하는 선제적이고 적극적인 리스크 수용 전략으로,[8] 기업들은 일반적으로 헤징을 사용하거나 공급업체를 지원하는 방식을 통해 리스크 발생 가능성을 줄이고 잠재적 피해를 최소화하고 있다.

다섯째, 리스크 제거 전략은 리스크 발생 가능성을 원천적으로 차단하는 선제적이고 적극적인 수용 전략이다. 예를 들어, 아웃소싱 공급업체의 공급 중단 리스크가 크다면, 다른 공급업체로 대체하거나 자체 생산(인소싱)으로 리스크를 제거할 수 있다. 또한, 비즈니스에 있어서 거래 위험이 너무 크거나 잠재적 보상이 없다고 판단되면, 과감히 거래를 포기함으로써 리스크 발생 가능성을 처음부터 없앨 수도 있다. 다만, 리스크가 크더라도 수익성이 높은 활동이나 프로젝트를 제거할 때에는 기회비용이 커질 수 있으니, 리스크 제거 전략 사용은 경영진의 신중한 판단이 요구된다.[9]

마지막으로, 리스크 변환 전략은 가장 선제적이고 적극적인 관리 전략으로, 기업의 운영 프로세스, 공급망, 사업 포트폴리오 등을 재구성하여 기회비용을 최소화하면서 기업의 성장과 수익성 증대를 추구하는 전략이다. 예를 들어, 은행에서 투자자를 모집할 때는 투자자들에게 최대한 리스크를 낮추고 최대의 이익을 배당하려고 노력해야한다. 이를 위해, 이익이 기대되는 패션 산업, 반도체 산업, 식품산업 등에 투자를 다각화하는 전략을 취한다고 가정하자. 그런데 여기서 문제는, 러시아와 우크라이나 전쟁이 발발하면서 반도체 필수 소재인 팔라듐과 네온가스의 가격이 급등했다는 점이다. 팔라듐의 전 세계 공급량 중 44%는 러시아에서, 네온가스의 전 세계 공급량 중 70%는 우크라이나에서 나오고 있기 때문이다. 게다가 러시아와 우크라이나는 각각 세계 1위와 5위의 밀 수출국이고, 우크라이나는 세계 4위의 옥수수 수출국이어서 이들 곡물의 가격도 상승했다. 이로 인해 식품산업에도 상당한 타격이 예상된다. 결국, 은행의 투자 종목들이 예상대로 이익을 내지 못할 가능성이 생긴 것이다. 따라서, 이런 상황에서는 반도체 산업과 식품산업의 투자 종목을 패션 산업 종목으로 변경하여 리스크를 최대한 줄이고 투자자의 손실을 최소화하는 전략이 필요하다고 판단된다. 리스크의 종류에 따라 적절한 전략을 수립하고, 이를 실행하는 과정에서 리스크 팀뿐만 아니라 전체 경영진과 직원들이 함께 협력해 나간다면, 보다 효율적이고 효과적인 리스크 관리를 이룰 수 있을 것이다.

리스크를 관리하기 위해서는 리스크 처리 방법과 대응 계획에 대한 구체적인 설계와 실행이 필요하다. 하지만 모든 리스크를 선제적으로 관리할 수는 없으므로, 리스크의 속성에 따라 선제적 관리와 사후적 신속 대응 전략을 적절히 조합해서 사용해야 한다. 또한, 리스크의 내성tolerance과 탄력성resilience을 향상시키는 혁신이 요구된다. 이제 리스크 관리에 있어서 선제적 관리와 사후적 관리 역량을 어떻게 키울 것인지 자세히 살펴보자.

선제적 리스크 관리

선제적 리스크 관리는 발생 가능한 리스크를 사전에 파악하고 그 요인을 다각도로 분석하고 예측함으로써 리스크가 발생할 확률을 낮추거나 손실을 축소하도록 사전에 준비하여 운영하는 관리 방안이다. 이러한 선제적 리스크 관리/예방 전략은 리스크 변환, 제거, 완화(축소, 풀링, 분산) 등을 포함하고 있으며, 특히 리스크 발생 확률이나 빈도가 높을 때 효과적으로 사용할 수 있다. 예로, 공급업체가 자연재해 지역에 있는 생산 공장, 공급업체의 역량 등을 분석하여 이원화 작업을 하거나 리스크 발생 지역으로부터 보호할 수 있는 지역으로 이전하는 등 리스크를 방지하거나 최소화하는 것이다. 선제적 리스크 관리를 위해서는 감지, 분석 및 관리 역량이 필요하다. 첫째, 감지sensing 역량은 급변하는 시장의 수요와 공급 관련 데이터를 수집, 분석 및 파악할 수 있는 시장 지능market intelligence을 필요로 한다. 또한, PESTELPolitical, Economy, Society, Technology, Environment, Law/regulation변화 트렌드에 대한 모니터링을 통해 리스크 요인을 감지할 수 있어야 한다. 둘째, 분석 역량은 데이터와 사실 기반으로 리스크와 리스크 요인을 분석하고 발생 가능성이 있는 리스크를 예측하는 역량이다. 그래서 시장 경제 동향 분석, 문화 차이 분석, Glocalization[10]을 위한 지역적 구매 선호도 분석 등이 필요하다. 마지막으로, 관리 역량은 조직이 환경 변화에 적응하여 유연한 전략을 수립하고 민첩하게 실행하는 역량이다. 이러한 능력을 발휘하기 위해서는 신속한 의사결정, 수용적 조직 문화, 포용적 리더십 및 지능적인 프로세스와 시스템 등이 필요하다. 또한, 축적된 지식과 경험 및 학습leaning과 학습해소unlearning를 통한 변화와 혁신 관리가 요구된다.

선제적 리스크 관리의 기업 사례를 살펴보자. 세탁기 제조업체인 A사는 최근 매출성장이 15% 이상으로, 빠르게 성장하고 있다. 그렇다 보니, 다국적 기업들과의 경쟁이 점점 심해지고 있다. 그리고 최근 들어, 전 세계의 환경적, 사회적 리스크가 심화되면서, A사의 경영진은 공급망 리스크에 대한 우려가 크며, 구매부서는 자재를 챙기기에 매우 바쁘다. 이는 약 78% 이상의 거래선이 해외 공급업체이기 때문이다. 그래서 경영진은 자재를 공급하는데 이슈가 없는지 각 해외 공급업체를 조사하라는 지시를 구매부서에 했고 구매부서는 해외 공급업체 조사를 시작하였다. 그 결과, 공급업체 50%는 자재 공급에 문제가 없었으며, 리스크 대응책을 가지고 있는 업체들도 있었다. 그러나 공급업체 15%는 지진과 태풍이 자주 오는 지역에 생산 공장이 있었고, 공급업체 8%는 지금까지는 큰 이슈가 없었으나 내부적인 인종 차별로 인해 파업이 발생할 가능성이 다분히 있었다. 그리고 나머지 공급업체 5%는 개발도상국에 있는 중소기업으로 각 업체의 재무적 이슈가 있어 파산 위기에 처한 공급업체도 있었으며, 또한, 아동 노동을 착취하고 있었다. 즉, 28%의 공급업체는 공급망 리스크가 있다는 결과가 나왔다. 경영진으로서는 이러한 공급망 리스크를 어떻게 해결해야 할까에 대한 고민을 하고 있다. 다행히 이제까지는 구매부서의 큰 역할로 인해 자재수급에 큰 이슈가 없어 세탁기 생산하는데 큰 이슈는 없었다. 그러나 공급업체 현황 파악 후, A사의 경영진은 리스크 관리팀을 신설하고 리스크가 있는 공급업체를 관리하도록 결정하였다. 먼저 공급업체 5%는 공급 리스크 뿐만 아니라 아동 노동 착취로 인해 사회적 리스크가 더 큰 논쟁거리가 될 수 있으므로 이 업체들을 정리 및 제거하고 재무적으로 건강하고 사회적 리스크가 없는 안정적인 업체를 발굴할 것을 구매부서에 요청하였으며, 또한, 공급업체 8%에 대해서는 먼저 글로벌 소싱을 통해 이원화 업체를 발굴하고, 공급업체들의 파업 가능성에 대해서 관리할 것을 구매부서에 요청하였다. 그리고 나머지 15% 공급업체의 경우는 지진 또는 태풍이 적은 지역으로 이전 또는 신규 생산 공장을 설립할 것을 권유하고, 만약 권유를 받아들이지 않을 경우, 공급망 리스크에 대한 전반적인 손실 관련하여 공급업체와 협상하도록 구매부서에 요청했다. 리스크 관리팀은 선제적 공급업체 관리를 통해서 기존의 공급망 리스크를 제거하거나 완화할 수 있었으며, 지금까지도 공급업체에 대한 리스크를 최소화하고 있다.

또한, 독일 화학 기업의 바스프와 한국 삼성전자의 사례와 같이 조기 경보 시스템은 선제적 리스크 관리의 대표적인 사례들이다. 조기 경보 시스템을 통해서 발생할 가능성이 있는 지진, 태풍 등 환경적 리스크를 선제적으로 감지함으로써 기업과 공급업체들의 리스크 발생 확률과 손실을 줄이고 있다.

최근 기업들은 다양한 채널로부터 데이터를 수집하고, AI를 이용해 학습시킨 후 공급망을 모니터링하고 있다. 이를 통해 고객사에게 공급망 중단 또는 악영향을 미칠 수 있는 이벤트를 감지하고 적시에 경고를 전달하는 역할을 수행하고 있다. 예를 들어, Resilinc의 '이벤트워치EventWatch AI'는 코로나19 팬데믹 상황에서도 효과적으로 작동했다. 이 AI는 중국의 웨이보에서 대량의 데이터를 모니터링하던 중, 2019년 12월 28일에 중국 정부가 발표한 이상한 폐렴에 관한 경고 메시지를 포착했고, 이 정보는 2020년 1월 4일에 고객사에게 전달되었다. Resilinc는 우한 지역을 가상 경계로 설정하여 고객들이 모바일 앱에서 이벤트 정보를 모니터링하도록 했다. 고객들은 영향을 받는 지역의 공급업체와 생산시설, 부품 정보, 대체 및 복구 시설에 대한 정보를 제공받아, 위기 상황에서 의사결정에 필요한 모든 정보를 확보할 수 있었다.[11]

사후적 리스크 관리

모든 리스크를 선제적으로 관리하는 것은 현실적으로 불가능하며, 그렇게 하려면 막대한 예방 비용이 발생할 수 있다. 또한, 리스크는 예상치 못한 곳에서 갑작스럽게 발생하는 경우가 많다. 그렇기 때문에, 사후적 리스크 관리가 중요하다. 이는 리스크 발생 후 신속히 대응하여 주요 오퍼레이션을 빠르게 회복하고, 전체적인 복구를 통해 리스크로 인한 손실을 최소화하는 활동을 말한다.

또한, 사후적 리스크 관리에는 사전적 리스크 관리보다 대응 자세가 소극적인 리스크 전가 전략이 많이 활용되고 있는데, 리스크의 발생 가능성은 적지만 기업 성과에 미치는 잠재적인 영향력이 큰 경우에 효과적이다. 예를 들면, 보험 회사 등과 같은 전문적인 기관에 리스크를 전가함으로써 손실 책임을 최소화하거나, 공급업체와 패널티 계약을 통해서 품질 실패 비용이나 적시 납기 미준수로 인한 손실 비용을 보전받거나, 소득 안정제도를 통해 수익율 변동을 축소하는 것 등이 있다. 그러나 리스크 전가 전략은 근본적인 문제를 해결하는 것은 아니기 때문에 여러 가지 리스크 방법론을 통해서 손실 비용을 최소화하고 또한, 앞으로 재발하지 않도록 관리하는 것이 중요하다. 대표적인 방법으로 컨틴전시 플랜과 사업 연속성 계획Business Continuity Planning(BCP)이 있다.

컨틴전시 플랜은 기업이 예측하기 어렵고, 예측해도 단기간 내 회복이 어려운 우발적인 사태(예로, 러시아와 우크라이나 전쟁, 인도네시아 홍수와 같은 자연재해 발생, 대규모 노사 분쟁, 글로벌 경제의 어려움으로 인한 통화가치의 급격한 하락 등)에 대한 비상 대책으로 이러한 우발적인 사태가 발생할 때 대응 방안을 마련하는 경영기법이다. 최근 들어 글로벌 경제의 위기로 불확실한 미래 경영환경의 변화로 인한 부정적인 영향력을 최소화하기 위해 미리 시나리오를 만들고 그 상황에 맞게 준비된 대안으로 유연하게 대처하는 경영을 선호하고 있다. 그러나 코로나바이러스 등 환경적 리스크와 같이 갑작스러운 우발적인 사태에 대해서 적절히 대응하기는 어려울 때가 있다. 이럴 때 컨틴전시 플랜을 사용한다면 유연하게 대처할 수 있다. 기업의 사례를 살펴보면, 2000년 3월 미국 뉴멕시코 앨버커크에서 발생한 낙뢰로 Phillips 공장에 화재가 발생하였다. 이로 인해 상반된 대응 방식으로 당시 유럽에서 가장 큰 휴대폰 제조업체였던 Nokia와 Ericsson의 명암이 교차하였다. 두 경쟁사 모두 Phillips 전자 반도체 공장으로부터 휴대폰 주요 부품인 반도체 RFCRadio Frequency Chip를 공급받고 있었으며, 단 10분간의 공장 화재로 인해 휴대폰 수백만 대 분의 RFC 칩이 손실되었다. 그런 후 Phillips는 즉시 가장 큰 고객인 Nokia와 Ericsson에 이를 통보하였다. 이에, Nokia는 상황을 예의 주시하면서 즉시 사실을 내부화하고 문제 부품을 특별 관리 품목으로 리스트하여 Phillips에 남은 생산 여력을 모두 Nokia에 집중할 수 있도록 즉각적인 조치를 하였다. 반면에, Ericsson은 Phillips의 통보를 가볍게 생각하고 수 주

간의 부품으로 해결될 것으로 판단했으나 2주 후에야 지연이 수개월 이상 지속될 것이라는 것을 깨닫게 되었다. Phillips에만 RFC 칩을 의존하고 있던 Ericsson은 결국 대규모 생산 차질을 빚어 2000년 말 17억 2천만 유로의 손실을 입었고, 휴대폰 시장에서 철수하게 되었다.[12] 컨틴전시 플랜과 신속한 위기 대응력의 유무가 Nokia와 Ericsson의 운명을 가른 것이다. 이 외에도 최근에 다양한 사례가 발생하고 있다. 그래서 기업들은 컨틴전시 플랜 대응 방법과 같은 사후적 리스크 관리에도 많은 투자와 대안을 찾고 있다.

사업 연속성 계획은 예측이 어려운 리스크가 발생했을 때 사업(업무) 운영의 연속성을 유지하기 위한 방법론으로, 리스크를 평가하고 영향력을 분석 후 사전 대응과 사후 대응을 위한 계획을 수립하는 일련의 절차를 말한다. 컨틴전시 플랜이 우발적인 사태가 발생할 때 대응 방안을 마련하는 것이라면, 사업 연속성 계획은 사업(업무) 운영의 연속성을 유지하기 위한 계획을 수립한다는 점에서 차이가 있다. 미국의 경우 2001년 9.11테러, 일본은 2011년 동일본 지진과 태국 홍수를 계기로 사업 연속성 계획의 중요성을 크게 인식하게 되었으며, 기업들은 어떠한 위기 상황에도 공급망이 타격을 받지 않고 정상적인 생산 활동을 지속할 수 있는 사업 연속성 계획을 수립하고 강화하기 시작하였다. 예를 들면, 일본 기업의 지진 전 사업 연속성 계획 책정 상황을 보면 대기업이 약 60%, 중견기업은 약 30%에 불과했고 형식적 수립이 대부분이었으나, 최근 들어 중대성이 증대되었다. 기업은 위기가 발생할 때 사전에 수립된 사업 연속성 계획에 따라 신속하게 조업을 재개하여 재해로 인한 손실을 최소화할 수 있다. 예를 들면, 일본 타이어 업체인 Bridgestone은 2009년 그룹 전체를 대상으로 리스크 조사를 진행하고 빠른 초기 대응, 사업 연속성 확보, 조기 복구 등을 목표로 사업 연속성 계획을 구축해 놓은 상태였으므로 2011년 동일본 지진 재해의 영향이 상대적으로 미미하였다. 또한, Nissan의 경우, 비상시를 대비하여 자사, 계열사 및 공급업체의 피해 확인을 사업 연속성 계획 훈련 매뉴얼에 포함시킨 것이 일본 대지진과 태국 홍수 때 공급망 피해를 최소화하고 신속하게 생산을 재개할 수 있는 원동력이었다고 평가하고 있다. 또한, 사업 연속성 계획에 대한 모의 훈련을 주기적이고 반복적으로 실시하여 위기를 신속하게 대응한 기업들도 있다. P&G의 경우 매년 태풍 전 5월에 각 공장에 맞춤화된 사업 연속성 계획 수립과 실제 시뮬레이션을 통해 물류센터로 재고 이동, 재고 백업 테이프 이동, 통신 및 철수 리허설 등을 포함하여 태풍 리스크에 대비하고 있다.

시나리오 기반의 리스크 관리

기업이 직면하는 불확실성 또는 리스크를 관리하기 위한 비용을 일반적으로 리스크 비용이라고 한다. 기업에서는 잠재적인 리스크에 대한 비용을 예산 편성하는 것이 어려운 일이다. 왜냐하면, 일어나지 않은 리스크에 대해서 얼마만큼의 비용을 추정하여 예산으로 편성 할지, 언제 이 예산을 활용해야 할지 아무도 모르기 때문이다. 그러나 잠재적인 손실을 최소화 하거나 예방하기 위한 조치를 취하기 위해서는 리스크 비용 관리는 필요하다. 리스크 비용 관리는 기업의 재무 건전성과 지속가능성을 유지하는 중요한 요소이기 때문에 일반적으로 기업은 리스크 분석, 평가, 대응 전략 개발 등을 통해서 리스크를 관리하고 이에 따른 비용을 최적화할 필요가 있다.

리스크를 신속하고 탄력적으로 대응하기 위해서는 시나리오 기반의 선제적 리스크 관리와 사후적 리스크 관리를 활용하여 리스크 관리를 한다. 선제적 리스크 관리에서는 잠재적 리스크를 파악하고 분석하는 리스크 감지 또는 센싱을 위한 비용이 발생할 것이고, 사후적 리스크 관리에서는 리스크 발생 후 직접 발생한 리스크의 손상 피해액 또는 복구하는데 필요한 비용이 발생할 것이다.

스마트폰 제조 대기업에 커넥터를 공급하는 A사의 사례를 들면, 이 회사의 리스크 관리 부서가 이해관계자들을 대상으로 진행한 인터뷰에서는 다음과 같은 리스크 요인들이 확인되었다: 직원들의 이직으로 인한 인력 부족, 환경 리스크로 인한 대기업 및 해외 평가사들의 환경 규제 강화, 미국과 중국의 무역 전쟁, 러시아와 우크라이나 전쟁, 물류 시스템의 문제로 인한 원자재 가격 상승, 중국 업체들의 덤핑 가능성 등이다. 또한, 고객사인 대기업은 원자재 가격의 상승으로 인해 납품가를 인상해주기 어렵다는 입장을 밝혔고, 커넥터 관련 전문 애널리스트는 향후 커넥터 시장의 악화로 몇몇 업체들이 파산할 가능성도 있다고 전망하였다.

이런 결과를 바탕으로 그림 8-9와 같은 리스크 심각성 매트릭스를 활용한 리스크 평가 시, A사에서 중점적으로 관리해야 할 리스크는 '원자재 가격 상승'이라고 볼 수 있다. 원자재 가격은 최근 급등세를 보이며, 이는 곧 커넥터 생산과 회사 매출에 직접적인 영향을 끼치고 있기 때문이다. 다음으로, '환경 규제'는 리스크의 영향력이 높지만, 발생 확률은 낮기 때문에, 사후 대응 중심의 리스크로 분류된다. 이에 따라, 기업 내부적으로는 컨틴전시 플랜 등의 전략을 수립하고 대기업이나 평가사들의 환경 규제에 대응하는 활동이 필요하다. '중국 업체들의 덤핑'은 발생 확률은 높지만, 가격과 품질의 이슈 등으로 인해 리스크의 영향력은 낮다. 따라서 이는 사전 예방 중심의 리스크로 보고, 통제 기능과 시스템을 활용한 예방 활동에 주력해야 한다. 마지막으로 '이직으로 인한 인력 부족'은 실제 발생한다 해도 인력 투입이 가능해 리스크의 영향력과 발생 확률이 모두 낮다. 그렇기에 이는 수용 가능한 리스크로 보며, 이직에 대한 모니터링을 통해 적시에 인력을 투입할 수 있도록 관리하는 것이 필요하다. 이러한 리스크에 대비하여 사전에 예산 할당이 필요하다.

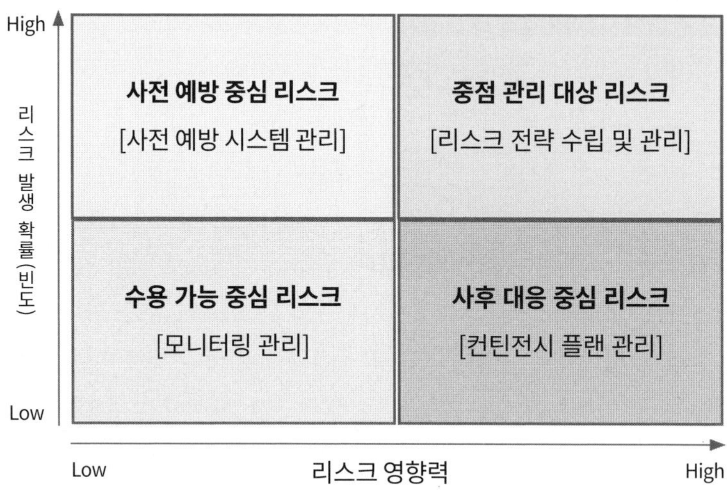

■■ 그림 8-9 A사의 리스크 심각성 매트릭스

리스크 관리를 모니터링하라

리스크 관리 전략을 수립하고 실행하면, 지속적인 모니터링 및 결과(성과) 평가가 필요하다. 이를 위해, 리스크를 사전에 감지하고 결과를 평가할 수 있는 핵심 리스크 지표를 설정하고, 리스크 완화 및 대응 전략의 효과성 즉 리스크 관리가 기업에 미친 영향에 대해 평가를 진행해야 한다. 또한, 변화하는 비즈니스 환경에 따라 새롭게 등장하는 리스크와 기존의 리스크 변화를 지속적으로 모니터링하고, 이를 바탕으로 리스크 관리 계획과 전략을 수정하는 것이 필요하다.

기업의 전반적인 업무 프로세스는 공급망 관리와 밀접하게 연결되어 있다.[13] 따라서 공급망의 성과를 재고 수준, 품질 수준, 공급업체 성과, 기업 매출 및 이익 등에서 측정, 평가, 검증해야 한다. 예를 들어, 공급망의 불안정성과 리스크가 커지면 공급업체 성과가 떨어지고, 재고 수준, 서비스, 품질 수준이 하락하면서 기업의 매출과 이익에도 부정적 영향을 미치게 된다. 그러므로 기업들은 공급망 리스크 관리를 강화하고 공급망의 원활함을 유지해야 한다.

공급망 리스크 성과 관리에는 리스크 관리 조직 문화 구축, 리스크 관리 프로세스와 시스템 구축, 지식 관리 등 세 가지 핵심 요소가 있다. 이들을 자세히 살펴보자.

첫째, 리스크 관리 조직 문화 구축이 중요하다. 과거에는 국내기업 대부분이 리스크 관리 조직 문화가 없었지만, 최근에는 금융위기, 미·중 무역 전쟁, 코로나19 등으로 인해 리스크 관리의 중요성이 부각되면서 리스크 전담 부서를 설치하는 기업들이 늘어나고 있다. 그러나 중소, 중견기업은 아직까지 리스크 전담 조직을 갖추지 못한 상황이다. 글로벌 기업들의 경우, 본사에는 최고 리스크 경영자Corporate Risk Officer(CRO) 하에 전사 리스크 오피스와 리스크 매니저 조직이 있어 기업 전체의 리스크를 관리하고 운영한다. 또한, 사업부 또는 부서별로는 교차 또는 다기능팀multi-functional team 형태의 리스크 관리 조직을 설치하여 사업부 또는 부서에서 발생하는 리스크 이슈를 조정하고 현장에서 신속하게 조치하는 방안을 모색하고 있다.

한가지 모범적인 사례 들자면, Ericsson은 2000년 Phillips 공장 화재 시 대응에 실패해 심각한 타격을 입은 이후, 공급망 위기관리의 중요성을 깨닫고 위기관리 협의체를 조직하였다. 위기관리 협의체risk management council는 기업 위기관리 부서와 공급, 조달 등 기능별 부서 및 사업부별 대표들로 구성되어 있다. 그리고 그 외의 협의체에는 단계별로 4가지로 분리되어 있다. 그 구성은 Ericsson 그룹의 위기관리를 총괄하며 방향성을 제시하는 Corporate Risk Management, 공급업체와 관련된 운영 정책과 일상적인 리스크를 담당하는 Core Supply Unit, 위기 발생 시 공급업체를 평가하는 Core Sourcing Unit, 마지막으로 각 사업부의 제품 관련 전문 지식으로 리스크를 식별하고 분석하는 시스템 비즈니스이다.

컴플라이언스compliance부서는 리스크 관리 조직 내에 꼭 필요한 존재로, 여러 방면에서 중요한 역할을 수행한다. 이 부서는 기업이 법률, 규제, 내부 정책 및 윤리적 기준을 준수하도록 돕는 핵심적인 역할을 한다. 단순히 규제를 따르는 것에 그치지 않고, 기업의 전반적인 리스크 관리 전략의 중요한 부분으로 작용하며, 법적 리스크 예방, 정책 개발, 교육 및 모니터링을 통해 조직 전체에 컴플라이언스 문화를 강화하는 데 기여한다. 이로써 기업이 지속가능하고 책임감 있게 운영될 수 있도록 지원한다. 따라서 리스크 관리 조직에서 컴플라이언스 부서의 역할은 필수적이라 할 수 있다.

둘째, 리스크 관리 프로세스와 시스템 구축은 매우 중요하다. 일반적으로 기업들은 핵심 성과 지표를 활용하여 성과를 관리하곤 한다. 이를 리스크 관리에도 적용하여, 핵심 성과 지표와 핵심 리스크 지표를 연동하여 리스크 관리 목표 설정, 전략 수립, 실행을 진행하면 더욱 효과적인 리스크 관리가 가능하다. 또한, 이를 잘 수행한 부서나 사람들에게는 적절한 인센티브를 부여하여 긍정적인 효과를 극대화할 수 있다. 이러한 리스크 관리 프로세스를 바탕으로 시스템을 구축하면, 데이터와 사실을 기반으로 한 객관적인 리스크 관리가 이루어질 수 있다. 특히, 핵심 리스크 지표는 정합성, 포괄성, 측정 가능성, 달성 가능성, 제어 가능성, 지속 가능성 등 여러 차원에서 관리되어야 리스크 관리 업무에 실질적인 도움이 된다.

셋째, 지식 관리이다. 공급망 리스크 성과 관리의 핵심은 이전에 경험한 리스크를 다시 겪지 않는 것이다. 이를 위해, 경험과 학습을 통한 현장 경영과 정보 경영이 중요하다. 지식과 노하우를 데이터화하고 축적하여, 지속적인 개선과 혁신을 추구해야 한다.

3. 글로벌 공급망 재편

기술 발전과 이동 통신의 진화로 기업은 전 세계의 사건과 사고에 직접적인 영향을 받게 되었다. 그리고 팬데믹 이후 엔데믹 시대가 왔지만, 여전히 미·중 갈등, 러시아와 우크라이나 전쟁, 중동의 지정학적 긴장감 등으로부터 각종 자연재해까지 다양한 리스크가 기업의 공급망을 흔들고 있다. 이런 상황에서 '공급망 위기'보다 '미래 예측 불가능한 불확실성'이란 표현이 더 적절해 보인다. 이러한 글로벌 경영환경의 변화로 인해 기업들은 가까운 지역이나 국가로 공장 이전을 고려하거나 우호적인 국가와 협력을 강화하는 추세를 보인다. 예로 들면, 애플은 중국의 생산시설을 베트남으로 옮겼고, 삼성전자는 베트남과 미국에 대규모 투자를 진행했다. 그러나 기업 간의 경쟁 심화, 고객 서비스에 대한 부담 증가, 지정학적 긴장감 고조와 파급 효과, 물류 대란과 불확실성, 수요와 공급의 불안정, ESG에 대한 이해관계자의 관심 증대 등의 이슈가 기업들의 글로벌 경쟁력을 저해하고 있다. 이런 높은 불확실성의 환경에서 기업들은 글로벌 공급망 리스크를 관리할 준비가 필요하다.

글로벌 공급망 리스크와 구조적 변화 동인

최근 세계 경제 포럼World Economic Forum(WEF)에서는 앞으로 10년 동안 세계에 영향을 미칠 글로벌 공급망 리스크 요인을 발표하였다. 이 보고서는 각 영역별에서 새로운 글로벌 공급망 리스크 요소가 형성되고 있다고 밝혔는데, 이는 기후 변화, 급격한 인구통계학적 변화, 신기술 가속화, 지정학 기반 전략적 이동 등 4가지 구조적인 변화에 기반한다고 설명하였다.

표 8-2를 살펴보면, 환경 변화와 기술 발전이 주요 리스크 요인으로 인식되고 있다. 특히, 기상 이변에 따른 글로벌 공급망 리스크가 증가하고 있는데, 예를 들어 2024년 4월에는 대만에서 발생한 진도 7.2의 지진이 약 1,300억 원의 피해 복구 비용을 초래하였으며, 다수의 기업에 심각한 영향을 미쳤다. TSMC의 경우에는 지진 복구에 상당한 시간이 소요되었고, 이로 인해 반도체 공급에 차질을 빚었다. 한편, AI 기술이 급속히 발전함에 따라 대부분의 산업에서 이를 활용하고 있거나 활용하려는 움직임이 활발해지고 있다. 이는 산업 발전에 크게 기여할 것으로 예상되지만, 과대한 기대에 휘둘려 무분별하게 도입하거나, AI 정보를 왜곡하여 기업의 이익을 추구하는 행위는 오히려 비용과 혼란을 증폭시킬 수 있음에 유의해야 한다. 이 외에도 사회적, 정치적 양극화, 사이버 위협, 경기침체 등이 글로벌 공급망의 위험 요인으로 지적되었다.

표 8-2. 글로벌 공급망 리스크 요인 세계경제 포럼 글로벌 리스크 2024[14]

순위	현재 글로벌 위기		향후 2년 내 글로벌 위기		향후 10년 내 글로벌 위기	
1	환경	기상이변	기술	AI 역정보·허위 정보	환경	기상이변
2	기술	AI 역정보·허위 정보	환경	기상이변	환경	급격한지구 시스템 변화
3	사회	사회·정치 양극화	사회	사회양극화	환경	생물 다양성·생태계 붕괴
4	사회	생계비 위기	기술	사이버 위협	환경	천연자원 부족
5	기술	사이버 위협	지정학	국가간 무력충돌	기술	AI 역정보·허위 정보
6	경제	경기침체	경제	경제적 기회 불평등	사회	AI 기술의 부작용
7	경제	핵심자원 공급망 마비	경제	인플레이션	기술	비자발적 이주
8	지정학	국가간 무력충돌	사회	비자발적 이주	기술	사이버 위협
9	지정학	핵심 인프라 공격	경제	경기침체	사회	사회 양극화
10	경제	식량공급망 붕괴	환경	환경오염	환경	환경오염

글로벌 공급망 재편 방향

기업은 내부적 혹은 외부적으로 다양한 리스크에 노출되므로, 공급망의 효율성과 안정성을 균형있게 유지하기 위해선 리스크 관리가 필수적이다. 특히, 공급업체가 전 세계 여러 지역에 분포해있다면, 통제할 수 없는 요소들에 대응하기 위해 복수 공급업체를 확보하고 안정된 재고를 유지하는 것이 중요하다. 또한, 기후 변화, 지진, 홍수 등과 같은 자연재해가 점차 빈번해지는 추세이므로, 이에 따른 공급망 손상을 예방하고 새로운 규제 정책 변화에 대응할 필요가 있다. 최근에는 미·중 무역전쟁, 신냉전 체제 등에 의한 각국 정책의 변화가 글로벌 공급망 재편을 압박하며, 이러한 변화는 "나비 효과"처럼 세계 경제를 위기에 빠뜨릴 수 있다.[15]

미·중 무역전쟁으로 인해 글로벌 공급망은 미국과 중국을 중심으로 한 두 진영으로 재편되고 있다. 미국은 다자간 동맹을 통해 중국을 견제하고 글로벌 공급망에서 배제하는 디커플링decoupling 또는 디리스킹derisking 전략을 강화하고 있다. 구체적으로, 미국은 일본, 인도, 호주와의 인도 태평양 동맹을 결성하였고, 이들 4개국은 쿼드Quad 화상 정상 회의를 통해 희토류와 배터리 공급망을 협력하기로 하였다. 또한, 미국-일본 정상회담에서는 반도체와 6G(6세대 이동통신) 공급망 협력을 논의하였다.[16]

또한, 미국은 EU와 무역기술위원회Trade and Technology Council(TTC)를 구성하여 기술 표준을 확립하였고, 호주와 영국과는 외교안보 협의체Australia, United Kingdom and United States(AUKUS)를 결성하였다. 그리고 EU는 해외 공급망 재편을 위한 새로운 통상 정책을 발표하였고, 2025년까지 배터리를 자체 생산하고, 2030년까지 글로벌 반도체 생산 점유율을 20%로 확대하는 계획을 제시하였다. 이와 같은 전략과 협의체의 목적은 모두 중국의 강력한 성장과 팽창을 제어하기 위함이다. 반면, 중국은 2020년에 새로운 국가 전략으로 '쌍순환雙循環' 전략을 발표하였다. 이 전략은 국내 순환을 중심으로 하여 국내 경제와 국제 경제를 상호 촉진시키는 것을 목표로 하며, 대외 개방의 확대와 내수 경제의 활성화를 동시에 추구함으로써 시너지를 창출하고자 하였다. 이는 변화하는 세계 경제 패러다임에 대응하는 중국의 "사회주의 현대화 국가 전략"이자, 불확실성의 증대에 대처하기 위한 방안이라고 볼 수 있다. 더불어 중국은 과학기술 강국을 지향하며, 제조 강국, 품질 강국, 인터넷 강국, 디지털 강국이라는

목표를 설정하고 있다.[17]

글로벌 공급망 재편의 또 다른 양상은, 과거 중국의 저비용과 고효율을 이용하던 다국적 기업들이 중국의 글로벌 밸류체인의 불안정성에 직면하면서, 안정성과 신뢰성, 회복력 확보를 위해 국가와 지역을 중심으로 재편되고 있다. 이에 따라, 기업들은 온쇼어링onshoring, 프렌드쇼어링friendshoring, 리쇼어링reshoring, 니어쇼어링nearshoring 등의 거점 전략을 활용해 글로벌 공급망을 최적화하고, 변화하는 시장 환경에 효과적으로 대응하고 있다.

4. 다층 공급망 관리

공급업체 맵핑의 확대

세계 각국에서 발생하는 기후 변화, 전쟁, 정치적 긴장감, 미·중 갈등 등 다양한 이슈로 인해 공급망의 불확실성이 증가하고 있다. 이러한 상황은 각국의 GDP 성장에 제한을 주거나 글로벌 경제를 위축시키는 결과를 초래하고 있다. 이러한 환경 속에서 공급 관리의 중요성이 재조명되고 있으며, 특히 공급망 이슈로 발생하는 공급업체 리스크 관리가 주요 관심사로 대두되고 있다.

일반적으로 기업들은 직접적인 공급업체, 즉 1차 공급업체를 관리하는 데 중점을 두지만, 실질적인 리스크는 이들 공급업체의 공급업체에서 비롯되는 경우가 많다.[18] 그렇다면, 이렇게 N차 공급업체에서 발생하는 리스크에는 어떻게 대응해야 할까? 이 부분에 대해 자세히 살펴보자.

N차 공급업체에서 발생하는 리스크를 대응하기 위해서는 공급망 가시성을 확보하는 것이 매우 중요하다. 이는 공급망 가시성이 기업의 경쟁력 향상에 결정적인 요소이기 때문이다. 공급망 가시성을 확보하기 위해서는 우선적으로 공급망의 모든 연결점을 파악하는 N차 공급업체 맵핑mapping이 필요하다. Thomas Choi는[19] 공급망 맵핑의 중요성을 강조했다. 그는 모든 기업은 전략적 공급업체가 누구인지 파악하고 있지만, 많은 이들은 하위 계층의 공급

업체를 인지하지 못한다고 주장한다. 공급망의 중단이나 지연은 이러한 잘 알려지지 않은 공급업체의 공급업체나 공급망의 상류upstream에서 발생할 수 있다. 그래서 그의 해결책은 공급망을 광범위하게 맵핑하는 것이며, N차 공급업체들의 정보와 위치 등을 파악하고 있는 것은 기업이 공급망 리스크를 완화하는데 결정적으로 도움이 될 수 있다고 강조하였다.

기업들은 일반적으로 중요 업체, 핵심 업체, 또는 전략 업체를 중점적으로 관리한다. 하지만 전략적 자재나 전략적 공급업체와는 달리 일반적인 공급업체로 여러 하위 업체가 네트워크로 이어지는 공급업체가 구매기업의 성과에 영향을 미칠 수 있다. 이러한 공급업체를 '넥서스Nexus 공급업체'[20]라고 한다. 넥서스 공급업체는 네트워크 관점에서 구매기업의 성과에 중대한 영향력을 미칠 수 있는 공급업체인데, 영향력이라 함은 공급비용, 리스크, 혁신 및 대응력 등의 형태를 포함한다. 넥서스 공급업체는 3가지 유형으로 분류된다. 첫째, 운영적 넥서스 공급업체Operational Nexus Supplier, 둘째, 독점적 넥서스 공급업체Monopolistic Nexus Supplier, 그리고 셋째, 정보적 넥서스 공급업체Informational Nexus Supplier이다. 각각의 유형에 대해 자세히 살펴보자.

그림 8-10을 참조하면, 각 유형의 넥서스 공급업체는 각기 다른 역할과 중

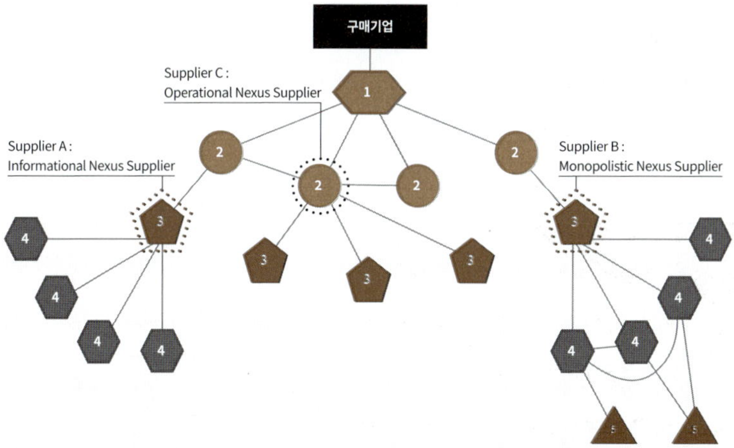

■■그림 8-10 넥서스 공급업체 구조[21]

요성, 상호 의존성, 비대칭성의 정도를 가지고 있으며, 이는 모두 구매기업에 대한 관리적 시사점을 제공한다. 정보적 넥서스 공급업체(Supplier A)는 공급 네트워크에서 매우 다양한 기업 그룹과 연결되어 있으며, 구매기업에 대한 시장 정보나 기술 혁신의 조기 출처 역할을 할 수 있다.

독점적 넥서스 공급업체(Supplier B)는 확장된 산업 네트워크에 존재하며 일반적으로 독점적 업체를 말한다. 그리고 다른 노드 쌍pairs of other nodes 사이의 최단 경로에 위치할 가능성이 크며, 운영적 넥서스 공급업체와 마찬가지로 여러 N차 공급업체와 많이 연결되어 있다. 하지만 대체 불가 자재를 공급하므로 공급 연속성과 보증에 상당한 영향을 미칠 가능성이 높다.

마지막으로, 운영적 넥서스 공급업체(Supplier C)는 여러 N차 공급업체와 가장 많이 연결되어 있으며, 구매기업을 위해 여러 공급업체로부터 부품을 모아 구성하고 통합하는 역할을 담당한다. 따라서 운영적 넥서스 공급업체는 완제품 생산 과정에 중요한 영향력을 행사할 수 있다.

각 유형의 넥서스 공급업체는 그 특성에 따라 구매기업의 성과에 서로 다른 영향을 미칠 것으로 예상된다.

베이지안 네트워크를 활용한 리스크 관리

베이지안 네트워크Bayesian Network는 공급망 내 리스크 요소 간의 상호 의존성을 모델링하여 리스크 발생 확률과 전파 양상을 예측하는 데 매우 유용한 도구이다. 이는 조건부 확률에 기반한 통계적 그래프 모델로, 공급망 내 다양한 변수들 간의 인과 관계를 시각적으로 표현한다. Käki, Salo, & Talluri (2015)는 확률적 리스크 평가Probabilistic Risk Assessment(PRA)와 결합된 베이지안 네트워크를 활용해, 공급망 네트워크에서 주요 공급업체가 리스크에 미치는 영향을 분석하고 이를 통해 공급망 전체의 안정성을 향상하는 전략적 결정을 지원하는 방안을 제시하고 있다.[22]

베이지안 네트워크의 기본 개념과 구조

베이지안 네트워크는 노드node와 엣지edge로 구성된 방향성 비순환 그래프

Directed Acyclic Graph(DAG)로, 각 노드는 특정 리스크 요소(예: 공급업체 지연, 원자재 가격 상승)를 나타내며, 엣지는 이들 요소 간의 인과 관계를 나타낸다. 이 구조는 각 요소가 다른 요소에 미치는 영향을 시각화하여 복잡한 상호 의존성을 이해하는 데 유용하며, 리스크 관리에서 우선순위 설정과 대응 전략 수립에 기여한다.

리스크 전파 양상 예측

베이지안 네트워크는 리스크가 발생할 때 공급망 전체에 미치는 영향을 동적으로 분석하는 데 효과적이다. 예를 들어, 특정 공급업체에서 발생한 리스크가 다른 노드로 전이될 확률을 계산하여 리스크 전파 양상을 파악하고 필요한 대응 조치를 사전에 준비할 수 있다. 특히 다수의 공급업체가 연결된 복잡한 공급망 구조에서는 개별 리스크 요인의 전이 양상을 예측하는 것이 매우 중요하다.

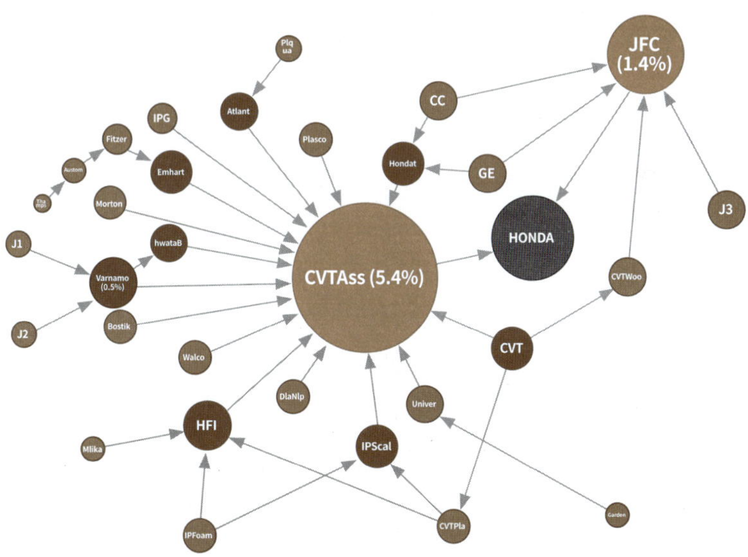

■■그림 8-11 베이지안 네트워크의 시각화 예제 (Käki, Salo, & Talluri, 2015)

Noise-OR모델을 활용한 효율적 리스크 평가

Käki, Salo, & Talluri (2015)는 Noise-OR 모델을 활용하여 각 리스크 요소가 독립적으로 전파될 가능성을 계산함으로써 복잡한 네트워크에서도 효율적인 리스크 평가를 가능하게 하였다. Noise-OR 모델은 각 원인 변수(부모 노드parent node)가 개별적으로 결과 변수(자식 노드child node)에 미치는 확률을 독립적으로 가정하여 전체 리스크 발생 확률을 계산하는 모델이다. 이를 통해 복잡한 인과 관계를 단순화하여 리스크 평가를 더욱 간단하게 수행할 수 있다.

예를 들어, 공급망 내 주요 공급업체의 지연이 특정 부품의 공급 부족으로 이어질 확률을 계산할 때, 각 공급업체의 지연이 독립적으로 발생한다고 가정하고 이들이 전체 공급 부족에 미치는 영향을 합산한다. 각 공급업체의 지연이 공급 부족에 기여하는 확률을 개별적으로 평가하고, 이를 결합해 전체 리스크 발생 확률을 산출하는 방식이다. Noise-OR 모델은 베이지안 네트워크에서 다중 부모 노드가 특정 결과에 미치는 독립적 영향을 평가할 때 매개변수의 수를 줄이고 효율적인 계산을 지원하는 데 유용하다.

동적 업데이트와 실시간 리스크 관리

베이지안 네트워크의 또 다른 장점은 새로운 데이터가 추가될 때마다 확률을 동적으로 업데이트할 수 있다는 점이다. 이를 통해 실시간 리스크 관리가 가능해지고, 새로운 정보가 발생할 경우 공급망 내 리스크 평가를 즉각 갱신할 수 있다. 이러한 실시간 업데이트는 공급망 내에서 예상치 못한 리스크 상황에 빠르게 대응하고, 리스크 전파를 막기 위한 예방 조치를 취하는 데 필수적이다.

확률적 리스크 평가와의 결합

베이지안 네트워크와 결합된 확률적 리스크 평가Probabilistic Risk Assessment(PRA)는 리스크 발생 시 다른 요소에 미치는 전파 영향을 정량화하는 방법을 제공한다. 예를 들어, 특정 공급업체의 리스크가 발생했을 때 다른 노드에 미치는 영향력을 파악하기 위해 Supplier Fortification Impact와 Supplier Disruption Impact 지표를 사용해 특정 공급업체의 리스크가 네트워크 전체에 미치는 영향을 평가하고, 효율적인 대응 전략을 마련할 수 있다.

베이지안 네트워크는 공급망 리스크 관리에서 복잡한 상호 의존성을 시각적으로 표현하고, 동적 업데이트를 통해 실시간 리스크 평가와 예측을 가능하게 하는 중요한 도구이다. 특히 PRA와의 결합을 통해 주요 공급업체의 리스크 전파 양상을 분석하고, 효율적인 리스크 완화 전략을 수립하는 데 기여할 수 있다. 베이지안 네트워크는 향후 리스크 평가와 완화 전략 수립을 위한 중요한 데이터 기반 도구로 자리 잡을 것이다.

PART 3

구매공급 혁신

9장

환경 센싱과 공급망 관리 트렌드

오늘날 세계 경제는 거시 환경의 불확실성과 변동성이 증가함에 따라 상시 복합 위기 속의 경기 침체와 둔화가 뉴노멀이 되어가고 있다. 이에 기업은 지정학적 분쟁, 고물가와 고금리, 급속한 기술 발전, 사회 분극화, 기후 재앙, 법 규제 강화의 다양한 리스크에 직면해 있다. 이와 같은 리스크가 직간접적으로 영향을 미치는 기업의 중대 사안 중의 하나가 공급망 관리이다. 공급망 관리는 1990년대 중반에 기업의 전체 공급사슬 프로세스의 비용 효율성 관점에서 업계의 주목을 받으며 활발하게 발전해 오다가, 2010년대 후반에 미·중 무역 전쟁이 본격화되고 2020년대 초반에 코로나19 팬데믹을 거치면서 공급망 리스크와 안정성 관점에서 그 중요성이 재조명되고 재점화되고 있다.

그렇다면 기업이 효과적인 공급망 관리를 하기 위해서 가장 먼저 해야 할 일은 무엇일까? 바로 환경 센싱이다. 이는 기업에 직간접적으로 영향을 미치고 있거나 미칠 수 있는 환경의 변화를 올바르게 파악하고 이해하지 못할 때 올바른 방향의 효과적인 공급망 관리 성과를 기대하기는 어렵게 때문이다. 이는 마치 우리가 주변을 살피지 않고 길을 가는 것과 같다. 이제 오늘날 글로벌 환경의 변화와 센싱의 원칙과 도구에 대해서 살펴보자.

1. 글로벌 환경 센싱

환경 센싱environment sensing은 '거시macro 및 미시micro 환경에서 어떤 사건이 발생하거나 발생할 것 같은 상황을 지속적으로 모니터링하고 변화를 분석하여 리스크 요인과 추세를 파악하는 것'을 일컫는다. 공급망 관리의 리스크 요인은 거시 리스크 요인과 미시 리스크 요인으로 분류될 수 있다.[1] 거시 리스크 요인은 자연 재해, 전쟁, 화재, 정치 불안정, 경기 침체, 법 규제, 사회와 문화적 불평 등을 포함한다. 미시 리스크 요인은 수요, 제조, 공급 및 인프라(정보, 운송, 재무) 리스크 요인으로 세분될 수 있다. 수요 리스크 요인은 부정확한 수요 예측, 수요 변동성, 고객 의존도, 경쟁 변화, 시장 변화 등을 포함하고; 제조 리스크 요인은 노동 쟁의, 노조 파업, 노동 조건, 창고와 생산 중단, 불안정한 제조 공정 등; 공급 리스크 요인은 배송 요건 충족 실패, 공급업체 파산, 공급업체 의존도, 단일single 소싱, 유일sole 소싱, 공급업체의 열악한 가시성 등; 정보 리스크 요인은 정보 인프라 고장, 정보 투명성 결핍, 시스템 통합, 인터넷 보안 등; 운송 리스크 요인은 과도한 운송 처리, 운송 사고, 항만 파업, 공급망 복잡성, 진부한 기술 등; 재무 리스크 요인은 환율, 통화 변동, 금리, 가격 변동, 신용 기간credit period 등을 포함한다.

리스크는 ISO 31000: 2018(리스크 관리)에 따르면 '목표에 관한 불확실성의 긍정적 또는 부정적 영향'을 의미하고, 리스크 요인, 잠재적 사건 및 그 결과와 발생 확률로 표현된다.[2] 따라서 기업은 환경 센싱을 통해 잠재적 위험 손실을 줄이고 가치를 창출하는 기회를 모색하는 것이 필요하다. 이와 같은 환경 센싱 분석 결과는 선제적 리스크 완화와 기회 창출 전략 및 신속한 리스크 대응 전략을 수립하고 실행하는데 활용된다. 이제 글로벌 환경의 변화와 이 변화가 공급망 관리에 미치는 영향에 대해서 살펴보자.

글로벌 환경의 변화

1990년대 이후 현재까지 세계는 정치, 경제, 기술, 사회, 환경과 규제의 많은 변화를 경험해 오고 있다. 많은 사건 중에 특히 1991년 소비에트 연방의 붕괴, 2007~08년 글로벌 금융위기, 2010년대 초반 미국과 독일에서 시작된 4차 산업혁명, 2018년 미·중 무역전쟁과 2019년말 코로나19 팬데믹의 발발은 세계 경제체제와 산업 환경에 큰 변화를 가져오게 되었다. 각 사건이 야기한 글로벌 경제 상황의 변화를 크게 세 시기로 나누어 살펴봄으로써, 기업에게 주는 시사점, 특히 글로벌 공급망 환경의 변화가 공급망 관리에 미치는 영향에 대한 통찰을 알아보자.

시기 1(1991~2006년): 1991년말 소비에트 연방의 붕괴는 세계2차대전 이후 40여년간 지속되어 온 냉전 시대의 종말을 고하며 탈냉전 시대를 열었다. 이로 인해 자유, 인권, 평등과 합의에 기반을 둔 자유주의의 글로벌 입지가 더욱 공고해졌고, 국제통상질서는 국가 간 자유무역협정Free Trade Agreement(FTA)이 활발하게 체결되면서 무역장벽이 낮아지고 경제적 규제가 완화된 글로벌 자유무역주의 시장경제체제 하에 안정화되었다. 특히 미국은 정보기술Information Technology(IT)의 발전과 인터넷의 상업화로 고부가 가치의 기술 집약적 산업, 글로벌 이커머스e-commerce와 금융산업의 빠른 성장을 견인하였다. 이로 인해 1990년대 후반에서 2000년대 중반에 이르기까지 골디락스Goldilocks 경제로 알려진 '적정한moderate 성장, 생산, 실업률, 실질 소득과 물가'의 안정적인 성장기를 누리게 되었다. 또한 1990년대 중반에 공급사슬 관리SCM가 업계의 본격적인 주목을 받게 되면서, 기업 활동의 초점이 기능 부서 관점에서 고객 중심 프로세스 관점으로, 경쟁이 기업 간에서 공급사슬 간 경쟁으로, 비용과 이익 최적화도 자사 관점에서 공급사슬 관점으로 전환shift하게 되었다.

한편 중국은 정부 통제의 시장경제체제 하에 저렴한 제품의 양적 생산에 기반을 둔 노동 집약적 제조업을 중심으로 경제 부흥의 시동을 걸었고, 특히 2001년 세계무역기구WTO에 가입하게 되면서 값싼 노동력과 거대한 수요시장을 찾는 타국 기업들의 아웃소싱outsourcing과 오프쇼어링offshoring의 중심지인 세계 제조공장으로 부상하기 시작하였다. 이로 인해 공급망 관리에서 비용 효율적인 공급망의 글로벌화, 현지 생산과 구매 체계의 구축 및 글로벌 수요에 대한 글로벌 공급의 대응이 핵심 사안으로 부상하게 되었다. 하지만 급속한 산업 및 기술의 발전과 과도한 자본주의의 사회와 환경을 등한시한 성장은 온실가스와 폐기물 배출 및 자원 사용과 낭비의 증가로 인해 환경과 자원 생태계를 훼손하고 경제·사회적 불평등을 초래하게 되었고, 공급망 리스크와 지속가능성 이슈가 서서히 수면 위로 떠오르게 되었다.

시기 2(2007~2017년): 미국은 2000년대 중반 서브프라임 모기지subprime mortgage와 연계된 고위험 투자의 증가로 2007~08년 뉴센츄리 파이낸셜New Century Financial Corporation과 리만 브라더스Lehman Brothers와 같은 초대형 금융회사들의 파산과 엄청난 규모의 하우징 버블이 붕괴하면서 글로벌 금융위기Global Financial Crisis라는 대불황Great Recession을 맞게 되었다. 그 파장은 EU와 남미 국가들로 확산되면서 1929년 대공황Great Depression에 비견되는 위기, '금융 규제 강화, 소비와 투자 위축, 실업 증가와 저성장'의 뉴노멀new normal을 초래하였다. 이로 인해 미국의 세계 시장지배력과 자본주의 시장경제체제는 서서히 그 힘을 잃어 가기 시작하였고, 기업과 공급망의 윤리 경영과 사회적 책임 경영의 중요성이 학계와 업계에서 다시 강하게 제기되었다.

금융위기 이후 2010년대 초반에 미국과 독일을 주축으로 4차 산업혁명이 시작되었고, 미국은 빅테크Big Tech 기업들(예로, 마이크로소프트Microsoft, 애플Apple, 시스코Cisco, 구글Google, 인텔Intel)이 소프트웨어, 컴퓨팅, 사물인터넷Internet of Things(IoT), 인공지능Artificial Intelligence(AI), 바이오테크Biotech 등 다양한 첨단 산업 분야에서 성장을 견인하였다. 또한 다양한 플랫폼Platform 기업들(예로, 아마존, 페이스북현재 Meta, 에어비앤비Airbnb, 우버, 존 디어John Deere, 지멘스Siemens)도 서비스와 제조의 제 분야에서 비즈니스 모델과 기업생태계 디자인의 혁신을 통해 성장을 이끌었다. 이로 인해 기업과 공급망 관리의 초점은 디지털화와 지능화에 맞춰지게 되었고, 또한 더욱 심각해진 기후 변화와 사회 불평등으로 인해 지속가능 발전과 ESGEnvironmental, Social and Governance(환경, 사회와 지배구조) 경영 및 지속가능 공급망 관리가 핵심 이슈로 급부상하게 되었다.

한편 중국과 인도를 포함한 아시아 개발도상국들은 지속적인 아웃소싱과 오프쇼어링의 증가로 인해 글로벌 금융위기의 경제적인 여파를 피할 수 있었다. 특히 중국은 2010년대에 들어 세계 제조공장으로서 글로벌 중간재 무역의 폭발적인 성장을 견인하며 GDP 세계 2위의 경제 초강대국으로 급부상하게 되었고, 성장의 기조도 노동 집약적인 양적 성장에서 기술 집약적인 질적 성장으로 점차 변화하게 되었다. 이와 같은 중국의 경제적 파워의 급상승은 다가오는 글로벌 자유무역주의의 균열을 암암리에 예고하고 있었다.

시기 3(2018년~현재): 미국은 금융위기 이래 대중 무역적자가 지속됨에 따라 2018년 중국을 견제하기 위해 지식재산 도용, 첨단 기술 유출, 정보보안의 문제를 제기하며 관세 장벽을 높였고, 이는 미·중 무역전쟁을 본격화하였다. 미국과 EU 및 친서방국은 중국 공급망 의존도를 줄이기 위해 디커플링decoupling과 디리스킹derisking을 위한 글로벌 밸류체인Global Value Chain(GVC) 또는 공급망의 재편을 시작하였고, 이로 인해 약 30년 간의 탈냉전 시대가 막을 내리고 신냉전 시대가 시작되었다. 1990년대~2010년대를 풍미한 글로벌 자유무역주의는 2020년대에 들어 다양한 법과 무역규제와 국가 및 다자 간multi-lateral 전략적 동맹으로 인해 보호무역주의로 바뀌어 가고 있고, 친서방국의 시설 투자는 중국에서 미국 및 급부상하고 있는 확대된 글로벌 사우스Global South(인도, 베트남, 인도네시아, 멕시코, 브라질 등)로 재편되는 프렌드쇼어링friendshoring과 니어쇼어링nearshoring 및 트렌스쇼어링transshoring이 일어나고 있다.

설상가상으로 2019년말 중국 발 코로나19가 전 세계로 빠르게 확산하면서 팬데믹은 전 세계에 전무한 스케일의 공장 셧다운shutdown, 지역과 국가 락다운lockdown, 공급망 교란, 물류 차질 사태로 인한 심각한 경기침체를 초래하였다. 이로 인해 기업은 심각한 유동성 위기에 직면하게 되었고, 한편 디지털 전환, 지능화, 일하는 방식의 변화 및 ESG 이슈가 급부상하는 계기가 되었다. 또한 2022년 2월 러시아의 우크라이나 침공으로 시작된 러·우전쟁은 에너지와 곡물 가격을 상승시키며 전반적인 고물가를 야기했고 이는 인플레이션을 막기 위한 금리 인상으로 이어졌다. 2023년 10월 하마스의 이스라엘 공습으로 시작된 전쟁은 후티와 헤즈볼라의 가담으로 격화되면서 중동지역의 지정학적 리스크와 공급망 및 물류 리스크를 크게 증가시켰다.

2025년 현재, 지속되고 있는 무역 전쟁과 군사 전쟁으로 인한 신냉전은 미국과 EU 및 친서방국 동맹 대 중국, 러시아 및 친중국 동맹으로 확산되고 있다. 이로 인해 자유무역주의 하의 글로벌화와 보호무역주의 하의 탈글로벌화 및 지역 블록화 현상이 혼재하고 있다. 세계 경제는 반도체와 AI 등 하이테크 산업과 글로벌 이커머스를 중심으로 회복세를 보이고 있지만, 글로벌 금융위기때와는 또 다른 뉴노멀인 '규제 강화, 저성장, 고물가와 고금리'의 심각한 경기 침체와 둔화를 겪고 있다. 2024 세계경제포럼World Economic Forum(WEF)은 향후 10년 간 글로벌 위기 상황이 더욱 심각해질 것이라는 암울한 전망을 내놓았고, 현재 기업은 경기 둔화 외에 기상 이변, 지정학적 대립, 기술 가속화와 사회 분극화의 복합적인 위기가 상시 도사리고 있고 불확실성과 변동성이 더욱 증가한 뉴애브노멀new abnormal의 산업 환경에 놓여 있다.[3] 이로 인해 공급망의 불확실성과 복잡성은 더욱 증가하고 있고, 그 관리의 초점도 비용 효율성 관점에서 리스크 관점으로 변화하면서 공급망의 탄력성resilience, 안정성stability 및 지속가능성sustainability이 기업의 핵심 사안으로 떠오르고 있다.

글로벌 거시 환경 센싱

표 9-1은 오늘날 글로벌 거시 환경 변화와 기업의 챌린지에 대한 PESTEL정치, 경제, 사회, 기술, 환경, 법 규제 분석 결과를 요약하고 있다. PESTEL 분석은 기업과 공급망에 영향을 미치는 거시 환경의 위험 또는 위협threat 요인과 기회opportunity 요인을 찾는데 활용된다.

Political정치: 1991년말 소비에트 연방의 붕괴로 인한 탈냉전 시대의 도래로 세계 정치의 다극화 현상이 두드러지게 나타났고, 동아시아 특히 중국과 이슬람권의 부상이 뚜렷하게 나타났다.[4] 2007~08년 글로벌 금융위기와 2016년 영국의 브렉시트Brexit 투표(2020년 영국의 EU 탈퇴) 및 미국의 트럼프Donald Trump의 대선 승리를 거치면서, 자유민주주의 내 포퓰리즘populism과 국가주의nationalism의 경향이 세계 도처에서 나타나고 있다.[5] 2018년 본격화된 미·중 무

표 9-1 글로벌 거시 환경 변화와 기업의 챌린지: PESTEL 분석

- **Political**정치: 미·중 무역 갈등, 전쟁, 선거; 국가주의, 신냉전; 지정학적, 기정학적, 자정학적 리스크의 증가
- **Economic**경제: 뉴노멀(저성장, 고물가, 고금리), 글로벌 경기둔화; 보호무역주의, 탈글로벌화, 지역 블록화; 공급망 및 재무적 리스크의 증가
- **Social**사회: 계층적 분열, 고령화; 인권, 노동 정책, 안전보건; 평판, 조직, 규제 및 공급망 리스크의 증가
- **Technological**기술: 과학과 공학 발전의 가속화; 부정적 영향, 디지털 디바이드, 일하는 방식의 변화; 기술, (사이버) 보안, 정보보호 리스크의 증가
- **Environmental**환경: 기후 재앙, 생태계 붕괴, 바이러스; 온실가스 배출, 자원 고갈; 기후변화에 대한 적응과 완화, 순환경제; 환경과 공급망 규제 리스크의 증가
- **Legal·Regulatory**법 규제: ESG/지속가능성 공시 및 실사법 등 규제 강화, 투명성, 공정, 정의; 규제, ESG 및 공급망 리스크의 증가

역전쟁, 동중국해와 대만을 둘러싼 분쟁, 2022년 2월 일어난 러시아·우크라이나 전쟁, 2023년 10월 시작된 하마스(후에 예멘 후티, 이란 헤즈볼라 합류)·이스라엘 전쟁, 2024년 북한과 러시아의 밀착 관계는 탈냉전의 종식과 함께 군사적 긴장을 고조시키며 권역 및 국가 간 신냉전 체제로의 변화 기조를 뚜렷하게 들어내고 있다. 또한 2024년 수많은 국가들의 선거도 정권의 변동과 정치 지도자들의 정책 노선의 변화로 인한 불확실성을 높이고 있다.[6]

특히 미국과 EU및 친서방 국가 대 중국과 러시아의 신냉전과 세계 도처의 국가별 불안정한 정치상황은 지정학적geo-political 리스크의 증가를 초래하고 있다. 또한 기술과 자원이 무기가 되고 있는 기정학적tech-political, 자정학적resource-political 리스크도 커지고 있다. 이와 같은 리스크는 대체로 기업이 통제하기가 어렵거나 불가능하다. 이로 인해 기업은 개발, 구매, 생산, 물류, 서비스의 전체 가치사슬의 리스크와 비용이 증가함에 따라 많은 어려움을 겪고 있다.

Economic경제: 2018년 미·중 무역전쟁이 본격화되면서 기업은 물론 국가 차원에서 공급망 리스크가 핵심 이슈로 떠오르게 되었고, 미국과 EU는 GVCGlobal Value Chain의 중간재 무역의 중국 의존도를 줄이기 위해 탈중국화, 중

국과의 디커플링 또는 디리스킹을 시작하였다. 여기에 한국을 포함한 친서방 국들이 참여하면서 지역 블록화 현상과 미국 및 글로벌 사우스로의 프렌드 쇼어링, 니어쇼어링과 같은 글로벌 공급망의 재편이 일어나고 있다. 이로 인해 2000~10년대 전성기를 맞이했던 글로벌 자유무역주의 기조는 인권, 노동, 환경과 관련된 다양한 법 규제(예로, 미국 인플레이션 감축법Inflation Reduction Act(IRA), EU 핵심원자재법Critical Raw Materials Act(CRMA), EU 기업 지속가능성 실사 지침 Corporate Sustainability Due Diligence Directive(CSDDD) 등)와 국가 간 전략적 동맹(예로, 인도태평양 경제프레임워크Indo-Pacific Economic Framework(IPEF), 칩Chip 4등)으로 인해 보호무역주의와 자국우선주의 기조로 바뀌어 가고 있다.

또한 코로나19 팬데믹과 전쟁은 저성장, 고물가, 고금리의 뉴노멀을 초래하였고, 이로 인해 소비 심리가 위축되고 공급의 불안정성이 높아짐에 따라 세계 경제는 새로운 국면의 글로벌 경기 침체와 둔화를 경험하고 있다. 이는 정치적 상황의 변화와 맞물려, 기업의 공급망과 물류 리스크 및 시장, 디폴트, 유동성 등의 재무적 리스크를 증가시키고, 대부분 기업들의 고용과 투자 심리를 위축시키고 수익성 구조를 악화시키고 있다. 2024년 들어, 세계 경제는 서서히 회복해 가는 추세를 보이고 있지만 경기 둔화 현상은 여전히 지속되고 있다.

Social사회: 종교와 문화, 특히 정치로 인해 국가적, 사회적 분열이 팽배해졌고, 자본주의 하의 부의 불균형 문제가 심화되면서 사회 계층적 분열divide이 심각하게 나타나고 있다. 전 세계적으로는 인구가 증가하고 있고 고령화 현상이 두드러지게 나타나면서 연금과 실버 케어 및 복지에 관한 이슈가 중요하게 떠오르고 있다. 한편 인구가 감소하고 있는 국가에서는 생산인력의 감소 현상으로 인해 해외 노동력의 이주와 이민과 함께 다문화 포용성 문제가 중요한 사회 이슈로 부상하고 있고, 저개발국가에서는 식량과 에너지 위기가 심각하게 나타나고 있다.

2000년 유엔 글로벌콤팩트UN Global Compact(UNGC)에서 제기된 인권과 근로 기준, 환경, 반부패에 대한 ESG와 관련 DEIDiversity, Equity, Inclusion(다양성, 형평성, 포용성)

및 안전보건과 사회적 정의justice에 대한 중요성이 점차 증가하고 있고, 이 이슈는 저개발국이나 개발도상국에서 더 심각하게 나타나고 있다. 또한 디지털화의 가속화와 코로나19로 인해 일하는 방식과 요구되는 스킬의 변화가 빠르게 일어나고 있고, 사회적 디지털 디바이드digital divide 문제도 해결해야 할 핵심 이슈로 주목받고 있다. 나아가 연령대별로(예로, MZ 세대) 나타나는 가치관과 라이프 스타일의 차이는 기업의 조직 문화에 큰 영향을 미치고 있다. 이와 같은 변화는 기업과 공급망 관련 규제, 평판, 조직 리스크를 증가시키고 있다.

Technological기술: 지난 반세기 동안의 과학과 기술(ICT, IoT, 클라우드, 컴퓨팅, 데이터 테크, 블록체인, (생성형generative) AI, 자율주행, 로보틱스, 바이오테크 등)의 급속한 발전은 점점 가속화하고 있고, 정보 접근성, 신속성, 편의성과 문제해결력, 관련 고용 창출 등 다양한 측면에서 기업, 인류, 사회와 환경에 긍정적 영향을 미쳐 왔다. 이로 인해 기업은 제품에서 비즈니스 모델에 이르기까지 다양한 형태의 혁신을 추진하고 있고, 자동화를 넘어 디지털화, 지능화, 자율화 방향으로 나아가고 있다. 반면 ICT와 소셜 네트워크의 급속한 발전은 사고의 획일화, 프라이버시의 침해, 비윤리, 디지털 디바이드, 불평등, 단순 반복적 일자리의 감소 등 심각한 부작용도 초래하고 있다. 이 같은 부작용을 해결하기 위해 기업, 사회, 국가 및 범세계적인 노력이 이루어지고 있지만 아직은 매우 미흡한 실정이다.

또한 디지털 기술은 일하는 방식에도 영향을 미치고 있다. 코로나19를 거치면서 원격 근무와 하이브리드 근무의 비중이 증가하고 있고, MZ 세대의 필요를 충족하기 위한 워케이션workcation = work + vacation이 등장하게 되었다. 또한 디지털 전환Digital Transformation(DX)의 일환으로, 사람과 사람의 협업을 넘어 사람과 기계, AI, GPTGenerative Pre-trained Transformer가 협업하는 변화가 빠르게 일어나고 있다. 이에 필요한 지식과 스킬의 습득과 훈련이 중요한 이슈로 부상하고 있다. 나아가 기업은 물론 국가 간 핵심기술(소재, 부품, 장비)의 경쟁력 우위를 점하기 위한 치열한 경제 전쟁이 일어나고 있고, 정치적 상황과 맞물려 미국과 EU를 중심으로 한 다양한 관련 규제가 늘어나고 있다. 이로 인해 기업의 기술(역량 부재, 진부화, 민주화 이슈), (사이버) 보안, 정보보호 및 공급망 규제 리스크가 증가하고 있다.

Environmental환경: 무분별하고 무책임한 자원 집약적 산업 발전과 가치사슬 활동으로 인한 온실가스와 폐기물 배출, 자원과 에너지 사용 및 환경 파괴적인 개발 등으로 인해, 최근 지구는 심각한 글로벌 온난화global warming와 지구물리학적geophysical 재앙(지진, 화산 폭발)에 직면해 있다. 이로 인해 인류는 심각한 기후 재앙(홍수, 스톰storm, 산불, 가뭄, 산사태landslide, 극한 기온), 인명 피해, 육상과 해양 생태계 파괴로 인한 종species의 감소, 자정능력의 감소 및 바이러스 증가의 위기 상황에 처해 있고, 이는 더욱 빠르게 악화되고 있다. 중국과 인도 등을 제외한 대다수 국가들이 2050년까지 탄소중립(넷제로net zero)을 선언하고 있지만, 최근 지구 온도 상승 예측 시나리오는 불행하게도 훨씬 더 암울한 상황이다.

유엔을 필두로 한 범세계적인 협약과 컨퍼런스(2015년 파리협약Paris Agreement, 매년 개최되는 COPConference of the Parties 등), 글로벌 포럼(세계경제포럼 등)과 산업별 다양한 협의체(RBAResponsible Business Alliance(책임 있는 비즈니스 동맹), SACSustainable Apparel Coalition(지속가능 의류 연합) 등) 및 국제기구(GRIGlobal Reporting Initiative, ISOInternational Organization for Standardization)는 기후변화에 대한 적응과 완화(온실가스·탄소 중립, 물 사용 저감 등), 자원의 효율적 사용을 위한 순환경제(폐기물 감축, 재활용, 재사용 등)에 관한 기준과 지침을 마련하고 실행을 촉구하고 있다. 이로 인해 기업의 환경과 공급망 규제 리스크가 증가하고 있다.

Legal·Regulatory법 규제: 상거래, 계약, 지식재산, 회계, 무역, 운송, 환경, 안전보건, 고용 등 다양한 영역에서의 국가별 및 산업별 법과 규제 외에, 최근 들어 지속가능성과 ESG 이슈가 핵심 이슈로 부상하면서, 미국과 EU를 중심으로 지속가능성 또는 ESG 공시(CSRDCorporate Sustainability Reporting Directive(기업 지속가능성보고지침) 등), 지속가능성 실사(CSDDD 등), 탄소규제(CBAMCarbon Border Adjustment Mechanism(탄소국경조정제도), 배출권거래제 등) 등의 다양한 규제가 강화되고 있는 실정이다.

이로 인해 기업에게 투명성, 공정, 윤리와 정의가 더욱 요구되고 있고, 기업의 다양한 영역에서, 최근 특히 ESG와 공급망 관련하여 규제 리스크가 증가하고 있다. 따라서 ESG와 공급망을 포함한 다양한 법과 규제를 준수Compliance하는 것은 기업이 최소한 충족해야 할 중대한 필수 사안이 되고 있다.

PESTEL 분석을 통해 살펴보았듯이, 기업은 다양한 유형의 재무적 및 비재무적 리스크에 직면해 있다. 2024 세계경제포럼은 안타깝게도 향후 10년간의 글로벌 위기 상황에 대한 암울한 전망을 내놓았고, 글로벌 리스크에 영향을 미칠 구조적 힘으로 기후 변화, 인구학적 분기bifurcation, 기술 가속화, 지정학적 전략 시프트geostrategic shift를 지목하고 있다.[7] 이는 기업이 성장의 여정에서 반드시 고려해야 할 핵심 요소라 할 수 있다. 또한 오늘날 세계 경제는 다극화와 지역 블록화, 글로벌화와 탈글로벌화, 아웃소싱과 내재화가 혼재되어 있고, 이와 같은 공급망 디자인과 시설 거점에 대한 의사결정은 기업이 탄력적 지속가능 공급망 관리를 하는데 있어 신중하게 고려하고 선택해야 할 중대 사안이다. 또한 4차 산업혁명과 코로나19로 인해 기업의 지속가능 디지털 공급망 관리가 기업의 핵심 사안이 되고 있다. 이제 코로나19 팬데믹 기간과 그 이후에 글로벌 CEO들은 기업을 운영하는데 어디에 초점을 맞추고 있는지에 대해서 살펴보자.

글로벌 CEO의 의제

코로나19 팬데믹이 세계 경제 침체를 가져온 2020년 KPMG 2020 CEO 전망에 따르면,[8] 글로벌 CEO 80%가 팬데믹이 디지털 전환을 가속화하고 있고, 77%가 코로나19로 인해 새로운 일(업무) 방식으로 디지털 협업과 커뮤니케이션 툴의 구축을 지속하고 있고, 67%는 글로벌 공급망을 재편하고 고객 요구에 민첩하게 대응하기 위한 준비를 하고 있다고 답했다. 그리고 인력관리의 중요성과 기후 관련 리스크의 증가로 인한 ESG의 중요성을 피력하였다.

코로나19 엔데믹이 선포된 2023년 5월 이후에도 미·중 무역전쟁, 영토 분쟁 및 전쟁으로 인한 지정학적 리스크의 증가와 글로벌 공급망의 불안정 및 고물가와 고금리, 그리고 더 심각해진 기후 환경과 자원 및 사회 문제로 인한 ESG 규제의 증가로 글로벌 불확실성과 복잡성은 증가하고 있고 경기 둔화는 계속되고 있다. 하지만 KPMG 2023 CEO 전망에 따르면,[9] 글로벌 CEO 73%가 향후 3년간의 글로벌 경제의 회복력resilience에 대한 확신을 가지고 있다고 응답했다. 글로벌 CEO들은 톱 10 리스크로 지정학과 정치 불확실성, 운영 이슈, 이머징emerging·와해성disruptive 기술, 공급망, 규제 우려, 환경·기후 변화, 금리, 사이버 보안, 평판 리스크, 인력관리를 들었다. 나아가 이들은 전략적 우선순위를 재평가하고 생성형 AI의 부상, 인력관리, 이해관계자들의 ESG에 대한 높은 기대에 초점을 맞추고 있다.

와해성 기술 중 하나인 AI에 대해서 살펴보면, 특히 최근 ChatGPT나 Bard와 같은 생성형 AI는 우리 일상, 비즈니스와 사회의 많은 영역을 변화시키고 있다. 글로벌 CEO 70%가 미래 경쟁우위를 위해 생성형 AI에 투자를 확대하고 있다고 응답했다.

일 방식과 인력관리에 대해서는, 글로벌 CEO 64%가 3년 내 코로나19 시기의 원격 근무나 하이브리드 근무에서 다시 직장 근무로의 변화를 기대하고 있고, 87%는 직장 근무 직원에 대해 원하는 업무 배정, 봉급 인상, 승진과 같은 보상을 할 것이라고 하였다. 한편 DEI의 중요성에 대한 전반적 인식은 있지만, 글로벌 CEO 66%가 다양성과 포용성에 대한 진전이 너무 느리고, 72%가 다양성을 달성하는데 고위 경영층의 변화가 필요하다고 하였다.

ESG에 대해서는, 글로벌 CEO 69%가 여러 지정학적, 경제적 챌린지에 직면한 경우에도 탄력적 사업과 가치 창출 및 장기적 성장을 위해 ESG를 비즈니스에 충분히 내재화하고 있고, 35%가 내적, 외적으로 ESG에 대한 언어의 변화와 가장 합리적인 영역에 대한 우선순위 결정을 피력했고, 24%는 ESG가 향후 3년 동안 고객 관계에 가장 큰 영향을 미칠 것이고 16%는 브랜드 평판을 쌓는데 도움이 될 것이라고 응답했다. 또한 글로벌 CEO들은 새로운 규제와 변화하는 정치에 잘 적응하고 있지만, 68%는 현재의 ESG 진전이 주주나 다른 이해관계자들의 잠재적 정밀 조사를 견디기에는 충분하지 않다고 지적했다.

지금까지 우리는 글로벌 환경의 변화와 글로벌 CEO들의 의제에 대해서 살펴보았다. 이제 구체적으로 공급망 환경 센싱의 체크리스트와 거시 및 미시 환경 센싱과 이해에 대한 보편적인 원칙과 이를 위한 도구에 대해서 알아보자.

2. 환경 센싱의 원칙과 도구

환경 센싱은 거시 및 미시 환경에서 발생하거나 발생할 것 같은 사건과 상황을 지속적으로 모니터링하고 변화를 분석하여 리스크 요인과 추세를 파악하는 것이라 하였다. 그렇다면 기업이 효과적인 공급망 관리를 위해 거시 환경과 공급망 환경을 센싱하는데 고려해야 할 요소는 어떤 것이 있을까?

환경 센싱의 체크리스트

거시 환경 센싱 요소

표 9-2는 글로벌 거시 환경을 센싱하는데 고려해야 할 요소를 PESTEL 분석 관점에서 정리하고 있다.

표 9-2 글로벌 거시 환경 센싱 PESTEL 분석 요소

- **Political**정치: 문명과 권역 및 국가 간 갈등, 정치적 불안정, 전쟁, 선거
- **Economic**경제: 경제 상황(경제성장률, 물가, 금리, 경제 정책), 산업 상황(산업 구조, 수요 변동, 소비자 심리지수, 소비자 기대수준과 선호도 및 요구 사항의 변화, 공급업체 투자와 설비 가동률, 생산 공급능력, 원자재 조달 정책, 공급 가격과 물량 변동), 무역 환경(무역주의 기조, 무역 정책, 관세, 무역협정, 법 규제)
- **Social**사회: 계층적 분열, 인구 변화, 고령화, 인권과 노동 정책, 윤리, 안전보건
- **Technological**기술: 기술 발전의 트렌드와 비즈니스에 미치는 영향, 디지털 디바이드, 일하는 방식의 변화, (사이버) 보안
- **Environmental**환경: 기후 변화, 생태계 변화, 바이러스, 자원 고갈
- **Legal·Regulatory**법 규제: ESG·지속가능성 공시 및 실사법 등 법과 규제

공급망 환경 센싱의 체크리스트

공급망 환경의 잠재적 리스크 요인은 매우 다양하고 역동적이며, 복잡한 상호 작용을 통해 공급망의 안정성과 지속성 및 강건성에 영향을 미친다. 표 9-3은 공급망 환경을 센싱하는데 고려해야 할 요소를 공급망의 구성 요소 관점에서 정리하고 있다.[10]

표 9-3 공급망 환경 센싱 요소

- **생산 투입물**what: 원부자재 가용성, 부품 결함, 투입물 구매가격 변동
- **공급업체 네트워크**who: 자연재해, 공급업체 도산, 규제 변화, 역외 아웃소싱의 통제 수준 감소, 법 규제 및 정치적 격변, 노사 분규, 단일 공급업체 의존도, 공급업체 밀집, 높은 공급능력 가동율, 공급업체의 낮은 수율과 품질, 공급업체 프로세스 경직성
- **설비 거점 위치**where: 공급망 탄소발자국(예, 에너지, 물, 탄소 등 환경) 등 ESG 이슈
- **흐름**flow: 공급망 기저의 자재(재고·물류), 정보와 재무(자금) 인프라 부문의 연결성
  - **자재 흐름**: 非적시 선적, 주요 수송터미널·항로·허브에서의 잠재적 교란, 중단; 공급망 각 단계에서 저장 또는 처리되는 자재·부품·완성품 재고 부족, 제품 품질, 부품 노후화·진부화율, 원자재 카르텔
  - **정보 흐름**: 정보기술 중단(예, 컴퓨터 다운, SW 결함, 사이버 보안 공격 등), 시스템 통합, 광대한 시스템 네트워킹, 가시성과 협력 관계
  - **재무 흐름**: 금융위기, 도산, 환율 변동, 내부 통제, 자금 유동성

환경 센싱의 도구

표 9-4는 환경 센싱의 분석 대상과 도구를 요약하고 있다. 리스크 분석은 매크로 리스크 분석과 마이크로 리스크 분석으로 분류될 수 있다. 매크로macro 리스크 분석은 거시 환경에 대한 분석으로, 그 대표적인 기법은 앞에서 살펴본 PESTEL 분석이다. 이는 정치, 경제, 사회, 기술, 환경과 법 규제의 변화 추세를 분석하여 리스크의 위협 요인과 기회 요인을 파악하기 위한 것이다. 마이크로micro 리스크 분석은 그 범위에 따라 가치사슬, 공급망과 비즈니스 생태계에 대한 분석으로 분류될 수 있다. 특히 비즈니스 생태계 리스크 분석은 리스크 발생의 주체인 기업의 다양한 내적, 외적 이해관계자의 기업에 대한 요구,

평가 또는 내용을 분석하는 것이다. 또한 리스크 분석은 재무적 리스크 분석과 비재무적 리스크 분석으로 나눌 수 있다. 재무적 리스크는 시장, 신용 또는 채무불이행default, 유동성 및 합의·정산settlement 리스크를 포함한다. 비재무적 리스크는 조직, 문화와 인적 자본 리스크; 수요, 공급, 운영, 품질, 기술과 프로세스 리스크; 인프라, 정보, 물류, 시스템과 보안 리스크; 브랜드, 평판과 홍보 리스크; 지정학과 기정학 및 자정학적 리스크, 환경과 CSR·ESG 리스크 및 법과 규제 리스크를 포함한다.

이 외에도 널리 알려진 포터Michael Porter의 5-Force 분석을 확장한 5-Force+ 분석은 시장 경쟁 강도, 진입 장벽, 대체재, 고객(사) 협상력과 공급업체 협상력 외에도 오늘날 기업의 수요와 공급에 중요한 영향을 미치는 보완재와 확장 산업 네트워크를 분석하여 위협 요인을 파악하기 위한 것이다. 산업 구조 분석은 기업이 속한 산업의 구조를 분석하여 기회 요인을 파악하기 위한 것이다. 산업 구조는 산업 수명주기 상의 구조(이머징 또는 도입, 성장, 성숙, 쇠퇴), 인터내셔널, 초경쟁, 네트워크 구조 등 다양하게 나타나고 있다. 그리고 가장 기본적인 3C 분석은 자사/계열사company와 경쟁사competitor의 내부 환경인 역량과 자원 및 고객customer의 인구통계demographics, 지리적 분포geographics, 사이코그래픽 phychographics(행동 양식, 가치관) 및 구매력purchasing power에 대해서 파악하기 위한 것이다.

표 9-4 환경 센싱의 분석 대상과 도구

- 리스크 분석: 매크로, 마이크로 리스크; 재무적, 비재무적 리스크
- PESTEL 분석: 정치, 경제, 사회, 기술, 환경, 법규
- 이해관계자 분석: 주주, 임직원, 노조, 파트너, 지역사회, 정부, 신용평가서, 미디어
- 5-Force+분석: 시장 경쟁강도, 진입장벽, 대체재, 고객(사) 협상력, 공급업체 협상력; 보완재, 확장 산업 네트워크
- 산업 구조 분석: 산업 수명주기 구조, 인터내셔널, 초경쟁, 네트워크 산업
- 3C 분석: 자사/ 계열사, 고객, 경쟁사

환경 센싱의 원칙

환경 센싱을 올바르게 수행하기 위해서 기업은 표 9-5에 요약되어 있는 다섯 가지 기본적인 원칙rule을 지키는 것이 중요하다.

첫째, 먼저 글로벌 전사 조직의 전담 환경 센싱 팀을 구성해야 한다. 팀은 전략기획실 산하에 두고, 리스크 전문가와 데이터 애널리틱스 전문가를 포함하는 것이 바람직하다. 팀은 경영경제연구소나 전략기획실 산하에 둘 수 있지만, 분석결과를 전략기획은 물론 사업부 및 기능 부서와 실시간 활발하게 공유하는 것이 중요하다.

둘째, 지속적으로 환경 변화와 트렌드를 모니터링해야 한다. 이때 환경 센싱에 대해 열린 마음으로 접근해야 한다. 팀은 개인의 주관적인 편견을 버리고 객관적인 관점에서 사실과 데이터를 수집해야 한다. 따라서 모니터링은 다양한 경로(뉴스, 국제 기구 자료, 업계 간행물, 연구원 자료, 자회사, 컨퍼런스, 포럼, 전문가 의견, 웨비나 등)를 통해 해야 하고, AI를 활용해 필요한 데이터와 정보를 필터링하는 등 다양한 방법을 활용하는 것이 중요하다. 특히 공급망 환경 센싱의 경우, 공급망 파트너와 정기적인 커뮤니케이션과 협력을 통해 데이터와 정보의 가시성을 확보하는 것이 필요하다.

셋째, 체계적인 데이터(정보) 거버넌스data governance 프레임워크와 시스템을 구축하고 운영해야 한다. 데이터 거버넌스는 데이터 수명주기, 즉 데이터 수집에서 정리, 분석, 유통 및 축적과 보유에 이르는 전 과정의 데이터 관리 및 보고 체계를 말한다. 이를 위해 효과적이고 효율적인 데이터 마이닝 및 환경 예측을 포함한 데이터 애널리틱스 기법을 활용하는 것이 필요하다.

넷째, 분석 결과를 통해 핵심 요소들의 패턴을 식별하고 예측하여 실행 가능한 유의미한 인사이트를 도출하고 이를 최고경영층은 물론이고 필요한 기능 영역과 소통하고 공유해야 한다. 기업에 도움을 줄 수 있는 유의미한 인사이트를 도출하기 위해서는 먼저 좋은 질문을 던져야 한다. 다시 말해, 왜 이 데이터를 수집해야 하고(변수 결정), 어떤 데이터 관계를 분석하고자(가설 수립) 하는 것인지를 결정해야 한다. 좋은 질문why, 좋은 투입요소input, 좋은 알고리즘process이 좋은 산출물output을 낼 수 있다.

다섯째, 분석 결과와 인사이트를 통한 시의적절한 대응이 필요하다. 환경 센싱을 통해 변화를 발견한 경우, 기업은 전략과 기획은 물론이고, 때로는 비전과 비즈니스 모델을 정제하는 것도 필요하다. 또한 데이터 분석과 평가를 통해 잠재적 공급망 취약성을 식별하고 그에 따른 대응 시나리오와 비상계획 contingency plan을 수립해야 한다. 다양한 시나리오와 관련 리스크를 고려함으로써 기업은 공급망 리스크를 완화하는 선제적 전략과 리스크 상황에 대한 탄력적이고 민첩한 대응 전략을 개발해야 한다. 시의적절한 대응이 있을 때 기업은 효과적인 기업 경영 또는 공급망 관리를 할 수 있다.

표 9-5 환경 센싱의 원칙

- 글로벌 전담 센싱 팀 구성
- 지속적인 변화 모니터링: 열린 마음으로 접근, 다양한 방법을 활용
- 체계적 데이터(정보) 거버넌스 시스템 구축과 운영: 다양한 분석 기법을 활용
- 유의미한 인사이트 도출과 공유(소통)
- 시의적절한 대응

3. 공급망 관리 트렌드

20세기 중반에 들어 다양한 기술의 발전은 제조업의 공급을 포함한 가치사슬 관리에 많은 영향을 미쳤다. 그림 9-1은 시간의 흐름 속에서 현대 제조업의 혁신 방향을 보여주고 있다.[11] 1960년대 후반-1970년대 초반에 허브앤스포크hub and spoke 시스템에 기반한 FedEx와 UPS의 물류 서비스 혁신과 더불어, 전자와 IT 기반의 3차 산업혁명이 일어났다. 이로 인해 PCPersonal Computer, PLCProgrammable Logic Controller, NCNumerically Controlled 머신, 유연생산시스템Flexible Manufacturing System(FMS) 등 산업 자동화에 의한 효율성 기반의 공급 관리가 발전하였다. 도요타Toyota의 다이치 오노Taiichi Ohno의 적기공급생산Just-In-Time(JIT) 기반의 도요타생산방식Toyota Production System(TPS)은 운영과 재고 및 공급 관리의 새

로운 지평을 열었다. 나아가 1980년 하버드 대학의 전략 교수인 마이클 포터Michael Porter가 제시한 가치사슬Value Chain 모형과 1982년 영국 컨설턴트인 키스 올리버Keith Oliver가 주창한 공급사슬 관리Supply Chain Management(SCM) 개념은 수요-공급 관리의 패러다임을 기능 중심에서 프로세스 중심으로 변화시키는 촉발제가 되었다.[12] 한편 1987년 브룬틀란Brundtland의 보고서에서 지속가능 발전의 개념과 틀이 제시되었고, 이는 21세기의 지속가능 및 ESG 경영의 초석이 되었다.

1990년대 초반에 들어 소비에트 연방의 붕괴로 글로벌 자유무역주의가 꽃을 피우기 시작하였고, 인터넷의 상업화와 IT의 급속한 발전으로 경제는 정보, 디지털 시대를 맞이하게 되었고, 1990년대 중반에 들어 업계는 프로세스 관점의 공급사슬 관리에 본격적으로 주목하면서 디지털화를 시작하였다. 이에 따라 기업은 전사적 자원 관리Enterprise Resources Planning(ERP) 시스템, 공급사슬 관리SCM 시스템과 고객 및 공급업체 관계 관리Customer, Supplier Relationship Management(CRM, SRM) 시스템을 구축하고 로보틱 프로세스 자동화Robotic Process Automation(RPA)와 같은 비즈니스 프로세스 자동화에 초점을 맞추게 되었다.

2000년대에 들어 중국의 WTO 가입은 글로벌화를 촉진하였고 아웃소싱과 오프쇼어링이 확산되면서, 현지 생산 및 구매조달 체계 구축, 글로벌 운영 역량 제고 및 공급 네트워크 내 협력과 가시성의 증진이 기업의 핵심 사안으로 부상하였다. 한편 지속가능 공급망과 순환 경제 이슈가 수면 위로 부상하기 시작하였다.

2010년대에 들어 메타버스metaverse, 로보틱스, 컴퓨팅, AI 등 첨단 기술의 발전은 독일의 제조 최적화를 위한 인더스트리 4.0으로도 알려진 사이버물리 시스템Cyber Physical System(CPS) 기반의 4차 산업혁명을 불러왔다. 이로 인해 현재 기업은 디지털 전환의 가속화와 함께 제품, 가치사슬과 비즈니스 모델의 상호 연결에 의해 보다 개인화된 고객 요구 충족과 가치 창출을 위한 지능화 방향으로 경영의 초점을 시프트하고 있다. 한편 2018년 미·중 무역전쟁의 본격화, 2020년대 초반의 코로나19 팬데믹, 러시아·우크라이나 전쟁과 하마스·이스라엘 전쟁 등으로 신냉전 시대가 열리게 되면서, 물가와 금리가 상승하였고, 글로벌 자유무역주의는 보호무역주의로, 글로벌화는 디리스킹에 기반한 탈글로벌화와 지역 블록화 양상으로 바뀌어 가게 되었다. 이와 함께 더욱 심각해진 기후 변화로 인해 거시 환경의 불확실성, 변동성과 복잡성이 증가하면서, 공급망 관리의 초점은 리스크와 네트워크 관점의 공급의 안정성과 탄력성 및 지속가능성에 맞춰지고 있다.

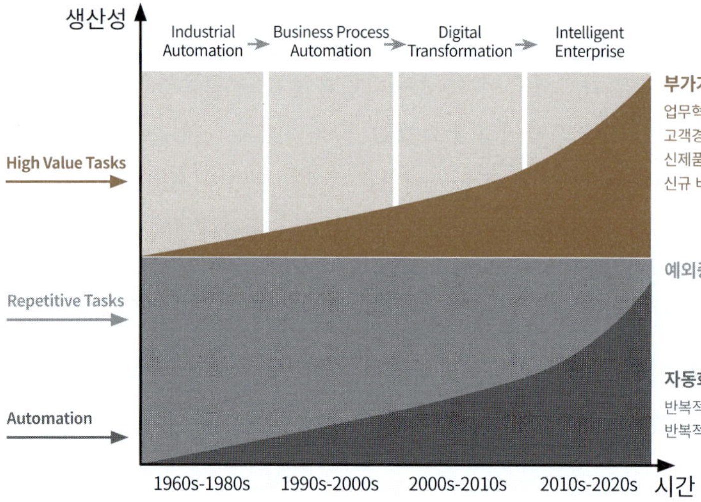

그림 9-1 현대 제조업의 혁신 방향

공급망 관리 트렌드

2020년대의 공급망 관리는 상시 복합 위기가 뉴애브노멀이 되고 있는 상황에서 그 어느 때보다 기업의 중요한 핵심 사안이 되었다. 공급망 관리의 핵심 요소와 10가지 트렌드는 다음과 같이 요약될 수 있다.

1) **고객 중심 프로세스**: 공급망 관리의 핵심은 가치사슬 내 기능 부서의 사일로silo 관점을 탈피하고 제품 실현 및 주문(수요) 획득과 충족 프로세스를 관리하는데 있다. 이러한 프로세스의 중심에는 고객이 있어야 한다. 이에 기

업은 고객의 역동적이고 변화하는 기대수준과 선호도 및 경험 데이터를 수집하고 분석하여 고객 만족을 관리하고 있다. 델[Dell]에서 시작된 주문조립 생산 방식의 대량 맞춤화[mass customization]의 총체적 고객 경험 혁신으로의 발전과 나아가 4차 산업혁명 시대의 XaaS[Everything as a Service]와 가까운 장래에 실현될 자율성 기반의 스마트 팩토리와 개인 맞춤화[omni-personalization]도 이 같은 맥락에서 진행되고 있는 예라 할 수 있다.

2) **협력**[collaboration]**과 가시성**[visibility]: 경쟁의 양상이 기업 간에서 공급망 간의 경쟁으로 변화하고 수요와 공급 환경의 불확실성과 변동성이 증가하면서, 업계에서 공급망 내 협력의 증진과 가시성의 제고는 비용 효율적이면서도 공급 리스크를 완화하는 효과적인 공급망 관리의 필수 요소로 인식되어 왔다. 이에 기업은 전략적 핵심 공급업체와 지속적인 소통을 통해 정보를 공유하고 공동 비용 절감과 신제품 개발 조기 참여 활동 등을 하는 전략적 제휴 관계와 파트너십을 구축하고, 다양한 협업 플랫폼과 네트워킹을 통해 공급망의 강건성을 증진하고 있다. 또한 디지털 트윈 시뮬레이션을 활용해 E2E[End-to-End] 프로세스의 가시성을 제고하여 수요에 대한 공급의 대응을 강화하고, 전사 수준에서 공급망의 1차 협력업체를 넘어 중요한 저층 공급업체에 대한 조기경보시스템[early warning system]을 가동하고 있다.

3) **디지털화**[digitalization]**와 지능화**[intelligence]: 불확실성이 높아짐에 따라 데이터, 정보와 지식 경영의 중요성이 증가하고 있다. 이에 기업은 IoT, (생성형) AI, 디지털 트윈, 블록체인, 로보틱스, 빅데이터 및 데이터 테크와 애널리틱스 등의 기술과 ERP, SCM, PLM[Product Lifecycle Management], CRM, SRM 등의 시스템을 활용하여 보다 신속하고 정확한 의사결정과 문제해결력, 공급망 파트너와의 데이터와 정보 공유 및 조정[coordination]을 향상시키고 있다. 또한 RPA와 같은 비즈니스 프로세스 자동화와 AI 기반의 수요-공급 예측 분석 및 고객과 직원의 경험 분석 등을 가능하게 하는 공급망 관리를 포함한 전사 경영 영역의 디지털 전환[Digital Transformation(DX)]과 지능화 혁신을 가속화하고 있다.

4) **글로벌화와 탈글로벌화**: 미·중 무역전쟁과 기술 패권 경쟁 및 신냉전으로 인해 글로벌 자유무역주의 기조가 보호무역주의 기조로 변화하면서, 글로벌화와 함께 중국 의존도를 줄이기 위한 디커플링 또는 디리스킹에 기반한 탈글로벌화가 공존하고, 프렌드쇼어링과 니어쇼어링과 같은 글로벌 공급망 재편이 일어나고 있고 국가와 권역 차원의 지역 블록화 현상이 나타나고 있다. 이에 기업의 공급망 관리는 비용 효율성 중심의 관리를 넘어 공급망의 안정성, 신뢰, 탄력성과 지속가능성을 증진하는 방향으로 바뀌어 가고 있다. 이로 인해 공급망 관리의 복잡성과 역동성이 크게 증가하고 있고, 그 어느 때보다 수요와 공급 및 서비스를 총체적으로 고려한 네트워크 내 현재와 미래를 고려한 시설 거점 전략이 핵심 사안으로 부상하고 있다.

5) **아웃소싱과 내재화**internalization: 글로벌 자유무역주의 기조가 보호무역주의 기조로 변화해 가면서 아웃소싱과 오프쇼어링이 중국에서 글로벌 사우스로 재편되어 가고 있다. 이에 기업의 공급망 관리의 초점도 저비용 중심에서 리스크를 고려한 공급 안정성 중심으로 바뀌어가고 있다. 역외 아웃소싱의 경우에는 여전히 품질, 납기와 유연성에 대한 컨트롤 이슈가 중요한 이슈이고, 오프쇼어링의 경우에는 현지 생산과 구매 체계를 구축하는 것과 생산·공급 인력의 확보가 중요한 이슈이다. 한편 한국과 같이 천연자원이 부족한 국가의 기업은 중장기적으로 핵심 소부장(소재, 부품, 장비)의 내재화 전략이 핵심 사안으로 부상하고 있어, 이에 대한 체계적인 로드맵 수립이 시급한 실정이다.

6) **내성**tolerance **과 탄력성**resilience: 최근 지정학적, 경제적, 환경적 불확실성과 특정 국가와 지역의 공급 의존도가 높아지면서 글로벌 공급망 리스크 관리는 기업의 중대한 사안으로 부상하고 있다. 이에 기업은 글로벌 거시와 미시 환경의 변화에 대한 센싱을 통해 유동성, 기후변화, 공급망 교란과 중단, 사이버 위협 등의 다양한 리스크를 파악, 분석, 완화하고, 선제적으로 내성의 강화와 리스크를 고려한 공급망 설계와 구축에 초점을 맞추고 있다. 또한 리스크가 발생할 경우, 민첩성agility에 기반하여 신속하게 대응, 회

복, 복원하고 향후 재발 가능성에 대비하는 공급망 탄력성의 혁신에 주력하고 있다. 특히 코로나19 팬데믹을 거치면서 리스크 모니터링을 내재화하고 공급망의 민첩한 확장가능성을 강화하는 추세가 나타나고 있다.

7) **컴플라이언스와 지속가능성**sustainability: 공급망 관리는 사회적 책임과 윤리적 이슈에 대한 고려를 강화해 가는 방향으로 발전해왔다. 최근 팬데믹을 거치면서 세계적으로 ESG와 지속가능 경영의 가속화와 함께 규제 또한 빠르게 증가하면서, 기업은 책임 있는 소싱, 환경과 자원 관리(탄소 저감, 순환경제 등), 인권과 노동 기준, DEI, 지속가능 공급망 및 사회적 영향에 점점 더 집중하고 있다. 이러한 추세는 기업이 컴플라이언스compliance(규정 준수)를 넘어 진정성을 가지고 혁신을 통해 윤리적, 친환경적 제품에 대한 소비자 요구 등을 포함한 사회, 환경적 이슈를 현재는 물론 미래를 고려하는 중장기적인 관점에서 능동적으로 개선해 나가야 할 책무stewardship를 더욱 요구하고 있다. 공급망 관리의 영역에서도 ESG와 지속가능성을 내재화하는 노력이 활발하게 나타나고 있다.

8) **경기 둔화와 공급망 비용 관리**: 경기 침체기에 늘 그래 왔듯이, 2020년대에 들어 저성장, 고물가, 고금리의 경기 침체와 둔화가 지속되고 있는 상황에서 전체 공급망 관점의 효율적인 비용 관리의 중요성은 아무리 강조해도 지나치지 않다. 이에 하이임팩트high impact 기업은 전사적 컨트롤 타워를 운영하여 전체 소싱 스펜드sourcing spend 카테고리(직접 품목, 간접 품목, 서비스 소싱)를 중앙 관리하고 단기간에 비용을 절감할 수 있는 영역(기본 구매, 소비 통제, 스피드 소싱)에 초점을 맞추고 있다.[13] 또한 소싱 스펜드의 제조업 평균을 보면 직접 품목 소싱 보다 간접 품목과 서비스 소싱의 비중이 더 커짐에 따라, 선진 기업은 직접 스펜드 외에도 간접 스펜드의 체계적인 관리에 집중하고 있다. 최근 팬데믹을 거치면서 리스크를 고려한 공급사슬 파이낸싱, 운전자본(매출채권, 재고, 매입채무)과 유동성 관리 및 물류 비용 관리도 중요한 이슈로 부상하고 있다.

9) **업무의 혁신**: 코로나19 팬데믹은 업무의 일상을 크게 변화시켰다. 엔데믹 전환 후에 글로벌 CEO들은 원격 근무와 하이브리드 근무에서 직장 근무로의 복귀를 기대하면서 이를 위한 다양한 인센티브를 마련하고 하지만, 특히 MZ 세대에서 재택, 원격 또는 하이브리드 근무에 대한 선호도가 높은 실정이다. 따라서 기업은 업무의 생산성과 직원의 사기 진작을 함께 고려한 현명하고 효과적인 대책 마련이 시급한 실정이다. 또한 디지털 기술의 발전으로 업무의 혁신, 즉 데이터 활용의 변화, 일하는 방법의 변화와 일하는 내용의 변화가 일어나고 있다. 디지털 기술을 활용한 데이터 기반의 실시간 분석과 의사결정, AI와 GPT를 활용한 디지털 협업, 지능적 프로세스를 활용한 업무 처리 등 일의 다양한 디지털 혁신이 일어나고 있다. 이에 공급망 관리 영역에서도 이와 같은 업무의 혁신이 진행되고 있다.

10) **조직과 탤런트 관리**: 공급망 관리를 포함한 기업 경영 전반에서 가장 핵심적인 요소는 조직과 탤런트(또는 인력, 인적 자원, 인적 자본) 관리라 해도 과언이 아닐 것이다. 조직과 사람은 기업의 성장에 지대한 긍정적 영향을 미침과 동시에 제약 조건으로도 작용한다. 예로 조직 구조는 통합적인 의사결정, 리스크 관리 및 구매 관리를 할 수 있게도 하고 할 수 없게도 한다. 조직 문화 역시 창의성, 혁신성, 집단 지성을 발휘하게도 하고 발휘할 수 없게도 한다. 또한 탤런트와 인사 관리도 시대의 조류에 맞는 역량과 스킬의 확보와 유지를 가능하게도 하고 가능하지 않게도 한다. 이에 기업은 현재와 미래 환경의 변화, 사회 가치관의 변화와 인구 변동의 추이를 센싱하며, 조직 구조의 유연성, 조직 문화의 다양성과 포용성, 구성원 역량과 스킬의 역동성과 창의성에 주목하며 변화해 가고 있다.

위의 10가지 트렌드를 요약하면, 공급망 관리는 시대와 환경 변화에 따라 공감, 창의와 경험에 기반한 고객 중심customer-centric 공급망, 연결, 지능과 자율에 기반한 디지털digital 공급망, 협력과 가시성 및 민첩성에 기반한 탄력적resilient 공급망, 컴플라이언스를 넘어 경제, 사회와 환경적 가치를 창출하는 지속가능sustainable 공급망 관리로 발전해 가고 있다. 이에 기업이 공급망 관리 혁신을 하기 위해서는 공급망 관리 트렌드를 포함한 글로벌 환경의 변화를 지속적으로 센싱하고 환경이 요구하는 고객 중심의 탄력적이고 지속가능한 디지털 공급망을 구축하는 방향으로 변화해야 한다.

10장

디지털 전환과 지능형 구매공급관리

디지털 전환Digital Transformation은 디지털 기술을 활용하여 비즈니스 모델과 운영 방식을 근본적으로 혁신하는 과정이다. 초기에는 데이터의 디지털화와 자동화 수준에 그쳤으나, 현재는 클라우드 컴퓨팅, 빅데이터, 인공지능Artificial Intelligence(AI), 사물인터넷Internet of Things(IoT) 등 첨단기술을 기반으로 기업 경쟁력을 강화하고 고객 경험을 혁신하는 방향으로 발전하고 있다. 디지털 전환은 단순한 기술적 변화가 아니라, 기업의 가치 사슬, 고객과의 상호작용, 경영 전략 전반에 걸친 포괄적 혁신을 통해 변화하는 시장 환경에 민첩하게 대응할 수 있는 역량을 제공한다. 이 과정에서 AI와 로봇 프로세스 자동화Robotic Process Automation(RPA)는 업무의 자동화를 넘어, 실시간 데이터 분석과 예측을 통해 전략적 의사결정을 지원하며, IoT와 디지털 트윈Digital Twin 그리고 블록체인Blockchain기술은 운영 효율성과 투명성을 극대화한다. 더 나아가 생성형 AIGenerative AI는 공급망 관리에서 친환경적 접근을 강화하고, ESG 목표를 지원하며 지속 가능성을 확보하는 데 기여한다. 본 장에서는 디지털 전환의 정의와 발전 과정을 다루며, 주요 기술의 응용 사례를 통해 기업 경영 및 공급망 관리에서 디지털 전환의 방향성을 논의하고자 한다.

1. 디지털 전환의 과거와 미래

디지털 전환

디지털 전환은 기업이 기술 혁신을 통해 비즈니스 프로세스를 재구성하고, 기존의 운영 방식을 근본적으로 변화시켜 새로운 가치를 창출하는 과정이다.[1] 초기에는 단순히 아날로그 데이터를 디지털 형식으로 변환하는 기술적 업그레이드에 그쳤다. 그러나 디지털 전환의 개념은 시간이 흐르면서 훨씬 더 넓은 범위로 확장되었다. 단순히 데이터를 저장하거나 처리하는 방법개선의 차원을 넘어, 기업의 전체적인 운영 방식, 가치 사슬, 고객 경험, 그리고 비즈니스 모델을 재정의하는 혁신적 변화를 포함한다.

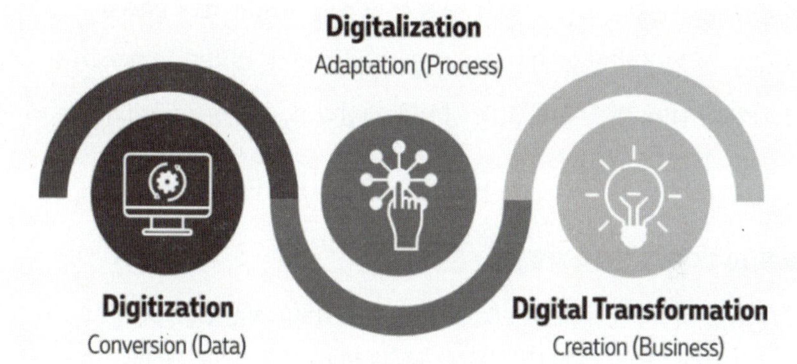

그림 10-1 디지트화, 디지털화, 그리고 디지털 전환[2]

전산화와 디지털화

전산화Digitization는 아날로그 정보를 디지털 형식으로 전환하는 기술적 개선으로 시작되었다. 예를 들어, 종이 문서를 디지털 파일로 스캔하여 저장하거나, 수기로 작성하던 회계 장부를 스프레드시트 프로그램으로 관리하는 것이 그 대표적인 사례다. 이 단계에서는 데이터의 접근성과 보존성을 높이는 것이 주된 목적이었다. 그러나 이는 기존의 프로세스를 유지한 채 데이터를 전환하는 방식으로,

조직의 전반적인 업무 방식이나 전략적 의사결정에 크게 영향을 미치지 않았다.

디지털화Digitalization는 디지털 데이터를 활용하여 기존의 업무 프로세스와 비즈니스 모델을 개선하는 단계이다. 단순히 데이터를 전자적으로 저장하는 데 그치지 않고, 이를 바탕으로 더 나은 운영 효율성을 추구하는 것을 목표로 한다. 예를 들어, ERPEnterprise Resource Planning 시스템을 도입해 기업의 물류, 생산, 재무, 인사 등의 데이터를 통합 관리하고, 이를 통해 실시간 의사결정을 가능하게 하는 것이 디지털화의 대표적인 예이다. 이 과정에서는 기술을 활용해 기존의 운영 방식을 개선함으로써 업무 효율성을 극대화하고, 프로세스 자동화와 같은 변화를 도입하게 된다.

디지털 전환

반면 디지털 전환은 단순한 디지털화와는 달리, AI, RPA, IoT, 클라우드 컴퓨팅cloud computing과 같은 첨단 기술을 활용해 기업의 운영 방식을 근본적으로 바꾸고, 경영 전략을 혁신하는 것을 목표로 한다. 디지털 전환은 기술 도입 그 자체를 넘어, 이를 통해 고객 경험을 개선하고, 효율성을 극대화하는 데 중점을 둔다.

표 10-1 디지털 전환의 차별점

- **전산화**: 아날로그 데이터를 디지털 데이터로 변환하는 기초적인 단계
- **디지털화**: 디지털 데이터를 활용해 기존 비즈니스 프로세스를 개선하고 효율성을 높이는 단계
- **디지털 전환**: 기술을 활용해 비즈니스 모델, 가치 사슬, 고객 경험을 근본적으로 변화시키는 혁신적 단계

디지털 전환을 통해 기업은 과거에는 불가능했던 방식으로 데이터를 수집하고, 분석하며, 그 결과를 실시간으로 활용할 수 있게 되었다. 클라우드 컴퓨팅은 기업이 대규모의 데이터를 유연하게 저장하고 처리할 수 있게 함으로써, 데이터에 기반한 빠른 의사결정을 가능하게 했다. IoT는 생산 기기와 센서

등을 네트워크에 연결해 실시간 데이터를 수집하고 분석함으로써, 생산성과 품질을 동시에 향상시키는 스마트 제조 환경을 구현했다.

이 과정에서 AI와 RPA는 기업의 일상적인 운영에서 발생하는 업무를 자동화하고, 보다 복잡한 의사결정 과정을 지원하게 되었다. 둘 다 디지털 전환 과정에서 비즈니스 프로세스를 자동화하고 최적화하는 데 자주 사용되기 때문에 RPA는 넓은 의미에서 AI의 일부로 간주될 수도 있지만, 두 기술 간에는 몇 가지 차이가 있다. RPA는 주로 반복적이고 규칙 기반의 작업을 자동화하는 데 초점을 맞춘다. 예를 들어, 데이터 입력, 송장 처리, 계약서 관리와 같은 인간의 디지털 시스템 상호작용을 모방한다. 대부분의 경우 RPA는 사전에 정의된 규칙을 기반으로 작동하며 학습이나 복잡한 의사결정을 필요로 하지 않는다. 한편, AI는 학습, 패턴 인식, 예측 또는 자연어 이해 등 인간의 지능을 요구하는 작업을 수행할 수 있도록 하는 기술을 의미하며, AI는 머신러닝Machine Learning(ML), 딥러닝Deep Learning(DL), 자연어 처리Natural Language Processing(NLP) 등 다양한 기술을 포함한다.

디지털 전환에서의 RPA와 AI

디지털 전환 과정에서 RPA와 AI는 상호 보완적인 역할을 한다. RPA는 구조화된 규칙 기반 작업을 자동화하고, AI는 데이터를 분석하여 학습하고 적응하거나 의사결정을 내리는 더 복잡한 프로세스를 처리한다. 따라서 RPA는 단순히 AI의 일부라고 말하기 보다는 AI가 주도하는 자동화 전략에서 중요한 구성 요소로 작용한다 할 수 있다.

최근, 생성형 AI는 공급망 관리의 새로운 혁신 도구로 자리 잡고 있다. 이 기술은 사용자 인터페이스User Interface(UI)를 단순화하여 데이터 분석 결과를 쉽게 이해할 수 있도록 하고, 운영 및 의사결정을 자동화하여 즉시 실행 가능한 인사이트를 제공한다. 예를 들어, 생성형 AI는 대규모 공급망 데이터를 실시간으로 분석하여 예측 가능한 문제를 사전에 감지하고, 자동으로 해결책을 제안할 수 있다. 이는 기존 RPA와 AI가 제공하는 자동화 기능을 한 단계 더 발전시키는 데 기여한다.

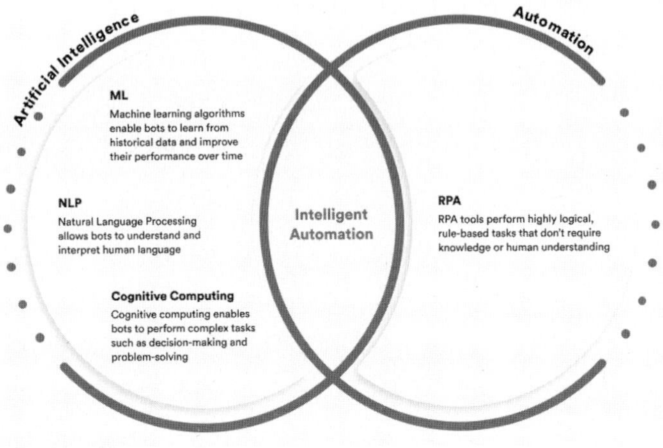

■■ 그림 10-2 AI와 자동화[3]

또한, 생성형 AI는 공급망 프로세스를 단순화하고 효율성을 극대화하는 데 중요한 역할을 한다. 이 기술은 기존 시스템과의 통합을 용이하게 하여, 기업이 복잡한 데이터 세트를 보다 효과적으로 처리할 수 있는 능력을 제공한다. 특히, 생성형 AI는 기존 자동화 기술과 결합하여 반복적인 업무 부담을 줄이는 동시에 전략적 의사결정을 지원한다. 예를 들어, 실시간 데이터를 분석하여 공급망 병목현상을 사전에 감지하고, 이를 개선하기 위한 실행 가능한 방안을 제시할 수 있다.

디지털 전환은 이제 선택이 아닌 필수가 되었으며, 기업들은 새로운 디지털 기술을 통해 시장 변화에 민첩하게 대응하고, 경쟁우위를 확보하고 있다. 기업이 성공적인 디지털 전환을 이루기 위해서는 기술 도입에 그치지 않고, 조직 전체가 변화에 적응할 수 있도록 문화적 변화를 수반해야 하며, 경영진이 기술의 잠재력을 충분히 이해하고 이를 전략적으로 활용해야 한다.

사례

GE의 디지털 전환은 구매 및 공급망 관리에 있어서 혁신적인 변화를 이끌었다. GE는 산업용 IoT Industrial IoT (IIoT)와 예측 유지보수 Predictive Maintenance 기술을 도입해 공급망 관리의 예측 가능성과 효율성을 크게 향상시켰다. 특히, GE는 자산 성능 관리Asset Performance Management(APM)를 강화하여 장비의 고장을 사전에 예측하고, 유지보수 일정을 최적화함으로써 공급망의 안정성을 높이고 운영 중단을 최소화했다.[4]

또한, GE는 제조 실행 시스템Manufacturing Execution Systems(MES)과 공급망 계획을 통합하여 실시간 가시성을 확보했으며, 이를 통해 원자재 가용성 문제를 신속히 해결하고, 생산 지연을 방지하여 전체적인 공급망 관리 효율성을 극대화했다. 이러한 통합은 공급망의 불확실성을 줄이고, 보다 빠르고 민첩한 대응을 가능하게 했다.[5] 이러한 GE의 디지털 전환 사례는 구매와 공급망 관리에서 전통적인 비효율성을 극복하고, 디지털 기술을 통해 가시성, 유연성, 그리고 예측 가능성을 극대화한 성공적인 사례로 평가된다.

디지털 전환은 기술 도입뿐만 아니라 기업의 운영 방식, 고객과의 상호작용, 그리고 비즈니스의 근본적인 전략을 변화시키는 과정이다. 이를 통해 기업은 혁신적인 가치를 창출하고, 변화하는 시장에서 살아남을 수 있는 강력한 경쟁력을 확보하게 된다.

디지털 전환의 초기 발전

디지털 전환의 시작은 1950년대와 1960년대 컴퓨터의 발명과 함께 이루어졌다. 이 시기의 컴퓨터는 대규모 중앙 집중식 시스템으로, 대기업과 정부 기관에서 사용되었으며, 초기 정보 처리 시스템은 주로 데이터를 효율적으로 관리하는 데 중점을 두었다. 대표적인 예로 IBM의 메인프레임 컴퓨터mainframe computer가 있다. 이러한 컴퓨터는 행정 업무, 회계 처리, 고객 정보 관리 등과 같은 비즈니스 운영의 일부를 디지털화하기 시작했다.[6]

1970년대와 1980년대에 들어서면서 퍼스널 컴퓨터Personal Computer(PC)의 보급이 가속화되었다. 이때부터 기업들은 컴퓨터를 더욱 널리 도입하기 시작했으며, ERP 시스템도 발전하기 시작했다. ERP 시스템은 1960년대부터 간단한 재고 관리 및 회계 시스템으로 발전했으며, 1970년대 후반에서 1980년대에 걸쳐 더 복잡하고 포괄적인 기업 데이터 통합 솔루션으로 발전했다.

ERP 시스템은 여러 부서의 데이터를 중앙에서 관리하여, 기업 내의 생산, 물류, 재무, 인사 등의 다양한 기능을 통합적으로 관리할 수 있게 했다. 이를 통해 기업은 효율성을 극대화하고, 실시간 데이터를 활용하여 의사결정을 빠르게 할 수 있는 환경을 마련했다. 이때 ERP 시스템은 주로 제조업을 중심으로 발전했으며, SAP와 Oracle 같은 ERP 제공업체들이 이 시장을 선도했다.

특히 1980년대 중반에는 컴퓨터 네트워킹 기술이 발전하면서, 데이터가 회사 내부에서 여러 부서 간에 쉽게 공유되고 통합될 수 있는 기반이 마련되었다. 이는 정보가 실시간으로 기업 전반에 걸쳐 효율적으로 전달되는 디지털화의 초석이 되었고, 기업들은 정보 흐름을 통해 운영 효율성을 높일 수 있었다. 이 시기는 기업들이 정보를 디지털 방식으로 저장하고 활용하기 시작한 초창기 단계로 볼 수 있다.

사례

2006년, 아마존Amazon은 자사의 클라우드 컴퓨팅 서비스인 AWSAmazon Web Services를 출시하며 디지털 전환의 새로운 장을 열었다. AWS는 기업들이 자체 서버를 구축하지 않고, 필요할 때마다 클라우드 인프라를 사용할 수 있게 함으로써 기업의 IT 인프라 관리 방식을 획기적으로 변화시켰다. AWS는 다양한 클라우드 서비스(컴퓨팅 파워, 스토리지, 데이터베이스 등)를 제공해 기업들이 필요한 IT 자원을 효율적으로 확장할 수 있도록 지원했다. 이를 통해 기업들은 데이터 저장 및 처리 비용을 절감할 수 있었고, 나아가 디지털 혁신 속도를 높일 수 있었다.

AWS의 주요 장점 중 하나는 온디맨드on-demand 방식으로 IT 자원을 사용하고, 필요에 따라 자원을 확장 또는 축소할 수 있다는 점이다. 이로 인해 스타트업부터 대기업까지 다양한 규모의 기업들이 IT 인프라 확장 문제를 해결할 수 있었다. AWS는 현재 전 세계에서 가장 널리 사용되는 클라우드 컴퓨팅 플랫폼으로 자리잡았으며, 이는 클라우드 기반 비즈니스 모델의 변화를 이끄는 중요한 요인으로 평가된다.

AWS의 성공은 클라우드 컴퓨팅의 도입이 기업들로 하여금 더 빠르고 민첩한 비즈니스 전략을 구사할 수 있도록 돕는 중요한 역할을 했다는 점을 잘 보여준다. 아마존은 클라우드를 통한 비즈니스 모델의 확장이 가능하다는 것을 입증했으며, 이를 바탕으로 기업들이 IT 인프라를 보다 전략적으로 활용할 수 있도록 기여했다.

빅데이터와 인공지능의 등장

2010년대에 들어 빅데이터와 AI의 발전이 디지털 전환을 가속화했다. 기업들은 단순한 데이터 수집을 넘어 방대한 데이터를 분석하고, 이를 바탕으로 더 나은 의사결정을 내릴 수 있는 환경을 갖추게 되었다. 특히 예측 분석predictive analytics을 통해 과거의 데이터를 분석하고 미래 트렌드를 예측함으로써, 기업들은 보다 효과적인 전략을 수립할 수 있게 되었다. AI와 머신러닝 알고리즘은 고객의 행동 패턴을 분석해 맞춤형 서비스를 제공하고, 공급망을 최적화하며, 생산 관리를 더욱 효율적으로 할 수 있도록 지원했다.

AI는 기업들이 실시간으로 데이터를 분석하여 의사결정에 반영할 수 있게 해주었고, 이는 특히 고객 맞춤형 서비스 제공에 중요한 역할을 했다. 머신러닝 기술은 데이터를 기반으로 자율적으로 학습하고, 경험을 통해 성능을 개선하는 방식으로 운영된다. 이로 인해, AI는 고객의 선호도를 정확하게 파악하고, 예측을 통해 개인화된 경험을 제공하는 데 중요한 역할을 하게 되었다.

사례

넷플릭스Netflix는 빅데이터와 AI를 활용해 고객 맞춤형 추천 시스템을 개발한 디지털 전환의 성공 사례다. 넷플릭스는 고객의 시청 패턴과 선호도 데이터를 분석하여, 각 사용자에게 맞춤형 콘텐츠를 추천하는 시스템을 구축했다. 이러한 개인화된 서비스는 고객의 참여를 극대화하고, 시청 시간을 늘리는 데 기여했다. 넷플릭스의 추천 알고리즘은 단순히 인기 콘텐츠를 보여주는 것을 넘어, 고객의 과거 시청 기록, 콘텐츠 평점, 장르 선호도를 종합적으로 분석하여 사용자 맞춤형 콘텐츠를 추천한다.

넷플릭스의 성공은 단지 개인화된 서비스에 그치지 않고, 콘텐츠 제작과 배포에도 큰 영향을 미쳤다. 넷플릭스는 데이터를 분석해 고객들이 선호할 만한 콘텐츠를 기획하고, 이에 따라 오리지널 시리즈 및 영화를 제작하여 큰 성과를 얻었다. 예를 들어, 넷플릭스는 하우스 오브 카드House of Cards의 성공을 예측하며 투자했으며, 고객 데이터 분석을 통해 이 콘텐츠가 높은 인기를 얻을 것이라고 판단했다. 이 데이터 기반 접근 방식 덕분에 넷플릭스는 콘텐츠 제작에 있어서도 강력한 경쟁력을 확보할 수 있었다.

또한, 넷플릭스는 AI와 빅데이터 분석을 통해 각 지역별로 다른 콘텐츠 소비 패턴을 분석하고, 이를 통해 글로벌 시장에서 더 높은 성과를 거두었다. 이러한 데이터 기반 전략은 넷플릭스의 지속적인 성장과 성공을 뒷받침하는 핵심 요소로 자리 잡았다.

디지털 전환의 현재

현재 디지털 전환의 핵심 기술은 클라우드 컴퓨팅, 빅데이터, AI, IoT 등이다. 이러한 기술들은 기업들이 더 효율적이고 유연하게 운영할 수 있는 기반을 제공하며, 혁신적인 비즈니스 모델과 운영 방식을 가능하게 한다.

클라우드 컴퓨팅은 기업이 물리적 인프라에 대한 투자와 유지보수 비용을 절감하고, 필요할 때마다 유연하게 IT 자원을 확장할 수 있는 환경을 제공한다. 이를 통해 기업들은 데이터를 저장하고 분석하며, 실시간으로 데이터를 활용하여 의사결정을 내릴 수 있다.

빅데이터 분석은 고객 행동을 예측하고 시장 트렌드를 파악하는 데 중요한 역할을 한다. 과거에는 방대한 데이터를 단순히 저장하는 데 그쳤다면, 이제 기업들은 고급 분석 기법을 통해 데이터를 실시간으로 분석하고 분석 결과를 경영 전략에 반영하고 있다. 이를 통해 기업은 시장 변화에 신속하게 대응하고, 고객 맞춤형 서비스와 마케팅 전략을 수립하여 경쟁우위를 강화할 수 있다.

AI와 머신러닝은 데이터 분석의 자동화를 가능하게 하여 고객 행동을 예측하고, 공급망 최적화, 예측 유지보수, 생산 계획 등 다양한 비즈니스 의사결정을 지원한다. IoT는 기계와 장치들을 네트워크에 연결해 실시간 데이터를 수집함으로써 생산성과 품질을 동시에 향상시킨다. 특히, IoT 센서는 공급망 관리와 물류 최적화에 필요한 데이터를 제공하여 재고관리 및 물류 운영을 더욱 효율적으로 할 수 있게 한다.

기업들은 데이터를 단순히 수집하는 것을 넘어 이를 실시간으로 분석하여 의사결정에 반영하고 있다. 예를 들어, 고객 데이터를 활용해 마케팅 전략을 조정하거나, AI 기반 공급망 관리 시스템을 통해 재고를 최적화하고 물류 운영을 개선하는 사례가 점점 늘고 있다. 데이터를 실시간으로 분석하여 의사결정에 반영하는 것은 기업의 성공적인 디지털 전환의 핵심이다. 반면, 데이터를 효과적으로 활용하지 못하는 기업은 경쟁에서 뒤처질 가능성이 크며, 이는 고객 이탈 및 수익 감소로 이어질 수 있다.

더 나아가 생성형 AI는 공급망 관리에서 친환경적 접근을 강화하는 데 중요한 역할을 하고 있다. 이 기술은 ESG 지표와 연계된 데이터를 분석하여 탄소 배출량을 최소화하고, 친환경적 운영을 가능하게 한다. 또한, 생성형 AI는 소음 및 배기가스 기준을 충족하는 장비를 선택하고 관리하도록 지원함으로써, 기업의 환경적 책임을 강화한다. 이러한 기능은 기업이 지속 가능성을 확보하는 데 필수적인 도구로 자리 잡고 있다.

자동화 및 AI활용 확대

RPA는 기업이 반복적이고 규칙적인 업무를 자동화하여 시간과 비용을 절감하는 데 중요한 기술로 자리잡았다. 특히 구매 및 공급망 관리 분야에서 RPA는 수동으로 처리되던 많은 단순 작업들을 자동화하여, 업무 효율성을 크게 높이고 인적 오류를 줄이는 역할을 한다. RPA는 데이터 입력, 계약서 작성, 송장 처리, 재고 관리 등과 같은 반복적인 업무를 자동으로 처리할 수 있으며, 이를 통해 직원들은 더 부가가치가 높은 작업에 집중할 수 있게 된다. RPA는 일정한 규칙에 따라 처리되는 업무를 자동화함으로써, 업무 처리 시간을 크게 단축하고 일관성 있는 결과를 보장한다.

또한, AI 기술은 RPA와 결합되어 더 복잡한 의사결정을 지원하는 역할을 하고 있다. AI는 과거 데이터를 분석하여 구매 예측과 가격 최적화 같은 복잡한 의사결정을 자동화하고, 기업의 비용 절감과 수익성을 극대화하는 데 기여한다. AI는 공급망의 다양한 데이터를 실시간으로 분석하여 생산과 물류 문제를 예측하고, 이를 사전에 관리함으로써 공급망 전체의 효율성을 극대화한다.

사례

마이크로소프트Microsoft의 공급망 플랫폼 Dynamics 365는 AI를 도입하여 실시간으로 데이터를 분석하고, 다양한 공급망 문제를 예측하는 시스템을 구축했다. 이는 제품 수요 예측의 정확도를 크게 향상시켰으며, 공급망 운영의 효율성을 극대화할 수 있다. 또한 생산 단계에서 발생할 수 있는 문제를 실시간으로 모니터링하고, 예상되는 공급 차질을 사전에 예측하여 신속히 대응할 수 있다.[7] 이와 같은 AI 기반 시스템은 공급망의 가시성을 높이고, 재고 최적화를 가능하게 하며, 궁극적으로 기업의 비용을 절감하는 데 기여할 수 있다.[8]

디지털 전환의 미래

미래의 디지털 전환은 클라우드 컴퓨팅, AI, 빅데이터, IoT 등 다양한 기술이 더욱 긴밀하게 융합될 것으로 예상된다. 이러한 기술들의 결합은 기업들이 복잡한 데이터를 실시간으로 처리하고 분석할 수 있는 역량을 크게 향상시킬 것이다. 미래의 디지털 전환은 단순히 데이터를 저장하고 관리하는 단계를 넘어, 공급망의 투명성을 높이고 운영 효율성을 극대화하는 방향으로 발전할 것이다. 기업들은 이러한 기술들을 활용하여 데이터 기반 의사결정을 실시간으로 내리고, 생산 및 물류 과정에서 발생할 수 있는 문제를 더욱 신속하게 해결할 수 있게 된다.

특히, IoT는 기계, 장비, 제품 간의 상호 연결성을 강화하여 데이터를 실시간으로 수집하고 분석하는 기능을 제공한다. 따라서 IoT를 통하여 기기들이 네트워크를 통해 상호작용하며, 발생하는 데이터를 실시간으로 처리함으로써 기업의 운영을 더욱 효율적으로 만들 수 있다. 여기에 AI와 빅데이터 분석이 더해지면, 기업은 보다 정확한 예측과 최적화를 이룰 수 있으며, 공급망 전 과정을 투명하고 효율적으로 관리할 수 있게 될 것이다.

스마트 공장smart factory은 디지털 전환의 미래를 보여주는 대표적인 사례다. 스마트 공장은 IoT, AI, 로봇 기술이 융합된 제조 시스템으로, 공정 전체를 자동화하고 데이터를 실시간으로 분석하여 생산 공정을 최적화한다. 이러한 공장은 기존의 제조업과 달리 실시간 모니터링과 자동화된 의사결정이 가능하며, 이를 통해 생산 속도와 품질을 동시에 높일 수 있다.

스마트 공장은 예측 유지보수 기술을 도입하여, 기계가 고장 나기 전에 문제를 감지하고 수리할 수 있는 시스템을 구축한다. 이를 통해 공장은 가동 중단 시간을 최소화하고 생산성을 극대화할 수 있다. 또한, AI 기반 품질 관리 시스템은 생산된 제품의 품질을 자동으로 분석하고, 불량률을 줄이는 데 기여한다. 스마트 공장은 이러한 장점들 덕분에 미래 제조업의 표준으로 자리 잡고 있으며, 더 나아가 환경 지속 가능성까지 고려한 스마트 그린 팩토리smart green factory로 발전하고 있다.

사례

Siemens는 독일 암베르그Amberg에서 세계적으로 선도적인 스마트 공장을 운영 중이다. 이 공장은 IoT와 AI를 활용하여 생산라인의 데이터를 실시간으로 모니터링하고, 이를 통해 생산성 향상과 품질 관리를 동시에 이룩하고 있다. Siemens의 스마트 공장은 75% 이상의 자동화된 공정으로 운영되며, 높은 수준의 유연성과 효율성을 자랑한다. 이 공장은 전통적인 공장과 비교해 불량률이 크게 감소했고, 고객 요구에 신속하게 대응할 수 있는 능력을 갖춘 것으로 평가된다.

블록체인과 신뢰성 강화

블록체인 기술은 디지털 전환의 미래에서 중요한 역할을 할 것으로 기대되고 있다. 블록체인은 분산 원장distributed ledger 기술로, 거래 내역을 여러 참여자가 동시에 확인하고 검증할 수 있는 시스템이다. 이를 통해 거래의 투명성과 신뢰성을 보장하며, 데이터의 위조나 변조를 방지할 수 있다. 블록체인의 이러한 특징은 특히 공급망 관리에서 매우 중요한 역할을 할 수 있다. 기업들은 블록체인을 통해 제품이 생산에서 유통, 최종 소비에 이르는 모든 단계를 추적할 수 있으며, 이를 통해 위조 방지와 품질 관리를 강화할 수 있다. 블록체인은 공급망 내에서 각종 거래 기록을 실시간으로 추적하고 투명하게 관리할 수 있는 능력을 제공한다.

특히, 블록체인은 식품 및 의약품과 같은 민감한 제품의 공급망 관리에 큰 기여를 할 수 있다. 제품의 생산, 가공, 배송, 최종 소비에 이르는 모든 단계가 블록체인에 기록되면, 소비자와 기업은 해당 제품의 경로를 신뢰할 수 있게 된다. 블록체인은 위조품 유통을 차단하고, 불량 제품의 유통을 막으며, 제품 리콜 시에도 문제가 발생한 위치를 신속하게 파악할 수 있다.

사례

월마트Walmart는 블록체인 기술을 활용해 자사 식품 공급망을 혁신하고 있다. 월마트는 IBM의 블록체인 플랫폼인 IBM Food Trust와 협력하여, 식품의 생산, 가공, 유통 과정에서 발생하는 각종 거래를 기록하고, 이 기록을 실시간으로 추적할 수 있는 시스템을 구축했다. 이 블록체인 시스템을 통해 월마트는 제품의 이동 경로를 투명하게 관리할 수 있으며, 이를 통해 식품 안전 문제를 신속하게 해결할 수 있다.

월마트는 블록체인 기술을 도입한 후 미국산 로메인 상추의 유통 경로를 2.2초 만에 추적할 수 있게 되었다. 이는 기존의 시스템에서는 며칠이 걸리던 작업이었다. 이러한 신속한 추적 능력 덕분에 월마트는 식품 안전 문제를 즉각적으로 해결할 수 있게 되었으며, 소비자에게 더 안전한 제품을 제공할 수 있게 되었다. 또한, 블록체인을 통해 식품이 유통되는 모든 과정에서 위조된 제품이나 불량품을 차단할 수 있어, 월마트의 공급망 효율성 및 신뢰도가 크게 향상되었다.

월마트의 사례는 블록체인이 단순한 기록 시스템을 넘어, 공급망 관리의 효율성을 높이고 신속한 문제 해결을 가능하게 하는 중요한 기술임을 보여준다. 월마트는 블록체인을 통해 식품 안전성을 강화했으며, 향후 의약품 등 다른 민감한 제품군에도 블록체인을 도입할 계획을 세우고 있다.

디지털 전환은 과거 데이터의 단순한 디지털화에서 출발해, 현재는 AI, 빅데이터, 클라우드 컴퓨팅 등 기술을 활용한 전방위적 변화로 이어지고 있다. 디지털화는 데이터를 전자적으로 저장하고 관리하는 기술적 개선으로 시작되었으나, 시간이 지남에 따라 기업의 운영 방식, 비즈니스 모델, 그리고 고객 경험을 근본적으로 변화시키는 디지털 전환으로 발전했다. 오늘날 디지털 전환은 AI와 머신러닝을 통해 데이터를 실시간으로 분석하고 예측하여, 의사결정을 지원하는 핵심 전략이 되었다. 클라우드 컴퓨팅은 기업이 대규모 데이터를 효율적으로 저장하고 처리할 수 있는 환경을 제공하며, 기업들은 이를 통해 비용을 절감하고 비즈니스 민첩성을 확보할 수 있게 되었다.

미래의 디지털 전환은 이러한 기술들이 더욱 긴밀하게 융합되고, 자동화가 더욱 가속화되면서 기업 경영의 패러다임이 근본적으로 변화할 것이다. AI와 IoT, 빅데이터 등의 기술이 융합되어 공급망 전반의 데이터를 실시간으로 처리하고 분석하게 될 것이며, 기업은 이를 통해 생산성 향상, 비용 절감, 그리고 더 나은 고객 경험을 제공할 수 있을 것이다. 또한, 블록체인과 같은 기술은 거래의 투명성을 보장하며, 제품의 출처 및 유통 경로를 추적함으로써 공급망의 신뢰성과 효율성을 높일 수 있을 것이다.

구매 및 공급망 관리 분야에서도 이러한 디지털 전환이 필수적이다. AI 기반의 예측 분석은 구매 예측과 가격 최적화를 가능하게 하며, RPA는 반복적인 업무를 자동화하여 비용 절감과 인적 오류 감소를 이루는 데 기여할 것이다. 클라우드 기반 공급망 관리는 공급망의 가시성을 높여 실시간 데이터 기반 의사결정을 가능하게 하며, 이는 공급망 내에서 발생하는 다양한 문제를 즉각적으로 해결할 수 있는 능력을 제공할 것이다. 이러한 디지털 전환을 통해 기업들은 더욱 효율적이고 경쟁력 있는 체계를 구축할 수 있으며, 시장의 변화에 빠르게 대응할 수 있는 능력을 갖추게 될 것이다.

2. 구매공급관리의 디지털 전환 방향

디지털 전환의 일환으로, 구매 부문에서의 디지털 도구는 효율성 증대와 비용 절감을 위해 중요한 역할을 하고 있다.[9] 이 절에서는 다양한 디지털 도구들이 구매 프로세스를 어떻게 개선하는지 설명하고, 관련된 실제 사례를 소개한다.

RPA의 역할

RPA는 구매 부문의 반복적이고 규칙적인 작업을 자동화하는 데 매우 중요한 기술이다. RPA는 계약서 작성, 데이터 입력, 주문 처리, 송장 발행 등과 같은 반복적인 업무를 자동으로 처리하여 인적 오류를 줄이고 작업 속도를 높이는 데 기여한다. 특히 시간과 비용 절감 효과는 구매 부서의 운영 효율성을 크게 향상시키며, 직원들이 전략적 의사결정과 같은 고부가 가치 업무에 집중할 수 있게 한다.

RPA가 적용되는 구체적인 영역으로는 다음과 같다.

- **계약서 작성 및 관리**: 공급업체와의 계약서 작성과 갱신을 자동화하여 실수를 줄이고 법적 요구사항을 빠르게 충족시킨다.
- **송장 처리**: ERP 시스템과 연계하여 송장을 자동으로 발행하고, 관련 데이터를 추적 관리한다.
- **재고관리**: 실시간 재고 데이터를 추적하여 필요할 때 자동으로 주문을 생성하고, 공급망 전반의 데이터를 효율적으로 관리한다.

RPA의 성공적인 구현을 위해서는 체계적인 접근이 필요하며, 다음의 5단계를 거쳐야 한다.

적절한 프로세스 식별

구매 부문에서 RPA를 도입하기 위해서는 먼저 자동화가 필요한 작업을 식별하는 것이 중요하다. 반복적이거나 규칙에 기반한 작업이 주된 대상이 된다. 예를 들어, 데이터 입력, 계약서 작성, 주문 처리 등은 RPA를 통해 자동화할 수 있는 대표적인 프로세스다. 이러한 업무는 높은 반복성과 낮은 변동성을 가지기 때문에, 자동화의 대상이 된다.

프로세스 분석 및 설계

두 번째 단계는 식별된 프로세스에 대한 세부적인 분석을 통해, 각 프로세스의 단계, 입력과 출력, 그리고 의존성 등을 파악하는 것이다. 예를 들어, 계약서 작성 업무는 공급자 정보, 계약 조건, 승인 절차 등 여러 단계를 포함하므로 이를 명확히 분석해야 한다. 이 단계에서 업무 흐름을 최적화하여 불필요한 단계를 제거하고, 표준화된 프로세스로 설계하는 것이 중요하다.

자동화 도구 선택

세 번째로, RPA 도구를 선택해야 한다. 구매 부문에서 사용되는 RPA 도구는 기업의 기존 시스템과의 호환성을 고려해야 하며, 데이터 입력 및 처리 속도, 에러 관리 능력 등을 기준으로 선택해야 한다. 예를 들어, 자동 송장 발행 시스템을 통합할 때, ERP 시스템과의 호환성을 점검하여 시스템 간 데이터 통합이 원활히 이루어질 수 있도록 해야 한다. 또한, 선택한 도구는 확장 가능성과 보안성도 검토되어야 한다.

RPA 솔루션 개발 및 테스트

이 단계에서는 RPA 솔루션을 개발하고 테스트하는 과정이 포함된다. RPA 봇이 실제 업무를 수행하는 데 필요한 자동화 시나리오를 구성하고, 이를 여러 차례 테스트하여 정확성과 효율성을 검증해야 한다. 예를 들어, 주문 처리 봇이 실시간으로 데이터를 수집하고 처리하는지, 그리고 송장 발행 봇이 오류 없이 송장을 발행하는지 시뮬레이션 테스트를 통해 확인해야 한다. 테스트 과정에서는 업무의 예외 처리 상황도 함께 고려해야 한다.

운영 및 모니터링

마지막 단계는 RPA를 실제 구매 프로세스에 도입하여 운영하는 것이다. 이 단계에서 중요한 것은 실시간 모니터링을 통해 봇이 정상적으로 작동하는지 확인하는 것이다. RPA 도입 후에도 업무 환경이 변할 수 있으므로, 지속적으로 모니터링하고 필요한 경우 프로세스를 조정해야 한다. 예를 들어, 주문량이 급증하는 특정 시기에는 RPA 봇의 처리 속도를 조정하거나 추가적인 기능을 도입하여 성능을 유지할 수 있도록 해야 한다.

이와 같은 5단계를 통해 RPA를 성공적으로 구매 부문에 도입할 수 있으며, 이를 통해 업무 효율성을 크게 향상시키고, 시간과 비용을 절감할 수 있다.

사례

글로벌 인증 서비스 기업 주미오Jumio는 AI를 활용하여 구매 주문 처리와 송장 발행과 같은 작업을 자동화했다. 이로 인해 구매 부서의 일상적인 운영 효율성이 크게 향상되었으며, 수작업에서 발생하던 인적 오류를 줄이고, 프로세스의 속도 또한 크게 개선했다. 주미오는 이를 통해 구매 및 계정 처리 업무량을 80% 감소시켰고, 월말 마감 처리 시간을 25% 단축했다. 이를 통해 프로세스 오류를 크게 줄이는 성과를 거두었다.[10]

AI를 활용한 예측 분석과 의사결정

AI를 활용한 예측 분석과 의사결정은 구매 부문에서 매우 강력한 도구로 자리잡고 있다. 특히 수요 예측, 가격 최적화, 리스크 관리와 같은 복잡한 작업에서 AI는 기존 방식보다 훨씬 더 정교하고 신속한 대응을 가능하게 한다. AI는 방대한 양의 과거 구매 데이터와 실시간 시장 정보를 분석하여 구매자에게 최적의 결정을 내릴 수 있는 통찰을 제공한다.

예를 들어, AI는 시장 가격 변동성을 예측하여 구매 부서가 더 나은 가격 조건으로 협상을 진행할 수 있도록 지원한다. 이로 인해 비용 절감과 공급망 효율성이 크게 향상된다. 글로벌 기업들이 AI 기반의 수요 예측 모델을 사용하여 재고관리를 최적화하고, 주문 정확성을 향상시키는 사례가 늘고 있다. AI 예측 모델은 과거 데이터를 분석하고 미래 수요를 예측함으로써, 재고 부족이나 과잉을 방지해 공급자 관계를 개선하고 기업의 비용을 절감한다.[11]

사례

글로벌 제약 회사인 테바 파마수티컬스Teva Pharmaceuticals는 AI 기반의 지출 분석 및 예측 모델을 도입해 공급망 회복력을 10배 이상 향상시켰다. 또한, 카테고리 전략 수립에 소요되는 시간을 90% 단축하는 성과를 냈다. 이러한 자동화를 통해 테바는 구매 프로세스에서 시간과 비용을 크게 절감할 수 있었다. 이는 AI의 예측 능력을 통해 공급망이 더욱 유연해진 것을 보여주는 사례이다.[12]

AI의 주요 장점은 다음과 같다.

지출 분석 및 비용 절감

AI는 대규모 데이터를 실시간으로 분석하여 지출 패턴을 파악하고 비용 절감 기회를 발견하는 데 탁월한 능력을 발휘한다. 예를 들어, AI는 과거의 지출 데이터를 분석해 구매 부서가 불필요하게 높은 가격을 지불하고 있는 품목을 식별하거나, 반복적인 구매에서 할인을 받을 수 있는 기회를 제시할 수 있다. 또한 비용 최적화는 단순한 절약을 넘어서, 예산을 보다 전략적으로 배분함으로써 자원의 효율적인 사용을 가능하게 한다.

리스크 관리

AI는 실시간 데이터 분석을 통해 공급자의 성과, 시장의 변동성, 그리고 규제 준수 여부 등을 평가하여 리스크 관리에 큰 역할을 한다. 예를 들어, AI는 공급자의 과거 실적을 기반으로 향후 공급 리스크를 예측하고, 이를 사전에 경고함으로써 기업이 선제적으로 대응할 수 있게 돕는다. 또한, 시장 변동성이나 규정 준수와 같은 외부 요인도 AI를 통해 즉각적으로 모니터링되어, 잠재적인 리스크를 미리 감지하고 대응할 수 있다. 이러한 능력은 공급망에서 발생할 수 있는 돌발 상황을 예방하고 기업 운영의 안정성을 높여준다.

정확한 수요 예측

AI는 과거의 구매 데이터와 시장 동향을 기반으로 매우 정확한 수요 예측을 제공할 수 있다. 이를 통해 기업은 적시에 필요한 재고를 확보하고, 과잉 재고나 재고 부족 상황을 피할 수 있다. 정확한 수요 예측은 궁극적으로 재고 관리와 주문 계획의 최적화를 가능하게 하며, 이는 공급망의 전반적인 효율성을 높인다. 예를 들어, AI는 특정 제품의 계절적 수요 변화를 미리 예측하여 그에 맞는 주문 전략을 세우도록 도와준다. 이로 인해 비용 절감뿐만 아니라, 고객 만족도도 높아질 수 있다.

이러한 AI의 도입은 단순한 업무 자동화를 넘어, 기업의 전략적 의사결정에 필수적인 역할을 하고 있다.

디지털 트윈의 가능성

디지털 트윈은 물리적인 자산이나 시스템을 가상으로 복제한 디지털 모델로, 실시간 데이터를 바탕으로 물리적 자산의 상태, 동작, 성능을 모니터링하고, 데이터를 분석하여 운영 효율성을 극대화할 수 있다. 이 기술은 센서와 연결된 장치에서 수집된 데이터를 실시간으로 반영하여 자산의 상태를 가상 모델에 업데이트하며, 유지보수, 운영 최적화, 제품 설계 개선, 제조 공정 관리 등 다양한 영역에서 활용될 수 있다.

구매 영역에서도 디지털 트윈을 적용하면 실시간 모니터링을 통해 재고 상태와 공급업체 성과를 실시간으로 추적하여 가시성을 극대화할 수 있다. 이를 통해 구매 담당자는 현재 재고 수준, 물품 도착 시기, 공급업체의 이행 상태 등을 정확히 파악할 수 있다. 예를 들어, 디지털 트윈 시스템은 재고에 연결된 센서를 통해 재고 수준을 실시간으로 업데이트하고, 예상치 못한 수요 증가나 공급 차질에 대해 즉각적인 알림을 제공할 수 있다.

또한, 디지털 트윈은 구매 전략과 공급망 관리의 다양한 시나리오를 시뮬레이션하고 최적화하는 데 활용될 수 있다. 이를 통해 자원을 효율적으로 배분하고, 구매 비용을 절감하며, 공급망 운영을 최적화할 수 있다. 예를 들어, 구매부서는 공급업체의 리드타임, 운송 비용, 재고 수준 등을 시뮬레이션하여 가장 비용 효율적인 구매 경로와 재고 보충 시점을 결정할 수 있다. 이러한 시뮬레이션은 예상치 못한 공급망 문제에 대비할 수 있는 최적의 전략을 도출하는 데 기여한다.

특히, 생성형 AI와 디지털 트윈의 융합은 공급망 분석과 예측 능력을 더욱 강화한다. 생성형 AI는 디지털 트윈이 생성한 시뮬레이션 데이터를 분석하여, 공급망의 최적 경로를 추천하거나 예상되는 문제를 자동으로 진단하고 해결 방안을 제안할 수 있다. 이러한 융합은 공급망 전반의 투명성과 효율성을 극대화하며, 운영 중단 시간을 최소화하는 데 기여한다.

사례

BCG의 Value Chain Digital Twin은 구매 부문에서 내부 및 외부 데이터를 통합하여 실시간으로 공급망 전체를 가시화하고, 이를 통해 예측 정확도를 20~30% 향상시킬 수 있었다. 디지털 트윈을 통해 기업들은 공급망의 병목현상을 예측하고, 자재 및 부품 공급의 지연을 줄였으며, 이를 통해 공급망 지연과 다운타임이 50~80% 감소하여 생산 중단을 최소화하고, 원활한 운영을 보장할 수 있었다. 예측 분석을 활용한 시뮬레이션은 공급업체가 지연될 가능성을 미리 경고하여 대체 공급원을 찾거나 조치를 취할 수 있도록 하였다.[13]

기계고객의 가능성

미국의 정보 기술 연구 및 자문 회사인 가트너Gartner에서는 매년 10개의 전략적 기술 트랜드를 선정한다. 2024년 10번째 트랜드로 기계 고객이 선정되었다.[14]

가트너는 기계 고객Machine Customer의 진화 3단계에 대해 다음과 같이 설명하고 있다.

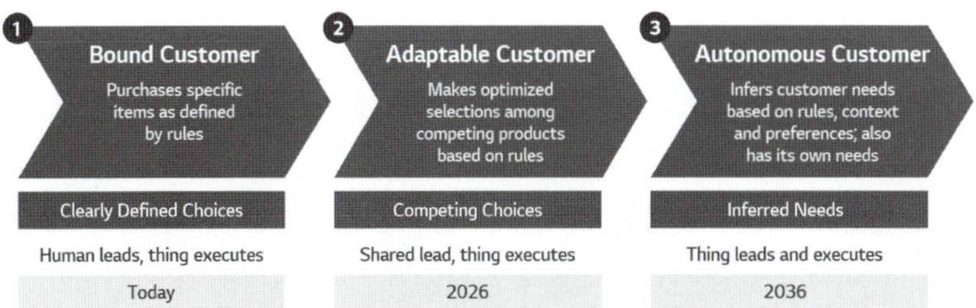

■■ 그림 10-3 기계고객의 진화 3단계, 가트너

바운드 커스터머

HP의 Instant Ink나 Amazon Dash Replenishment와 같은 서비스는 바운드 커스터머Bound Customer의 대표적인 사례이다. 여기서 기계는 사용자가 설정한 특정 규칙에 따라 작동하며, 제한된 범위 내에서 자동으로 구매를 처리한다. 이는 구매의 자동화를 실현하고, 재고관리와 필요한 시기에 맞춘 구매가 이루어질 수 있도록 도와주는데, 앞서 설명한 RPA와 비슷한 개념이다.

어댑터블 커스터머

어댑터블 커스터머Adaptable Customer 단계에서는 AI 기술을 사용해 사람의 최소한의 개입으로 자율적인 의사결정을 내린다. 이 단계에서는 기계가 단순한 규칙을 넘어, 수요 변동성에 맞춰 구매 결정을 최적화할 수 있다. 예를 들어, AI는 시장 상황을 분석해 공급업체의 가격 변동에 빠르게 대응하거나 더 나은 조건을 가진 공급업체를 선택할 수 있다. 로보어드바이저와 같이 금융에서 이미 사용되고 있는 이 모델은, 공급망 내에서 비용 절감과 효율적인 공급망 관리를 가능하게 할 수 있다.

오토노머스 커스터머

완전히 자율적인 오토노머스 커스터머Autonomous Customer는 인간의 개입 없이 스스로 의사결정을 내리고 구매를 처리할 수 있다. 예를 들어, AI가 자동으로 시장 데이터를 분석하여 가장 적절한 시점에 자재나 부품을 주문하고, 필요할 경우 공급업체 변경을 독립적으로 처리할 수 있다. 이러한 시스템은 구매의 예측 정확도를 높이고 전체 공급망을 효율적으로 관리하는 데 크게 기여할 수 있다.

사람과 다른 기계 고객의 의사결정 특징은 다음과 같다.

- **투명한 거래 처리**: 기계 고객은 논리적이고 규칙 기반으로 작동하기 때문에 감정에 영향을 받지 않으며, 더 투명하고 합리적인 의사결정을 내릴 수 있다. 이는 공급망 관리에서 더욱 신뢰할 수 있는 결정을 가능하게 한다.
- **대량의 데이터 처리**: 기계는 사람보다 더 많은 데이터를 빠르게 처리하여 정확한 예측을 하고, 이를 바탕으로 최적의 구매 결정을 내릴 수 있다. 빅데

이터 분석을 통해 공급망의 불확실성을 줄이고 리스크를 관리할 수 있다.

- **감정적 만족 불필요**: 기계 고객은 효율성에 중점을 두므로, 기존 마케팅 전략처럼 고객 충성도를 확보할 필요가 없다. 이는 기업이 마케팅보다는 효율적인 공급망 구축에 더 집중할 수 있도록 한다.

이러한 기계 고객의 진화는 구매 영역에서 자동화된 의사결정, 예측 유지보수, 효율적인 재고관리를 가능하게 하며, 기업이 더 나은 구매 전략을 수립하는 데 기여할 수 있다.

그러나 기계 고객의 도입은 그 과정에서 윤리적인 문제ethical issues가 반드시 고려되어야 한다. 기계 고객이 자율적으로 구매를 결정하고 거래를 처리할 때, 여러 윤리적 쟁점이 발생할 수 있다.

- **책임소재**Responsibility: 기계 고객이 자율적으로 의사결정을 내릴 경우, 책임의 주체가 누구인지 불분명해질 수 있다. 예를 들어, AI가 구매 결정을 잘못 내렸을 때, 이로 인해 발생한 피해나 손실에 대한 책임이 AI 시스템을 설계한 기업, AI를 운영하는 기업, 혹은 공급업체 중 누구에게 있는지가 불명확할 수 있다. 책임의 할당과 관리 감독의 필요성은 윤리적 문제로 부각될 수 있다.
- **개인 정보 보호 및 데이터 사용**Data Privacy and Usage: 기계 고객이 대량의 데이터를 분석하고 처리하는 과정에서, 개인 정보 보호와 데이터 사용에 대한 문제가 발생할 수 있다. 특히 고객의 구매 패턴이나 거래 데이터를 분석하는 과정에서 민감한 정보가 노출될 가능성이 있으며, 이 정보가 적절히 보호되지 않으면 프라이버시 침해 문제가 대두될 수 있다.
- **투명성**Transparency: AI가 자율적으로 구매 결정을 내릴 때, 해당 결정이 어떻게 이루어졌는지에 대한 투명성 부족이 문제가 될 수 있다. 기계 고객이 특정 공급업체를 선택하거나 특정 제품을 구매하게 된 이유를 이해하기 어렵다면, 인간이 그 결정을 신뢰하기 힘들어질 수 있다. 의사결정 과정이 충분히 투명하게 관리되지 않는다면, 기계 고객의 사용이 불신을 초래할 수 있다.

- **윤리적 구매 및 ESG**Ethical Sourcing and ESG: 기계 고객이 자율적으로 구매를 진행할 때, 윤리적 소비와 지속 가능성에 대한 고려가 부족할 수 있다. 인간 구매자는 종종 윤리적 기준을 바탕으로 구매 결정을 내리지만, 기계 고객은 이러한 기준을 충분히 반영하지 않을 가능성이 있다. 기계 고객이 환경적, 사회적, 거버넌스ESG 문제를 고려한 구매를 진행하도록 하는 방안이 마련되지 않으면, 윤리적 문제로 비난을 받을 수 있다.

따라서 기계 고객 기술이 도입될 때, 책임성과 투명성을 확보하고 편향성과 프라이버시를 보호하는 시스템을 구축하는 것이 중요하다.

업무의 내용과 인간 역량의 변화

디지털 전환은 단순한 기술 도입을 넘어, 비즈니스 운영의 패러다임을 근본적으로 변화시키고 있다. 기계 고객과 생성형 AI 같은 첨단기술이 점차 구매와 같은 핵심 프로세스에 적용되면서, 기업은 효율성, 투명성, 비용 절감을 극대화할 수 있는 새로운 가능성을 열고 있다. 하지만 이 변화는 단순한 프로세스 개선에 그치지 않고, 일의 내용과 인간의 역량에도 중대한 영향을 미친다.

디지털 전환으로 인해, 인간이 수행하던 반복적이고 예측 가능한 업무는 기계에 의해 점차 자동화되고 있다. 이는 구매, 재고관리, 계약서 작성과 같은 분야에서 이미 현실화되고 있으며, 특히 데이터 기반 의사결정이 중심이 되는 업무 환경에서 기계는 더 신속하고 정확한 결정을 내릴 수 있다.

그러나, 이러한 자동화가 진전될수록 인간은 보다 고차원적인 역량을 요구받게 된다. 기계가 데이터를 처리하고, 예측 모델을 생성하며, 심지어 자율적인 결정을 내리는 동안, 인간은 전략적 사고와 창의적 문제 해결에 집중해야 한다. 예를 들어, 기계 고객이 제공하는 데이터 기반 통찰력을 바탕으로 공급망 리스크 관리, 복잡한 협상, 장기적인 전략 수립 등의 비정형적 작업이 인간의 핵심 역할로 자리잡게 될 것이다.

또한, 디지털 도구의 발전은 직무의 기술적 요구 수준을 높이며, 직원들이 데이터 분석, AI 활용 능력 등의 새로운 기술을 습득하는 것을 필수로 만든다. 이러한 변화는 조직 내에서 지속적인 학습과 기술 역량 개발을 요구하며, 인간과 기술이 상호 보완적인 역할을 수행하는 새로운 업무 생태계를 구축할 것이다.

결론적으로, 디지털 전환이 주도하는 변화는 단순히 기술을 도입하는 것을 넘어, 인간의 역할을 재정립하고 새로운 역량을 요구하는 방향으로 나아가고 있다. 기업이 디지털 도구의 잠재력을 최대한 활용하기 위해서는, 기술과 인간 역량의 융합이 필수적이며, 이를 통해 경쟁력을 지속적으로 확보할 수 있을 것이다.

11장

컴플라이언스와 지속가능 공급망 관리

2019년 BRT[Business Round Table] 선언은 기업 경영의 목적을 주주가치 제고에서 다양한 이해관계자 중심으로 전환하겠다는 내용을 담고 있다. 이 선언은 기업이 단순히 주주에게 이익을 돌려주는 데 그치지 않고, 고객, 근로자, 지역사회 등 다양한 이해관계자에게 긍정적인 영향을 미치겠다는 의지를 표명한 것이다. 여기에 더해, 코로나19 확산으로 인해 환경, 사회적 책임, 지배구조 경영의 중요성이 더욱 부각되었다. 팬데믹이 기업의 사회적 책임과 공급망의 안정성 문제를 드러내면서, 기업들은 지속가능한 발전을 위한 경영 방식을 빠르게 채택하게 되었다.

ESG 경영은 환경[Environment], 사회[Social], 지배구조[Governance]라는 세 가지 축을 중심으로, 장기적인 관점에서 친환경 경영, 사회적 책임경영, 투명한 지배구조를 통해 지속가능한 발전을 추구하는 것을 목표로 한다. 환경적인 측면에서는 기후변화와 자원 보호를 위해 탄소 배출을 줄이고, 친환경 기술을 도입하는 것이 중요하다. 사회적 측면에서는 근로자의 권리 보호와 안전, 그리고 지역사회와의 상생을 중시하며, 지배구조에서는 투명한 경영과 윤리적인 경영 방침을 세워 신뢰를 쌓는 것을 강조하고 있다.

공급망 관리에 있어서도 이러한 이슈들이 중요해지면서 지속가능 공급망을 구축하는 것이 중요해졌다. 지속가능 공급망 관리는 기업의 공급망 운영에서 환경적, 사회적 요소를 통합하여 관리하는 것을 의미한다. 이는 단순히 경제적 성과를 추구하는 것을 넘어, 환경적, 사회적 성과를 함께 달성하고자 하는 전략적 활동으로 정의할 수 있다. 지속가능한 공급망 관리의 목표는 기업의 경제적 이익을 유지하면서도 환경 보호와 사회적 책임을 다해, 공급망 전반의 지속 가능성을 강화하는 것이다. 오늘날 기업들이 지속가능 공급망 구축을 하는데 여러 어려움이 따른다. 첫째, 공급망이 여러 계층으로 이루어져, 각 계층이 독립적으로 운영되거나 글로벌하게 분산되어 있는 경우가 많다. 이러한 다계층 구조에서는 전체 공급망의 흐름을 파악하기가 어려워져 투명성을 확보하는 데 어려움이 있어 지속가능 관행을 적용하기 어렵다. 둘째, 각 공급망 계층에서 발생하는 환경적 영향, 노동 조건, 자원 사용 등을 파악하려면 관련 데이터가 통합 관리되기 매우 어렵다. 마지막으로 글로벌 공급망에서는 각 계층의 공급업체들이 서로 다른 규제, 기준, 목표를 가지고 있을 수 있기 때문에 지속가능 목표를 달성하는데 많은 제약이 있을 수 있다.

이러한 가운데 최근 지속가능 공급망 구축의 중요성이 커지면서 최근 '공급망 실사 지침'과 같이 공급망 관리 영역에 대한 제도화가 이루어지고 있으며, 기업들은 산업별 협의체를 통해 전략적으로 대응하고 있다. 본 장에서는 지속가능 공급망 구축과 최근의 제도화 경향, 협의체 구성 등의 내용을 살펴보도록 한다.

1. 사회적 가치 관점의 지속가능 공급망

지속가능 공급망 구축

지속 가능한 공급망 구축은 기업이 환경, 사회, 경제적 요소를 공급망 관리에 통합하여 장기적인 지속가능성을 실현하는 데 중점을 둔다. 이 과정은 명확한 목표 설정에서 시작하여 현재 상태 평가, 공급업체와의 협력, 지속적인 성과 관리와 개선까지 이어지는 체계적인 전략적 접근 방식이다.

가. 지속 가능성 목표 정의와 설정: 기업은 지속 가능한 공급망 관리를 위한 명확하고 측정 가능한 목표를 설정해야 한다. 탄소 배출량 감소, 폐기물 생성 최소화, 책임 있는 조달, 공정한 노동 관행 보장, 다양성 증진 등이 포함된다. 이러한 목표는 기업의 전반적인 지속 가능성 전략과 일치해야 하며, 구체적이고 시간적으로 제한된 계획을 통해 실현 가능성을 높여야 한다. 예를 들어, 2030년까지 공급망의 탄소 배출량을 50% 감축하거나, 모든 협력업체가 윤리적 조달 기준을 준수하도록 하는 목표를 수립할 수 있다.

나. 기업의 현재상태 평가 및 이해: 기업은 현재의 공급망 운영 및 관행을 평가하여 지속 가능성 목표와의 격차를 파악해야 한다. 공급망 내 모든 단계에서 환경적, 사회적, 경제적 영향을 객관적으로 분석한다. 이 과정은 공급업체의 생산 공정, 물류 운영, 폐기물 처리, 노동 관행 등을 포함한다. 평가 결과는 지속 가능한 공급망 전략을 설계하기 위한 기준선을 제공하며, 목표 달성을 위한 단계적 로드맵을 설정하는 데 중요한 역할을 한다.

다. 공급업체 평가 및 목표 설정: 공급업체의 지속가능성 수준을 평가하고, 이를 기반으로 기업의 목표와 일치하는 협력업체를 선정한다. 주요 평가 요소로는 환경 관리 시스템, 인권 및 노동 관행, 윤리적 조달, 탄소 배출량 관리, 포용성과 다양성 등이 있다. 평가 결과를 공급업체와 공유하며, 기업의 지속가능성 기대치를 명확히 전달해야 한다. 평가 결과가 미흡한 공급업체에는 개선 기회를 제공하며, 일정 기간 내 목표를 달성하지 못할 경우 거래를 중단할 수 있다.

라. 지속가능 공급망 혁신: 지속 가능한 공급망 구축을 위해 혁신적인 기술, 프로세스, 재료를 도입한다. 공급업체와의 협력을 통해 개선 목표와 구체적인 실행 방안을 도출한다. 지속가능성 트렌드에 맞춘 새로운 기술(예: 탄소 저감 기술, 친환경 소재)과 운영 방식을 공급망에 적용한다. 혁신적인 아이디어를 제공하거나 우수한 성과를 달성한 공급업체에 인센티브를 제공하여 지속 가능한 문화를 조성한다. 개선이 어려운 공급업체에는 구체적인 지원을 제공하거나 필요 시 거래를 중단한다.

마. 성과 모니터링 및 피드백: 공급망 전체에서 지속가능성 목표를 지속적으로 추적하고 관리한다. 데이터 수집 및 분석을 통해 공급망의 지속 가능성 지표를 측정하고 평가한다. 주요 모니터링 항목에는 탄소 배출량, 자원 효율성, 폐기물 처리 수준, 노동 관행 준수 등이 포함된다. 관련 데이터는 정기적으로 이해관계자와 공유하여 투명성을 강화하며, 피드백을 통해 지속적인 개선을 유도한다. 성과 관리를 위해 디지털 도구(예: ESG 모니터링 플랫폼)를 활용하여 데이터 분석 및 보고를 효율화한다.

바. 책임 있는 지속가능경영 구현: 공급망 내 지속가능성 기준을 표준화하고, 이를 계약, 평가, 보고 체계에 통합한다. 공급업체가 환경 규정, 사회적 책임, 윤리적 조달 기준을 준수하도록 장려한다. 지속 가능한 공급망 관리가 기업과 공급업체 모두에게 혜택을 줄 수 있도록 상호 이익 구조를 설계한다. 협력업체와의 계약서에 지속가능성 조항을 포함하고, 정기적인 감사와 평가를 통해 준수 여부를 확인한다.

사. 지속적인 개선: 지속 가능한 공급망 관리의 최종 목표는 지속 가능한 여정을 계속 발전시키는 것이다. 변화하는 시장 환경, 규제 요구사항, 기술 혁신에 따라 지속가능성 전략을 정기적으로 검토하고 개선한다. 글로벌 ESG 트렌드와 모범 사례를 학습하며 이를 전략에 반영한다. 또한, 이해관계자와 긴밀히 협력하여 지속 가능한 공급망의 효과를 극대화하고 공급망 운영 전반에 걸쳐 학습과 피드백 문화를 도입하여 장기적인 발전을 도모한다.

지속 가능한 공급망 구축은 기업이 환경적, 사회적, 경제적 가치를 공급망 운영에 통합하여 장기적인 지속가능성을 실현하는 데 필수적이다. 이러한 전략은 탄소 배출 감축, 자원 효율성 향상, 윤리적 조달, 노동 권리 보장 등을 통해 기업의 경쟁력을 강화하고, 이해관계자 간 신뢰를 증진시킨다. 기업은 지속 가능한 공급망 관리를 단기적인 비용 절감 수단으로 보지 않고, 장기적인 가치 창출을 위한 핵심 전략으로 인식해야 한다. 이는 기업이 변화하는 글로벌 환경에서 지속가능성을 유지하며, 사회적 책임을 다하고 경제적 이익을 동시에 추구하는 데 중요한 역할을 한다.

지속가능 공급관리 조직 구조와 문화

기업의 지속가능경영을 지속적으로 전개해 나가기 위해서는 조직원의 인식과 문화를 바꿔야 하며, 또한 조직 구조도 변해야 한다. 지속 가능한 공급관리 조직 구조와 문화를 확립하는 것은 지속가능성 원칙을 공급망 운영에 효과적으로 통합하는데 중요하다.

무엇보다도 기업의 리더와 이사회의 약속이 중요하다. 리더십은 지속가능한 경영 노력을 항상 추진하는 데 중요한 역할을 한다. 일회성 이벤트에 그치지 말고, 최고 경영진은 지속가능성에 대한 강한 의지를 보여주고 조직 전체에 지속가능성의 중요성을 전달해야 한다. 그들은 지속가능성 이니셔티브를 옹호하고, 그것에 자원을 할당하고, 명확한 지속가능성 목표와 기대치를 설정해야 한다.

지속가능 공급에 대한 전담 관리팀이 있어야 한다. 실무자들은 당장의 문제 해결과 성과 창출이 가능한 기존의 업무방식에 몰입되어 있으므로, 지속가능한 공급관리 관행을 감독하고 구현하는 전담팀 또는 부서를 구성해야 한다. 이 팀은 지속가능성, 공급망 관리, 환경 및 사회적 영향 평가에 필요한 전문성을 갖추고 있어야 하고, 그들의 역할에는 전략 개발, 목표 설정, 이해관계자 참여 및 진행 상황 모니터링이 포함된다.

또한 지속가능에 대한 인식이 특정부서나 이슈가 많은 부서에 집중되지 않도록 부서 간에 교차하여 협업할 수 있는 제도나 프로세스를 만들어야 한다. 조달, 제조, 물류, 영업/마케팅, 품질 관리 및 인적 자원관리 등 전 부서가 조직 내 다양한 기능 전반에 걸쳐 협업 및 협력을 할 수 있도록 촉진해야 한다.

그리고, 임직원의 교육 프로그램 등을 운영하여 지속적으로 인식을 개선하고, 사내외 모범 사례 공유 및 포상 등 캠페인을 실시한다. 교육으로는 직원들이 공급망 활동의 환경 및 사회적 영향을 이해하고 지속가능성 목표에 기여할 수 있도록, 조직 내 다양한 직무 역할과 수준에 맞게 조정되어야 하고, 성과 인센티브와 보상을 지속가능성 목표에 연계하여 진행한다.

또한 기업 내부에 그쳐서는 달성될 수 없으므로, 지속 가능한 공급관리 노력에 공급업체를 참여시켜야 한다. 정기적인 커뮤니케이션, 협업 이니셔티브 및 공동 문제 해결을 통해 이들을 참여시키고, 공급업체에 도움이 되는 법률이나 규정들을 공유하고, 교육지원도 확대하는 것이 좋은 방법이다. 공유된 가치와 목표를 기반으로 장기적인 파트너십을 육성해 나간다.

마지막으로 지속가능성을 정책 및 절차에 포함해 나가야 한다. 기업의 조달 전략, 공급업체 선택 기준, 기업의 비전, 임직원 행동 강령 등에 포함시켜 지속가능성이 기업의 의사결정 프로세스 및 일상적인 운영에 통합되도록 제도화해 나가야 한다.

기업의 지속가능 공급망 관리 전략 및 성과

국내에서도 코로나 팬데믹 이후 ESG 경영이 더욱 중요해지고 있는 가운데, 표 11-1과 같이 대기업 중심으로 선제적으로 관련된 전략을 활발히 펼치고 있다. 기업들은 공급망 관점에서의 ESG 경영을 통해 환경, 사회, 거버넌스 요소를 통합한 지속가능성을 실현하고 있다. 삼성전자는 책임 있는 광물 조달 비율을 95%로 높이고, 협력업체의 재생 에너지 사용 확대를 지원하여 공급망 탄소 배출을 20% 감축했으며, 현대자동차는 전기차 및 수소차 부품 공급망의 재생 에너지 전환과 협력업체의 탄소 배출 10% 감축을 목표로 분쟁 광물 사용 제로 선언을 했다. SK는 분쟁 광물 추적 시스템을 도입하고, 주요 협력업체의 에너지 사용량을 15% 감소시키는 등 탄소 중립 목표를 수립했으며, LG는 주요 원자재의 40%를 친환경 인증 원료로 전환하고 ESG 준수율을 90%까지 향상시켰다. 포스코는 철강 제조 공급망에서의 탄소 배출을 25% 감축하고, 지속 가능한 철강 제품의 공급망 비중을 20% 늘렸으며, 한화는 태양광 부품 공급망에서 탄소 배출을 35% 감축하고 재생 에너지 협력 프로젝트를 확대했다. 네이버는 데이터 센터 전력의 50%를 재생 에너지로 전환하며 에너지 소비를 15% 절감했고, 카카오는 협력업체 재생 에너지 사용률을 20% 증가시키며 탄소 배출을 12% 감소시켰다. CJ는 친환경 포장 도입과 바이오 연료 사용 비율 30% 증대를 통해 공급망 탄소 배출을 18% 줄였으며, 현대중공업은 조선 부품 공급망에서 탄소 배출을 25% 감축하고 친환경 기술 적용률을 40%로 증가시켰다. 이러한 ESG 경영 전략은 공급망 전반에 걸쳐 지속가능성을 강화하고, 협력업체와의 상생 관계를 통해 장기적인 경쟁력을 확보하는 데 기여하고 있다.

표 11-1 국내 대기업의 ESG 공급망 경영 사례 (언론보도 종합, 2023년 기준)

기업	공급망 관점의 ESG 경영 전략	성과
삼성전자	• 공급망 내 책임 있는 광물 조달 강화 • 협력업체에 대한 지속 가능성 평가 도입 • 재생 에너지 사용 확대 지원	• 100여 개 협력업체가 재생 에너지 사용 • 공급망 탄소 배출 20% 감축 • 책임 있는 광물 조달 비율 95% 달성
현대자동차	• 전기차 및 수소차 부품 공급망의 재생 에너지 전환 • 협력업체와의 지속 가능한 관계 구축 및 분쟁 광물 사용 제한	• 전기차 부품 공급망의 30%가 재생 에너지 전환 • 협력업체 탄소 배출 10% 감축 • 분쟁 광물 사용 0% 목표 선언
SK	• 분쟁 광물 추적 시스템 도입, 공급망 투명성 강화 • 협력업체의 에너지 효율성 개선 지원 • 탄소 중립 달성을 위한 공급망 관리	• 주요 협력업체의 에너지 사용량 15% 감소 • 공급망에서의 탄소 중립 목표 수립 • 책임 있는 광물 조달 관리 강화
LG	• 지속 가능한 공급망 구축, 책임 있는 원자재 조달 확대 • 공급업체 평가 시스템을 통한 ESG 관리 • 공급업체와의 상생협력	• 주요 원자재의 40%가 친환경 인증 • 공급업체의 ESG 준수율 90% 달성 • 책임 있는 광물 사용 98% 달성
포스코	• 철강 생산에서 책임 있는 원자재 사용 확대 • 공급망 탄소 배출 관리 강화 • 지속 가능한 철강 제품 조달 확대	• 친환경 철강 제품의 공급망 비중 20% 증가 • 철강 제조 공급망에서의 탄소 배출 25% 감축 • 지속 가능성 평가 강화
한화	• 태양광 사업의 공급망 분쟁 광물 사용 제로 목표 설정 • 협력업체와의 재생 에너지 사용 확대 협력	• 태양광 부품 공급망에서 35% 탄소 배출 저감 • 주요 협력업체와 재생 에너지 협력 프로젝트 10개 이상 진행

기업	공급망 관점의 ESG 경영 전략	성과
네이버	• 데이터 센터의 전력 공급망에서 재생 에너지 사용 확대 • 공급망의 에너지 소비 감축	• 데이터 센터 전력의 50%가 재생 에너지로 전환 • 공급망의 에너지 소비 15% 절감
카카오	• IT 서비스 공급망에서의 재생 에너지 사용 장려 • 협력업체의 탄소 배출 저감을 위한 프로그램 도입 • 공급업체와의 장기적 상생 관계 구축	• 주요 협력업체의 재생 에너지 사용률 20% 증가 • 공급망 탄소 배출 12% 감소 • 지속 가능한 관계 개선 프로그램 운영
CJ	• 식품 및 물류 공급망에서의 친환경 포장 확대 • 책임 있는 농업 원자재 조달 및 바이오 연료사용 확대	• 바이오 연료 사용 30% 증가 • 친환경 포장 재료 도입으로 공급망 탄소 배출 18% 감소
현대 중공업	• 조선 및 해양 공급망에서의 친환경 기술 도입 • 친환경 연료 사용 확대 및 공급업체와의 지속 가능한 관계 강화	• 조선 부품 공급망에서 25% 탄소 배출 저감 • 친환경 기술 적용률 40% 증가 • 공급업체 상생 협력 프로그램 강화

2. 지속가능 공급망 관련 법과 규제

관련 동향

미·중 무역 갈등의 발발, 가자지구 분쟁, 러시아-우크라이나 전쟁 장기화 등 끊임없는 지정학적 리스크로 인해 글로벌 경영환경의 변화를 예측하기 어려운 가운데, 최근에는 지구 열대화global boiling, 환경, 탄소 규제, 인권 및 고용, 안전보건, 소비자 이익, 기업의 투명성 등과 같은 문제의 중요성이 높아지면서 기업 경영의 불확실성과 복잡성이 가중되고 있다. 과거에는 권고 사항 정도로 받아들여졌던 사안이었지만, 최근에는 이러한 이슈들이 지속가능성, 투명성 강화, ESG 등의 경영 패러다임과 결합하여 법률이나 규제의 형태로 강제력을 띄기 시작하면서 기업 경영에 상당한 부담으로 작용하기 시작했다. 실례로, 애플, BMW, GE 등은 계약이나 우선 협상 대상기업을 선정할 때 자체적인

ESG 리스크 평가를 고려하면서[1], 결과가 좋지 않으면 거래를 해지하는 경우도 발생했다. 해외에서는 2010년을 전후로 공급망과 관련하여 이러한 움직임이 강화되기 시작하였고, 국내에서는 2020년을 전후로 본격적으로 대응하기 시작했다.

해외동향

미국의 경우 불법으로 공급되는 목제 제품, 야생동물과 식물 밀매, 불법 목재의 벌채·운송·판매를 금지하는 라이시 법The Lacey Act(2008년 개정), 아프리카 무장세력이 관리하는 분쟁광물 거래 규제, 석유·가스·광물 관련 개발 및 공급업체의 국제적 투명성과 인권 감수성을 높이기 위해 규정된 도드 프랭크법Dodd-Frank Wall Street Reform and Consumer Protection Act (2010년 제정) 등과 같은 법이 제정되면서 공급망 상에서 불법적으로 확보된 자원의 사용을 자제하기 시작하였다. 또한, 공급망 상에서 근로자의 인권을 보호하고 노예 노동을 금하는 법안도 발의되었다. 캘리포니아 공급망 투명법The California Transparency in Supply Chains Act of 2010은 나이키 인도네시아 공장에서 아동 노동착취로 생산된 제품이 월마트를 통해 판매되면서 기업 공급망에서 근로자의 인권, 아동·노예 노동착취가 자행되고 있음을 지적하였고, 인신매매 및 노예제도에 관한 사업 공급망 투명법The Business Supply Chain Transparency on Trafficking and Slavery Act of 2018은 기업의 공급망에서 인신매매, 강제 노동, 노예/아동 노동 착취 등을 근절하기 위해 확인·감독하고 적발 시 즉시 개선하도록 강제하고 있으며, 매년 증권거래위원회Securities and Exchange Commission(SEC)에 이러한 활동 및 결과를 보고하도록 의무화하였다.

유럽에서도 미국과 비슷한 규제 동향을 보이고 있는데, 미국은 대부분 특정 주state에서 적용되는 반면 유럽은 EU 회원국 전체에 적용되면서 문제의 책임을 원청업체에 묻는다는 점에서 그 파급력과 구속력이 강하다고 볼 수 있다. EU 회원국을 중심으로, 글로벌 기업의 공급망에 소속되어 있는 전체 공급업체를 대상으로 환경 및 인권, 작업장 안전 등에 대한 침해 여부를 조사하고, 문제가 발생하는 경우 원청업체가 책임지고 조치하여 그 결과를 공개하도록 하는 공급망 실사를 중심으로 전개되고 있다. 공급망 실사를 중심으로 의무화되었던 움직임은 영국의 사례에서 찾아볼 수 있는데, 자국 기업과 공급망을 대상으로 강제 노동 방지를 위한 회사정책, 기업실사 프로그램, 위험 관리 절차와 프로세스, 인권과 환경 교육 실시 등을 공개하도록 2015년부터 강제화하였다. 또한 프랑스는 자국 기업 대상으로 기업의 공급망 내 인권 현황을 파악하고 모니터링하여 인권침해 방지책을 공개하도록 2017년부터 의무화했다. 그 외 독일, 네덜란드, 핀란드, 덴마크 등에서도 노동자의 인권 보호와 아동 노동을 억제하기 위한 규범이 마련되어 시행되었다.

최근 EU 의회는 EU 시장에 완제품이나 서비스를 공급하는 기업의 본사가 EU에 있지 않더라도 자회사 및 계열사를 포함한 공급망 상의 모든 업체에 해당 규범을 적용하기 때문에 EU 역내에서 비즈니스를 하는 기업에게 적지 않은 부담으로 작용할 전망이다. 이러한 움직임과 관련하여 향후 기업과의 법적 분쟁이 예상되는데, 이를 엿볼 수 있는 대표적인 사례가 프랑스 수자원 기업인 Suez의 사례이다.[2, 3] 2020년 7월 9일, ESSAL칠레의 주요 상수도 및 하수 처리 기업 중 하나로 Suez의 자회사이 칠레 Osorno 지역의 식수원에 2천 리터의 원유를 유출하는 사고로 10일 동안 식수 공급이 중단되어 지역 주민의 기본적 생활권과 건강을 위협하는 문제와 더불어 Rahue강과 Damas강에 원유가 흘러들어 자연 생태계를 오염시키는 결과를 초래하여 프랑스 및 칠레의 인권보호 4개 단체가 식수원 사업과 관련해 기업실사 의무법 위반 및 인권보호 법적 의무 불이행을 혐의로 2021년 6월 7일 경고장을 발송하면서 소송을 제기하였다. 이 사고에 대한 수습은 물론이고, 모기업인 Suez는 연간보고서에 기업실사 의무법 준수를 위한 행동강령을 기술하고 ESSAL의 지분 전량을 매각하는 등 노력했으나, 사고 발생 시점에 ESSAL이 Suez의 자회사였던 만큼 사고의 모든 책임은 Suez에 물었고 ESSAL 매각한 후에도 Suez는 소송에 대응할 수밖에 없었다. 이와 같은 사례에서 볼 수 있듯이 아무리 자회사라 하더라도 모회사는 공급망 상의 사고 책임에서 벗어날 수 없으며, EU의 공급망 실사 지침에도 이러한 경향이 반영될 것으로 예상된다.

국내동향

국내 산업계에도 ESG 경영 패러다임의 확산으로 큰 맥락에서는 앞서 살펴본 해외의 동향과 큰 차이가 없지만, 이러한 거대한 변화의 흐름에 중견 · 중소기업들의 대처 역량은 부족한 실정이다. 대한상공회의소가 2023년 2월에 실시한 설문조사의 결과를 보면, 국내 중소기업들은 공급망 실사에 대비하기 위한 ESG 경영의 필요성은 인식하고 있지만 47%가 대응 조치를 취하고 있지 않다고 답변했다[4]. 이보다 앞서 2022년 7월, 국내 300개의 수출기업을 대상으로 공급망 ESG 대응 현황 과제를 조사한 결과에 따르면, 응답 기업의 52.2%가 공급망 ESG 경영 수준이 부족하여 고객사로부터 향후 계약 파기나 신규 계약 수주에 어려움을 겪을 수도 있다는 우려를 표하였다[5]. 국내 대기업은 매년 지속가능경영보고서를 발행·공시하면서 ESG 경영 체계를 내재화·고도화해 왔다. 그러나 그 적용 대상이 자회사나 계열사에 국한되는 경우가 많아 Scope 2 및 Scope 3[6]를 포함하는 실질적인 공급망 ESG 경영 시스템의 구축이 시급한 실정이다. 특히 EU를 중심으로 전개되고 있는 공급망 실사 지침에 대응하기 위해서는 발 빠르게 대처할 필요가 있다. 대한민국 정부는 대 EU 수출 비중이 높은 자동차 부품 중견·중소기업들이 적지 않은 영향을 받을 것으로 예상하고, 2023년 5월 '공급망 실사 대응을 위한 기업 지원방안'을 관계부처 합동으로 마련하였다. 본 대책은 중소기업 실태 파악 및 지원 활동을 조사한 결과를 바탕으로, 공급망 실사 지침에 대비해 ESG 관련 컨설팅, 실사 대응력 제고를 위한 정보 시스템 구축, 실사 부담을 줄이기 위한 인력·자금 여건 개선, 원청·협력업체 간 협업체계 구축 등의 활동을 전개하였다. 실제 중소기업을 대상으로 조사된 결과를 보면 ESG관련 가이드라인 제공, 실사 비용 지원, 교육·컨설팅 관련 비용 지원 등이 시급한 현안으로 파악[7]되고 있다.

그러나 이러한 변화에 대응하기 위해 현재의 실정법 조항은 많은 제약으로 작용하고 있다. '하도급거래 공정화에 관한 법률(일명 하도급법)'과 '독점규제 및 공정거래에 관한 법률(일명 공정거래법)'은 기업 경영의 독립성 보장과 뿌리 깊은 갑을 문화의 확산을 막을 수 있는 순기능이 있으나, 기업 간 정보공유 및 협업을 저해하는 역효과도 나타날 수 있어 유기적 대응이 필요한 공급망 실사 지침에 대비하기 위해서는 최근의 공급망 환경 변화에 따른 기업 간 법적분쟁 및 이해충돌을 방지하기 위한 노력도 요구된다. 또한, EU 공급망 실사 지침에 대응하기 위해서는 '조달사업에 관한 법률(약칭 조달사업법)'에 공공조달 상의 사회적 책임을 부여해야 한다. 또한, 전 세계적으로 탄소중립 및 재생 에너지 활용 비중을 높이기 위한 목적으로 하는 친환경 생산 체제로의 변화가 기업의 중요한 핵심 역량으로 강조되고 있어 이러한 변화의 흐름에 빠르게 대처하면서도 국내법 간 상충할 수 있는 요인에 대해서도 심도있는 논의가 필요하다. 현재 우리나라는 장기적 목표 및 전략 부족, 산업별 분절된 정책, 산업 전환을 위한 유관 정책 연계의 미흡 등이 지적되고 있다.[8]

국가 차원의 공급망 관리 면에서는 경제안보 품목("해외 특정 국가 또는 특정 지역에 대한 수입 의존도가 높은 물자 또는 그 생산에 필요한 원재료, 부품, 설비, 기기, 장비 또는 소프트웨어")을 지정 및 관리하기 위한 공급망 위험 대응체계의 구축, 조기 경보시스템 운영, 공급망 안정화 계획 수립 및 선도사업자 지정, 공급망 안정화 기금 조성을 핵심으로 하는 '경제안보를 위한 공급망 안정화 지원 기본법(공급망 안정화법)'이 시행(2024년 6월)되면서 공급망 위기 상황에 대한 대응책이 마련되었다. 다만, 이 법은 코로나19 펜데믹 상황에서 겪었던 공급망 교란 및 단절에 대응을 목적으로 하는 특징이 있어 공급망 실사와 관련한 대응과는 거리가 있다.

기후위기 대응 면에서는 '저탄소 녹색성장 기본법(녹색성장법, 2010년 시행)'을 개정하여 2024년 1월 '기후위기 대응을 위한 탄소중립ㆍ녹색성장 기본법(탄소중립기본법)'이 시행되면서 탄소중립과 녹색성장을 촉진하기 위한 국가적 체제를 정비하였다. 이 법의 핵심은 2050년까지 탄소중립 달성과 중장기 온실가스 감축 목표를 국가적 차원에서 정립하고 계획을 수립하여 5년마다 감축 목표를 점검하고 수정하여 탄소중립 사회로의 전환을 위한 사회적·경제적 부작용에 대비한 지원 체계를 마련하는 것이다. 이를 위해 탄소 감축을 위한 기술의 개발과 보급을 촉진하기 위한 연구개발 지원, 2050 탄소중립녹색성장위원회 설치, 녹색산업 육성 및 일자리 창출을 통한 산업 경쟁력 강화, 탄소중립 및 기후위기 대응을 위한 기금 조성 등의 활동을 제시하고 있다.

안전보건 면에서는 중대재해처벌법(2022년)과 산업안전보건법(2024년)이 시행됨에 따라 근로자의 인권, 근로조건, 근무 환경 등의 보호에 관심이 높아졌고 관련 표준(KOSHA-MS)을 제정하여 기업 문화에 정착을 유도하고 있고, 이러한 움직임은 공급망 실사에 대응하기에 기본적인 대응체계를 조성하는 데 도움이 될 수 있다.

이러한 법 외에 근로기준법(노동법), 폐기물관리법, 대기환경보전법, 토양환경보전법 등 다양한 법 조항 간의 이해 상충관계가 발생할 수 있어 EU의 공급망 실사법에 체계적으로 준비하고 대응하기 위해서는 정부의 여러 부처에 흩어져 있는 기능을 통합·연계하는 별도의 조직이 구성될 필요성도 제기된다. 공급망 실사와 관련하여 직접적인 업무를 주관하는 부서는 산업통상자원부로 볼 수 있지만, 대부분의 공급업체는 중견·중소기업일 경우가 많아 이들과 관련된 업무는 중소벤처기업부가, 노동자의 인권 및 제반 근무 여건과 관련해서는 고용노동부가, 환경과 관련된 업무는 환경부가, 이해관계자의 안전과 보건에 관해서는 행정안전부와 보건복지부가 연관될 수 있어 정부 부처의 유기적인 업무 협조와 대응체계가 만들어져야 혼란을 최소화할 수 있을 것이다.

최근 국내 기업은 ESG 경영의 중요성을 인지하면서 관련 영역에서 부정적인 영향을 감소/제거하려는 활동에 관심과 노력을 기울이고 있다. 2023년 기준 시가총액 국내 10위 기업(삼성전자 우선주 제외)에서 발행한 최근 5년간의 지속가능경영 보고서를 통해 제시하고 있는 ESG 활동을 조사하여 빈도가 높은 활동을 중심으로 주요 ESG 활동을 살펴보면, 전자, 반도체, 배터리, 자동차 산업의 기업들이 주를 이루고 있는 가운데 각 기업의 산업 분야와 비즈니스 모델에 따라 활동이 차별화된다. 그러나 공통적으로 탄소중립(탄소배출 저감), 재생 에너지 확대, 자원 재활용 등과 같은 환경친화적 활동을 중심으로 인권 및 안전·보건 활동, 윤리/준법 경영, 지역사회 기여, 지배구조 투명성 강화를 위한 활동이 전개되고 있다.

이에 반해 중견·중소기업의 ESG 인식 및 활동 수준은 낮은 것으로 나타났다. 최근 대한상의가 국내 수출기업들을 대상으로 ESG 수출 규제가 본격화되는 상황에서 이에 대한 인식 및 대응 수준을 조사한 결과, 매우 낮은 상황으로 나타났다. 특히, '탄소국경조정제도'가 가장 부담되는 수출 규제라고 답했다.[9] 그 이유로는 탄소 배출량 측정 어려움'(52.7%) 탄소 저감 시설 투자 자금 부족'(41.0%), '전문인력 부족'(37.1%) 등으로 나타났다. 또한, 공급망 실사도 적지 않은 부담이 된다고 답했는데, 조사 대상의 81.4%의 기업이 공급망 실사를 시행하고 있지 않다고 답해 매우 심각한 상황으로 판단되고, 67.9%의 기업이 해외 협력업체에 대한 공급망 실사도 적절히 대응하지 못하고 있다고 답해 해외 협력업체 관리도 어려운 것으로 나타났다.

공급망 실사 지침 (기업 지속가능성 실사 지침)

EU 공급망 실사 지침Directive on Corporate Sustainability Due Diligence(CSDDD)의 핵심은 기업의 공급망에 속한 모든 기업이 수행하는 모든 운영operations 활동에서 인권, 고용 및 산업관계, 환경, 소비자 이익, 준법경영(반부패), 기업 투명성(정보공개) 등에서 잠재적(또는 실제)으로 발생할 수 있는 부정적 영향을 실사due diligence를 통해 파악/평가하고, 이를 예방·완화·중지·제거하는 활동을 수행하고 이행 결과를 추적하여 그 결과를 이해관계자와 의사소통하는 과정을 기업의 정책 및 관리 시스템에 내재화하는 것이다. EU 공급망 실사 지침을 살펴보기에 앞서 이 지침에 영향을 미친 국제 규약과 유럽의 실사법에 대해 먼저 살펴본다.

공급망 실사 지침의 근간이 된 국제 규약

UNGP (기업과 인권 이행 원칙, 2011)

기업을 경영하는 과정에서 발생할 수 있는 다양한 인권 문제를 공론화하기 위해 2011년 UN은 'UNGPUN Guiding Principles on Business and Human Rights'를 제정하였다. UNGP는 근로자의 인권 개선을 목적으로, 국가의 책임, 기업들의 공급망 내 인권 개선 노력, 인권 침해의 구제책에 대한 기준을 제시하고 있다. UNGP는 '국가행동계획National Action Plans'을 수립하여 기업의 경영에서 야기될 수 있는 근로자의 인권 문제는 단순한 권고가 아닌 국가가 법적으로 책임을 지도록 강조하고 있다. 이를 실행하기 위해 기업들은 근로자 인권 보호를 위한 실사를 시행하여 근로자의 안전과 건강을 확보하기 위해 선제적인 사법적/비사법적 구제 방안을 마련해야 한다.

이러한 영향으로, 실제 독일, 프랑스, 노르웨이 등 일부 유럽 국가에서는 공급망 내 인권 현황 파악을 위한 실사 지침을 제정·시행하여 공급망 상에서 발생할 수 있는 인권 침해 문제에 대해 대기업(직원 수 및 매출액 기준, 일정 규모 이상의 기업)의 재무적·비재무적 법적 책임을 부과하고 있고, 이는 EU 공급망 실사 지침 제정에 적지 않은 영향을 주었다.

OECD의 '다국적기업 가이드라인' 및 '기업책임경영을 위한 기업실사 지침'

OECD는 2011년 '다국적기업 가이드라인OECD Guidelines for Multinational Enterprises'과 2018년 '기업책임경영을 위한 기업실사 지침OECD Due Diligence Guidance for Responsible Business Conduct'을 발행하여 인권·환경·투명경영 등의 6개 영역(가이드라인에서는 9개 영역으로 구성되었으나 기업실사 지침에서는 '과학 및 기술', '경쟁', '조세'의 3개 영역이 제외됨)에 대해 실사를 핵심으로 하는 기업 경영 가이드라인 및 실사 지침을 제정하였다. 이 두 개의 지침은 UNGP와 함께 공급망 실사의 개념과 절차를 구체화하는 데 중추적인 역할을 하였다. <표 11-2>는 OECD 가이드라인과 기업실사 지침을 종합하여 요약한 실사 영역과 그에 따른 착안점 및 핵심 내용을 보여준다.

표 11-2 OECD 가이드라인과 기업실사 지침의 영역 및 핵심 내용

영역	착안점	핵심 내용
인권	기업의 인권 존중, 보호, 예방, 해결, 지속적인 실사	1. 기업이 운영되는 모든 지역에서 인권 존중 및 주기적 검토 2. 소수자 및 취약 계층의 인권 보호 및 부정적 영향 최소화 3. 인권의 부정적 영향 예방 및 해결 조치 마련 4. 인권 문제의 해결 과정에 대한 설명 요구 5. 인권 존중 의지를 기업정책으로 선언 6. 시간 변화에 따른 인권 리스크를 지속하여 실사
고용 및 산업 관계	아동/강제 노동 근절, 노조 존중, 평등 고용, 운영 변화의 통보	1. 아동 및 강제 노동의 근절 2. 노조의 설립 및 가입 권리를 존중 3. 고용 기회와 대우의 평등 및 차별대우 금지 4. 고용에 큰 영향을 미치는 기업 운영 변화의 통보

영역	착안점	핵심 내용
환경	기업 활동의 환경·보건·안전에 대한 영향 평가, 리스크 예방 활동, 지속 가능한 제품 개발, 환경 성과의 개선 및 교육	1. 환경·보건·안전에 미치는 기업 활동의 영향 평가 2. 이해관계자를 포함한 환경·보건·안전 정책의 수립 3. 수명주기 기반의 환경·보건·안전 이슈 관리 4. 환경 파괴로 인한 보건 및 안전 관련 리스크 예방 5. 사고/긴급 상황에 대비한 환경·보건·안전의 비상계획 유지 6. 환경친화적 제품·서비스 개발(온실가스 배출 감소, 재활용/재사용 등) 7. 제품의 환경 영향도 정보 제공(온실가스 배출량, 기타 환경 문제 등) 8. 환경성과의 장기적 개선 모색/평가(배출량 감소, 효율적 자원 재활용 등) 9. 근로자 대상 환경경영 교육/훈련 제공(사고 예방, 환경영향 평가절차 등) 10. 환경 정책 개발 이니셔티브(또는 파트너십) 참여
소비자 이익	소비자 안전, 제품/서비스의 정보 제공, 분쟁 해결, 프라이버시 보호, 공중 위협 감소에 협력	1. 보건/안전의 법적 기준을 충족하는 제품 및 서비스의 제공 2. 제품 정보(성분, 안전한 사용법, 환경영향, 유지보수, 보관/폐기 등)의 제공 3. 소비자에게 비사법적 분쟁해결/구제절차 지원(절차상 발생 비용 부과 금지) 4. 소비자의 프라이버시 보호 5. 제품/서비스의 사용·폐기로 인한 공중보건·안전의 위협 감소를 위해 정부 당국과 협력
뇌물 수수/ 청탁/ 강요 근절	부당 금품·뇌물 금지, 내부통제 도입, 리스크 감시	1. 공무원 및 비즈니스 관계자에게 부당 금품의 수수 및 이익 제안의 금지 2. 뇌물의 방지/감지를 위한 내부통제 및 윤리·준법 프로그램의 개발 및 도입 3. 뇌물공여 리스크의 정기 감시 (필요한 경우 재평가) 4. 소액 급행료의 제공 행위 금지 (지급 시, 회계장부/재무리고에 정확히 기입) 5. 뇌물수수 리스크를 고려하여 대리인의 채용 및 감독을 실사(문서화 필요) 6. 뇌물의 공여/청탁/강요에 반대하는 공개적 약속의 천명
정보 공개	기업 목표/실적, 지배구조, 특수 관계자 거래 등의 투명한 공개	1. 기업의 목표, 재무/경영 실적, 그룹의 구조와 대주주 소유권 및 의결권 2. 이사회의 구성원/자격/선임과정/독립여부 등, 핵심 경영진의 보수에 관한 정책, 특수관계자 거래, 근로자와 기타 이해관계자에 관한 사항 등 3. 기업의 지배구조 규정, 정책 내용 및 이행 과정

* OECD(2011, 2018)의 내용을 재구성하여 요약

이처럼 기업은 이질적인 실사 영역에서 운영 리스크(또는 사고) 발생을 예방·억제·해결하는 활동을 지속해서 수행하고 공개해야 하며, "특히 중소기

업의 기업실사에 관한 공통된 이해 확립의 중요성을 인정하고 있으며, 자국에서 기업 활동을 하는 기업들이 그들의 공급망에 기업실사를 구현하기를 적극 장려"하고 있다. 공급망을 고려한 기업 운영 및 비즈니스 거래 과정에서 공급망 구성 기업뿐만 아니라 이해관계자와 정부를 아우르는 리스크("기업과 직접 연관되거나 기업으로 인해 사람이나 환경 또는 사회에 미치는 부정적 영향의 가능성"으로 정의)를 염두에 두어야 하고, 이러한 부정적 영향은 사업 활동에서 발생할 수 있지만, 거래 과정상의 법적 문제, 표준 이행의 결여, 기업 행태 등에서도 나타날 수 있어 기업 실사를 통해 이러한 문제의 발생을 예방·완화해야 함을 강조하고 있다.

특히, 기업실사 지침에서는 구체적인 실사 범위와 특정 산업군(광물, 농업, 의류, 신발 등)을 제시하면서 공급망의 부문별 실사 지침과 더불어 채굴 및 금융 등의 분야를 추가하여 산업 간 다각적인 측면에서 협력의 필요성을 제시하고 있는데, 이는 EU 공급망 실사 지침에 적극 반영되었다.

공급망 실사 지침에 기틀을 제공한 유럽의 실사법

EU 공급망 실사 지침이 제도화되기 전, 독일, 프랑스, 네덜란드, 노르웨이 등의 국가에서는 기업의 공급망 상에서 인권 및 환경, 아동노동 금지 등의 문제가 발생하지 않도록 기업이 실사를 의무 시행하도록 법적 구속력을 강제하는 법률이 시행되기도 하였다. 이러한 법률에서 제시되었던 적용 기업의 범위, 기업 규모, 위반 시 제재 등의 내용은 EU 공급망 실사 지침의 기틀을 제공했다.

<표 11-3>은 주요 유럽 국가에서 시행 중인 실사법을 비교·정리한 것이다. 해당 법이 적용되는 기업의 범위를 보면, 모두 원청 및 직·간접적 공급업체를 포함하고 있고, 특히 대부분 다국적 기업이 포함된다는 점과 위반 시, 재무적 또는 비재무적인 제재가 이루어지는 공통점을 찾을 수 있다. 법이 적용되는 기업의 기준은 주로 직원 수를 기준으로 한정시켰고 매출액이 반영되는 경우도 찾을 수 있다. 국가별로 일부 다른 점을 확인할 수 있지만, 대부분 공급망 내의 인권, 고용 및 산업관계, 환경 문제를 주요 이슈로 다루고 있으며, 실사 활동 및 조치와 관련하여 정보공개를 원칙으로 하고 있다.

표 11-3 공급망 실사와 관련된 법률의 비교[10]

법률명			공급망 실사 의무화법	실천감독 의무법	아동노동 실사의무법	투명성 법률
주관 국가/연합			독일	프랑스	네덜란드	노르웨이
시행 시기			2023년	2017년	2020년	2021년
적용 범위	원청기업		✔	✔	✔	✔
	공급 업체	직접	✔	✔	✔	✔
		간접	✔	✔		✔
	다국적 기업		✔*		✔	✔
기업 규모	직원 수		자국 내 3천 (24년부터 1천)명 이상	자국 내 5천 명 이상 또는 글로벌 1만 명 이상	-	FY 평균 상근 직원 50명 이상
	매출액		-	-	-	7천만 NOK (약 88억 원)
위반 시 제재	재무적		최대 총매출의 2% (or 8백만 €)	최대 1천만 €	최대 87만 €	운영비나 일시불 형태의 벌금
	비재무적		최대 3년간 공적 조달 사업에서 제외 가능	-	5년 내 2번 벌금 받으면 CEO가 징역 (2년 이하)을 받을 수 있음	-
주요 적용 분야	인권		✔	✔		✔
	고용 및 산업 관계		✔		✔	✔
	환경		✔	✔		
	소비자 이익					
	뇌물수수/청탁 근절					
	정보공개		✔	✔		✔

* 독일에 자사를 둔 외국계 기업

EU 공급망 실사 지침의 주요 내용

EU 공급망 실사 지침CSDDD은 글로벌 공급망의 인권 및 환경 중요성을 비롯한 ESG 요건 강화를 목적으로 EU 각국에 법제화될 수 있도록 기본 지침을 제시한다. 2020년 4월 EU의회 집행위에서 법안계획을 발표한 후 여러 차례 협의를 거쳐 4년 만인 2024년 4월, EU의회 본회의에서 최종 승인을 거쳐 통과하였고 지침이 발효되면 EU 회원국은 2년 내 의무적으로 국내법에 반영하여 법적 규제가 적용될 예정(2026~2027년)으로, 이러한 추세로 인해 다른 지역에서도 유사한 실사 법률의 도입이 촉발될 수 있고 EU에서 영업활동을 하는 다수의 기업이 지침의 영향을 받게 될 것으로 예상된다. 특히, 기업들은 인권 및 환경의 위험도가 높은 지역의 공급망을 철저히 재평가할 것이고, 지침 위반 시 법적 문제의 해결, 벌금, 기업 평판의 손상 등의 위험에 직면할 수 있고 NGO나 피해 지역의 이해관계자들이 책임을 물을 수 있어 공급망을 재편하려는 움직임도 예상된다.

실사 지침 적용 대상 기업

EU는 글로벌 공급망에서 인권과 환경에 대한 책임을 강화하고자 2022년 초부터 공급망 실사 지침의 적용 대상을 구체화하며 2단계 적용 계획을 세웠다. 1단계는 직원 수 500명 이상, 순매출 1억 5천만 유로를 초과하는 기업을 대상으로 우선 적용(2024년 시행)하고, 2단계는 직원 수 250명 이상, 순매출 4천만 유로를 초과하는 기업으로 적용 범위를 확대(2026년에 시행)할 계획이었다. 특히 섬유, 농업, 임업, 어업, 광업 등 경제적 영향이 큰 산업군을 고위험 부문으로 분류하고 매출 2천만 유로 이상, 순매출의 50% 이상이 해당 부문에서 발생하는 기업도 적용 대상에 포함하였다.

그러나 2023년 4월, 직원 수 250명 초과, 순매출 4천만 유로를 초과하는 기업과 고위험 부문의 2천만 유로 이상의 매출을 올리는 기업으로 적용 범위를 확대하고, 그 적용 시기를 2024년으로 정한 수정안이 EU의회 법사위를 통과했다. 하지만 2024년 초, 독일, 이탈리아, 프랑스 등이 산업 침체, 기업의 부담 증가, 적용의 번거로움 등을 이유로 법안 통과를 반대해 시행이 불투명했으나, <표 11-4>에 제시한 바와 같이 직원 수는 250명에서 1,000명으로, 순매출은 4천만 유로에서 4억 5천만 유로로 적용 대상 기업의 범위를 완화하면서 2024년 4월 최종 통과하였다. 특이한 점은 EU 역내 기업과 역외 기업을 구분하여 적용하는 것과 로열티 수익을 기준으로 포함한 것이다.

표 11-4 적용 대상기업의 세부 기준

구분		범위
EU 역내	일반	직원 수 1,000명 초과 및 전 세계 순매출 4.5억 유로 초과 기업 또는 최종 모기업
	로열티 수익	상기 적용 기준(직원수, 매출액)에는 미치지 않으나, 다음의 2개 기준(①+②)을 충족하는 기업 또는 최정 모기업. ①프렌차이즈·라이센스 계약에 따른 로열티 수익*이 2,250만 유로를 초과하고, ②전 세계 순 매출액이 8,000만 유로를 초과
EU 역외	일반	EU 역내 순 매출액 4.5억 유로 초과하는 기업 또는 최종 모기업**
	로열티 수익	상기 적용 기준(매출액)에는 미치지 않으나, 다음의 2개 기준(①+②)을 충족하는 기업 또는 최정 모기업. ①프렌차이즈·라이센스 계약에 따른 로열티 수익이 2,250만 유로를 초과하고, ②EU 순 매출액이 8,000만 유로를 초과

* EU는일반 매출기준에는 미치지 않지만 상당 규모의 로열티로 수익을 얻는 기업들이 있을 것으로 추정
** 최종 모기업이 단순히 지분만 보유한 경우, 지배 구조상 모기업 하위에 놓인 기업이 실사 지침 적용을 받음

*출처: KOTRA (2024)[11]

실사 적용 기업 및 준수 요구사항

공급망 실사 지침에서 강조하는 실사 의무는 적용 대상 기업(원청기업 및 자회사/계열사) 및 '확립된 비즈니스 관계'에 있는 기업에 있다. 확립된 비즈니스 관계의 기업은 대상 기업과 계약을 맺은 1차 공급업체뿐만 아니라 2차, 3차 공급업체 모두를 포함한다.

기업은 공급망 전반(구매, 생산, 보관, 유통 등 전 과정을 포함하나 폐기나 재활용 부문은 제외)에 걸쳐 인권(노동권 포함), 고용(강제노동, 아동노동, 노예노동, 노동자 착취 등 포함), 환경(온실가스 배출, 기후 변화, 생태계 훼손 등 포함) 등에 미칠 수 있는 잠재적(또는 실제적인) 악영향을 식별, 예방, 완화 및

해결하기 위한 실사 전략을 수립하고 시행해야 하며, 그 결과를 공개해야 한다. 기업의 공급망 운영에서 자율에 맡겨왔던 영역이 법제화되었고 시행의 책임을 자회사나 계열사에 전가할 수 없도록 구속력을 갖게 되었다.

EU의회는 기업 운영으로 인해 영향을 받을 수 있는 사람들과 인권 및 환경 운동가를 이해관계자로 포함하여 이들과 의사소통하고 불만을 제기할 수 있는 조직의 설립을 요구하며, 이를 기업의 경영전략과 비즈니스 모델 등에 반영하고 이사회가 책임지도록 요구한다. 또한, 지구 온도 상승 폭을 1.5℃ 이내로 억제(2015년 파리협약의 의결 사항)하고 2050년 탄소중립을 위해 2030년부터 5년 단위의 조치 계획을 설정하여 Scope 1, 2, 3를 포함하여 온실가스 배출 감축의 목표 달성을 위한 탈탄소화 방법과 투자계획 등의 세부 전략을 수립하도록 요구한다. EU의회는 이와 같은 사항을 감독하고 위반하는 기업에 대해 법적인 제재를 집행할 권한을 갖는 감독기관을 설립할 것으로 알려져 있다.

실사 이행의 절차와 착안점

공급망 실사의 핵심 절차는 ①공급망 운영의 실사 내재화, ②부정적 영향의 식별 및 평가, ③이해관계자들과의 의사소통, ④이행 결과의 공시로 요약할 수 있다. 실사 관련 증빙자료는 최소 5년 이상 보관이 필요하고, EU 역외 기업은 관할 당국과 접촉을 위해 EU 역내 대리인을 지정해야 한다. <표 11-5>는 공급망 실사 지침의 이행 절차와 착안점을 보여준다.

표 11-5 공급망 실사 지침의 이행 절차와 착안점

절차	핵심 활동	설명	착안점
실사 내재화	기업정책에 실사 내용을 반영	공급망 운영과 관련하여 실사 지침에서 규정하는 인권, 고용/산업관계, 환경 등의 요건을 준수	• 기업 전략 및 목표에 반영, 제반 활동의 재설계 • 협력업체의 실사 참여를 위한 재정/행정적 지원 (기술·자문, 직·간접 자금지원 등)
부정적 영향의 식별 및 평가	공급망 상 리스크의 식별 및 평가	공급망 상의 부정적 영향을 맵핑mapping하고 심층 평가를 수행	• 잠재적(실질적)인 리스크 발생 가능 지역·기업·기능 등을 파악 • 협력업체의 실사 준수 의지를 확약하는 거래 시스템 구축

절차	핵심 활동	설명	착안점
부정적 영향의 식별 및 평가	적절한 조치의 시행	부정적 영향에 대해 우선순위를 부여, 위험도가 높은 순으로 예방·완화·최소화·제거를 위한 조치 시행	• 피해 발생 이전 상황으로 복구 • 제3자 검증(기업으로부터 객관적이고 완전한 독립성을 가져야 함)으로 실사 준수 여부를 확인
이해 관계자와 의사소통	고충 처리 시스템 구축	부정적 영향에 대해 이해관계자들과 의사소통 채널을 구축	• 노조, 시민/단체가 불만을 제기할 수 있도록 고충 처리 시스템을 구축 • 기밀 유지를 보장
	이해관계자 협의	실사 이행 전반에 걸쳐 관련 정보를 제공하고 논의	• 이해관계자들과 협의 체계 구축
이행 결과의 공시	모니터링	1년 단위로 실사 이행을 모니터링	• 최소 1년 단위로 실사 이행을 모니터링 • 주요 변동 사항에 따라 부정적 영향이 발생할 경우 추가 모니터링 시행
	공시	실사 이행 내용의 공개	• 자사의 웹사이트(지속가능경영보고서)에 1년 단위로 게시

*출처: KOTRA (2024)의 내용을 재구성

위반 시 제재

공급망 실사 지침에 제시된 조항을 위반하여 피해가 발생하면 민사적 책임과 함께 최소 전 세계 순매출의 5% 수준에 달하는 금액을 벌금으로 부과받으면서 기업 명단이 공개될 예정이다. 이와 더불어 위반한 외국기업은 최대 3년간 EU의 공적 조달 사업에서 제외되는 행정 제재를 받을 수 있다.[12] 다만, 기업이 공급망 내에서 부정적 영향에 대비하고 문제의 완화를 위해 적절하게 조치했을 경우 책임에서 면제될 수 있고, 손해가 협력업체로부터만 발생한다면 책임이 면제될 수 있다.

EU 집행위는 공급망 실사 지침이 기업에 적용되기 전(발효 후 3년 이내)까지 실사의 절차, 준수 계약 모델, 고위험지역 가이드라인을 포함하여 기후 전환계획, 이해관계자 참여 등에 대해 구체적인 이행 가이드라인을 추가로 발표할 예정이다. 또한, 발효 후 6년 동안 실사 지침 규정의 이행 현황을 종합적으로 평가하면서 대상 기업의 기준(직원 수 및 매출액), 공급망 범위, 민사책임 및 제재, 기후 전환계획 등에 대해 수정안을 제안할 예정이다.[13]

공급망 실사 지침 대응 전략

공급망 실사 지침은 기업이 공급망 내에서 발생할 수 있는 인권, 환경, 윤리적 문제를 파악하고 대응하는 데 중점을 둔 규제적 요구사항이다. 기업은 이러한 실사 지침에 전략적으로 대응함으로써 공급망의 투명성을 높이고, 관련 리스크를 최소화하며, 지속 가능한 공급망 관리를 실현할 수 있다. 기업의 대응 수준에 따라 초보기업에서 혁신기업까지 다양한 유형으로 분류되며, 이는 공급망 실사법 대응의 로드맵으로 기능한다. 공급망 실사 지침 대응 수준은 그림 11-1과 같이 다섯 가지 차원을 중심으로 평가된다.

공급망의 구조 파악 및 관리 범위

기업이 공급망의 상류를 얼마나 상세히 파악하고 관리하는지는 공급망 실사 지침 대응에서 가장 기본적인 단계이다. 글로벌화와 복잡성이 증가하는 공급망 환경에서 기업은 주요 협력업체를 식별하고, 공급망 내 가치사슬에서 큰 영향을 미치는 기업들을 체계적으로 관리해야 한다. 정확한 공급망 맵핑을 통해 분쟁지역에서 유입된 원자재가 공급망에 포함되지 않도록 철저히 관리해야 한다.

공급망의 정보 환류성과 추적성 확보

공급망 내 정보의 추적성과 환류성은 실사 지침 이행의 핵심 요소이다. 중심기업focal company은 협력업체의 인권, 안전, 환경경영 수준을 정기적으로 실사하고, 관련 정보를 주기적으로 공유해야 한다. 중소·중견 기업들이 체계적인 준비가 부족한 경우가 많으므로, 실질적인 정보 환류를 위해 디지털화digitalization를 능가하는 디지털 전환digital transformation을 고려하여 공급망 관리 시스템을 구축할 필요가 있다.

지속 가능한 공급망 구축을 위한 이정표 제시

지속 가능한 공급망 관리는 협력업체들에게 명확한 목표와 가이드라인을 제시하는 것에서 시작된다. 중심기업은 윤리경영 가이드라인과 행동강령을 협력업체와 공유하며, 지속가능 운영성과를 평가하여 이를 거래 조건에 반영해야 한다. 또한, 공급망 투명성을 위해 협력업체들과 연합하여 근로자의 인권, 안전, 환경 영향을 추적하고 공개하는 체계를 구축해야 한다.

협력업체와의 관계

협력업체는 단순한 하청기업이 아니라, 비즈니스 생태계에서의 동반자로 인식되어야 한다. 지속 가능한 공급망 관리를 위해 중심기업은 협력업체와의 신뢰 기반의 관계를 형성해야 한다. 중소·중견 기업이 지속 가능성 요구를 충족하지 못해 거래 장벽이 생기지 않도록 교육, 재정적 지원, 기술적 도움 등을 제공할 필요가 있다.

리스크 관리 체계 구축

공급망 실사 지침 이행으로 인해 발생할 수 있는 리스크를 체계적으로 관리하는 것이 중요하다. 공급망 내외부에서 발생할 수 있는 리스크 요인을 정의, 식별, 평가하고 이를 완화하기 위한 대응 전략을 수립해야 한다. 지속 가능한 공급망 관리는 사적 규제(자율 규제)뿐만 아니라 공적 규제(국내외 법적 요구사항)까지 포함하므로, 기업은 이러한 규제를 리스크 관리의 중요한 부분으로 인식해야 한다. 또한 리스크 요인을 정기적으로 모니터링하고, 대응 과정을 투명하게 유지함으로써 공급망 관리의 연속성을 확보할 수 있다.

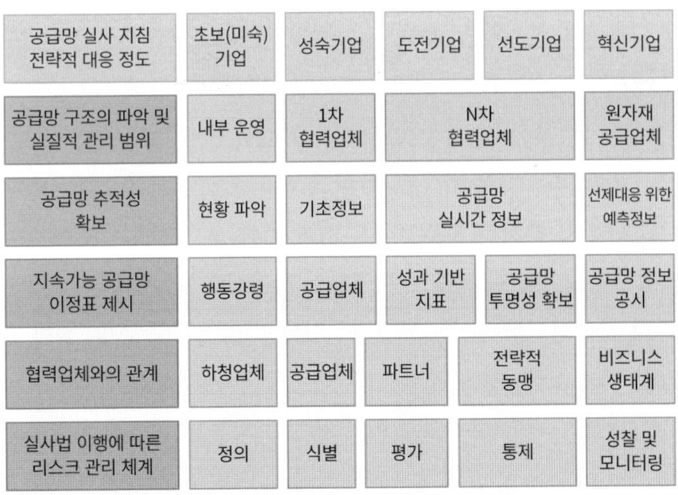

■ 그림 11-1 공급망 실사 지침 대응에 따른 기업 분류

* 출처: 편제범, 김대수, 나진성 (2023)[14]

탄소 규제

지구온난화global warming를 넘어 지구열대화global boiling가 되어가는 지구 기온의 상승은 폭염, 홍수 등 온갖 기상 이변을 일으키고 있고, 이러한 극한 기후 변화로 인해 인류는 생존의 위협을 느끼게 되는 지경에 이르고 있다. 이에 EU와 미국 등 서방 세계를 중심으로 지구열대화의 원인인 탄소의 배출을 절감·억제하려는 정책이 만들어지고 있다.

탄소국경조정제도

EU는 철강, 알루미늄, 시멘트, 비료, 전력, 수소 등의 품목을 EU 지역에 수출하려는 기업에 대해, 수출 품목에 내재된 탄소 배출량 1톤당 CBAM 인증서 1개를 구매하도록 의무화하는 탄소국경조정제도Carbon Border Adjustment Mechanism(CBAM)를 시행하려고 한다. 본 정책은 2023년 10월부터 시범적으로 시행하고 있는데 전환 기간(2023년 10월~ 2025년 12월)에는 분기별 보고서 제출 의무만 부과하지만, 제도가 본격적으로 시행되는 2026년 1월부터는 CBAM 인증서의 구입과 제출이 의무화된다. EU지역에 수출하는 모든 다국적 기업이 대상이지만 해당 기업에만 적용한다는 점에서 공급망 실사 지침과는 다르다.

배터리 규정

배터리 규정Battery Regulation은 EU의 친환경 배터리 산업 경쟁력을 강화하고, EU 시장에 진출하는 배터리의 생산부터 재활용에 이르기까지 전 생애주기에 걸쳐 친환경성 및 안전성 입증을 요구하기 위한 실사 정책 수립을 포함한 탈탄소 경제 달성의 공헌을 목표로 시행하는 정책이다.

2024년부터 단계적으로 시행되고 있고, 휴대용, SLI(차량 조명, 점화, 시동용), 전기자전거 등 경량운송수단, 전기차용, 산업용 등의 모든 종류의 배터리 제조 및 생산과 관련된 원청기업과 이와 관련한 모든 공급업체가 적용 대상이다. 수은, 카드뮴과 같은 유해물질을 사용은 금지되고, 2026년부터는 탄소발자국 등급에 따라 배터리가 분류되고 2027년부터 영향평가를 통해 탄소발자국 상한선 준수 의무가 부과된다. 또한, 2026년부터 배터리 여권battery passport을 도입하여 수명주기, 충전용량, 수거요건, 위험물질, 안정성 등에 대한 정보 표기가 의무화될 예정이다.

2027년부터는 산업용·전기차용 배터리에 코발트, 납, 리튬, 니켈의 함유량을 표기한 기술 문서를 요구할 예정이며 2030년부터는 코발트, 납, 리튬, 니켈에 대한 재활용 원료 사용을 의무화할 예정이다. 그러므로 전자제품 및 배터리 등에 대한 정보공개와 탄소발자국 상한 규제에 대비하기 위해 배터리 생산자에 대한 실사를 통한 생산지 여건과 공급망 및 물류 전반에 걸쳐 요구사항을 면밀히 파악할 필요가 있다. 해당 규정은 다국적 기업도 예외를 두지 않는다.

인플레이션 감축법

2022년 8월 16일, 조 바이든 미국 대통령은 미국의 경제(인플레이션 억제, 재정 적자 감소), 환경(청정 에너지 생산의 촉진), 의료(의료비 절감) 분야의 주요 문제들을 포괄적으로 해결하기 위한 목적으로 인플레이션 감축법Inflation Reduction Act(IRA)이라는 입법 패키지를 설계하였다.

향후 10년간 청정 에너지, 에너지 효율성, 기후 관련 프로젝트에 약 3,690달러를 투자할 계획이고, 배터리 부품, 재생 에너지(태양광, 풍력, 원자력 등) 발전 부품, 핵심 광물 (공급망 중단 위험이 높거나 에너지 생산·전송·저장 및 보존 기술을 포함하여 하나 이상의 에너지 기술에서 필수 기능을 제공하는 비연료 광물, 원소, 물질, 재료 등)의 생산에 대해 세액공제 및 인센티브를 제공하여 2030년까지 온실가스 배출량을 약 40% 줄이는 것을 목표로 한다.

미국 내 에너지 생산 투자로 인플레이션을 억제하고 그린 일자리 창출 및 청정 에너지 기술의 국내 생산 촉진으로 그린 에너지 기반의 공급망 구축과 경제 성장을 위한 광범위한 노력이다. 하지만 이 법에서 주목해야 할 점은 북미(미국·캐나다·멕시코)에서 조립되지 않는 전기차에 대한 보조금 지급을 중단하고, 보조금을 받기 위해서는 미국을 포함한 자유무역협정(FTA) 체결 국가에서 일정 비율 이상의 배터리 광물을 조달해야 하며 부품도 일정 비율 이상 북미산을 사용해야 한다는 것이다. 이는 전기차 생산을 위한 공급망에 공급되는 배터리 생산에 필요한 광물과 부품을 일정 비율 이하로 낮추도록 강제하여 중국과 '외국 우려 단체foreign entity of concern'를 배제함으로써 전기차 공급망을 선점하려는 미국의 숨은 의도가 엿보인다.

탄소중립산업법

2023년 3월 16일, EU는 역내 청정기술 기반의 제조업 규모를 확대하기 위해 수립된 그린 딜 산업 계획Green Deal Industrial Plan의 일환으로 '탄소중립산업법The Net-Zero Industry Act(NZIA)' 이니셔티브를 제안하였다. 탄소중립산업법은 EU 역내에 투자를 유치하고 청정기술 생산 여건을 조성하고자 EU의 전체 전략적 탄소 중립net-zero 기술(태양광, 풍력, 배터리, 탄소 포집 및 수소 기술 등) 기반의 제조 능력을 2030년까지 EU 연간 수요의 40%에 근접하거나 도달하도록 하여 EU의 2030년 기후 및 에너지 목표 달성과 2050년까지 탄소 중립으로의 전환 가속화를 통해 즉각적인 탄소배출 절감의 단기적 목표와 탄소중립 달성의 장기적 목표를 동시에 달성하기 위한 의지를 담고 있다.

또한 EU의 산업 경쟁력을 강화하고 양질의 일자리를 창출하며 에너지 자립을 위한 노력을 지원하고자 시행되었는데, 미국의 인플레이션 감축법과 그 특징이 유사하다. 탄소 중립을 위한 기술 분야(청정기술의 현지 생산 촉진, 탄소 포집 및 저장 용량 증대, 기술 인력 양성 등)를 지정하고 이와 관련하여 전략 프로젝트를 수행하는 기업을 선정하여 신속한 사업허가 및 행정절차 간소화 등의 혜택을 제공하고, 탄소 배출권 판매 수익을 재원으로 하는 혁신 기금을 조성해 보조금을 지원한다.

일본 GX 추진 전략/추진법

일본의 GXGreen Transformation 추진 전략은 2050년까지 탄소 중립을 달성하기 위한 국가적 이니셔티브이다. 이 전략은 일본 경제와 산업이 화석연료를 탈피하여 청정 에너지로의 사용 전환을 목표로 지속 가능한 성장과 기후 변화에 대응하기 위한 정책이다. 이 전략은 청정 에너지 및 관련 기술의 개발을 바탕으로 일본의 산업 전반에 걸쳐 탈탄소화를 촉진하여 일본 경제의 경쟁력을 높이면서 동시에 국제적으로도 탈탄소화를 위한 협력에 동참하여 기후 변화에 적극 대응하려는 계획으로 해석할 수 있다. 이를 위해 2023년 7월, 일본 정부는 GX 추진법을 제정하여 탈탄소성장형 경제구조로의 원활한 이행을 촉진하면서 2050년 탄소 중립 목표를 달성하기 위한 법적 기반을 마련하였다.

일본 정부는 향후 10년간 150조 엔을 투자하여 탈탄소화 인프라 구축과 청정기술 개발을 가속화할 계획으로, 신재생 에너지, 탄소 포집 및 저장, 그리고 수소 경제 등의 기술 개발이 포함된다. 일본은 단계적으로 탄소 가격제(탄소 배출에 가격을 부과)를 도입해 기업들이 온실가스 감축의 목표를 달성할 수 있도록 유도한다. 2024년 GX 추진 기구(GX 정책의 원활한 실행과 진행 상황을 모니터링)를 신설하여 탄소 가격제 구상을 시작으로, 2026년부터는 탄소 배출권 거래제(기업들은 초과 감축분에 대해 매매 가능)를 본격적으로 시행하고, 2028년에는 화석연료 수입 사업자에게 탄소 배출 부과금 도입, 2033년부터는 유상 경매 비율을 단계적으로 확대해 나갈 예정이다. 한편, 탈탄소 전환에 미온적이었던 일본은 2022년부터 철강·화학·시멘트·석탄화력발전 등 산업에서 온실가스를 감축하고자 GX 리그 운영을 통해 탄소 거래 크레딧 시스템이 활성화되기 시작했다. 이 시스템의 참가 여부는 기업 스스로 결정하지만, 2024년 초 기준 도요타·도쿄전력 등 747개 기업(일본 전체 온실가스 배출에서 차지하는 비중이 50% 정도)이 참여 중이다.[15]

광물 규제

책임 광물

최근 공급망 관리에서 광물과 관련한 규제가 중요한 이슈로 떠오르고 있는데, 이는 지정학적 리스크, 첨단 기술의 발전, 친환경 에너지 전환 등 여러 가지 요인들이 복합적으로 나타나는 현상으로 풀이된다. 특히, 친환경 에너지 및 AI 기반 사회로의 전환이 가속화됨에 따라 배터리와 반도체의 중요성이 그 어느 때보다 높아지고 있다. 리튬lithium, 코발트cobalt, 니켈nickel과 같은 금속은 전기차 배터리 생산에, 구리copper, 알루미늄aluminium, 희토류와 같은 금속은 태양광 패널, 에너지 저장 장치 등의 생산에 필수적이다. 하지만, 이러한 광물들은 전 세계적으로 공급이 제한적이라 이를 안정적으로 확보하는 것이 중요하게 되었고, 친환경 생산 체제로 전환하기 위해서는 재생 에너지를 효과적으로 활용할 수 있는 인프라 구축이 뒷받침되어야 하므로 이러한 광물들이 대량 공급될 수 있는 공급망 구축이 중요한 성공 요인으로 자리매김하고 있다. 또한, 5G, 6G를 넘어 위성통신 등 초연결 사회를 위한 첨단 산업의 성장과 확산은 이러한 광물들의 수요가 급증하고 있으나 일부 광물들은 특정 지역에만 매장되어 있어 이러한 지역에 공급 의존도가 높으며, 지정학적 리스크도 고려해야 하는 상황이다.

이러한 산업 환경의 변화는 '책임광물responsible minerals'의 개념이 확산하면서 구체적인 규제 영역으로 발전하였다. 책임광물은 『채굴-가공-거래』의 전 과정에서 인권 침해, 환경 파괴, 사회적 책임을 고려해야 하는 모든 광물을 지칭하고, 2010년대 초반부터 지속가능성과 윤리적 소비에 대한 관심 증가와 함께 주목받기 시작했으며, 3TG[16](탄탈륨Tantalum, 주석Tin, 텅스텐Tungsten, 금Gold)와 코발트Cobalt, 운모Mica 등의 광물을 일컫는다. 3TG는 10여 년 전에는 분쟁광물conflict minerals로, 중앙아프리카의 콩고, 우간다 등 특정 분쟁 지역 10개국에서 채굴되는 광물을 지칭하였다. 책임광물은 분쟁광물을 포함하여 더 포괄적인 개념을 내포하는 광물로, 전자, 자동차, 항공우주 산업 등의 산업이 성장하면서 중요성이 높아졌다.

책임광물의 문제는 무장 단체나 폭력 단체가 이러한 광물의 거래를 통해 분쟁이나 테러 활동의 자금원을 확보하고자 광물의 원산지에서 채취, 거래, 사용하는 과정에서 인권침해(인권유린, 아동 노동력 착취, 강제 노동, 성폭행 등)나 환경 파괴(토양/수질 오염, 생태계 파괴 등)와 같은 각종 사회적 문제를 일으킨다는 점이다. 이에 국제사회는 이러한 문제에 대처하기 위해 광물 공급망의 투명성을 강화하고 인권 보호를 목적으로 다양한 형태의 법안과 규제를 제정하고 있다. 미국의 Dodd-Frank 금융개혁법 1502조는 미국 증권거래위원회SEC에 상장된 상장 기업들이 사용하는 광물의 출처를 공개하도록 요구하면서 광물 공급망의 투명성을 제고하고 있다. 유럽연합은 2021년부터 '분쟁광물 규제Conflict Minerals Regulation'를 발효하면서 특정 광물3TG에 대해 광물 수입기업과 정련기업(광물 가공업체)들이 광물 공급망의 출처를 명확하게 밝히고 공급망의 모든 단계에서 윤리적 조달이 이루어지도록 요구하고 있다. 또한, '배터리 규정Battery Regulation'은 배터리 생산에 사용되는 리튬, 코발트와 같은 광물 취급과 관련하여 새로운 규제가 도입되었다. 이 규제는 책임광물의 개념을 더욱 확대하여 배터리 공급망에서 발생할 수 있는 윤리적 문제 예방을 목적으로 2022년 발효되어 광물의 추적 및 지속가능성을 보장하고, 광물의 채굴 및 사용 과정에서 인권 및 환경 문제의 발생 억제에 중점을 두고 제정되었다. OECD는 '분쟁 광물의 책임있는 공급망 실사 가이드라인OECD Due Diligence Guidance for Responsible Supply Chains of Minerals from Conflict-Affected and High-Risk Areas'을 제시하면서 기업들이 광물 공급과 관련하여 분쟁광물을 사용하지 않도록 실사 절차를 권장하면서 투명성과 책임성을 강화하기 위해 책임 있는 자원 공급망을 구축하도록 지원하고 있다. 책임있는 광물 이니셔티브Responsible Mineral Initiative(RMI)는 글로벌 공급망에서 책임광물 조달을 촉진하는 비영리 단체로 운영되고 있으며 350개 이상의 기업이 가입해 있다. RMI는 광물 공급망 실사와 관련하여 책임 있는 광물 사용을 인증받을 수 있는 표준을 제시하는 가이드라인을 제공함으로써 이를 통해 기업들은 광물의 윤리적 조달을 보증받을 수 있다.

책임광물 관련 법안이나 규제는 기업들이 자발적으로 광물 공급망의 투명성 확보를 통해 광물 공급부터 제품 생산 과정에 이르기까지 인권 침해, 윤리 경영, 국제 안보 등에 영향을 미칠 수 있는 부정적 요인을 없애 지속가능한 공급망을 확보하기 위한 노력이라고 할 수 있다.

핵심 원자재법

핵심 원자재법Critical Raw Material Act(CRMA)은 탄소중립, 디지털 경제로의 전환, 전략산업(우주, 방위 등) 발전에 필수적인 핵심 원자재의 EU 중심 공급망 구축을 핵심으로 하는 법이다(2023년 3월에 초안이 발표). 이는 원자재의 대외 의존성이 높았던 EU가 러시아-우크라이나 전쟁으로 에너지 위기를 겪었고, 자원 민족주의(중국의 희토류 수출 제한, 멕시코, 볼리비아, 칠레 등의 자원 국유화 법안 통과, 인도네시아의 보크사이트 수출 제한, 짐바브웨의 구리와 리튬의 원광 수출 제한 등)가 팽배해지면서 원자재 확보를 위한 공급망 취

약성과 리스크를 개선하기 위해 제안되었다.[17]

2030년까지 EU 역내에서 전략 원자재의 연간 수요량 대비 채굴 10%, 정제 및 가공 40%, 재활용 15% 달성과 더불어 전략 원자재의 공급망 다변화를 위해 특정 국가로부터 수입 의존도를 65% 이하로 제한하려는 목표를 두고 있다. 전략 원자재strategic raw materials는 2011년부터 지정·관리한 핵심 원자재critical raw materials 외에 추가 도입된 개념으로, EU의 탄소 중립 목표 및 디지털 전환과 같은 핵심 산업에 필수적이다. 이 원자재는 공급망이 취약하거나 특정 지역에 의존도가 높아 공급이 부족하면 EU의 전략적 자율성에 영향을 미칠 수 있다. 핵심 원자재법은 전략 원자재와 핵심 원자재의 안정적 확보를 위해 규제 완화, 기술 개발, 국제 협력 등을 추진하고 있다. 두 종류의 원자재의 특징은 표 11-6과 같이 요약할 수 있다. EU 역내 원자재 확보에 기여하는 프로젝트를 전략 프로젝트로 지정하여 인허가 기간 단축, 행정 절차 간소화 등을 지원하고, 전략 원자재를 사용하는 EU 역내 대기업[18]은 공급망 실사 의무를 부과받게 된다.

표 11-6 전략 원자재와 핵심 원자재의 특징

구분	전략 원자재	핵심 원자재
중요성	특정 전략산업(청정에너지, 방위) 초점	광범위한 경제 및 산업 전반에 필요
목표	EU 자급자족 및 지정된 프로젝트 중심	공급망 안정성 및 다변화 목표
종류	리튬, 코발트, 희토류 등 총 16종	알루미늄, 마그네슘, 텅스텐 등 총 34종

핵심 원자재법은 미국의 인플레이션 감축법IRA과 달리 자국산 사용 요건이나 외국산에 대한 명시적 차별 조항을 포함하지 않지만, EU의 원자재 공급망 다변화 및 역내 생산 강화 정책으로 인해 우리나라 기업도 영향을 받을 수 있다. 따라서 EU와의 파트너십 강화, 공급망 체질 개선, 핵심광물 안보 파트너십Mineral Security Partnership(MSP) 등 국제 협력 기회에 적극 참여하면서 공급망 다각화를 위한 기술 개발과 투자를 확대할 필요성이 대두된다.

3. 공급망 협의체

공급망 협의체란 무엇이며, 왜 필요한가?

공급망 실사의 법제화 등 공급망의 지속가능성 확보에 대한 다양한 요구가 있는 가운데, 내·외부 환경 특성의 차이로 인해 산업(업종) 별 글로벌 공급망의 주요 이슈나 그에 대한 대응 방식은 다소 상이할 수 밖에 없다. 예를 들어, 전자산업에서는 환경파괴, 인권침해 등을 해결하기 위한 책임있는 광물 조달이 필수적이고, 의류산업에서는 의류의 제조-판매-폐기(재활용) 과정에서의 환경적 영향력을 평가하고 관리하는 것이 매우 중요하다. 이렇게 산업 별로 상이한 글로벌 공급망 지속가능 이슈들에 적극적으로 대응하기 위해서 세계 주요 기업들은 산업 별로 글로벌 차원의 공급망 협의체supply chain initiative를 주도하고 가이드 라인을 마련하여 이해관계자들의 참여를 유도하고 있다.

공급망 협의체는 특정 산업의 지속가능성 이슈에 대응하기 위해서 이해관계자 (기업, 민, 관 등)들이 자발적으로 참여하여 공동의 계획과 목표를 세우고, 이를 달성하기 위한 프로그램을 계획하고 적극적으로 협력하는 것은 물론, 글로벌 공급망에서의 윤리적·환경적 그리고 사회적 책임을 강화하기 위한 기준을 제정하는 등 산업의 지속가능 공급망 관리 관행을 표준화하기 위한 목적으로 설립된 국제적 협력 기구이다.

공급망 협의체에서 각 산업을 선도하는 세계적 다국적 기업들을 중심으로 공급망의 지속가능 리스크에 대응하기 위한 행동강령code of conduct를 제정하고(그림 11-2), 회원사들이 공급망 정책 수립 시 각 협의체에서 제시한 기준과 원칙을 준수하도록 권고하고 있다. 회원사들은 협의체의 행동강령에 따라 공급업체들을 정기적으로 모니터링하고 문제점을 파악하는 것은 물론 개선하기 위한 노력을 지속적으로 하고 있다(그림 11-3). 공급망 협의체 가입은 의무가 아닌 기업의 자발적 의사결정에 의해 이루어지기 때문에 협의체의 행동강령 준수는 법적 의무가 아닌 기업의 자발적인 노력으로 봐야 한다. 협의체에 가입한 회원사들은 공급망 내 모든 협력업체와의 계약 및 거래 시에 이러한 기준을 적용할 수 있다.

지속가능 공급망 구축 및 관리에서 공급망 협의체의 역할은 매우 중요하다. 오늘날 대부분의 산업은 다수의 다국적 기업이 참여하는 글로벌 공급망의 형태로 가치를 창출하고 있다. 따라서 과거에 비해 공급망의 복잡성과 불확실성은 기하급수적으로 증대하고 있어서 인권, 환경, 안전보건, 윤리경영 등의 이슈가 공급망의 상류/하류 어느 지점에서 발생할지 예측하기 더욱 어려워졌다. 공급망 내의 다양한 지속가능성 관련 이슈에 대해 공급망 중심기업focal company(자사의 공급망을 규정하는 기업)이 관리하고 책임져야 할 필요성이 커지면서 글로벌 공급망 상에서 발생할 수 있는 환경, 사회 문제들을 촉발시킬 가능성이 있는 잠재적 요인들을 사전에 인지하고, 이를 개선할 수 있도록 공급망 실사를 시행할 필요성이 대두되었다. 2024년 EU에서 공급망 실사를 법제화하기 이전부터 각 산업 별로 협의체들은 지속가능성 확보를 위해 공급망 실사의 주체 및 객체가 효과적으로 대응할 수 있도록 자발적으로 기준을 제정하고 실사를 실시해왔다 (그림 11-4 참조). 이러한 실사 프로그램에 따라서 산업의 주요 기업들은 공급업체의 사회적, 윤리적, 산업 안전보건 관행을 평가하고 개선을 유도할 수 있다.

글로벌 공급망 협의체에서 제시하는 지속가능 관련 요구사항들은 글로벌 경영환경에서 요구하는 ESG 기준에 따라 일관되고 체계적으로 관리되고 있기 때문에 산업 내 대부분의 공급업체들은 이러한 관행들을 성실히 이행하고 협의체와의 협력을 통해 경쟁력 강화를 위한 노력을 하고 있다. 또한 협의체의 주요 회원사들은 글로벌 공급망의 주요 구매기업이자 공급업체이기 때문에 공급망협의체에서 제시하는 행동강령에 따라 구매기업로부터 실사를 받고 동시에 그들의 공급업체들에 대해 실사를 진행할 수 있다. 이러한 공급망 다계층의 연쇄 효과chain reaction를 통해 글로벌 공급망 전반의 지속가능 역량이 비교적 단시간에 체계적으로 강화될 수 있다. 예를 들어, RBA의 정회원인 세계적인 전자제품 제조사인 Flex는 세계 주요 전자제품 제조사의 1차 공급업체이면서 동시에 그들의 2차 공급업체들과 직접적으로 거래하고 있다. 따라서 기업들이 공급망 실사의 법제화에 대응하기 위한 구심점으로서 공급망 협의체의 역할은 더욱 중요해 질 전망이다.

공급망 협의체는 다양한 측면에서 기업들의 경쟁력을 강화시킬 수 있다. 표 11-6은 의류 산업분야의 대표적인 협의체인 Sustainable Apparel Coalition[SAC]에서 제시한 회원사들이 협의체 활동을 통해 취할 수 있는 장점들을 제시하고 있다. SAC에는 섬유산업의 다양한 이해관계자들(패션브랜드, 판매업자, 제조자, 정부기관 및 비정부기관, 학계 전문가)이 참여하여 각종 윤리경영 문제에 대한 대응과 지속가능 공급망 구축에 도움을 주고 있다.

A. 노동	B. 산업안전보건	C. 환경	D. 윤리	E. 공급망 관리
A1: 강제노동 금지 A2: 정년 근로자 A3: 근무시간 A4: 급여 및 수당 A5: 차별 금지/괴롭힘 금지/인도적 대우 A6: 결사 및 단체 교섭의 자유 A.M: 노동경영시스템 A.M1: 위험평가 A.M2: 관리 프로세스 A.M3: 커뮤니케이션 A.M4: 성과평가 및 지속적 개선	B1: 산업안전보건 B2: 비상대응 B3: 산재 및 업무 상 질병 B4: 산업위생 B5: 육체노동 B6: 기계 보호 B7: 식품, 위생 및 주거 B.M: 산업안전보건 경영시스템 B.M.1: 위험평가 B.M.2: 관리 프로세스 B.M.3: 커뮤니케이션 B.M.4: 성과평가 및 지속적 개선	C1: 환경허가 및 보고 C2: 유해물질 C3: 고형폐기물 C4: 대기배출 C5: 수자원 관리 C6: 에너지 소비 및 온실가스 배출 C.M: 환경경영시스템 C.M.1: 위험평가 C.M.2: 환경관리 프로세스 C.M.3: 커뮤니케이션 C.M.4: 성과평가 및 지속적 개선	D1: 비즈니스 무결성 및 부적절한 이익금지 D2: 정보공개 D3: 지적재산권 D4: 공정거래 광고 및 경쟁 D5: 신원보호 및 보복금지 D6: 개인정보보호 D.M: 윤리경영시스템 D. M.1: 위험평가 D.M.2: 윤리관리 프로세스 D.M.3: 커뮤니케이션 D.M.4: 성과평가 및 지속적 개선	E1 : 회사의 약속 E2: 원료 제한 E3: 책임있는 광물 조달 E4: 공급업체 책임

■■그림 11-2 공급망 협의체 행동강령 예시 (Responsible Business Alliance[RBA] 행동강령 8.0)

Qualcomm

Qualcomm은 RBA 8.0을 충실히 적용하여, 자사의 글로벌 공급망에서 윤리적이고 지속 가능한 경영 방침을 강화하고 있다. Qualcomm은 Validated Assessment Program[VAP]를 통해 모든 공급업체가 RBA 기준을 준수하도록 관리한다. 이 프로그램은 공급업체의 노동 환경, 윤리적 경영 및 환경적 책임을 평가하고, 개선할 부분을 제시하는 방식으로 운영되고 있다.

일례로, Qualcomm은 강제 노동과 아동 노동을 철저히 금지하고, 모든 근로자에게 공정한 임금을 지급하는 것을 보장한다. 이러한 노동 기준은 공급업체와의 계약에서 반드시 준수되며, 정기적인 평가와 감사를 통해 확인한다.

그림 11-3 협력업체 운영 원칙[23] (삼성전자, 2024)

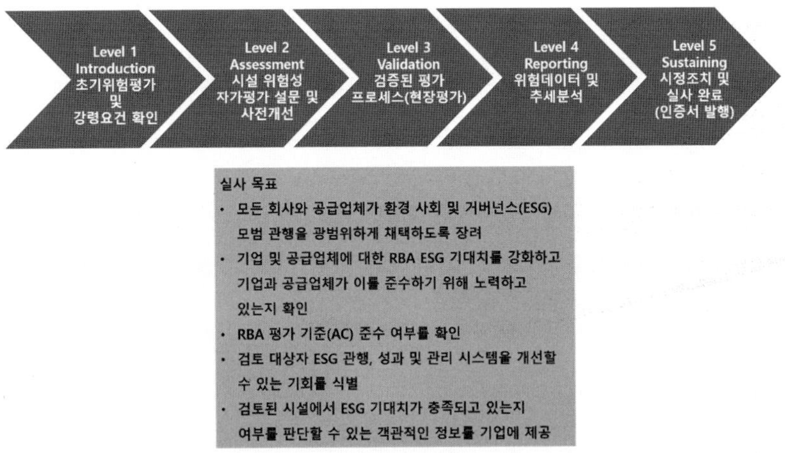

그림 11-4 공급망 협의체 실사 프로세스 예시 (RBA 8.0)

표 11-6 공급망 협의체 활동을 통한 기업 경쟁력 강화[19]

회사의 평판 강화 조직을 지속적인 지속 가능성 개선에 전념하는 기관으로 자리매김
임팩트를 위한 협력 업계 리더들과 네트워크를 구축하여 지구와 사람들에게 긍정적이고 영향력 있는 변화를 만들기 위해 협력 가능
Higg Index 발전에 기여[20] Higg Index 도구와 투명성 조치를 발전시키는 데 적극적이고 필수적인 역할을 수행하여 업계의 지속 가능성 전환 가속화에 기여
업계 채택 선도 Higg Index 도구, 투명성 조치를 채택하는 업계를 선도하며, 벤치마킹 데이터 및 트렌드 분석에 조기에 접근 가능
지속 가능성 트렌드 학습 중요한 문제들에 대해 조직의 리더십과 이해관계자들을 최신 지속 가능성 트렌드에 대해 잘 이해할 수 있는 통찰력 제공
맞춤형 지원 회원사 전담 매니저 등으로부터 맞춤형 지원을 받아서 가치사슬 전반에 Higg Index 도입 및 운영 가능
네트워크 확장 아이디어를 교환하고, 귀중한 통찰력을 얻고, 지속 가능성 성과 개선에 중점을 둔 회원사 전용 이벤트, 교육 및 협업을 통해 조직의 네트워크를 확장
노력 증대 회원사 중심의 커뮤니케이션(멤버 스포트라이트, 성공 사례, 기사, 소셜 미디어 기능 포함)을 활용하고, 각종 보고서에 지표 자료를 활용 가능

공급망 협의체 종류

공급망 협의체는 현재 전자, 바이오 의약, 화학, 자동차, 정보통신, 철강, 의류 등의 산업분야에서 활발히 운영되고 있다. 표 11-7에서는 산업 별 공급망 협의체의 설립 목적과 주요 내용에 대해서 정리하고 있다. 공급망 실사의 법제화와 ESG 경영의 강화에 따라 공급망 협의체의 종류와 영향력은 증대할 것으로 보인다.

표 11-7 주요 공급망 협의체[21] KOTRA 2023[22] PwC 2023, 저자 재구성)

산업	협의체	목적	주요내용
전자	RBA Responsible Business Alliance	글로벌 공급망 전반에 걸쳐근로자, 환경 및 비즈니스를 위한 지속 가능한 가치 주도	• 노동, 안전 보건, 환경, 윤리, 관리 시스템 - 공급망 내근로자 인권 보호, 업무 관련 재해 및 질병 발생 최소화 • 행동 규범 범위에 회원사 1차 협력업체 포함 • 가입 기업: 삼성디스플레이, LG디스플레이 등 200개이상의 핵심 회원사 보유(세계 최대 규모)
	RMI Responsible Mineral Initiative	광물 공급망이 전 세계 의사회적 경제 발전에 긍정적으로 기여	• 4대 분쟁 광물을 비롯해 코발트 등 배터리 원재료가채굴되는 국가와 지역, 채굴 기업, 유통 기업 등의정보를 회원사에 제공 및 채굴 과정 모니터링 • 가입 기업: 애플, 포스코, SK이노베이션 등
바이오 의약 제약	PSCI Pharmaceutical Supply Chain Initiative	글로벌 제약 및 의료 공급망 전체에 대한 안전,환경 및 사회적 결과의 우수성 추구	• 규범 윤리, 노동, 보건 및 안전, 환경 및 시스템 - 동물복지, 환자 안전 및 정보열람 권리 보호, 공정 안전 등 • 실험·생산 구역, 폐기물 처리·저장 시설에 대해 공급망심사 후 개선할 의무 • 가입 기업: SK바이오팜, 존슨앤존슨 등
화학	TfS Together for Sustainability	글로벌 공급망의 작업 및 환경 조건을 개선하고 지속 가능한 비즈니스 모델형성	• 환경, 안전보건, 노동·인권, 지배구조 측면에서 실사진행 - 에코바디스 공급망 평가 및 TfS와 제3자평가기관의 심사 2가지 모두 채택 • 가입 기업: BASF, Henkel 등
자동차	Drive Sustainability	순환적이고 지속가능한 자동차 가치사슬(밸류체인)전환	• 지속가능한 공급망, 원료, 순환 가치사슬, 탄소중립,직원 복지 - 원료 리스크 대응 및 투명성 확보를 위한자체 표준화 프로세스 도입 • 경쟁법 원칙 자체 평가로 자가 점검 지원 • 가입 기업: 메르세데스-벤츠, BMW 그룹, Ford 등
정보 통신	GeSI Globale-Sustainability Initiative	책임감 있고 실현가능한 디지털 혁신으로 지속가능한 세상 구현	• 노동, 건강, 환경 • 공급망 업체들이 ESG 경영 현황을 실시간으로 진단할수 있는 웹 기반 자가진단 도구 제공 • 가입 기업: AT&T, T-Mobile 등

산업	협의체	목적	주요내용
철강	Responsible Steel	지속 가능한 사회에 철강의 기여 극대화책임 있는 철강 조달, 생산, 사용 및 재활용. 표준, 인증 및 관련 도구 개발	• certified steel 인증(파리협정 유엔기후변화협약 기준 GHG 배출 준수 및 12개월테스트 단계 필요) • 인증서 3년간 유효 인증 과정에 다운스트림 포함
의류	Sustainable Apparel Coalition(SAC)	의류,신발산업을 지속 가능하게 이끄는 것	• Higg 지수(Higg Index): 가치사슬 지속가능성 측정을 위해 SAC에서 개발 • FEM, SLM, BRM, PM, MSI의 5개 하위메뉴에서 지속가능성 평가

12장

뉴애브노멀과 탄력적 공급망 관리

2018년부터 미·중 무역 전쟁, 지정학적 분쟁과 규제 강화로 디커플링과 디리스킹에 기반한 글로벌 공급망 재편이 촉발되고, 글로벌화와 탈글로벌화 및 지역 블록화 현상이 혼재되어 나타나면서 공급망의 불확실성과 변동성 및 복잡성이 증가하고 있다. 한편 기후 재앙과 팬데믹 및 전쟁이 초래한 저성장, 고물가, 고금리의 뉴노멀로 인해 소비 심리가 위축되고 공급의 불안정성과 가격이 증가하고 있다. 이와 같은 상시 복합 위기의 뉴애브노멀new abnormal 상황은 기업의 공급망과 물류 리스크와 더불어 디폴트와 유동성 리스크를 증가시키면서 기업의 고용과 투자 심리를 위축시키고 수익성 구조를 악화시키고 있다.

따라서 기업은 공급망의 불확실성(리스크)과 효율성(비용), 어찌 보면 서로 다른 방향을 향하고 있는 것처럼 보이는 두 토끼를 다 잡아야 하는 중대하고 심각한 챌린지에 직면해 있다. 스탠포드 대학의 하우 리Hau Lee 교수는 수요의 불확실성과 공급의 불확실성이 증가할수록 기업은 효율적인efficient 공급사슬 전략 보다 민첩한agile 공급사슬 전략을 쓰는 것이 효과적이라고 하였다.[1] 하지만 오늘날과 같이 복합 위기가 만연한 경기 둔화 상황에서 기업이 공급망의 효율성을 희생하면서 민첩성만을 추구하는 것이 과연 효과적인 전략일까? 깊이 고민하지 않을 수 없는 복잡한 문제이다. 이는 현 상황에서 기업은 공급망의 불확실성과 복잡성으로 인해 민첩성을 추구하면서도 고물가와 고금리로 인한 비용 절감의 압박에서 자유로울 수 없기 때문이다.

그렇다면 기업은 공급의 변동성이 증가하고 원부자재 가격과 물류 비용도 증가하는 상황에서 공급망을 어떻게 관리해야 할까? 동시에 요구되는 공급망의 민첩성과 비용 효율성 문제를 어떻게 조화롭게 해결할 수 있을까? 이제 그 해법을 탄력적 공급망 관리에서 찾아보자.

1. 상시 복합 위기와 탄력적 공급망 관리

오늘날 상시 복합 위기와 경기 둔화 상황에서 우리는 여기저기서 공급망의 중단과 교란에 대한 얘기를 심심치 않게 접한다. 특히 코로나19 팬데믹 기간에는 원부자재 부족, 공장 셧다운, 심지어 국가 락다운도 목도하였다. 엔데믹 전환 후에도 지정학적 분쟁, 전쟁과 자연 재난 및 공급업체의 생산과 배송 지연 등으로 인해 공급의 지연과 중단 사태는 자주 일어나고 있고 기업에 막대한 손실을 끼치고 있다. 따라서 리스크와 비용을 동시에 고려한 기업의 탄력적 공급망 관리가 그 어느 때보다 절실히 요구되고 있다. 이에 대해서 자세히 알아보기 위해 먼저 리스크와 비용 및 전략의 관계에 대해서 살펴보자.

리스크와 비용 및 전략의 관계

공급망의 잠재 리스크는 공급망의 구성 요소인 제품 생산 투입물, 공급업체 네트워크, 생산 시설과 유통 거점 위치, 제품과 정보와 재화의 흐름 및 공급망 재고의 위치와 연관되어 다양하게 존재한다.[2] 공급망의 리스크 수명주기Risk Lifecycle는 공급망 구성 요소들의 매크로 또는 마이크로 리스크 요인들로 인해 리스크 사건과 상황이 발생한 시점에서 복원 시점까지 세 단계로 구성된 3R, 즉 사건에 대한 대응Response, 핵심 기능의 회복Recovery과 원상으로의 복구Restoration 기간으로 이루어져 있다. 하지만 이를 보다 엄밀히 살펴보면, 많은 리스크는 반복되는 속성을 가지고 있어, 어떤 리스크 사건이 발생한 후에 장래에 동일하거나 유사한 사건이 재발할 때까지의 기간, 다른 측면에서 보면 재발할 수 있는 리스크에 대비할 수 있는 기간이 존재한다. 따라서 기업의 공급망 리스크 관리는 리스크 수명주기를 네 단계인 1P+3R, 즉 필요한 역량의 준비preparation 기간과 발생 후 3R 복원(대응, 회복, 복구) 기간으로 보는 것이 더 타당하다.

리스크 비용은, 품질 비용의 개념과 유사하게, 리스크 감지와 예방 및 손실 비용으로 분류할 수 있다. 리스크 감지(센싱, 탐지) 비용은 잠재 리스크를 파악하고 발생 확률과 영향(손실)을 분석하여 추정하는데 드는 비용으로 고정 비용의 성격을 가지고 있고, 리스크 예방 비용은 잠재 리스크의 발생을 사전에 미리 방지 또는 완화하는데 드는 비용이다. 따라서 리스크 감지 비용과 예방 비용은 리스크 발생 전인 사전 관리 비용의 성격을 가지고 있다. 한편 리스크 손실 비용은 리스크로 인해 직접 발생한 손상 피해액 외에 피해를 원상으로 복원(3R; 대응, 회복과 복구)하는데 드는 비용을 포함한다. 따라서 리스크 손실 비용은 리스크 발생 후인 사후 대응 비용의 성격을 가지고 있다. 리스크 발생 확률(빈도)과 비용과의 관계를 살펴보면, 그림 12-1에서 알 수 있듯이, 리스크 발생 확률이 증가할수록 리스크 손실 비용은 증가하고, 리스크 감지와 예방 비용에 더 많이 투자할수록 리스크 발생 확률은 감소한다. 따라서 총 리스크 비용은 리스크 발생 확률이 일정 수준의 양의 값을 취할 때 최소화된다. 이는 사전적인 선제적a priori, proactive 리스크 관리가 사후적인 대응적a posteriori, reactive 리스크 관리 보다 총 리스크 비용을 더 감소시켜 더 효과적일 것이라는 일반적인 편견이나 오해를 단적으로 반증한다. 따라서 선제적 리스크 관리가 항상 바람직한 것은 아니라는 통찰을 얻게 된다.

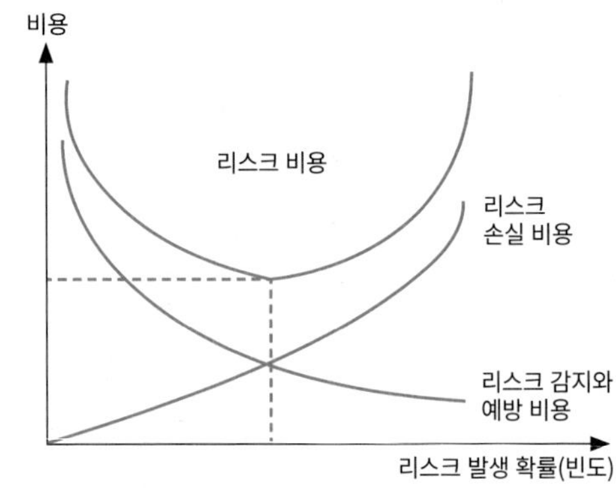

그림 12-1 리스크와 비용의 관계

일반적으로 기업은 리스크의 속성인 발생 확률이 높고 낮은 상황에 따라 선제적 예방과 완화 전략 또는 사후적 대응 전략을 쓰고 있다. 그림을 구체적으로 살펴보면 유추할 수 있듯이, 리스크 발생 확률이 높을 때는 선제적 예방과 완화 전략을 쓰고 리스크 발생 확률이 낮을 때는 사후적 대응 전략을 쓰는 것이 효과적이라 할 수 있다. 이는 리스크의 발생 확률과 비용과의 관계를 보면 쉽게 이해할 수 있다. 이제 이 두 전략의 속성을 다 고려한 탄력성의 개념과 탄력적 공급망 전략에 대해서 자세하게 살펴보자.

탄력적 공급망 전략

공급망 관리에서 탄력성resilience(리질리언스, 회복탄력성, 복원력)은 예기치 않은 충격과 혼란에서 시스템을 신속하게 복구하고 지속성을 유지할 수 있는 역량으로, 리스크(위기) 발생 이후의 복원력만이 아니라 리스크 발생 전에 이를 예측하고 완화할 수 있는 역량도 포함한다. 따라서 공급망의 탄력성은 리스크의 사후와 사전 통합적 관리를 가능하게 하는 민첩성과 가시성에 기반한 동적 역량dynamic capability이라 할 수 있다. 구체적으로, 민첩성Agility은 변화하는 환경 및 예기치 않은 사건과 상황에 신속하게 대응하고 공급망 구조와 운영을 상황에 맞게 유연하게 조정할 수 있는 역량으로, 스피드speed와 대응성responsiveness 및 유연성flexibility을 내포하고 있다. 한편 가시성Visibility은 공급망 내 모든 구성 요소와 프로세스 및 활동과 자산에 대한 데이터를 실시간 모니터링하고 분석하여, 리스크 발생 전에 감지하고 예측하여 완화할 뿐만 아니라 발생 시에 신속한 대응을 가능하게 하는 데이터 정보와 협업 역량을 말한다. 따라서 공급망의 탄력성은 리스크 대응을 위한 공급망의 효율성과 안정성뿐만 아니라, 위기 상황에서 경쟁 우위를 유지하고 장기적인 생존과 성장을 견인하는데 필수적인 전략적 의사결정의 중요한 요소이다. 표 12-1은 탄력성을 구축하기 위한 다섯 가지 탄력적 공급망 전략과 구체적인 추진 활동에 대해서 요약하고 있다.[3]

전략 1. 공급망의 E2E 프로세스와 확장 산업 네트워크의 가시성 강화

공급망의 E2Eend-to-end 프로세스의 가시성을 강화하기 위해서는 가치와 리스크 관점에서 중요(전략) 품목(군)을 선정하여 공급업체를 식별하고 맵핑mapping하여 가시성을 평가해야 한다. 맵핑은 모니터링할 공급망의 경계를 결정하는 것이 중요한데, 산업과 제품의 융합을 고려하여 확장 산업 네트워크의 연계nexus 및 임계critical 공급업체를 포함한 다층 공급망을 맵핑하는 것이 바람직하다. 공급망을 맵핑하고 나면 워게임war-game 공급 위기 시나리오를 구축하고 실시간 리스크 모니터링(센싱)을 내재화해야 한다. 나아가 리스크 이벤트 대응을 위한 가시성 솔루션을 구현하기 위해서는 센서, IoT, AI, 블록체인 등의 기술과 디지털 트윈 시뮬레이션을 활용하는 것이 필요하다.

전략 2. 가치사슬과 공급망의 민첩성 강화

공급망의 민첩성을 강화하기 위해서는 조직 내 신속한 의사결정 구조를 확립하고, 위기 대응 또는 비상 대책 계획을 수립해야 한다. 또한 가치사슬 내 수요 변화에 유연한 생산 시스템을 구축하고, 비상 시 고객의 중요성을 고려하여 긴급 대체 공급(구매, 생산, 물류) 라인을 신속하게 가동해야 한다. 또한 품목의 속성과 비용 효율성의 관점을 넘어 리스크를 조정한risk-adjusted 재고 관리의 최적화를 해야 한다. 이를 위해 AI 기반의 다층multi-echelon 재고 관리 알고리즘을 활용하는 것이 바람직하다.

전략 3. 확장 가능한 유연한 네트워크 설계

상시 복합 위기기에 공급망의 아키텍처를 전략적으로 재평가하여 현지 생산 시설 거점과 구매 체계를 수립하고 공급망을 유연하고 신속하게 재구성하는 것은 매우 중요한 사안이다. 또한 공급의 의존도와 밀집도를 고려하여 공급원을 다변화하고, 리스크 관점에서 안전 재고를 고려하고 백업back-up 공급업체를 넘어 중복성의 잉여redundant 공급업체를 두는 것도 신속한 대응을 위해 필요하다. 한편 유연한 수요-공급 매칭을 위해 분산주문관리Distributed Order Management(DOM) 역량을 갖춘 옴니채널 풀필먼트omni-channel fulfillment 시스템을 구축하여 매장에서 가정에 이르는 배송의 다양한 선택 기능을 갖추고, 비상 시 대체 가능한 물류 네트워크를 구축하고 운송의 다양한 경로를 확보해야 한다.

전략 4. 신뢰 기반의 안전한 공급망 구축

수요와 공급의 불확실성이 증가함에 따라 신뢰 기반의 안전한 공급망 구축과 재편이 필요하다. 또한 온라인 환경에서 사이버 공격이 증가함에 따라 이중 강화 접근 방식의 사이버 보안 리스크 관리 역량을 강화하여 안전한 공급망을 유지해야 한다. 이를 위해 전체 공급망 생태계에서 수익성과 리스크를 고려하여 협력 영역의 우선순위를 결정하고, 비즈니스 파트너십을 강화하여 정기적으로 소통하고 정보를 공유하고 신뢰 기반의 긴밀한 협력 관계를 유지하는 것이 필요하다.

전략 5. 탄력적 운영 모델 및 인적자원 개발

가시성과 민첩성을 제고하기 위해서는 조직의 유연성을 강화하고, 가용한 미래 인력의 역량과 스킬을 분석하고 정의하여 교육과 훈련을 통해 필요한 기술 근로자원을 준비함으로써 공급망을 탄력적으로 운영해야 한다. 이를 위해 공급망 관리에 필요한 신기술을 도입, 적용하고, 체계적인 기술 의사결정 프로세스를 구축하고, 문제해결 마인드를 일 방식과 내용에 내재화하는 것이 매우 중요하다.

표 12-1 탄력적 공급망 전략과 추진 활동

탄력적 공급망 전략	전략 실행 추진 활동
공급망의 E2E 프로세스와 확장 산업 네트워크의 가시성 강화	• 중요 품목 및 공급업체 식별과 맵핑, 다층 공급망 가시성 평가 • 워게임 공급 위기 시나리오 구축, 리스크 모니터링 내재화 • 이벤트 대응을 위한 시뮬레이션과 가시성 솔루션 구현
가지사슬과 공급망의 민첩성 강화	• 신속한 의사결정 구조, 위기 대응 계획 수립 • 유연한 생산 시스템, 긴급 대체 공급 라인 • 리스크를 고려한 재고 관리의 최적화
확장 가능한 유연한 네트워크 설계	• 공급망의 전략적 아키텍처 재평가, 공급망의 신속한 재구성 • 공급원의 다변화, 중복성redundancy • 분산주문관리 역량 갖춘 옴니채널 풀필먼트 관리 시스템 구축, 매장에서 가정까지 배송의 선택 기능 • 비상시 대체 가능한 물류 네트워크 구축과 운송의 다양한 경로 확보
신뢰 기반의 안전한 공급망 구축	• 이중 강화 접근 방식의 사이버 보안 리스크 관리 역량 강화 • 전체 공급망 생태계의 협력 영역 우선순위 지정 • 비즈니스 파트너십 강화와 긴밀한 협력: 정기적 소통과 정보 공유
탄력적 운영 모델 및 인적자원 개발	• 가용한 미래 인력 정의와 가술근로자원 준비 • 공급망 관리에 필요한 신기술과 기술 의사결정 • 문제해결 마인드를 일 방식에 내재화

이제 공급망 전략에 대해서 종합적으로 살펴보자. 그림 12-2는 리스크 발생 확률과 비용 및 통제가능성 차원에서 시나리오 별로 효과적인 전략을 요약한 것이다. 공급망 리스크는 발생 확률과 영향(손실) 외에도 기업의 리스크 통제가능성과 리스크 총비용(감지, 예방, 손실 비용)을 분석하고, 시나리오 기반의 적합한 공급망 관리 전략을 수립하여 실행하는 것이 중요하다.

시나리오 1. 잠재 리스크가 통제 불가능한 경우

자연 재해, 전쟁, 지정학적 분쟁과 같은 많은 매크로 리스크는 기업이 통제할 수 없는 리스크이다. 이처럼 통제 불가능한 리스크가 발생하면, 기업의 가용한 전략은 발생한 사건과 상황에 대해 신속하게 리스크(재난) 수명주기의 3R을 가동, 즉 신속하게 상황에 대응하여 핵심 오퍼레이션을 회복하고 원상으로 복구하는 것이다. 하지만 통제 불가능한 리스크가 발생하기 전에도, 리스크 센싱(감지와 분석)을 통해 리스크 수명주기의 준비기간(1P)에 공급망의 가시성 측면의 탄력성을 제고함으로써 위기에 미리 대비하고 신속하게 대응할 수 있다. 이와 같은 탄력적 공급망 전략이 단순한 사후 신속 대응 전략에 비해 더 효과적인 것은 지극히 자명하다.

시나리오 2. 잠재 리스크가 통제 가능한 경우

그럼 기업이 통제할 수 있는 잠재적 매크로 또는 마이크로 리스크인 경우에는, 선제적으로 예방하는 전략을 쓰는 것이 최선일까? 항상 그렇지는 않다. 이 경우, 전략적 선택은 리스크 발생 확률과 비용에 좌우된다. 앞에서 간략하게 살펴보았듯이, 리스크 감지와 예방 비용이 복원을 포함한 추정 손실 비용

<table>
<tr><td></td><td></td><td colspan="2">통제 가능 리스크</td><td rowspan="2">통제 불가능 리스크</td></tr>
<tr><td></td><td>발생 확률</td><td>낮음</td><td>높음</td></tr>
<tr><td rowspan="2">리스크 비용 (감지, 예방, 손실)</td><td>감지와 예방 < 손실</td><td>탄력적 관리 (사전 예방과 완화)</td><td>사전 예방과 완화</td><td rowspan="2">탄력적 관리 (사후 신속 대응)</td></tr>
<tr><td>감지와 예방 > 손실</td><td>사후 신속 대응</td><td>탄력적 관리 (사후 신속 대응)</td></tr>
</table>

■ 그림 12-2 시나리오 기반의 리스크 관리 전략

보다 적을 경우에는 사전 예방과 완화 전략이 효과적이다. 하지만 리스크 발생 확률이 낮을 경우에는 탄력적 관리 전략이 비용 측면에서 더 효과적이다. 반면, 리스크 감지와 예방 비용이 복원을 포함한 추정 손실 비용 보다 클 경우에는 사후 신속 대응 전략이 효과적이다. 하지만 리스크 발생 확률이 높을 경우에는 탄력적 관리 전략이 비용 측면에서 더 효과적이다.

지금까지 상시 복합 위기 상황에서의 공급망 관리 전략, 특히 탄력적 공급망 전략에 대해서 살펴보았다. 한편 대부분의 기업은 고물가, 고금리와 저성장 국면에서 수익성과 유동성의 심각한 챌린지를 겪고 있다. 이제 경기 침체 또는 둔화기에 기업이 어떻게 효과적으로 공급망 관리를 할 수 있는 지에 대한 방안에 대해서 살펴보자.

2. 경기 침체기의 공급망 비용과 자산 관리

경기 침체 또는 둔화기에 늘 그래 왔듯이, 2020년대에 들어 저성장, 고물가, 고금리의 경기 침체와 둔화가 지속되고 있는 상황에서 전체 공급망 관점에서 리스크를 고려한 효율적인 비용 관리의 중요성은 아무리 강조해도 지나치지 않다. 특히 최근 팬데믹을 거치면서 불확실성의 증가와 함께 운전자본(재고, 매출채권, 매입채무)과 유동성 관리 및 공급사슬 파이낸싱이 중요한 이슈로 부상하고 있다. 이에 먼저 경기 침체(둔화)기의 효과적인 공급망 비용 관리 전략에 대해서 알아보자.

탄력적 공급망 비용 관리

경기 침체와 둔화는 전반적인 수요 감소와 경제 불확실성을 동반한다. 따라서 대부분의 기업은 리스크 증가와 함께 수익성이 악화되는 심각한 챌린지에 직면하게 된다. 여기에 오늘날처럼 고물가와 고금리 상황이 장기화될수록 기업의 비용과 유동성에 대한 압박은 더욱 증가하게 된다. 이와 같은 상황에서 기업의 공급(망) 관리 부서는 단순한 구매 조달 비용 절감을 넘어, 가치사슬 전반과 전체 공급망의 리스크와 가치 기반의 공급망 전략을 수립하고 실행함으로써 생존과 경쟁력 유지를 위한 전략적 파트너로서의 역할을 수행해야 한다. 구체적인 전략은 크게 세 가지 측면에서 살펴볼 수 있다.

전략 1. 리스크를 고려한 운영 효율성의 제고

1) **수요 예측의 정확도 제고**: 코로나 시기에 특히 반도체 부족 사태 이후 반도체 생산 과잉 사태를 목도했던 것처럼, 경기 침체와 둔화기에는 대체로 수요 변동성이 증가하므로, 지능적 수요 예측을 통해 수요 예측의 정확도를 높이는 것이 매우 중요하다. 이를 위해 지속적으로 전문가 의견을 청취하고 역사적 데이터와 시장 동향을 분석하고, 예측 모델을 개선해야 한다. 또한 시장 동향 분석은 자사 완제품 시장만이 아니라 시간적 격차time lag에 따른 관련 전방 및 후방 산업과 제품의 파급효과를 고려하는 것도 중요하다. 정확한 수요 예측은 재고 과잉 또는 부족을 방지하여 비용을 절감하고 원하는 고객 서비스 수준을 유지할 수 있는 선결 요건이라고 할 수 있다.

2) **공급망의 탄력성 제고**: 탄력성은 가시성과 민첩성을 겸비한 동적 역량으로, 리스크 기반의 운영 효율성과 공급망 비용 관리에 긍정적인 영향을 미친다. 앞에서 살펴보았듯이, 가시성 제고를 위해서는 카테고리 분석, 다층 공급망 맵핑, 지속적인 리스크 센싱, 시나리오 별 대응 전략의 수립이 필요하다. 민첩성 제고를 위해서는 신속한 의사결정 구조의 확립, 비상 대책 계획 수립, 유연한 공급 시스템 구축, 중복성 관리, 리스크 기반의 재고 최적화가 필요하다. 이와 같은 탄력성 제고를 위해서 데이터 테크, 지능형 솔루션과 기술을 활용하는 것이 좋다. 탄력성 제고는 공급망 전체의 관계, 재고 및 물류 관리 비용과 리스크를 명확하게 파악하고, 잠재적인 문제를 사전에 감지하고, 신속하게 대응할 수 있게 한다.

3) **공급 프로세스의 자동화와 지능화**: 공급 프로세스의 자동화와 지능화는 인적 오류를 줄이고 프로세스와 업무 효율성을 높여 수요의 변동성에 대한 공급의 신속하고 정확한 대응을 가능하게 함으로써 탄력적으로 공급망 관리

비용을 절감하게 한다. 또한 지능화된 시스템은 실시간 데이터 분석을 가능하게 하여 더 나은 의사결정을 지원한다. 예를 들어, 삼성전자의 디지털 혁신 비즈니스 플랫폼인 차세대 N-ERP 시스템은 대용량 데이터 처리를 위한 시스템(In-Memory Database) 성능 향상을 통해 대량의 소비자 주문 현황과 전체 공급망 상황을 실시간으로 분석하고 데이터 기반의 상세한 경영 시뮬레이션을 가능하게 한다. 또한 AI를 통한 업무 의사결정 지원과 OCR Optical Character Recognition(광학적 문자 판독)을 활용한 업무 자동화 및 통합적 가치사슬과 공급망 관리를 최적화할 수 있게 한다.[4]

전략 2. 탄력적 공급망 비용 관리

1) **리스크와 가치를 고려한 소싱 전략의 재구성**: 특히 경기 침체나 둔화기에 비용 절감 압박을 많이 받는 구매관리 부서는 리스크를 고려한 비용 효율성을 높일 수 있는 방법을 모색하기 위해 기존의 소싱 전략과 계약을 재검토해야 한다. 일반적으로 단일 소싱과 특정 지역에의 공급업체의 밀집도가 높은 경우에는 공급 리스크가 증가한다. 이 경우, 공급업체의 다변화와 지역 분산을 통해 리스크를 줄이고 다수 공급업체 간의 경쟁을 유도하여 가격 협상력을 높이는 전략을 활용하는 것이 효과적이다. 이를 위해서는 공급업체의 재무 상태를 분석하고 관계를 재정립하여 보다 유리한 조건을 이끌어내는 것이 필요하다. 분산 구매의 경우에는 통합 구매로의 전환을 통해 가격 협상력을 높일 수 있다. 또한 특히 최근 고물가와 고금리 시기에는 장기 계약보다는 단기 계약을 통해 가격 변동에 유연하게 대응할 수 있는 방안을 고려해야 한다.

2) **컨트롤 타워control tower를 통한 통합적 구매 비용 관리**: 컨트롤 타워는 기업의 공급망 전반에 대한 실시간 모니터링과 공급업체와의 긴밀한 소통을 통해 데이터를 수집 분석하고 시뮬레이션 등을 통해 구매 활동에 대한 통찰을 제공함으로써, 기존 구매 전략을 조정하고 최적화하여 신속한 의사결정을 지원하는 역할을 한다. 선진 기업은 전사적 컨트롤 타워를 운영하여 전체 소싱 스펜드sourcing spend 카테고리(직접 품목, 간접 품목, 서비스 소싱)를 중앙 관리

하고, 특히 경기 침체와 둔화기에는 단기간에 비용을 절감할 수 있는 영역(기본 구매, 소비 통제, 스피드 소싱)에 초점을 맞추고 있다.[5]

최근 소싱 스펜드의 제조업 평균을 살펴보면, 간접 품목과 서비스 소싱의 비중이 직접 품목 소싱 보다 더 커지고 있는 상황이다. 따라서 선진 기업은 직접 스펜드 외에도 간접 스펜드의 체계적인 관리에 집중하여 총구매비용을 절감하고 있다. 또한 긴급한 대응을 요하는 상황이 자주 발생하는 경기 침체와 둔화기에 선진 기업은 리스크를 신속하게 관리하고 비용을 절감하는 단기적 활동에도 집중하고 있다. 단기간 비용을 절감할 수 있는 기본 구매의 영역은 스폿spot 구매, 간편한 가격 요청, 계약 범위와 준수를 포함하고, 소비 통제consumption control의 영역은 스마트한 정책, 송장 감사invoice audit와 대금지불 검토를 포함하고, 스피드 소싱 영역은 가격 정합성, 공급기반 합리화, 물량 통합, 역경매reverse auction를 포함한다. 하지만 중장기적 경쟁력을 유지하는 것을 소홀히 해서는 안 된다.

3) 총소유비용 Total Cost of Ownership(TCO)**의 절감**: 특히 구매 스펜드 비중과 공급 리스크가 높은 전략 품목의 경우에는 단순히 구매 가격에만 초점을 맞추기보다는, 제품의 수명주기 동안 발생하는 모든 비용을 고려한 총소유비용을 최소화하는 전략이 필요하다. 이를 위해 제품의 품질, 유지보수 비용, 운송비용, 사후 처리 비용 등을 종합적으로 분석하여 장기적인 비용 절감 방안을 마련해야 한다. 특히 오늘날처럼 불확실성이 높은 상황에서는 리스크를 고려한 재고관리와 물류 관리 전략을 재검토하는 것이 중요하다.

전략 3. 협력과 혁신을 통한 가치 창출

1) 오픈 이노베이션open innovation**과 공동 혁신**co-innovation: 전략적 핵심 공급업체와의 긴밀한 협력을 통해 제품 개발과 프로세스 및 비용 개선을 위한 아웃사이드-인outside-in과 인사이드-아웃inside-out의 오픈 이노베이션과 공동 혁신을 추진해야 한다. 이를 통해 비용 절감뿐만 아니라, 중장기적으로 혁신적인 솔루션을 모색하고 새로운 시장 창출의 기회를 탐색해야 한다. 이를 위한 구

체적인 활동은 제품 설계의 최적화, 신 소재와 부품 및 장비 개발, 탄력적 풀필먼트 프로세스 솔루션 개발 등을 포함한다.

2) 리스크 공유: 공급업체와 리스크를 공유하고 함께 리스크 관리 방안을 마련함으로써 상호간의 신뢰를 강화해야 한다. 이는 특히 경기 침체와 둔화기와 같이 불확실성이 높은 시기에 더욱 중요하다. 리스크를 공동으로 관리하면, 공급망의 안정성을 유지하면서도 비용을 절감할 수 있는 기회를 마련할 수 있다. 이를 위해 변화하고 강화되는 법과 규제에 대한 공급업체의 비즈니스 지속성 계획Business Continuity Plan(BCP)에 대한 실사를 포함한 공급망 차원의 대응이 필요하다.

지금까지 탄력적 비용 관리 전략에 대해서 살펴보았다. 이제 경기 침체(둔화)기의 중요한 요소인 유동성과 관련된 운전자본 관리에 대해서 알아보자.

운전자본 관리

2020년대 초반에 세계는 코로나19 팬데믹을 경험하였다. 준비되지 않은 수많은 기업들은 유동성 리스크의 직격탄을 맞게 되었고 그 중 많은 기업들이 도산에 이르게 되었다. 유동성의 주요 지표인 (순)운전자본(net) working capital은 기업의 재무 관점에서 '유동자산current asset – 유동부채current liability' 또는 기업의 운영 관점에서 '재고inventory + 매출채권accounts receivable – 매입채무accounts payable'로 정의되고 있다. 기업 운영의 효율성을 판단하는 유용한 지표로 운전자본의 평균보유일수를 보여주는 현금전환주기Cash Conversion Cycle(CCC) 또는 cash to cash cycle는 '재고보유일수Days of Inventories Outstanding(DIO) + 매출채권회수일수Days of Receivables Outstanding(DRO) – 매입채무변제일수Days of Payables Outstanding(DPO)'로 산출된다. 그림 12-3은 현금전환주기 요소들을 공급사슬 프로세스의 주요 이벤트의 시점을 기반으로 보여주고 있다.

그림에서 알 수 있듯이, 기업은 재고보유일수와 매출채권회수일수를 빠르게 조정하고 매입채무변제일수를 길게 조정하여 현금전환주기를 줄임으로써 현금흐름의 순현재가치와 유동성을 높일 수 있다. 이를 공급망 관점에서

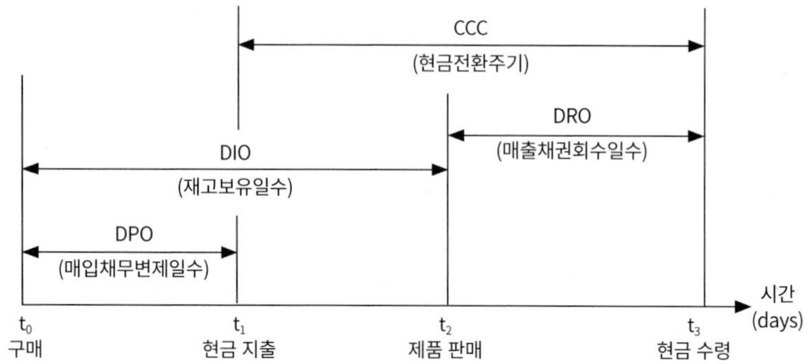

그림 12-3 현금전환주기와 요소

보면, 운전자본 또는 현금전환주기 관리는 제품의 흐름과 고객 및 공급업체와의 관계에 중요한 영향을 미친다. 즉, JIT[Just-in-Time]와 같은 재고 관리 전략은 기업이 필요한 최소한의 재고를 유지하여 유동성을 향상시키는 동시에 원활한 생산 및 배송 프로세스를 보장하는 데 도움이 될 수 있다. 또한 고객이나 공급업체 관계를 손상시키지 않으면서 미수금 처리 속도를 높이고 지불금 처리를 지연시키는 정책은 차입의 필요성을 줄이면서 긍정적인 현금흐름을 유지하는 데 도움이 될 수 있다. 하지만 환경의 불확실성이 높을 때 지나치게 타이트한 재고 정책은 오히려 공급 부족으로 인한 생산 중단이나 주문 충족 지연을 야기하게 된다. 또한 경기 침체기에 과도한 미수금 처리 기간의 단축과 지불금 처리 기간의 연장은 고객과 공급업체에게 심각한 재정적 압박을 가하게 되어 관계 관리에 부정적인 영향을 미치게 된다.[6] 따라서 기업은 운전자본과 현금전환주기를 관리함에 있어 세심한 주의를 기울여야 한다. '유동성 지표인 현금전환주기를 줄이면 수익성이나 기업 가치가 좋아진다'는 통념은 산업 환경과 경제 상황에 따라 그렇지 않을 수 있음을 인지하는 것이 중요하다.

유동성은 기업이 단기 의무를 이행할 수 있는 능력으로, 운전자본을 잘못 관리하면 기업은 유동성 부족으로 차입금이 늘어나거나 채무를 상환하지 못하게 되어 사업 운영에 차질이 생길 수 있다. 한편 수익성은 장기적인 재무 결과와 연결되어 있고, 비용 관리 및 효율적인 운영을 통해 운전자본 관리의 영향을 받게 된다. 따라서 적절한 운전자본 관리는 기업이 이자 지불 및 기타 차입 비용을 포함하는 자본 비용을 최소화할 수 있도록 보장하는 반면에 유동성에 지나치게 집중할 경우에 (예로 초과 현금 보유) 성장에 투자할 수 있는 자원을 묶어두어 수익성이 오히려 저하될 수도 있다. 이제 경기 침체(둔화)기의 효과적인 운전자본 관리 프레임워크에 대해서 살펴보자.

운전자본관리 프레임워크

기업이 운전자본 관리를 효과적이고 효율적으로 하기 위해서는 프레임워크가 필요하다. 다음은 네 단계로 구성된 운전자본 관리 프레임워크에 대해서 기술하고 있다: 1) 교차기능팀 구성, 2) 프로세스 자동화와 시스템 지능화, 3) 실시간 모니터링과 데이터 분석, 4) 전략 수립과 실행 결과 검토.

1) 교차기능팀 구성

효과적인 운전자본 관리는 운영의 효율성, 유동성, 수익성과 리스크 측면의 다양한 영역의 전문성과 협업을 요구한다. 따라서 통합적이고 균형 있는 운전자본 관리를 하기 위해서는 구매 조달, 생산, 물류, 영업 및 재경의 전문가로 구성된 교차기능팀 또는 다기능팀cross-, multi-functional team을 구성하는 것이 바람직하다. 이렇게 구성된 팀은 정기적인 소통과 협력을 통해 다양한 관점에서 운전자본 관리 프로세스의 비효율성 검토와 개선, 리스크를 고려한 재고 비용과 고객 서비스 수준의 최적화, 수불 관리 조건에 대한 고객 및 공급업체와의 협상과 관계 관리, 전반적인 현금 흐름 개선을 통한 외부 파이낸싱의 감소 및 전체 공급망의 강건성 제고에 대한 효과적인 전략을 수립할 수 있다.

2) 프로세스 자동화와 시스템 지능화

운전자본 관리는 공급망 최적화 관점에서 중요한 역할을 한다. 따라서 초과 재고 감소, 미수금 및 지급 계정의 효율적 관리를 통한 현금 흐름 개선, 공급망 전반의 현금 흐름에 대한 가시성 향상을 위해서는 공급망 프로세스의 디지털화와 금융 기술을 활용한 송장 발행과 재고 추적 및 채권과 채무 결제의 자동화, 지능 기반의 운전자본 지표 데이터 모니터링과 운전자본 수요 예측 분석 시스템을 구축하는 것이 필요하다. 이와 같은 프로세스와 시스템은 운전자본과 운영 전략을 일치하게 하고 유동성과 수익성 간의 운전자본 수준의 효과적인 균형을 이루게 하는 실시간 전략 조정을 가능하게 함으로써 유동성 위기를 방지하고 수익성을 개선하는 역할을 한다.

3) 실시간 모니터링과 데이터 분석

기업은 비즈니스 전략에 부합한 유동성 요구와 장기 수익성의 균형을 이루는 최적의 운전자본 관리 전략을 수립하여 실행하는 것이 매우 중요하다. 그렇지 못한 기업에서 우리는 흑자 도산을 하는 사태를 종종 발견한다. 따라서 운전자본 또는 현금전환주기 요소와 이에 영향을 주는 산업 환경의 리스크 요인을 실시간 모니터링하고 데이터를 분석하는 것은 균형 있는 전략을 수립하기 위한 핵심 요건이라 할 수 있다. 디지털 도구를 활용한 실시간 데이터 추적과 운전자본 요구 사항에 대한 실시간 분석과 평가는 지능적 예측 모델을 통한 전략의 유연한 조정뿐만 아니라 현금 흐름, 미수금 계정, 재고 수준에 대한 가시성을 제고함으로써 재무 투명성과 내부 통제를 강화하는 역할도 한다.

4) 전략 수립과 실행 결과 검토

효과적인 운전자본 관리 전략은 시장 신뢰도 및 투자자 인식 제고를 통해 단기 유동성뿐만 아니라 장기적 가치를 향상시키는 데 중요한 역할을 한다. 하지만 모든 상황에 맞는 전략은 없다. 예를 들어, 자본 집약적 산업의 기업은 내부적으로 현금을 창출하여 성장 자금을 조달하고 대외 부채에 대한 의존도를 줄여 신용도와 시장 가치를 향상시킬 수 있다. 대규모 기업은 자본 시장에 대한 접근성이 높기 때문에 소규모 기업에 비해 더 유연한 정책을 갖는 경우가 많다. 강력한 거버넌스를 갖춘 기업은 더 높은 유동성 수준과 보다 보수적인 운전자본 정책을 채택하는 경향이 있는 반면, 레버리지가 높은 기업은 유동성 위기를 피하기 위해 공격적인 정책에 의존하는 경우가 많고 단기 수익성 개선을 위해 유동성을 희생할 수 있지만 장기적인 재무 건전성이 저하될 수 있다. 재정적 제약에 직면한 기업은 현금전환주기를 단축하여 유동성을 향상시킴으로써 내부 자원을 확보하고 값비싼 외부 자금 조달에 대한 의존도를 줄여 어려

운 재정 기간 동안 높은 차입 비용을 피하고 효율적인 운영을 유지할 수 있다.[7]

따라서 전략의 수립과 실행은 내부 및 외부 상황을 신중하게 고려한 것이어야 한다. 또한 전략 실행의 결과를 정기적으로 검토하여 유연하게 대처해 나가는 것이 필요하다. 이를 위해 자사의 결과 분석만이 아니라 산업 내 경쟁사 및 최상위 성과 기업들의 전략을 데이터를 통해 분석하고 자사의 역량과 자원에 맞는 전략의 조정을 해야 한다.

재고 관리 전략

이제 운전자본 중 가장 큰 비중을 차지하고 있는 재고 관리 전략에 대해서 좀더 살펴보자. 재고 관리의 가장 기본적인 요소는 품목(단위 비용과 총가치)과 수요(불확실성)의 특성을 고려하여 무엇을, 언제, 얼마나 구매(또는 생산)할 것인지를 결정하는 것이다. 이를 위해 먼저 파레토 법칙Pareto rule에 기반한 ABC 분석을 통해 어떠한 재고 관리 시스템을 사용할 것인지를 결정해야 한다. 즉 품목의 가치와 결품 페널티가 높은 A 품목의 경우에는 지속적으로 재고 수준을 모니터링하여 재고가 일정 수준에 이르렀을 때 같은 양을 주문하는 정량 발주 시스템을 사용하고, 그렇지 않은 C 품목의 경우에는 일정 기간마다 재고가 목표수준target inventory level 에 도달하도록 주문하는 정기 발주 시스템을 사용한다. 또한 수요의 불확실성이 높은 품목의 경우에는 근거리 소싱을, 그렇지 않은 경우에는 저가 공급업체로부터의 원거리 소싱을 하는 것이 일반적이다. 하지만 주의해야 할 점은 재고 관리 전략은 상황에 따라 변화해야 한다는 것이다. 따라서 경험만이 아니라 데이터 애널리틱스와 AI에 기반한 실시간 데이터 분석을 통해 수요와 공급의 리스크와 재고 비용과 고객 서비스 수준의 상충 관계를 고려한 재고 최적화를 추구하는 것이 바람직하다.

재고 관리에서 주문 양과 시기 외에 또 다른 중요한 요소는 어디에 재고를 쌓아 두고 주문 또는 수요를 충족해야 하는 가를 결정하는 것이다. 이와 같은 재고 적재 위치를 결정하는 전략은 세 가지, 즉 공급망 리스크와 품목 가치를 고려하여 재고를 대규모의 유통센터Distribution Center(DC)에 두는 중앙집중화centralized 풀링pooling 전략과 정반대로 수요처에 가까운 지역 창고들에 쌓아두는 분산화

decentralized 전략 및 두 전략을 혼합한 맞춤화tailored 전략으로 분류된다. 일반적으로 수요가 적어 재고회전율이 낮고 수요와 공급의 불확실성이 높고 가치가 높은 품목의 경우에는 중앙집중형 풀링 전략을 사용하고, 그렇지 않은 품목의 경우에는 분산화 전략을 사용하고, 이들 품목이 혼재해 있는 경우에는 맞춤화 전략을 사용하는 것이 바람직하다. 이와 같은 재고 위치 전략은 물류를 포함한 공급망 리스크와 비용을 고려한 생산 및 유통 시설의 거점 전략과 함께 고려해야 한다. 또한 기업의 협상력이 높은 경우에는 위탁 재고 전략을 고려할 수 있다. 이제 공급망에서 운전자본 관리와 밀접한 관련이 있는 공급사슬 파이낸싱에 대해서 알아보자.

공급사슬 파이낸싱[8]

공급사슬(공급망) 파이낸싱(파이낸스)Supply Chain Financing(Finance)(SCF)은 공급망 내에서 거래 파트너 간의 신뢰와 협력 관계를 강화하면서 유동성을 확보하고 자금 흐름을 최적화하기 위한 금융 전략으로, 기업이 자금 운용을 개선하고 비용을 절감하는 데 중요한 역할을 한다. 공급사슬 파이낸싱은 주로 구매기업과 공급업체 간의 결제 기간을 관리하며, 금융기관이나 제3자가 개입하여 자금 흐름을 원활하게 한다. 특히 신용등급이 낮거나 현금 흐름이 제한적인 중소기업에게는 더욱 중요한데, 이는 이들이 자금에 접근할 수 있는 유리한 방법을 제공하기 때문이다. 따라서 공급사슬 파이낸싱은 기업이 공급망의 각 단계에서 자금 조달을 원활하게 하여 유동성 리스크를 줄일뿐 아니라 전체 공급망의 효율성과 강건성을 높이는 데 중요한 역할을 한다.

공급사슬 파이낸싱 메커니즘

공급사슬 파이낸싱의 유형은 일반적인 상업 대출commercial loan 외에 다음과 같이 다양하게 존재한다.

- **팩토링**factoring: 공급업체가 자신이 소유한 미수금을 금융기관에 판매하여 즉각적인 현금을 확보하는 방식이다.

- **역팩토링**reverse factoring: 구매기업이 공급업체를 대신하여 공급업체의 청구서를 은행에 맡겨 빠르게 현금화하는 방식으로, 공급업체는 구매기업의 더 나은 신용으로 인해 더 좋은 조건으로 빠르게 대금을 받고 구매기업은 대체로 연장된 결제 기한을 얻게 된다.
- **프리쉽먼트 파이낸싱**pre-shipment financing: 공급망의 생산 초기 단계에서 자금을 조달하는 방식으로, 주로 구매 주문서나 생산 계약을 담보로 사용한다.
- **인벤토리 파이낸싱**inventory financing: 공급망 내 재고를 담보로 하여 자금을 대출받는 방식으로, 재고 관리와 자금 운용이 결합된 금융 솔루션이다.
- **다이나믹 디스카운팅**dynamic discounting: 구매기업이 공급업체에게 조기에 대금을 지불하고 그 대가로 할인 혜택을 받는 방식이다.

소싱 전략과 공급사슬 파이낸싱

공급사슬 파이낸싱은 소싱 전략과 밀접한 연관을 가지고 공급망 내 기업들의 성과에 영향을 미친다.[9] 소싱 전략은 2차 공급업체에서 1차 공급업체로, 그리고 구매기업에 이르는 전형적인 순차적sequential 소싱과 구매기업이 직접 2차 공급업체와 협상해서 부품을 소싱하고 1차 공급업체에게 제공하는 직접적directed 소싱(사급, 도급)이 있다. 직접적 소싱은 구매기업의 공급망에서 2차 공급업체가 구매기업의 제품에 품질이나 기술면에서 중요한 영향을 미치거나 1차 공급업체의 2차 공급업체에 대한 스펜드 비중이 높은 경우에 흔히 사용된다. 따라서 직접적 소싱은 2차 공급업체의 협상력이 1차 공급업체 보다 더 크거나 이자율이 높을 때 가장 잘 작동하고, 이 경우에 자금 조달 전략으로 팩토링이 사용될 때 구매기업은 물론 전체 공급망의 재무 성과를 향상시킨다. 반면 순차적 소싱은 2차 공급업체의 영향력이 중간 정도일 때 더 유리하고 1차 및 2차 공급업체에게 예측 가능한 수익을 보장한다. 역팩토링은 구매기업이 공급망의 장기적인 재정 건전성과 단기적인 재정적 이익의 균형을 유지할 수 있게 하는데, 구매기업이 1차 공급업체에게 지불 기간을 연장하지 않을 때 공급업체의 유동성을 손상시키지 않으면서 구매기업의 현금 흐름을 높이는 효과적인 전략이다.

따라서 구매기업은 소싱 전략을 선택할 때 공급업체의 재정적 요구와 역량을 평가해야 하고 공급망 관계에 대한 자금 조달 전략의 영향을 염두에 두어야 한다. 즉 구매기업은 공급업체 간 협상력, 이자율 및 파이낸싱 메커니즘을 이해함으로써 자사의 단기 이익 동기와 공급망의 장기 안정성 사이의 균형을 맞추는 현명한 결정을 내려야 한다.

기술과 공급사슬 파이낸싱

기업은 기술이 공급사슬 파이낸싱에 미치는 영향에 대해서 이해할 필요가 있다. AI, 머신 러닝, 블록체인과 같은 기술은 공급사슬 파이낸싱의 투명성과 유동성을 개선하고, 거래 파트너 간의 신뢰를 높일뿐 아니라 팬데믹과 같은 경제적 충격에 대비할 수 있는 탄력성을 강화할 수 있다. 예로, 블록체인 기술은 모든 거래 참여자들이 실시간으로 거래를 확인할 수 있게 하여 거래 속도와 신뢰성 및 투명성을 높이고, 데이터 보안성을 통해 금융 사기와 리스크를 줄일뿐만 아니라, 사전에 정의된 조건에 따라 자동으로 실행되는 스마트 계약을 통해 중개자를 배제한 거래를 원활하게 하여 시간과 비용을 줄일 수 있다.

이와 같은 공급사슬 파이낸싱의 디지털화와 기술은 실시간 데이터 분석과 예측 가능성을 향상시켜 기업의 비용과 공급망 내 리스크를 줄이고 기업이 보다 빠르고 안전하게 자금을 조달하게 하여 자금 운용을 더 효율적으로 관리할 수 있게 한다. 이처럼 기업의 경쟁력과 공급망의 지속가능성을 강화하는 디지털 공급사슬 파이낸싱 솔루션을 성공적으로 도입하기 위해서는 금융 기관, 기술 제공업체 및 기업 간의 협력이 필수적이다.

3. 상시 복합 위기 상황의 구매공급관리 핵심 원칙

앞에서 살펴보았듯이 오늘날 기업은 상시 복합 위기와 경기침체(둔화)가 뉴노멀인 상황에서 힘든 생존과 성장을 위해 분투하고 있다. 끝으로 이와 같은 상황에서의 구매공급관리의 핵심 원칙에 대해서 알아보면서 이 책을 마무리하려 한다. 구매공급관리의 핵심 원칙은 표 12-2에 정리한 10가지로 요약되어 있다.

표 12-2 구매공급관리의 핵심 원칙

원칙 1. 목적을 지속가능 가치 창출에 두라
원칙 2. 환경을 센싱하고 변화하라
원칙 3. 컴플라이언스에 안주하지 말고 리스크를 기회로 전환하라
원칙 4. 전략과 프로세스에 탄력성을 내재화하라
원칙 5. 신속한 의사결정과 유연한 조직 문화를 구축하라
원칙 6. 핵심 탤런트를 유지하고 육성하라
원칙 7. 기술에 투자하고 업무를 지능화하라
원칙 8. 데이터로 관리하고 인사이트를 실행에 옮겨라
원칙 9. 전사적으로 협력하라
원칙 10. 파트너와의 관계에 투자하고 강건한 공급망을 구축하라

원칙 1. 목적을 지속가능 가치 창출에 두라

위기 상황일수록 공급망 관리의 목적을 비용 절감이 아닌 지속가능 가치 창출에 두어야 한다. 소극적인 비용 중심의 관점에서 현재와 미래의 경제와 사회 및 환경 가치를 창출하는 적극적인 지속가능성 관점의 관리로 변화해야 한다. 제품의 수명주기 관점에서 고객이 원하는 제품을 공급하고 친환경 저탄소와 순환 경제를 달성하는 관리를 해야 한다. 그 어느 때보다 구매공급관리의 사고와 패러다임의 전환이 필요한 시기이다.

원칙 2. 환경을 센싱하고 변화하라

상시 복합 위기를 극복하는 길은 거시 및 미시 환경을 센싱하는데서 시작된다. 하지만 센싱을 하고도 변화하지 않으면 혁신도 없다. 혁신은 변화 관리를 통해 시작된다. 기존의 시간과 공간과 지식의 경계를 넘어설 때 진정한 혁신이 일어날 수 있다. 구매공급관리가 과거의 경험과 성과에 안주하지 않고 미래를 향해 과감하게 새로운 도전을 할 때 비로소 성과로 이어지는 혁신을 할 수 있다.

원칙 3. 컴플라이언스에 안주하지 말고 리스크를 기회로 전환하라

상시 복합 위기가 뉴노멀인 상황에서 구매공급관리는 공급망 리스크를 파악하고 요인 분석을 통해 리스크에 대응하고 완화할 위협 요인과 리스크를 기회로 전환할 수 있는 길을 탐색해야 한다. 위기의 이면에는 기회가 존재한다. 다양한 규제에 대한 체계적인 대응 체계 구축이 필요하다. 하지만 컴플라이언스를 넘어 이해관계자와 공감대를 형성하고 궁극적으로 공급 프로세스와 네트워크 상의 잠재적 리스크를 기회로 전환하는 긍정적인 사고와 발상의 전환이 필요하다.

원칙 4. 전략과 프로세스에 탄력성을 내재화하라

구매공급관리 전략과 E2E 프로세스에 가시성과 민첩성에 기반한 탄력성을 내재화하고 리스크 내성을 육성해야 한다. 모든 리스크를 선제적으로 관리할 수 없고 설사 그렇게 할 수 있다고 해도 비용 효율적이지 않다. 리스크 비용과 발생 확률 및 통제가능성을 고려한 시나리오 기반의 탄력적 전략 수립과 실행이 필요하다. 비용 효율적이면서도 공급망의 리스크와 안정성을 고려한 혁신적인 전략과 프로세스가 필요하다.

원칙 5. 신속한 의사결정과 유연한 조직 문화를 구축하라

위기 상황에서는 특히 신속한 의사결정이 필요하다. 모든 상황 변수를 고려한, 그럴 수도 없지만, 더딘 의사결정은 리스크 대응이나 새로운 기회를 창출하는데 방해 요소가 된다. 신속하게 결정하고 실행해 가면서 점진적인 적응(발전)incremental adaptation을 모색해 가야 한다. 경직된 조직 문화로는 위기 상황을 돌파할 수 없다. 조직이 유연하고, 문화가 수용적이고, 리더십이 포용적이면서도 진취적이어야 한다. 조직 내 구성원이 창의적인 개인 지성과 조화로운 집단 지성을 발휘할 수 있는 문화와 상황에 맞게 적응하고 변화할 수 있는 조직 생태계를 구축해 가야 한다.

원칙 6. 핵심 탤런트를 유지하고 육성하라

핵심 탤런트(인재)를 유지하고 육성하는 것은 기업이 어떤 상황 하에 있든지 상관없이 가장 중요한 핵심 요인이다. 장수하는 기업은 불황에서도 호황을 준비한다. 핵심 탤런트가 없이는 밝은 미래를 생각할 수 없다. 위기 상황일수록 글로벌 오픈 마인드와 상황의 변화에 필요한 역량과 스킬을 가진 인재 육성이 필요하다. 혁신은 조직 구성원이 상상을 통해 창의적인 아이디어를 발굴하고, 인내를 가지고 지속적으로 실험하는 데서 나온다. 원초적 아이디어를 결제 과정에서 잘라내지 말고, 실패를 두려워하지 말고, 집중된 혼돈focused chaos을 즐길 수 있을 때 진정한 혁신의 성과를 창출할 수 있다.

원칙 7. 전사적으로 협력하라

위기 상황일수록 전사적인 협력이 필요하다. 기업은 구매공급관리를 포함한 전사 전략을 재검토하여 필요하다면 사업부 및 기능 부서 전략의 수정과 자원의 재분배를 해야 한다. 수요-공급-서비스의 통합적이고 상황 정합적인 전략의 수립과 실행이 필요하다. 또한 기능 간 공감대를 형성하는 것이 중요하다. 진정한 구매공급관리의 혁신은 고객 관점에서 수요에 대한 공급의 매칭을 제고하고 나아가 수요를 창출하는데 있다. 수요의 불확실성 상황에서 예측의 정확도의 한계를 인식하고 제품 개발에서 주문 충족에 이르는 공급 프로세스의 리드타임과 변동성을 줄이는 노력이 필요하다.

원칙 8. 데이터로 관리하고 인사이트를 실행에 옮겨라

공급망 모니터링은 물론이고 전략 실행 성과를 프로세스 상에서 성과 지표 데이터로 추적하고 관리하는 것이 중요하다. 프로세스 기반의 데이터 분석이 없이는 공급망 상에서 발생하는 문제의 요인을 정확하게 규명할 수 없다. 실시간 데이터 수집과 지능화된 분석을 통해 인사이트를 도출할 수 있어야 한다. 하지만 아무리 좋은 인사이트도 실행에 옮기지 않고는 혁신이 불가능하다. 실행가능한 인사이트를 실행의 그릇에 담고 자원의 한계 속에서 신속하게 실행에 옮겨야 한다.

원칙 9. 기술에 투자하고 업무를 지능화하라

디지털 기술에 투자하고 이를 활용하여 반복적 업무는 자동화하고 조직 구성원이 더 나은 경험을 통해 부가가치를 창출하는 일에 몰두할 수 있도록 일의 방식과 내용의 지능적 디지털 혁신을 추구해야 한다. 이를 위해서는 조직 구성원의 요구되는 역량과 스킬의 이행transition 관리에 주목해야 한다. 또한 업무와 일을 하는 사람 간의 적합성을 고려한 업무 배치가 필요하다. 나아가 사람과 기계, 기계와 기계 간 최적의 상호작용도 고려해야 한다.

원칙 10. 파트너와의 관계에 투자하고 강건한 공급망을 구축하라

위기 상황일수록 신뢰에 기반한 공급망 파트너와의 협력이 필요하다. 이를 위해서는 1차 전략적 협력업체만이 아니라 공급망 저층에 있는 중요한 n차 파트너와도 관계 자본을 구축하는 것이 필요하다. 공급망의 강건성healthiness은 파트너의 역량(기술, 품질, 비용, 납기, 민첩성, 재무 건전성, ESG 등)뿐만 아니라 관계성에 의해 좌우된다. 파트너와의 성숙한 관계는 협력, 가시성과 리스크 완화 및 공급의 안정성과 지속가능성을 높일뿐 아니라 파트너의 중장기적 혁신 역량에 의한 공급망 혁신을 촉진한다.

이와 같은 원칙에 기반하여 구매공급관리 전략, 프로세스 및 네트워크를 관리할 때 기업은 오늘날 상시 복합 위기와 경기 둔화 상황을 슬기롭게 돌파하고 지속가능 성장을 견인하게 될 것이다. 지속가능 성장은 목표가 아닌 목적이 이끄는 성장이고, 고성과가 아닌 경제, 사회, 환경의 가치를 증진하는 성장이고, 단기 중심적이 아닌 현재는 물론 미래를 준비하는 지속적인 성장임을 늘 생각해야 한다.

미주.

1장

1. Alexander the Great - Wikipedia, Genghis Khan | Biography, Conquests, Achievements, & Facts | Britannica참조; 2024.08.14 검색.

2. Industrialisation - Wikipedia참조; 2024.08.16 검색.

3. Kim, DaeSoo, Process chain: a new paradigm of collaborative commerce and synchronized supply chain, Business Horizons, 49(5), 359-367, 2006.

4. POSCO 홈페이지https://sustainability.posco.com/S91/S91F10/kor/UI-PK_W020.do

5. https://globalperformancegroup.com/how-unilever-changed-procurements-playbook/

6. https://www.mckinsey.com/capabilities/operations/our-insights/a-new-era-for-procurement-value-creation-across-the-supply-chain

7. https://www.mckinsey.com/capabilities/operations/our-insights/a-new-era-for-procurement-value-creation-across-the-supply-chain

8. 액센츄어코리아, 구매혁신의 기술 – 세계를 무대로 뛰어라, 매일경제신문사, 2008.

9. https://www.mckinsey.com/capabilities/operations/our-insights/a-new-era-for-procurement-value-creation-across-the-supply-chain#/

10. ISM,CPSM StudyGuide, 2018(수정 보완)

11. Handfield, R., Apte, A., & Finkenstadt, D. J. (2022). Developing supply chain immunity for future pandemic disruptions. Journal of Humanitarian Logistics and Supply Chain Management, 12(4), 482-501.

12. https://dfreight.org/blog/an-insight-into-bmw-supply-chain-strategy/

2장

1. Monczka et al. (2015). Purchasing and Supply Chain Management

2. Handfield et al. (2011) Sourcing and Supply Chain Management

3. 사업부 전략이라고도 하며, 이는 기업의 경쟁전략으로 해석할 수 있다.

4. Porter, M. (1980). The Competitive Strategy.

5. 5-force: 기존 경쟁자와의 경쟁, 새롭게 진입하는 경쟁자의 위협, 대체제의 위협, 공급자의 교섭력, 구매자의 교섭력

6. 민첩성은 속도speed, 유연성flexibility, 대응성responsiveness, 탄력성resilience 등과 같은 요인으로 구체화 되기도 한다.

7. 이러한 규제는 11장에서 좀 더 구체적으로 살펴본다.

8. 이에 대해서는 7장에서 상세히 언급한다.

9. RFI (Request for Information): 잠재 공급업체의 제품/서비스에 관한 정보를 요청하는 문서로 단순한 정보를 요청하는 것이다.

10. RFP (Request for Proposal): 품목을 구매하려는 기업의 요구사항이 명확히 설정되어 있지 않아 충족 방법이 공급업체마다 다를 수 있을 때 사용하며, 공급업체는 가격 및 요구사항의 충족 방법을 제시한다.

11. RFQ (Request for Quotation): 품목을 구매하려는 기업의 요구사항이 명확하고 표준화되어 있을 때 사용하며, 공급업체는 가격 및 공급 조건을 제시하도록 요청을 받는다.

12. 비용을 예산 범위 내에서 유지하는 기능을 수행하여 기업의 수익성에 간접적으로 기여하는 조직 내의 부서 또는 기능을 의미한다. 여기에는 비용 추적에 필요한 모든 기능 또는 사업부를 포함할 수 있다.

13. 구체적인 내용은 9장에서 다룬다.

14. Kraljic, P.(1983). Purchasing Must Become Supply Management, Harvard Business Review.

3장

1. https://www.metanews.co.kr/news/articleView.html?idxno=15823_

2. https://m.blog.naver.com/futuremain/221593332968

4장

1. Handfield, R.B., Monczka, R.M., Giunipero, L.C., and Patterson, J.L. Sourcing and Supply Chain Management (5th Edit.), South-Western Cengage Learning, 2011. (수정보완)

2. 액센츄어코리아, 구매혁신의 기술 – 세계를 무대로 뛰어라, 매일경제신문사, 2008

3. Kraljic, Peter (September 1983). "Purchasing Must Become Supply Management". Harvard Business Review. 수정보완

4. https://www.sap.com/korea/products/spend-management/external-workforce-and-services.html#services-procurement; Oxford Economics, External Workforce Insights, 2018

5. https://www.sap.com/korea/products/spend-management/external-workforce-and-services.html#services-procurement

6. Fitzsimmons & Fitzsimmons, Service Management: Operations, Strategy, Information Technology, 2013

5장

1. PMG 지식엔진연구소

2. 동아 비즈니스 리뷰, 글로벌 소싱 19호, 2008년 10월 이슈2

3. 뉴스핌 2019년 1월 24일, 홈플러스, 유럽 유통연합 "EMD" 글로벌 소싱 1조원 박차

4. Handfield et al., 2011

5. http://economy.chosun.com/client/news/view.php?boardName=C06&t_num=2532

6. 제품이 목적지까지 도착하는 데 필요한 전반적인 총비용 (제품가격 +물류비+통관비 +창고비용 등)

7. 이투데이, 미국 공장이 돌아온다.."공급망 혼란"에 리쇼어링 기업들어(2022,1,6))

8. 한국무역신문, "미 바이 아메리칸 법안, 미국 제품 가격특혜 강화가 목적" (2021.9.30)

9. https://www.samsungsds.com/kr/insights/reshoring-to-friendshoring.html, 세계화, 리쇼어링을 넘어 프렌드 쇼어링까지, 2023, 12,11

10. https://www.hellodd.com/news/articleView.html?idxno=105685

11. https://www.hankyung.com/article/2024072177695, 트럼프 한마디로 한국 경제도 출렁

12. https://www.chosun.com/economy/weeklybiz/2022/06/23/F7Y7P2PSZJAXTML4RXHHJYN7QQ/ 2023.2.24 조선경제

13. Economy Chosun, 변곡점에 선 글로벌 공급망, 2021.4.28.

6장

1. - Handfield, R.B., Monczka, R.M., Giunipero, L.C., and Patterson, J.L. *Sourcing and Supply Chain Management*(5th Edit.), South-Western Cengage Learning, 2011.
   - Monczka, R.M., Handfield, R.B., Giunipero, L.C., and Patterson, J.L. *Purchasing and Supply Chain Management*(6th Edit.), Cengage Learning, 2016
   - ISM, *CPSM Study Guide*, 2018

2. Monczka, R.M., Handfield, R.B., Giunipero, L.C., and Patterson, J.L. *Purchasing and Supply Chain Management*(6th Edit.), Cengage Learning, 2016.

3. Handfield, R.B., Monczka, R.M., Giunipero, L.C., and Patterson, J.L. *Sourcing and Supply Chain Management*(5th Edit.), South-Western Cengage Learning, 2011.

4. 지속가능 구매공급 혁신 (2023, 김대수 외)

5. Monczka, R.M.,Trent, R.J.,Handfield, R.B. *Purchasing and Supply Chain Management,* 2015

6. - Monczka, R.M., Handfield, R.B., Giunipero, L.C., and Patterson, J.L. *Purchasing and Supply Chain Management*(6th Edit.), Cengage Learning, 2016.
   - ISM, *CPSM Study Guide*, 2018

7장

1. Simchi-Levi, D.; Simchi-Levi, E. (2020) We Need a Stress Test for Critical Supply Chains. Harvard Business Review.

2. 타사의 역량을 이용하여 자사의 역량을 상승시키는 효과로 해석할 수 있다.

3. 주로 품질quality, 원가/비용cost, 운송delivery, 유연성flexibility의 네 가지 핵심 요인을 통해 평가한다.

4. Aligned(정합성), Comprehensive(포괄성), Measurable(측정가능성), Attainable(달성가능성), Controllable(통제가능성), Sustainable(지속가능성)을 의미한다.

5. 일반적으로 5점 척도나 7점 척도를 이용한다.

6. $\text{하위 가중치} \times \dfrac{\text{평가 점수}}{\text{5점(척도)}}$ 로 계산한다.

7. Monczka, R.M., Handfield, R.B., Giunipero, L.C., and Patterson, J.L. *Purchasing and Supply Chain Management*(6th Edit.), Cengage Learning, 2016.

8. 연계무역: 수출을 조건으로 수입을 허용하는 무역 거래

9. 성취 가능한 작은 목표를 제시하고 이를 달성하면서 성공의 가능성을 높이는 관리 기법

10. 얼마나how many, 어떤which 공급업체를 유지할 것인지를 판단

11. 가장 유능한 공급업체들만을 보장하기 위한 분석

12. 대리인이 주인조직의 가이드라인에 따른 활동을 권한위임을 받은 상황에서 이를 하부 조직에게 실행(전파)해야 하는 상황에서 발생하며, 공급망에서는 주로 1차 공급업체에 발생하는 경우가 많다.

13. 어떤 조직에서 조직을 구성하고 있는 각각의 기능/부서 간에 원활한 소통이 차단되어 있어 나타나는 부작용 (예: 부서 이기주의)

14. 공급업체에 발생한 문제를 구매기업의 직원이 가서 직접 해결하고 조언하는 인적자원 공유 방법

15. 공급업체에게 미래 주문 물량을 늘려준다고 보장해줌으로써 공급업체가 최대의 노력으로 그들의 역량 개선에 힘쓰도록 유도하는 방법

16. 공급업체의 성과가 용납되지 않거나 개선의 여지가 없는 경우, 현재의 거래 관계를 취소하거나 미래의 비즈니스 관계를 단절하는 방법

8장

1. 데이터넷(http://www.datanet.co.kr)

2. https://dbr.donga.com/article/view/1203/article_no/375/ac/magazine

3. Ho, W., Zheng, T., Yildiz, H., & Talluri, S. (2015). Supply chain risk management: a literature review. International Journal of Production Research, 53(16), 5031-5069

4. http://www.scdigest.com/ontarget/11-10-012-3_IBM_Supply _Chain_Risk.php?cid=5054

5. http://www.scdigest.com/ontarget/11-10-012-3_IBM_Supply _Chain_Risk.php?cid=5054

6. 송응석(2019), "리스크 관리 전략의 효과성에 관한 실증적 분석."
이충배, 정석모 (2011), "전기·전자기업의 글로벌 공급사슬의 위험관리전략에 관한 연구," 한국 국제상 학회, Vol. 26, 27-48

7. Li, C. L and P. Kouvelis (1999), "Flexible and Risk-Sharing Supply Contracts Under Price Uncertainty," Management Science, Vol. 45, 1378-1398.

8. 송응석(2019), "리스크 관리 전략의 효과성에 관한 실증적 분석."

9. 송응석(2019), "리스크 관리 전략의 효과성에 관한 실증적 분석."

10. 글로컬라이제이션. 글로벌 시장을 겨냥하였으면서도 지역 문화에 적합하도록 맞춤식으로 제품이나 서비스를 만들어내는 것

11. 뉴 애브노멀: 팬데믹의 그림자 서플라이 쇼크를 대비하라, Yossi Sheffi, 2021

12. 리질리언트 엔터프라이즈(The Resilient Enterprise), FKI미디어(The MIT Press), Yossi Sheffi, 2007

13. 송응석(2019), "리스크 관리 전략의 효과성에 관한 실증적 분석."

14. 세계경제 포럼 글로벌 리스크 2024

15. 아시아 브리프, 2022년 아시아 정세전망(6): 2022년 글로벌 공급망 재편과 아시아 국가의 대응, 정인교

16. INSS 전략보고 2021, 미국의 인도·태평양전략과 쿼드협력:동향과전망

https://inss.re.kr/upload/bbs/BBSA05/202101/F20210126194413463

17. 프레시안 뉴스, 중국의 미래전략이 바뀐다, 2020.12.14.

18. Veronica H. Villena & Dennis A.Gioia(2020), "A more sustainable supply chain", Harvard Business Review https://hbr.org/2020/03/a-more-sustainable-supply-chain

19. ManMohan S. Sodhi and Thomas Y. Choi(2022), "Don't Abandon Your Just in time supply chain, revamp it", Harvard Business Review

20. T Yan, TY Choi, Y Kim, Y Yang(2015), "A theory of the nexus supplier: A critical supplier from a network perspective", Journal of Supply Chain Management, Vol. 51, 52-66

21. T Yan, TY Choi, Y Kim, Y Yang(2015), "A theory of the nexus supplier: A critical supplier from a network perspective", *Journal of Supply Chain Management*, Vol. 51, 52-66

22. Käki, A., Salo, A., & Talluri, S. (2015). Disruptions in supply networks: A probabilistic risk assessment approach. Journal of Business Logistics, 36(3), 273-287.

9장

1.Ho, W., Zheng, T, Yildiz, H, Talluri, S., Supply chain risk management: literature review, International Journal of Production Research, 53(16), 5031-5069, 2015.

2. ISO 31000:2018 Risk management; https://www.iso.org/obp/ui/en/#iso:std:iso:31000:ed-2:v1:en (2024.07.11 검색)

3. World Economic Forum, The global risks report 2024, 19th ed., 2024.01; https://www.weforum.org/publications/global-risks-report-2024/digest/;

4. 새뮤얼 헌팅톤 (이의재 옮김), 문명의 충돌, 김영사, 1997 (Huntington, S.P., The

clash of civilizations and the remaking of world order, Georges Borchardt, New York, NY, 1996).

5. Harari, Y.N., 21 lessons for the 21st century, Spiegel & Grau, New York, NY, 2018.

6. ECONOMY Chosun, 선거와 경제, 2024.01.24.

7. World Economic Forum, The global risks report 2024, 19th ed., 2024.01; https://www.weforum.org/publications/global-risks-report-2024/digest/

8. KPMG 2020 CEO Outlook: COVID-19 Special Ed.; https://assets.kpmg/content/dam/kpmg/br/pdf/2020/12/CEO-Outlook-2020-Coreia.pdf

9. KPMG, KPMG 2023 CEO outlook, 2024; https://kpmg.com/xx/en/home/insights/2023/09/kpmg-global-ceo-outlook-survey.html; 설문조사는 11개 시장(Australia, Canada, China, France, Germany, India, Italy, Japan, Spain, UK and US), 11개 핵심 산업(asset management, automotive, banking, consumer and retail, energy, infrastructure, insurance, life sciences, manufacturing, technology, and telecommunications) 의 연 매출 $5억 이상 기업들의 1,325 CEO를 대상으로 2023. 08.15-09.15에 수행되었다.

10. Sheffi, Yossi, The power of resilience: how the best companies manage the unexpected, MIT Press, 2015; The resilient enterprise: overcoming vulnerability for competitive advantage, MIT Press, 2005; 잠재적 리스크 요인을 수정 보완함.

11. 정대영, SAP, 고려대학교 경영대학 김대수 교수 수업 특강 자료, 2020.

12. Porter, Michael, E., Competitive strategy: techniques for analyzing industries and competitors, Free Press, New York, 1980; Arnold Kransdorff reports on 'supply chain management', High stock levels - not the answer to volatile demand, Financial Times, 1982.06.04.

13. 액센츄어코리아, 구매혁신의 기술 – 세계를 무대로 뛰어라, 매일경제신문사, 2008.

10장

1. Vial, G. (2021). Understanding digital transformation: A review and a research agenda. Managing digital transformation, 13-66.

2. https://www.lfs-advisory.com/193

3. https://www.rinf.tech/rpa-vs-ai-understanding-the-differences-and-choosing-the-right-technology/

4. https://www.ge.com/digital/blog/benefits-integrating-supply-chain-planning-and-manufacturing-execution-systems-mes

5. https://www.ge.com/digital/sites/default/files/download_assets/developing-a-business-case-for-integrating-manufacturing-and-supply-chain-white-paper.pdf

6. https://www.rocketsoftware.com/blogs/6-lessons-learn-60-year-history-modern-mainframe

7. https://www.microsoft.com/en-us/dynamics-365/solutions/supply-chain

8. https://blogs.microsoft.com/blog/2022/11/14/introducing-the-microsoft-supply-chain-platform-a-new-approach-to-designing-supply-chains-for-agility-automation-and-sustainability/

9. https://procurementmag.com/technology-and-ai/the-value-of-ai-and-rpa-adoption-in-procurement-processes

10. https://tipalti.com/case-studies/jumio/

11. https://www.leewayhertz.com/ai-in-procurement/#Benefits-of-AI-in-procurement

12. https://www.mckinsey.com/capabilities/operations/our-insights/revolutionizing-procurement-leveraging-data-and-ai-for-strategic-advantage

13. https://www.bcg.com/publications/2024/using-digital-twins-to-manage-complex-supply-chains

14.0https://www.gartner.com/en/articles/gartner-top-10-strategic-technology-trends-for-2024

11장

1. ESG경제 (2023. 5. 25). "국내자동차·부품 기업 상당수 해외공급망 실사법 영향권," https://www.esgeconomy.com/news/articleView.html?idxno=3680

2. 한국무역협회 (2022). “EU Trade Brief, EU 공급망 실사 지침(안) 주요내용과 기업 사례”.

3. 편제범, 김대수, 나진성. (2023). EU 공급망 실사법의 이해와 전략적 대응에 대한 고찰. 한국생산관리학회지, 34(4), 495-519.

4. ESG경제 (2023. 5. 25). “국내자동차·부품 기업 상당수 해외공급망 실사법 영향권,” https://www.esgeconomy.com/news/articleView.html?idxno=3680

5. ESG경제 (2022. 12. 7.). “정부 中企 공급망 실사 지원... ‘K-ESG가이드’ 서비스개시” http://www.esgeconomy.com/news/articleView.html?idxno=2812.

6. Scope 1: 직접 배출(조직이 소유하거나 통제하는 시설에서 발생하는 직접적인 온실가스 배출을 의미)

Scope 2: 에너지 사용으로 인한 간접 배출(조직이 구매하여 사용하는 전기, 열, 스팀, 냉방의 생산 과정에서 발생하는 온실가스 배출을 의미)

Scope 3: 가치사슬에서 발생하는 기타 간접 배출(조직의 가치사슬에서 발생하는 기타 모든 간접 배출을 포함하며, 상류upstream 및 하류downstream 활동에서 발생하는 배출을 모두 포함)

7. ESG경제 (2022. 12. 7.). “정부 中企 공급망 실사 지원... ‘K-ESG가이드’ 서비스개시” http://www.esgeconomy.com/news/articleView.html?idxno=2812

8. ESG경제 (2024. 7. 24.). 중소기업 탄소중립 산업정책 시급...ESG공시·재생에너지 확대해야 https://www.esgeconomy.com/news/articleView.html?idxno=7248

9. 경향신문 (2024. 3. 26.). ESG 규제 본격화…“국내 기업 대응 수준은 34점” https://www.khan.co.kr/economy/economy-general/article/202403261426001

10. 편제범, 김대수, 나진성. (2023). EU 공급망 실사법의 이해와 전략적 대응에 대한 고찰. 한국생산관리학회지, 34(4), 495-519.

11. KOTRA (2024. 4. 24). 경제통상 리포트(EU24-09)

12. 대신경제연구소 (2021). “EU 공급망 실사법 제정과 기업 대응(사례)”

13. KOTRA (2024. 4. 24). 경제통상 리포트(EU24-09)

14. 편제범, 김대수, 나진성. (2023). EU 공급망 실사법의 이해와 전략적 대응에 대한 고찰. 한국생산관리학회지, 34(4), 495-519.

15. 경향신문 (2024. 8. 20.). 도요타 등 일본 기업들이 배출권 거래제 참여에 적극적인 이유는? https://www.khan.co.kr/economy/industry-trade/

article/202408201624001

16. 탄탈륨[Tantalum]: 전자 제품의 축전기 제조에 사용

주석[Tin]: 전자기기의 납땜 및 다양한 금속 제품 제조에 사용

텅스텐[Tungsten]: 전자기기 진동 모터와 조명 기기 제조에 사용

금[Gold]: 전자기기 제조에 사용

17. 한국무역협회, (2023) EU 핵심원자재법(CRMA) 주요 내용과 영향

18. 역내 임직원 수 평균 500명 이상이고 전 세계 순매출액 1억 5천만 유로 이상인 대기업

19. https://www.samsung.com/sec/aboutsamsung/sustainability/supply-chain/

20. 모든 규모의 브랜드, 소매업체 및 개별 공장이 사회적 및 환경적 영향을 측정하여 지속가능한 성과를 내도록 평가하는 도구

21. SAC (2024) Caascale Membership

22. https://esg.korcham.net/REPORT/?q=YToyOntzOjEyOiJrZXl3b3JkX3R5cGUiO3M6MzoiYWxsIjtzOjQ6InBhZ2UiO2k6MTt9&bmode=view&idx=15645952&t=board

23. PwC (2023) 'S(사회)' 리스크 완화를 위한 공급망 전략

12장

1. Lee, Hau L., Aligning supply chain strategies with product uncertainties, California Management Review, 44(3), 2002; https://doi.org/10.2307/41166135.

2. Sheffi, Yossi. The resilient enterprise: overcoming vulnerability for competitive advantage, MIT Press, Cambridge, MA, 2005.

3. DBR special report, Supply chain resilience, 1 (392), Dong-A Business Review, May 2024; Earnst & Young, EY analysis report, Create a resilient and sustainable supply chain, 2023; Sheffi, Yossi, The resilient enterprise: overcoming vulnerability for competitive advantage, MIT Press, Cambridge, MA, 2005; Rice, J.B., Caniato, F., Supply chain resilience: development of a conceptual framework and measures, International Journal of Physical

Distribution & Logistics Management, 33 (2), 2003, 139-147; Christopher, M., Peck, H., Building the resilient supply chain, The International Journal of Logistics Management, 15 (2), 2004, 1-14; Jüttner, U., Peck, H., Christopher, M., A framework for supply chain risk management, International Journal of Logistics Management, 14 (2), 2003, 197-210; 위 자료들을 종합적으로 참조하여 정리하고 일부 수정 보완함.

4. Samsung Newsroom ; 삼성전자, 차세대 'N-ERP' 글로벌 도입 완료, 2022.04.10

5. 액센츄어코리아, 구매혁신의 기술 – 세계를 무대로 뛰어라, 매일경제신문사, 2008.

6. Richards, V.D., Laughlin, E.J., A cash conversion cycle approach to liquidity analysis, Financial Management, 9 (1), 32-38, 1980; Deloof, Marc, Does working capital management affect profitability of Belgian firms?, Journal of Business Finance & Accounting, 30 (3-4), 573-588, 2003; Chiou, J-R., Cheng, L., and Wu, H-W., The determinants of working capital management, Journal of Financial and Quantitative Analysis, 41 (1), 59-85, 2006; Aktas, N., Croci, E., and Petmezas, D., Is working capital management value-enhancing? evidence from firm performance, Journal of Corporate Finance, 30, 98-113, 2015; Baños-Caballero, S., García-Teruel, P.J., and Martínez-Solano, P., Working capital management, corporate performance, and financial constraints, Journal of Business Research, 67,(3), 332-338, 2014; 오건택, 이다희, 김대수, 정의범, 글로벌 자동차 및 전기전자산업의 현금전환주기요소와 수익성의 관계에 대한 패널데이터 분석, 글로벌경영학회지, 17 (2), 212-236, 2020; 위 논문들을 참조하여 정리하고 보완함.

7. Deloof, Marc, Does working capital management affect profitability of Belgian firms?, Journal of Business Finance & Accounting, 30 (3-4), 573-588, 2003; Chiou, J-R., Cheng, L., and Wu, H-W., The determinants of working capital management, Journal of Financial and Quantitative Analysis, 41 (1), 59-85, 2006; Aktas, N., Croci, E., and Petmezas, D., Is working capital management value-enhancing? evidence from firm performance, Journal of Corporate Finance, 30, 98-113, 2015; Baños-Caballero, S., García-Teruel, P.J., and Martínez-Solano, P., Working capital management, corporate performance, and financial constraints, Journal of Business Research, 67,(3), 332-338, 2014; 오건택, 이다희, 김대수, 정의범, 글로벌 자동차 및 전기전자산업의 현금전환주기요소와 수익성의 관계에 대한 패널데이터 분석, 글로벌경영학회지, 17 (2), 212-236, 2020; 위 논문들을 참조하여 정리하고 보완함.

8. Yoo, S.H., Choi, T.Y., Kim, D., Integrating sourcing and financing strategies in multi-tier supply chain management, International Journal of Production Economics, 234, 1-14, 2021; Gelsomino, L.M., Mangiaracina, R., Perego, A., Tumino, A., Supply chain finance: a literature review, International Journal of Physical Distribution & Logistics Management, 46 (4), 2016; Xu, J., Zhu, S., Evans, S., Blockchain and supply chain finance: a critical literature review at the intersection of operations, finance, and law, Journal of Banking and Financial Technology, 6 (1), 24-42, 2022; Pfohl, H-C., Gomm, S., Supply chain finance: optimizing financial flows in supply chains, Logistics Research 2 (1), 45-56, 2009; Gomm, S., Supply chain finance: applying finance theory to supply chain management to enhance finance-oriented supply chain management, International Journal of Production Economics, 134 (1), 1-13, 2011; Deloitte, The future of supply chain finance, Deloitte Insights, 2021; McKinsey & Company, Supply chain finance: a tool for growth, McKinsey & Company, 2020; Accenture, The digital supply chain finance advantage, Accenture Strategy, 2021; PwC. Supply chain finance in the post-COVID-19 era, PwC Global Supply Chain Survey, 2021; EY, Transforming supply chain finance with blockchain, Ernst & Young, 2020; 위 자료들을 참조하여 정리 확장함.

9. Yoo, S.H., Choi, T.Y., Kim, D., Integrating sourcing and financing strategies in multi-tier supply chain management, International Journal of Production Economics, 234, 1-14, 2021.

구매공급관리: 디지털 전환, 탄력성, 지속가능성

발행일 2025년 2월 17일 초판 1쇄
지은이 김대수·나진성·송응석·편제범·윤지호
발행인 송자영
발행처 초아출판사

주 소 서울시 성북구 정릉로 36길 41
전 화 070-8739-0036
팩 스 0504-178-5627
E-mail choapublish@hanmail.net
디자인 에이팩토리 bikoon73@daum.net

ISBN 979-11-88425-36-5
정 가 30,000원